MANUAL DE PRIVACIDAD, PROTECCIÓN DE DATOS Y CIBERSEGURIDAD

COMITÉ CIENTÍFICO DE LA EDITORIAL TIRANT LO BLANCH

María José Añón Roig
Catedrática de Filosofía del Derecho de la Universidad de Valencia

Ana Cañizares Laso
Catedrática de Derecho Civil de la Universidad de Málaga

Jorge A. Cerdio Herrán
Catedrático de Teoría y Filosofía del Derecho Instituto Tecnológico Autónomo de México

José Ramón Cossío Díaz
Ministro en retiro de la Suprema Corte de Justicia de la Nación y miembro de El Colegio Nacional

María Luisa Cuerda Arnau
Catedrática de Derecho Penal de la Universidad Jaume I de Castellón

Manuel Díaz Martínez
Catedrático de Derecho Procesal de la UNED

Carmen Domínguez Hidalgo
Catedrática de Derecho Civil de la Pontificia Universidad Católica de Chile

Eduardo Ferrer Mac-Gregor Poisot
Juez de la Corte Interamericana de Derechos Humanos Investigador del Instituto de Investigaciones Jurídicas de la UNAM

Owen Fiss
Catedrático emérito de Teoría del Derecho de la Universidad de Yale (EEUU)

José Antonio García-Cruces González
Catedrático de Derecho Mercantil de la UNED

José Luis González Cussac
Catedrático de Derecho Penal de la Universidad de Valencia

Luis López Guerra
Catedrático de Derecho Constitucional de la Universidad Carlos III de Madrid

Ángel M. López y López
Catedrático de Derecho Civil de la Universidad de Sevilla

Marta Lorente Sariñena
Catedrática de Historia del Derecho de la Universidad Autónoma de Madrid

Javier de Lucas Martín
Catedrático de Filosofía del Derecho y Filosofía Política de la Universidad de Valencia

Víctor Moreno Catena
Catedrático de Derecho Procesal de la Universidad Carlos III de Madrid

Francisco Muñoz Conde
Catedrático de Derecho Penal de la Universidad Pablo de Olavide de Sevilla

Angelika Nussberger
Catedrática de Derecho Constitucional e Internacional en la Universidad de Colonia (Alemania) Miembro de la Comisión de Venecia

Héctor Olasolo Alonso
Catedrático de Derecho Internacional de la Universidad del Rosario (Colombia) y Presidente del Instituto Ibero-Americano de La Haya (Holanda)

Luciano Parejo Alfonso
Catedrático de Derecho Administrativo de la Universidad Carlos III de Madrid

Consuelo Ramón Chornet
Catedrática de Derecho Internacional Público y Relaciones Internacionales de la Universidad de Valencia

Tomás Sala Franco
Catedrático de Derecho del Trabajo y de la Seguridad Social de la Universidad de Valencia

Ignacio Sancho Gargallo
Magistrado de la Sala Primera (Civil) del Tribunal Supremo de España

Elisa Speckman Guerra
Directora del Instituto de Investigaciones Históricas de la UNAM

Ruth Zimmerling
Catedrática de Ciencia Política de la Universidad de Mainz (Alemania)

Fueron miembros de este Comité:
Emilio Beltrán Sánchez, Rosario Valpuesta Fernández y **Tomás S. Vives Antón**

Procedimiento de selección de originales, ver página web:
www.tirant.net/index.php/editorial/procedimiento-de-seleccion-de-originales

49190E

ACCESO GRATIS *a la Lectura en la Nube*

Para visualizar el libro electrónico en la nube de lectura envíe junto a su nombre y apellidos una fotografía del código de barras situado en la contraportada del libro y otra del ticket de compra a la dirección:

ebooktirant@tirant.com

En un máximo de 72 horas laborables le enviaremos el código de acceso con sus instrucciones.

La visualización del libro en **NUBE DE LECTURA** excluye los usos bibliotecarios y públicos que puedan poner el archivo electrónico a disposición de una comunidad de lectores. Se permite tan solo un uso individual y privado.

MANUAL DE PRIVACIDAD, PROTECCIÓN DE DATOS Y CIBERSEGURIDAD

2ª Edición

Prof. Dr. D. **MIGUEL ORTEGO RUIZ**
Socio director en Ortego Legal, S.L.P.
Certified International Privacy Professional
(CIPP/E) (IAPP)
Compliance Officer
International Arbitrator (CIArb)

tirant lo blanch
Valencia, 2025

Copyright ® 2025

Todos los derechos reservados. Ni la totalidad ni parte de este libro puede reproducirse o transmitirse por ningún procedimiento electrónico o mecánico, incluyendo fotocopia, grabación magnética, o cualquier almacenamiento de información y sistema de recuperación sin permiso escrito del autor y del editor.

En caso de erratas y actualizaciones, la Editorial Tirant lo Blanch publicará la pertinente corrección en la página web www.tirant.com.

© Miguel Ortego Ruiz

© TIRANT LO BLANCH
EDITA: TIRANT LO BLANCH
C/ Artes Gráficas, 14 - 46010 - Valencia
TELFS.: 96/361 00 48 - 50
FAX: 96/369 41 51
Email: tlb@tirant.com
www.tirant.com
Librería virtual: www.tirant.es
DEPÓSITO LEGAL: V-3478-2025
ISBN: 979-13-7021-274-2

Si tiene alguna queja o sugerencia, envíenos un mail a: *atencioncliente@tirant.com*. En caso de no ser atendida su sugerencia, por favor, lea en *www.tirant.net/index.php/empresa/politicas-de-empresa* nuestro procedimiento de quejas.

Responsabilidad Social Corporativa: http://www.tirant.net/Docs/RSCTirant.pdf

A Nicolás y Paula

Índice

Capítulo 2
CONCEPTOS FUNDAMENTALES DE LA PRIVACIDAD Y PROTECCIÓN DE DATOS PERSONALES

Capítulo 3
DATOS PERSONALES SENSIBLES

Capítulo 4
PRINCIPIOS

Capítulo 5
LICITUD DEL TRATAMIENTO DE DATOS

Capítulo 6
DERECHOS DE LOS INTERESADOS

Capítulo 7
ACCOUNTABILITY O RESPONSABILIDAD PROACTIVA

Capítulo 8
SEGURIDAD DE LOS DATOS. EVALUACIONES DE IMPACTO DE PROTECCIÓN DE DATOS

Capítulo 9
EL ENCARGADO DEL TRATAMIENTO Y EL DELEGADO DE PROTECCIÓN DE DATOS

Capítulo 10
TRANSFERENCIAS INTERNACIONALES DE DATOS PERSONALES

Capítulo 11

COOKIES Y PRIVACIDAD

Capítulo 12

AUTORIDADES EN MATERIA DE PROTECCIÓN DE DATOS

Capítulo 13
TRATAMIENTOS ESPECÍFICOS

Capítulo 14
RECURSOS, RESPONSABILIDAD Y SANCIONES

Capítulo 15
DERECHOS DIGITALES

Capítulo 16
INFANCIA, VERIFICACIÓN DE EDAD E INTERNET SEGURO POR DEFECTO

PARTE II
CIBERSEGURIDAD Y GESTIÓN DE RIESGOS DIGITALES

Capítulo 17
FUNDAMENTOS JURÍDICOS Y TÉCNICOS DE LA CIBERSEGURIDAD

Capítulo 18
MARCO NORMATIVO EN CIBERSEGURIDAD

Capítulo 19
GESTIÓN DE INCIDENTES Y BRECHAS DE SEGURIDAD

Capítulo 20
CIBERDELINCUENCIA Y DELITOS TECNOLÓGICOS

Capítulo 21
GOBERNANZA DE LA CIBERSEGURIDAD Y RESILIENCIA ORGANIZACIONAL

PARTE III
INTELIGENCIA ARTIFICIAL Y PROTECCIÓN DE DERECHOS

Capítulo 22
FUNDAMENTOS DE LA IA Y SU RELACIÓN CON LOS DATOS

Capítulo 23
RIESGOS ÉTICOS Y JURÍDICOS ASOCIADOS A LA IA

Capítulo 24
MARCO NORMATIVO DE LA IA

Capítulo 25
GOBERNANZA Y CONTROL DE SISTEMAS DE IA EN ESPAÑA

Capítulo 26
ESTUDIOS DE CASO EN IA Y DECISIONES AUTOMATIZADAS

ABREVIATURAS[1]

AEPD	Agencia Española de Protección de Datos.
BOE	Boletín Oficial del Estado.
CEDH	Convenio Europeo de los Derechos Humanos.
CEPD	Comité Europeo de Protección de Datos.
CGPJ	Consejo General del Poder Judicial.
DCE	Directiva 2000/31/CE del Parlamento Europeo y del Consejo, de 8 de junio de 2000, *relativa a determinados aspectos jurídicos de los servicios de la sociedad de la información, en particular el comercio electrónico en el mercado interior* (Directiva sobre el comercio electrónico)
Directiva 95/46	Directiva 95/46/CE del Parlamento Europeo y del Consejo, de 24 de octubre de 1995, *relativa a la protección de las personas físicas en lo que respeta al tratamiento de datos personales y a la libre circulación de estos datos.*
Directiva 2002/58	Directiva 2002/58/CE del Parlamento Europeo y del Consejo, de 12 de julio de 2002, *relativa al tratamiento de los datos personales y a la protección de la intimidad en el sector de las comunicaciones electrónicas (Directiva sobre la privacidad y las comunicaciones electrónicas.*
Directiva 2016/680	Directiva (UE) 2016/680 del Parlamento Europeo y del Consejo, de 27 de abril de 2016, *relativa a la protección de las personas físicas en lo que respecta al tratamiento de datos personales por parte de las autoridades competentes para fines de prevención, investigación, detección o enjuiciamiento de infracciones penales o de ejecución de sanciones penales, y a la libre circulación de dichos datos y por la que se deroga la Decisión Marco 2008/977/JAI del Consejo.*
DOUE	Diario Oficial de la Unión Europea.
DUDH	Declaración Universal de los Derechos Humanos.
EIPD	Evaluación de Impacto de Protección de Datos.
GSM	Groupe Spécial Mobile o Global System for Mobile Communications
GT29	Grupo de Trabajo de Artículo 29 de la Directiva 95/46/CE, del Parlamento Europeo y del Consejo de 24 de octubre de 1995, *relativa a la protección de las personas físicas en lo que respecta al tratamiento de datos personales y a la libre circulación de estos datos.* De confor-

[1] La relación de abreviaturas no es exhaustiva, se ha optado por aquellas más usadas y relevantes en la materia.

	midad con el art. 94.2 del RGPD toda referencia al GT29 debe entenderse hecha al «Comité Europeo de Protección de Datos».
IEEE	Institute of Electrical and Electronics.
IoT	*Internet of Things* (Internet de las Cosas).
LSSICE	Ley 34/2002, de 11 de julio, *de servicios de la sociedad de la información y de comercio electrónico.*
LOPD	Ley Orgánica 15/1999, de 13 de diciembre, *de Protección de Datos de Carácter Personal.*
LOPDGDD	Ley Orgánica 3/2018, de 5 de diciembre, *de Protección de Datos Personales y garantía de los derechos digitales.*
NCV	Normas Corporativas Vinculantes.
PSII	Prestadores de Servicios de Intermediación de Internet.
PSSI	Prestadores de Servicios de la Sociedad de la Información.
PSSN	Prestadores de Servicios de *Social Networking.*
RD	Real Decreto.
RGPD	Reglamento (UE) 2016/679 del Parlamento Europeo y del Consejo de 27 de abril de 2016, *relativo a la protección de las personas físicas en lo que respecta al tratamiento de datos personales y a la libre circulación de estos datos y por el que se deroga la Directiva 95/46/CE (Reglamento General de Protección de Datos).*
RPDP	Real Decreto 1720/2007, de 21 de diciembre, por el que se aprueba el *Reglamento de desarrollo de la Ley Orgánica 15/1999, de 13 de diciembre, de protección de datos de carácter personal.*
STJUE	Sentencia del Tribunal de Justicia de la Unión Europea.
TJUE	Tribunal de Justicia de la Unión Europea.
STS	Sentencia del Tribunal Supremo.
TFUE	Tratado de Funcionamiento de la Unión Europea.
TEDH	Tribunal Europeo de los Derechos Humanos.
U.S.	United States (of America)

PARTE I

PROTECCIÓN DE DATOS PERSONALES EN EL ENTORNO DIGITAL

Capítulo 1

INTRODUCCIÓN A LA PRIVACIDAD Y PROTECCIÓN DE DATOS PERSONALES

I. EVOLUCIÓN HISTÓRICA: DE LA DUDH AL RGPD

El origen de la privacidad y protección de datos personales (digitales) lo tenemos que ubicar en la segunda mitad del siglo pasado, cuando allá por 1961 dos científicos de la computación estadounidense decidieron emplear la mejor red de telecomunicaciones que existía entonces, la de telefonía, para crear Internet. Tras una década de intensa investigación, el 29 de octubre de 1969 nacía Internet —entonces fue denominada ARPANET—.

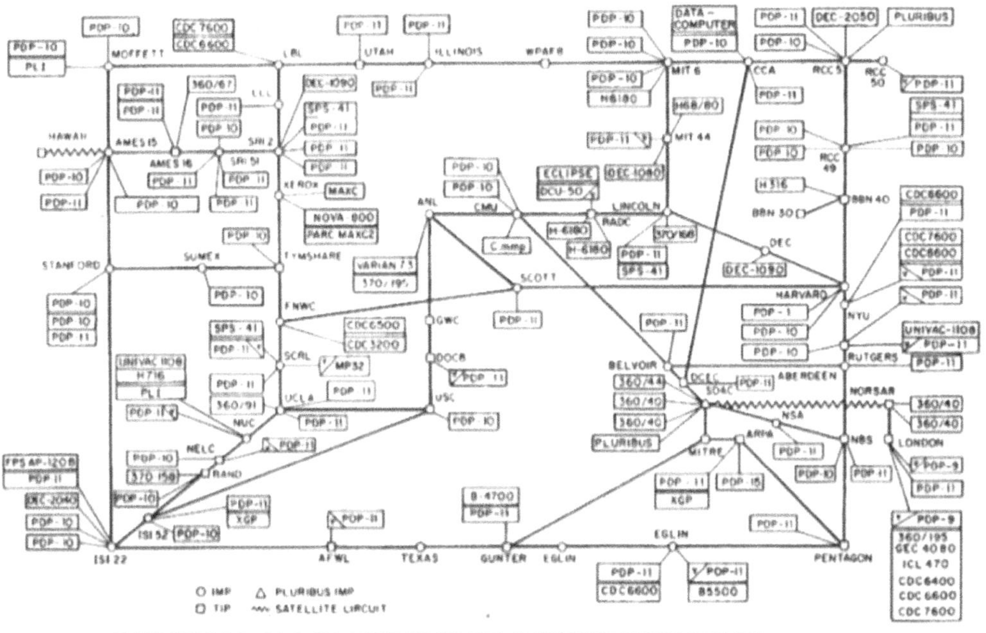

Fuente: Proyecto Idis.

Internet supuso toda una revolución —la denominada Tercera Revolución Industrial— en prácticamente todos los campos que se nos ocurran y, en particular, en el que ahora nos interesa: la privacidad de las personas, cuya información y datos circulan en mayor cantidad en el mundo *online* que en el mundo *offline* y sus datos personales, parte fundamental de su privacidad e intimidad, alojando ingentes cantidades de datos en ordenadores, servidores en la nube —*Cloud*— y plataformas y aplicaciones de terceros —*Facebook, WhatsApp, LinkedIn, Twitter, Instagram, Google*, etc.—.

Este entorno interconectado globalmente, impulsado por avances en computación, telecomunicaciones y sensores, nos ha llevado a una sociedad permanentemente conectada, también con las máquinas: el Internet de las Cosas. En este contexto, se produce un flujo masivo y transfronterizo de datos personales, con implicaciones evidentes para los derechos fundamentales. Surge así lo que se ha denominado la economía del dato, donde los datos se convierten en insumo esencial de las grandes corporaciones tecnológicas, cuya capitalización bursátil se basa, en gran medida, en su capacidad para captar, tratar y explotar información personal a gran escala. Las propias Administraciones Públicas no escapan a esta lógica: el uso de tecnologías de seguimiento, geolocalización y tratamiento automatizado de información ciudadana se ha multiplicado.

La minería de datos (*data mining*) y el análisis masivo de información (*big data*) permiten predecir comportamientos, anticipar decisiones y personalizar servicios con fines comerciales, financieros, sanitarios o incluso políticos. Esto sitúa al individuo en el centro de una estructura de vigilancia —privada o pública— basada en la captura constante de datos conductuales. Esta lógica predictiva se ha extendido a la medicina (*eHealth*), la biotecnología (*BioTech*), la nanotecnología y otras ramas emergentes, donde el procesamiento masivo de datos permite avances extraordinarios, pero también plantea dilemas bioéticos y regulatorios.

La minería de datos —*data mining*— es la siguiente fase de esta era de la sociedad en la que los datos y su tratamiento se han convertido en el nuevo petróleo para las compañías, en un entorno económico y social en el que el cliente, usuario o consumidor se han situado en el centro de todas las industrias y dónde el fin es saber cuánto más mejor sobre cada individuo, buscando predecir su comportamiento —la demanda, en definitiva— a base de «*minar*» —extraer— datos de todo lo que hacemos en nuestro día a día. En cualquier caso, lo cierto es que la capacidad actual de realizar ese tratamiento masivo de datos —*big data*— gracias a la posibilidad de almacenar información en formato digital es lo que está permitiendo un salto exponencial en los avances tecnológicos y sociales, también para cuestiones relativamente menos lucrativas y más éticas como la investigación y desarrollo de tratamientos y sistemas de diagnóstico en medicina y sanidad —la *eHealth*—, la implementación de sistemas biónicos gracias a la biotecnología —*BioTech*—, incluso la configuración de nuestras propias células y organismo desde dentro —Nanotecnología—. En este sentido, recientemente se ha conocido que un grupo de científicos estadounidenses han sido capaces de crear «*robots vivos*» a partir de células de rana, una supercomputadora y el sistema de *machine learning*. Se prevén que estos robots sean los que en el futuro «*limpien*» nuestras arterias, suministren insulina a los diabéticos, detecten tumores de manera precoz —incluso los traten *in situ*— o luchen contra los microplásticos en nuestros mares[2].

Ahora bien, esta fase ya ha sido superada. La sociedad de la información y los datos ha evolucionado hacia un nuevo paradigma: la sociedad algorítmica. Si en la economía del dato el valor residía en la acumulación de información, hoy el poder se desplaza a la capacidad de procesarla automáticamente, derivar inferencias y tomar decisiones autónomas mediante algoritmos.

La inteligencia artificial (IA), definida como la capacidad de una máquina para aprender, razonar y resolver problemas por sí misma, representa el mayor salto tecnológico desde el descubrimiento del fuego, como ha afirmado Ray Kurzweil (la «Singularidad»[3]). Gracias a arquitecturas avanzadas como las redes neuronales convolucionales y al aprendizaje profundo (*deep learning),* los sistemas de IA son capaces de identificar patrones, generar lenguaje natural, reconocer imágenes, diagnosticar enfermedades o gestionar infraestructuras complejas con una eficacia que en muchos casos supera la humana.

Esto plantea un cambio cualitativo y no solo cuantitativo: ya no se trata solo de conocer al usuario, sino de decidir por él, influir en su comportamiento y automatizar aspectos esenciales de su vida cotidiana. Los sistemas algorítmicos que determinan qué contenido vemos, qué crédito obtenemos, qué empleos se nos ofrecen o incluso qué sentencias se emiten, pueden hacerlo de forma opaca, con escasa trazabilidad y escaso control humano. Se sustituye la libertad de elección por *nudges* automatizados, decisiones inscritas en código fuente y modelos estadísticos entrenados con datos históricos, a menudo sesgados.

La protección de datos entra aquí como uno de los escasos frenos normativos efectivos, pero se ve claramente desbordada si no se complementa con una gobernanza algorítmica más ambiciosa. El Reglamento General de Protección de Datos («RGPD») intentó anticipar este escenario, introduciendo límites a las decisiones exclusivamente automatizadas (art. 22), exigencias de transparencia y el principio de responsabilidad proactiva (art. 5.2), pero no basta. De ahí la necesidad de nuevas normas como el Reglamento Europeo de Inteligencia Artificial («AI Act»), que introduce un enfoque basado en el riesgo, prohíbe determinadas prácticas (como el reconocimiento biométrico masivo en tiempo real o la puntuación social), y regula los sistemas de IA de alto riesgo imponiendo auditorías, supervisión humana y calidad del dato.

---

2 *Vid.,* VV.AA., «A scalable pipeline for designing reconfigurable organisms», *Proceedings of the National Academy of Science of the United States of America,* Edited by Terrence J. Sejnowski, Salk Institute for Biological Studies, La Jolla, CA, págs., 1 a 7, disponible en (consultado el 13 de enero de 2020), https://www.pnas.org/content/early/2020/01/07/1910837117

3 *Vid.,* KURZWEIL, Ray, *The Singularity is Near: When Humands Transcend Biology,* Viking Penguin, London, 2005, págs., 21 y ss.

España, por su parte, ha promovido iniciativas pioneras como la Agencia Española de Supervisión de la IA («AESIA»), la Carta de Derechos Digitales o el *sandbox* regulatorio creado por el Real Decreto 817/2023. Estos instrumentos buscan dotar a la sociedad de mecanismos jurídicos y éticos para domesticar la IA y garantizar que su desarrollo no comprometa los derechos fundamentales.

La evolución del derecho a la privacidad se nutre también de hitos jurisprudenciales. Así, el Tribunal Constitucional Federal de Alemania, en su conocida «Sentencia del Censo2 de 1983, reconoció por primera vez el derecho fundamental a la autodeterminación informativa, declarando inconstitucional la Ley de Censo por permitir una recopilación de datos sin garantías suficientes. Esta decisión influyó decisivamente en la doctrina europea sobre privacidad. De igual modo, el Tribunal Constitucional español, en la STC 292/2000, configuró el derecho a la protección de datos del artículo 18(4) CE como un derecho autónomo, destacando el principio de finalidad y limitando la reutilización de datos incluso cuando proceden de fuentes públicas.

En suma, la transición de la economía del dato a la sociedad algorítmica obliga al jurista del siglo XXI a salir de su zona de confort. Ya no basta con aplicar las reglas tradicionales de protección de datos; es necesario comprender los fundamentos técnicos de la IA, sus efectos sistémicos y su impacto en la estructura democrática. La regulación debe ser anticipatoria, transversal y tecnológicamente informada, porque los algoritmos no solo predicen nuestras decisiones: están empezando a tomarlas por nosotros.

II. CONCEPTO, MISIÓN Y OBJETIVOS DE LA REGULACIÓN DE LA PRIVACIDAD Y LOS DATOS PERSONALES

La protección de datos tiene fundamentalmente un objetivo: proteger la privacidad e intimidad humanas, de las personas físicas, así como la libertad, como bienes jurídicos protegidos y fundamentales en Derecho.

A. *¿Qué es la privacidad y protección de datos personales?*

Podemos denominar privacidad y protección de datos personales a la regulación que desde la segunda mitad del siglo XX se ha desarrollado e implantado en los países de la UE fundamentalmente y cuyo fin básico es regular qué datos se recopilan de los individuos, cómo se tratan y para qué se utilizan éstos en aras de proteger los derechos fundamentales de las personas físicas a la privacidad e intimidad y libertad.

B. Misión y Objetivos de la regulación de los datos personales

La principal misión y objetivo de la regulación en materia de privacidad y protección de datos personales es lograr un equilibrio adecuado entre evolución y el progreso social y los derechos inherentes y esenciales del ser humano, en definitiva, entre las necesidades de las empresas y la sociedad —en su «*revolución social*»—, en general, de adquirir datos personales y emplearlos para fines superiores, para evolucionar, por un lado, con la obligación social de respetar los derechos fundamentales a la privacidad, intimidad, secreto de las comunicaciones y libertad de las personas físicas, por otro.

No en vano, en la era de la IA, la ética, las humanidades y los derechos fundamentales son más relevantes y esenciales que nunca.

C. Normas que regulan la privacidad y protección de datos personales: Marco Normativo

La regulación sobre privacidad y protección de datos se recoge en diferentes niveles y ámbitos territoriales:

1. Internacional

A nivel internacional destacan, en materia de protección de la privacidad digital, dos normas fundamentalmente:

a. La Declaración Universal de los Derechos Humanos (DUDH)

Norma que recoge en diferentes artículos la libertad de los individuos, así como el derecho a no ser «objeto de injerencias arbitrarias en su vida privada, su familia, su domicilio o su correspondencia, ni de ataques a su honra o a su reputación» y «a la protección de la ley contra tales injerencias o ataques» (artículo 12).

b. El Convenio número 108 del Consejo de Europa para la Protección de las Personas con respecto al Tratamiento Automatizado de Datos de Carácter Personal y su Protocolo Adicional (el «Convenio 108») de 28 de enero de 1981

Su artículo 23, y pese a que fue promulgado por el Consejo de Europa, permite la Adhesión al mismo de Estados que no sean miembros del Consejo de Europa y que gracias a ello resulta ser, en la actualidad, el único instrumento legal vinculante en materia de protección de datos con un ámbito de aplicación internacional. Fue el primer instrumento legal vinculante a nivel internacional en materia de la protección de datos y supuso un hito crucial para esta materia. Esta norma es de especial importancia porque está basada en una serie de principios que han inspirado —y todavía pueden verse— en la Directiva 95/46 o el RGPD. También trazó el camino a seguir –que debía tener la futura regulación de protección de datos– y así puso sobre el papel la importancia de proteger la privacidad y protección de datos al mismo tiempo que permitir y reforzar el flujo libre de información y datos.

El Convenio 108 está estructurado en siete capítulos entre los que destacan:

- El Capítulo II: «Principios básicos para la protección de datos» (arts. 4 a 11).
- El Capítulo III: «Flujos Transfronterizos de Datos» (arts. 12).
- El Capítulo IV: «Ayuda Mutua» (arts. 13 a 16)
- El Capítulo V: «Comité Consultivo» (arts. 18 a 20).

Cabe añadir que el Convenio 108 del Consejo de Europa fue actualizado mediante el Protocolo de 2018[4] («Convenio número 223 del Consejo de Europa») en vigor desde 2023, reforzando los estándares internacionales de protección de datos y consolidando la cooperación entre autoridades nacionales.

2. Europa

Europa ha sido el adalid a nivel mundial en la protección de datos personales. En el seno del Consejo de Europa y de la Unión Europea[5], destacan las siguientes normas en materia de privacidad y protección de datos personales:

a. *Convenio Europeo de Derechos Humanos (CEDH)*[6]

En su artículo octavo consagra el Derecho al respeto a la vida privada y familiar, del siguiente tenor:

---

4 Vid., Protocolo de Enmienda de 2018 al Convenio del Consejo de Europa para la Protección de las Personas con respecto al Tratamiento Automatizado de Datos de Carácter Personal (Convenio 108+, Convenio 223 del Consejo de Europa) actualiza el Convenio original de 1981, adaptándolo a las realidades de un mundo cada vez más interconectado y reforzando la protección de los derechos fundamentales en el procesamiento de datos personales, como el derecho a la privacidad.

5 La Directiva 95/46 ha sido derogada por el RGPD, por lo que no se tratará en este manual.

6 *Vid.*, Convenio para la Protección de los Derechos Humanos y de las Libertades Fundamentales, hecho en Roma, 4 de noviembre de 1950, publicado en España en el BOE número 243, de 10 de octubre de 1979; la UE incorporó el mandato de la adhesión al Convenio, en el apartado 2 del artículo 6 del Tratado de la Unión Europea, en los términos establecidos

> «1. Toda persona tiene derecho al respeto de su vida privada y familiar, de su domicilio y de su correspondencia.
>
> 2. No podrá haber injerencia de la autoridad pública en el ejercicio de este derecho, sino en tanto en cuanto esta injerencia esté prevista por la ley y constituya una medida que, en una sociedad democrática, sea necesaria para la seguridad nacional, la seguridad pública, el bienestar económico del país, la defensa del orden y la prevención del delito, la protección de la salud o de la moral, o la protección de los derechos y las libertades de los demás».

Este artículo ha sido interpretado de manera amplia por la jurisprudencia del TEDH, incorporando dentro del mismo, el concepto de protección de datos, a pesar de que no está regulado de forma autónoma, a diferencia de lo que sucede con la Carta de los Derechos Fundamentales de la Unión Europea.

b. Carta de los Derechos Fundamentales de la Unión Europea (CDFUE)[7]

Los artículos 7 y 8[8] de la Carta reconocen el respeto de la vida privada y la protección de los datos de carácter personal como derechos fundamentales si bien estrechamente relacionados, independientes. La Carta está integrada en el Tratado de Lisboa y es jurídicamente vinculante para las instituciones y órganos de la Unión, así como para los Estados miembros cuando aplican el Derecho de la Unión.

c. Tratado de Funcionamiento de la Unión Europea (TFUE)[9]

En su artículo 16 recoge el derecho a la protección de datos de carácter personal de toda persona, así como la obligación de las Instituciones Europeas de

---

por su Protocolo Nº 8º en su versión consolidada tras las modificaciones introducidas por el Tratado de Lisboa, firmado el 13 de diciembre de 2007. Sin embargo, la incorporación de la UE al sistema de la CEDH, aun no se ha hecho efectivo (Dictamen 2/13 del TJUE).
Vid., Carta de los Derechos Fundamentales de la Unión Europea, (2000/C 364/01), DOUE C 364/1 de 18 de diciembre de 2000.

7 *Vid.*, Carta de los Derechos Fundamentales de la Unión Europea, (2000/C 364/01), DOUE C 364/1 de 18 de diciembre de 2000.

8 Artículo 7. Respeto de la vida privada y familiar *«Toda persona tiene derecho al respeto de su vida privada y familiar, de su domicilio y de sus comunicaciones».*
Artículo 8. Protección de datos de carácter personal
«1. Toda persona tiene derecho a la protección de los datos de carácter personal que la conciernan.
2. Estos datos se tratarán de modo leal, para fines concretos y sobre la base del consentimiento de la persona afectada o en virtud de otro fundamento legítimo previsto por la ley. Toda persona tiene derecho a acceder a los datos recogidos que la conciernan y a su rectificación.
3. El respeto de estas normas quedará sujeto al control de una autoridad independiente».

9 *Vid.*, Tratado de Funcionamiento de la Unión Europea, Versión Consolidada, DOUE C 326/47 de 26 de octubre de 2012.

establecer, con arreglo al procedimiento legislativo ordinario, las normas sobre protección de las personas físicas respecto del tratamiento de datos de carácter personal. También plasma el poder de control del respeto a la normativa de protección de datos personales que tienen encomendadas las autoridades de control independientes.

d. *El Reglamento General de Protección de Datos (RGPD)*[10]

El RGPD supone un momento crucial para los ciudadanos europeos en la convergencia de los derechos fundamentales y la era de la digitalización. Es el mayor esfuerzo hasta la fecha realizado en nuestro continente por implementar un régimen homogéneo de protección de la privacidad, intimidad, libertad y datos personales de los ciudadanos europeos. La clave de la regulación de la privacidad y protección de datos está en lograr el equilibrio entre el libre flujo de información y datos, por un lado, y la protección de la privacidad y datos personales, por otro, en un juego de equilibrio con otros derechos fundamentales y donde la proporcionalidad es la medida de la balanza[11].

El RGPD, como Reglamento –comunitario– que es, tiene un alcance general, es obligatorio en todos sus elementos y directamente aplicable en cada Estado miembro[12]. Esto supone que, a diferencia de las directivas –de su predecesora en particular–, y de lo que la mayoría de la gente piensa, el RGPD no necesita una transposición en nuestro ordenamiento jurídico para poder aplicarse; es más, desde el pasado 25 de mayo de 2018 es aplicable en todos los Estados miembros de la UE (eficacia directa)[13], y desplaza a la normativa interna que lo contradiga pues se sitúa dentro del ordenamiento jurídico de los Estados miembros por encima de la Ley nacional (primacía del Derecho de la UE)[14].

---

10 Reglamento (UE) 2016/679 del Parlamento Europeo y del Consejo, de 27 de abril de 2016, *relativo a la protección de las personas físicas en lo que respecta al tratamiento de datos personales y a la libre circulación de estos datos y por el que se deroga la Directiva 95/46/CE* (Reglamento general de protección de datos), DOUE del 4 de mayo de 2016 L 119/1.

11 El propio RGPD manifiesta (considerando 4º) que «El derecho a la protección de datos personales no es un derecho absoluto, sino que debe considerarse en relación con su función en la sociedad y mantener el equilibrio con otros derechos fundamentales, con arreglo al principio de proporcionalidad».

12 *Vid.*, artículo 288 del TFUE.

13 *Vid.*, Sentencia del Tribunal de Justicia de 5 de febrero de 1963, asunto *Van Gend & Loos* (26/62).

14 Establecida en la Sentencia del Tribunal de Justicia de 15 de julio de 1964, asunto *Costa v. ENEL* (6/64).

La eficacia directa del RGPD produce efectos inmediatos desde su entrada en vigor[15] y durante el tiempo que esté vigente, lo que implica que otorga a los particulares derechos que las jurisdicciones de los Estados miembros deben proteger; esto es, confiere derechos a los particulares que se pueden invocar ante las Administraciones Públicas y el Poder Judicial, e impone obligaciones a éstas.

De especial importancia es la consecuencia jurídica de la eficacia directa y la primacía del RGPD con respecto a la LOPD[16] primero –y luego respecto a la LOPDGDD–[17] y demás normativa conexa española, pues implica que el RGPD frente a la aplicación de cualquier norma nacional —anterior o posterior al reglamento— que se oponga o sea incompatible con el RGPD[18]. En la práctica esto conlleva que la LOPD anteriormente y la LOPDGDD actualmente no se aplica en aquello que sea incompatible con el RGPD y debe ser enmendada[19] —si se quiere— de forma que sea compatible con la norma europea para poder ser aplicada.

El RGPD consta de 173 considerandos y 99 artículos. Los artículos estipulan derechos y obligaciones mientras que los considerandos recogen criterios y pistas fundamentales para saber cómo interpretar los artículos por lo que a la hora de la aplicación del reglamento hay que considerar ambos. Como quiera que el RGPD es la piedra angular de la protección de datos personales y que, por tanto, se analizará a lo largo del presente manual, vamos ahora sólo a apuntar las **principales novedades y características** que aporta el mismo.

---

15 El RGPD entró en vigor el 25 de mayo de 2016, si bien se comenzó a aplicar el pasado 25 de mayo de 2018, *Vid.*, art. 99 del RGPD.

16 *Vid.*, Ley Orgánica 15/1999, de 13 de diciembre, de Protección de Datos de Carácter Personal. «BOE» núm. 298, de 14/12/1999.

17 *Vid.*, Ley Orgánica 3/2018, de 5 de diciembre, de Protección de Datos Personales y garantía de los derechos digitales (en adelante la «LOPDGDD»)

18 *Vid.*, Sentencia del Tribunal de Justicia de 9 de marzo de 1978, asunto *Simmenthal* (106/77) que recoge que la primacía del Derecho de la UE supone que: *(i)* si la norma interna incompatible es anterior a la norma de la UE, el reglamento tiene un efecto inaplicabilidad de toda norma nacional contraria; *(ii)* si la norma nacional es posterior, la norma europea impide que se aprueben actos legislativos nacionales que son incompatibles con ella. En caso de ocurrir lo anterior, el Juez directamente aplica el reglamento sin necesidad de mayor trámite excluyendo la aplicación de la norma interna incompatible. Y Sentencias del Tribunal de Justicia de 14 de diciembre de 1971, asunto *Politi* (43/71); 10 de octubre de 1973, asunto *Variola* (34/73); y 17 de mayo de 1972, asunto *Leonesio* (93/71).

19 La LOPD fue modificada para adaptarse al RGPD. *Vid.*, Real Decreto-ley 5/2018, de 27 de julio, *de medidas urgentes para la adaptación del Derecho español a la normativa de la Unión Europea en materia de protección de datos*, BOE núm. 183 de 30 de julio de 2018. Posteriormente ha sido derogada por la LOPDGDD.

- *Aplicación directa* en todos los Estados miembros sin necesidad de transposición alguna.
- *No se aplica a los tratamientos* relativos a (i) actividades no comprendidas en el ámbito de la UE, (ii) a las actividades en materia de política exterior y de seguridad común, ni (iii) a aquellos efectuados por una persona física en el ejercicio de actividades exclusivamente personales o domésticas.
- *Territorialmente* el RGPD se aplica si: (i) el responsable o encargado tiene el establecimiento en la UE (independientemente de donde se realice el tratamiento); (ii) se tratan datos personales de interesados que residen en la UE por un responsable o encargado no establecido en la ue (solo en aquellos casos de oferta de bienes y servicios a los interesados o que controlen su comportamiento); y (iii) el tratamiento se produce por un responsable no establecido en la UE pero en virtud de las normas del Derecho Internacional Público se aplican las normas de un Estado miembro allí donde está establecido el responsable.
- Refuerza el poder de los interesados gracias a la reforma de la prestación del *consentimiento* en su beneficio.
- Incluye *nuevos derechos* y refuerza los anteriores para los interesados.
- Introducen el principio de *accountability* que incluye un conjunto de nuevas responsabilidades para responsables y encargados.
- Recoge nuevas obligaciones para los *encargados* que les obliga a estar más involucrados en la tarea de proteger los datos personales.
- El régimen de *transferencias internacionales* de la Directiva 95/46 se mantiene vigente.
- Se *eliminan las clásicas medidas de seguridad* en función de los ficheros y la tipología de datos (bajo, medio y alto) y se implementan medidas de seguridad basadas en la *Evaluación de Impacto de Protección de Datos* («EIPD»), así como la obligación de reportar vulneraciones de seguridad en 72 horas.
- Se introduce y regula la figura del *Delegado de Protección de Datos.*
- Aumento considerable de las *sanciones* (hasta 20 millones de euros o el 4% de la facturación global anual en caso de empresas) e inclusión de un derecho de los individuos a ser *indemnizados* por las violaciones de la normativa.
- Se crea el *Comité Europeo de Protección de Datos* como autoridad máxima a nivel europeo en la materia, heredero del GT29.

e. *La Directiva de tratamiento de datos para el cumplimiento de penas y sanciones penales*[20]

La directiva, cuya misión es complementar la regulación analizada, en la materia objeto de la misma, tiene como objetivos *(i)* proteger los derechos y libertades fundamentales de las personas físicas; *(ii)* aclarar las normas relativas a las transmisiones internacionales de datos para fines de prevención, investigación, detección o enjuiciamiento de infracciones penales o de ejecución de sanciones penales por parte de las autoridades administrativas y judiciales; *(iii)* mejorar la cooperación entre las autoridades que tratan datos para fines de prevención, investigación, detección o enjuiciamiento de infracciones penales o de ejecución de sanciones penales; y *(iv)* proteger a los interesados afectados por tratamiento de datos para fines de prevención, investigación, detección o enjuiciamiento de infracciones penales o de ejecución de sanciones penales.

f. *Directiva sobre la privacidad y las comunicaciones electrónicas («ePrivacy Directive»)*[21]

Norma fundamental en materia de protección de datos en mundo *online.* La *ePrivacy Directive* ha sido traspuesta en diferentes normas en nuestro Derecho, entre otras, en la Ley 34/2002, de 11 de julio, *de servicios de la sociedad de la información y de comercio electrónico* («LSSICE»)[22] y en la Ley 32/2003, de 3 de noviembre, General de Telecomunicaciones[23] y su Reglamento de desarrollo[24].

---

20 Directiva (UE) 2016/680 del Parlamento Europeo y del Consejo, de 27 de abril de 2016, *relativa a la protección de las personas físicas en lo que respecta al tratamiento de datos personales por parte de las autoridades competentes para fines de prevención, investigación, detección o enjuiciamiento de infracciones penales o de ejecución de sanciones penales, y a la libre circulación de dichos datos y por la que se deroga la Decisión Marco 2008/977/JAI del Consejo.*
Directiva 2002/58/CE del Parlamento Europeo y del Consejo de 12 de julio de 2002, *relativa al tratamiento de los datos personales y a la protección de la intimidad en el sector de las comunicaciones electrónicas (Directiva sobre la privacidad y las comunicaciones electrónicas),* Diario Oficial de las Comunidades Europeas del 31 de julio de 2002, L 201/37.

21 Directiva 2002/58/CE del Parlamento Europeo y del Consejo de 12 de julio de 2002, *relativa al tratamiento de los datos personales y a la protección de la intimidad en el sector de las comunicaciones electrónicas (Directiva sobre la privacidad y las comunicaciones electrónicas),* Diario Oficial de las Comunidades Europeas del 31 de julio de 2002, L 201/37.

22 *Vid.,* BOE núm. 166, de 12 de julio 2002.

23 *Vid.,* BOE núm. 264, de 04/11/2003.

24 En concreto en el Título V, *Vid.,* Real Decreto 424/2005, de 15 de abril, *por el que se aprueba el Reglamento sobre las condiciones para la prestación de servicios de comunicaciones electrónicas, el servicio universal y la protección de los usuarios,* «BOE» núm. 102, de 29 de abril de 2005 (texto consolidado a fecha 24 de mayo de 2011)

La Directiva 2002/58, dirigida específicamente al sector de las comunicaciones online, supone un reconocimiento de la importancia y relevancia de Internet en Sociedad de la Información, que necesita de una regulación específica en materia de protección de datos personales. La Directiva aplica al tratamiento de datos personales en relación con la prestación de servicios de comunicaciones electrónicas disponibles al público en redes de comunicación dentro de la UE. Si las redes de comunicación electrónicas no son disponibles públicamente, la Directiva 2002/58 no aplica. En las denominadas «intranet» de las empresas, por ejemplo, no aplica.

Aspectos fundamentales de la regulación de la Directiva 2002/58 son:

- *Seguridad: (i)* los proveedores de servicios de comunicación electrónica disponibles al público («ISP» por sus siglas en inglés) deben adoptar medidas técnicas (en función del estado de la técnica y el coste) y de gestión adecuadas para preservar la seguridad de sus servicios; y *(ii)* cuando exista riesgo de violación de seguridad en la red, el ISP deberá informar a los abonados acerca del riesgo concreto.
- *Confidencialidad de las comunicaciones:* los Estados miembros deben garantizar la confidencialidad de las comunicaciones y de los datos asociados a ellas realizadas a través de los ISP, en particular prohibirán la escucha, la grabación, el almacenamiento u otros tipos de intervención o vigilancia de las comunicaciones y los datos de tráfico asociados a ellas por personas distintas de los usuarios[25], sin el consentimiento de los usuarios interesados, salvo cuando dichas personas estén autorizadas legalmente a hacerlo.
- *Comunicaciones comerciales:* como el envío de SMS, email, MMS, etc. requieren un consentimiento doble *opt-in* del interesado[26] como regla general. La excepción es que ciertas prácticas de marketing digital, como las llamadas telefónicas o el envío de mensajes sobre prácticas comerciales lícitas y sobre productos o servicios similares a los contratados por el interesado, requieren, al menos, un consentimiento *opt-out.*

---

25 A los efectos de abordar los sistemas electrónicos, redes de comunicación y los individuos titulares de los derechos de privacidad y protección de datos, a lo largo de este libro se podrá emplear el término «*usuario*» como equivalente a «*interesado*» cuando de interesados cuyos datos son recopilados y tratados a través de Internet se trate, en particular en los capítulos dedicados a la Directiva 2002/58 y las cookies.

26 Que el interesado consienta previamente y confirme que ha confirmado (doble ok) por ejemplo en un email posterior que se le envía tras haber prestado su consentimiento.

- *Cookies*[27]*:* como regla general respecto de las *cookies*, solo se permiten a condición de que se facilite a dicho abonado o usuario información clara y completa, en particular sobre los fines del tratamiento de los datos, con arreglo a lo dispuesto en la Directiva 95/46 y de que el responsable del tratamiento de los datos le ofrezca el derecho de negarse a dicho tratamiento. Las *cookies técnicas* —aquellas *(i)* cuyo único fin de efectuar o facilitar la transmisión de una comunicación a través de una red de comunicaciones electrónicas, o en la medida que *(ii)* sean necesarias para proporcionar a una empresa de información un servicio expresamente solicitado por el usuario o el abonado) están permitidas sin mayor requisito.
- *Datos de geolocalización:* solo está permitido recopilarlos y tratarlos si se vuelven anónimos o si se cuenta con el consentimiento expreso del interesado y para la duración estrictamente necesaria.
- *Abonados:* deben ser informados siempre que sean incluidos en un directorio o base de datos.

La Directiva 2002/58 fue reformada en ciertas ocasiones, destacando la reforma operada en mayo de 2011 por la que se incluyó la obligación de comunicar a la autoridad nacional de protección de datos y al interesado (o abonado a dicha red) aquellas violaciones o brechas de seguridad que sufrieran los ISP y que afectaban a la privacidad y los datos personales de éstos. En 2013 se produjo una nueva reforma que permitió entablar acciones legales al interesado contra el ISP por las comunicaciones no solicitadas.

---

27 Una *cookie* es cualquier tipo de archivo (un código o algoritmo) o dispositivo digital que se descarga en el equipo de un usuario informático con el objetivo de almacenar datos que podrán ser actualizados y recuperados posteriormente (o en tiempo real) por aquél responsable de la cookie y su instalación (*cookies* propias) o por el tercero interesado que encarga esta acción a un intermediario (*cookies* de terceros). Las *cookies* permiten el almacenamiento en el terminal del usuario de cantidades de datos que van de unos pocos kilobytes a varios megabytes. Éstas se pueden clasificar en función de una serie de categorías, aunque una misma cookie puede estar incluida en más de una categoría. Cfr., Agencia Española de Protección de Datos, «Guía sobre el Uso de la Cookies», pág. 7 y ss., disponible en: http://www.interior.gob.es/documents/10180/13073/Guia_Cookies.pdf/7c72c988-1e55-42b5-aeee-f7c46a319903.
Un *tracking pixel* —también denominado «tracking bug» o «web beacon gif de 1×1»—es fragmento de código que coloca en el sitio web para activar una *cookie* que recoge información sobre la visita de un usuario. Consiste en una pequeña imagen (generalmente de un único *pixel* transparente) referenciada por un código de HTML o JavaScript que se inserta en una página web o en el servidor de publicidad de un tercero con el fin de monitorear la actividad web. Habitualmente se utiliza en analítica web y en publicidad online.

Una de las cuestiones actuales más relevantes es que la Directiva 2002/58 permite, en ciertos escenarios, el consentimiento ambiguo, así como el consentimiento recabado de manera tácita o implícita (por ejemplo, cuando navegamos por una página y por el solo hecho de hacer *scroll* hacia abajo ya estamos dando implícitamente nuestro consentimiento tal y como recoge el aviso de privacidad de la web en cuestión). Esto ha hecho que para poder ser coherente con el RGPD se haya iniciado un profundo proceso de reforma de la misma que tiene previsto desembocar en el futuro **Reglamento sobre la privacidad y las comunicaciones electrónicas («Reglamento ePrivacy»)**[28].

Las principales novedades de la propuesta de *Reglamento ePrivacy* son:

- *Alcance general, obligatorio en todos sus elementos y directamente aplicable en cada Estado miembro:* impondrá un régimen homogéneo de derechos y obligaciones en la UE.
- *Extensión del ámbito material:* se aplicará a todos los ISP.
- *Consentimiento expreso únicamente:* para escuchas, grabaciones, almacenamiento de textos, llamadas, emails, etc. El consentimiento también es necesario para tratar contenidos y metadatos[29] derivados de las comunicaciones electrónicas, a no ser que éstos sean anonimizados.
- *Nuevas oportunidades de negocio para los operadores de telecomunicaciones:* como los mapas de calor que indican la presencia de individuos para facilitar el transporte.
- *Revisión de las reglas sobre cookies:* el *Reglamento ePrivacy* empoderará aún más a los usuarios respecto de las cookies, si bien mantendrá la excepción para las cookies técnicas que no recopilan datos, así como intensificación del control de riesgos sobre la privacidad.
- *Prohibición de comunicaciones no solicitadas:* mediante el uso de técnicas de lo que podríamos denominar «soft opt-in» o permitidas solo cuando concurra el consentimiento.
- *Sanciones:* las sanciones por vulneraciones del *Reglamento ePrivacy* se equiparán con las del RGPD.

---

[28] *Vid.*, Propuesta de Reglamento del Parlamento Europeo y del Consejo *sobre el respeto de la vida privada y la protección de los datos personales en el sector de las comunicaciones electrónicas y por el que se deroga la Directiva 2002/58/CE* (Reglamento sobre la privacidad y las comunicaciones electrónicas), del 10 de enero de 2017, 2017/0003 (COD).

[29] Los metadatos son los datos que describen otros datos. Si por ejemplo tenemos una fotografía, ésta es el dato, en cambio la hora a la que se hizo, los parámetros como la apertura del diafragma, la velocidad de obturación, la sensibilidad del sensor (ISO), etc. serían los metadatos del dato.

g. *El «Reglamento de Gobernanza de Datos»*[30]

El Reglamento (UE) 2022/868 del Parlamento Europeo del Consejo de 30 de mayo de 2022 relativo a la gobernanza europea de datos y por el que se modifica el Reglamento (UE) 2018/1724 (en adelante «Reglamento de Gobernanza de Datos» o «**DGA**» por su siglas en inglés) comporta una norma de derecho derivado de la UE que tiene carácter intersectorial y cuyo objetivo es regular la reutilización de datos públicos o aquellos conservados o protegidos, impulsando el intercambio de datos a través de la regulación de nuevos intermediarios de datos y fomentando el intercambio de datos con fines altruistas. Así, el DGA recoge las condiciones para (i) la reutilización, dentro de la UE, de determinadas categorías de datos que obren en poder de organismos del sector público; (ii) construye y establece un marco de notificación y supervisión para la prestación de servicios de intermediación de datos y de inscripción voluntaria en un registro de las entidades que recojan y traten datos cedidos con fines altruistas, y (iii) crea el Comité Europeo de Innovación en materia de Datos (art. 1[1] DGA)[31]. Norma que no desplaza a la normativa de protección de datos nacional en ciertos casos (art. 1[2] DGA).

En cuanto a su ámbito de aplicación, el DGA regula, por un lado, la **reutilización** —sujeto al pago de tasas— de determinadas categorías de datos protegidos que obren en poder de organismos del sector público (capítulo II) DGA) y, por otro lado, los **servicios de intermediación** entre los titulares de datos y los potenciales usuarios de datos, entre los interesados que deseen facilitar sus datos personales o las personas físicas que deseen facilitar datos no personales y los potenciales usuarios de datos, así como los denominados «servicios de cooperativas de datos» (capítulo III). Quedan **fuera las cesiones altruistas de datos** (capítulo IV

---

30 *Vid.*, Reglamento (UE) 2022/868 del Parlamento Europeo del Consejo de 30 de mayo de 2022
relativo a la gobernanza europea de datos y por el que se modifica el Reglamento (UE) 2018/1724
(Reglamento de Gobernanza de Datos). DOUE L 152/1 de 3 de junio de 2022.

31 Que «adoptará la forma de un grupo de expertos integrado por representantes de las autoridades competentes en materia de servicios de intermediación de datos y las autoridades competentes para la inscripción en el registro de las organizaciones de gestión de datos con fines altruistas de todos los Estados miembros, el Comité Europeo de Protección de Datos, el Supervisor Europeo de Protección de Datos, ENISA, la Comisión, el representante de la UE para las pymes o un representante designado por la red de representantes nacionales para las pymes y otros representantes de los organismos pertinentes de sectores específicos, así como organismos con conocimientos especializados. A la hora de nombrar expertos individuales, la Comisión procurará lograr un equilibrio geográfico y de género en la composición del grupo de expertos» (art. 29[1] DGA).

DGA) respecto de las entidades inscritas en el correspondiente registro públicos de organizaciones reconocidas de gestión de datos con fines altruistas.

Recientemente, el Comité Europeo de Innovación en materia de Datos ha emitido una **guía explicativa de la DGA**[32].

Como complemento de la DGA, la **Directiva sobre datos abiertos**[33] (traspuesta en nuestro Derecho en el tiempo de descuento[34], básicamente viene a tratar de conjugar la necesidad de proteger la privacidad y datos personales con la conocida filosofía de innovación en tecnologías punteras como «open source»[35]. Así, su objeto el fomento del «uso de datos abiertos y estimular la innovación de los productos y servicios», garantizando unas condiciones mínimas sobre la reutilización. Para ello traslada e hibrida conceptos propios de la protección de datos para implementar los «datos abiertos desde el diseño y por defecto» (art. 5[2]), la gratuidad en la reutilización (art. 6[1]) o los «datos de alto valor» (art. 2[10] y 13 y ss.)

No obstante, las exclusiones de su ámbito de aplicación son múltiples. Así, quedan fuera de su ámbito, entre otros, los documentos sobre los que existan derechos de propiedad intelectual por parte de terceros, los propios de la propiedad industrial, documentos de organismos de radiodifusión para el cumplimiento de su misión, los documentos sensibles por razones de seguridad nacional o confidencialidad comercial y los esenciales para proteger infraestructuras críticas (en sentido de la ciberseguridad).

---

32 Disponible aquí: https://digital-strategy.ec.europa.eu/en/library/new-practical-guide-data-governance-act?pk_source=ec_newsroom&pk_medium=email&pk_campaign=Shaping%20Europe%27s%20Digital%20Future%20website%20updates

33 *Vid.*, Directiva (UE) 2019/1024 del Parlamento Europeo y del Consejo de 20 de junio de 2019 relativa a los datos abiertos y la reutilización de la información del sector público. DOUE L 172/56 de 26 de junio de 2019.

34 *Vid.*, Libro Tercero de la Real Decreto-ley 24/2021, de 2 de noviembre, de transposición de directivas de la Unión Europea en las materias de bonos garantizados, distribución transfronteriza de organismos de inversión colectiva, datos abiertos y reutilización de la información del sector público, ejercicio de derechos de autor y derechos afines aplicables a determinadas transmisiones en línea y a las retransmisiones de programas de radio y televisión, exenciones temporales a determinadas importaciones y suministros, de personas consumidoras y para la promoción de vehículos de transporte por carretera limpios y energéticamente eficientes. «BOE» núm. 263, de 03/11/2021. Y por la que se modifica la Ley 37/2007, de 16 de noviembre, sobre reutilización de la información del sector público

35 El concepto «open source» («código abierto») básicamente atañe a la creación tecnología en la que las fuentes de creación tecnológicas (las fuentes del código —software—) son abiertas y accesibles al resto de participantes (por tanto, sin reservas ni derechos exclusivos de autor u otro tipo) con objeto de enriquecerse unos de otros y fomentar la creación, innovación y y desarrollo exponencial de nuevas tecnologías tales como la IA.

3. España

A nivel nacional destacan la **LOPDGDD** y, **en cuanto no se oponga a ella**, el resto de normativa del sistema anterior al RGPD, esto es, el **(i) LOPD,** norma que ha sido derogada prácticamente en su integridad, salvo en materia de «defensa del Estado o la seguridad pública, la protección de los derechos y libertades de terceros o las necesidades de las investigaciones que se estén realizando», así como para no impedir o dificultar «gravemente el cumplimiento de las funciones de control y verificación de las Administraciones públicas o cuando afecte a la Defensa Nacional, a la seguridad pública o a la persecución de infracciones penales o administrativas»[36]; **(ii) su reglamento de desarrollo** (en adelante el «**RPDP**»[37]); **(iii) Ley 25/2007, de 18 de octubre**, de conservación de datos relativos a las comunicaciones electrónicas y a las redes públicas de comunicaciones[38].

La LOPDGDD ha venido a adaptar —que no transponer— el ordenamiento jurídico español al RGPD y a completar sus disposiciones en aquellos ámbitos en los que éste lo permite, por ejemplo, en materia de límite de edad para los menores de edad. Aunque desgraciadamente, la LOPDGDD no ha llevado a cabo esta tarea en todas las cuestiones que la norma europea le habilitaba[39]. También es objeto de esta ley la garantía de una nueva clase de derechos, al menos en Derecho positivo, como son los denominados «*derechos digitales*» de la ciudanía, si bien desde la óptica constitucional de la protección de datos personales —art. 18.4 CE—.

Lo cierto es que, en resumidas cuentas, la LOPDGDD se limita a regular por remisión al articulado del RGPD la mayoría de las cuestiones nucleares de la normativa en materia de protección de datos personales, tales como, por ejemplo, los principios, las categorías especiales de datos o los derechos de los interesados.

---

36 *Vid.*, disposición derogatoria única en relación con la disposición adicional decimocuarta y disposición transitoria cuarta de la LOPDGDD.

37 *Vid.*, Real Decreto 1720/2007, de 21 de diciembre, por el que se aprueba el Reglamento de desarrollo de la Ley Orgánica 15/1999, de 13 de diciembre, de protección de datos de carácter personal. «BOE» núm. 17, de 19/01/2008.

38 *Vid.*, «BOE» núm. 251, de 19/10/2007.

39 A mi juicio, ello supone una importante oportunidad perdida por (*i*) no haberse recogido en la LOPDGDD cuestiones tales como el Derecho de rectificación en Internet (art. 85 RGPD) y el Derecho a la actualización de informaciones en medios de comunicación digitales (art. 86 RGPD) y (*ii*) por no haberse conciliado por ley —tal y como estipula el RGPD en su art. 85—el derecho a la protección de datos personales con el derecho a la libertad de expresión e información, incluido el tratamiento con fines periodísticos y fines de expresión académica, artística o literaria, en base a exenciones o excepciones a los principios, derechos y otras cuestiones fundamentales del RGPD y que hubieran aportado la seguridad jurídica que necesitan empresas como los medios de comunicación en los entornos digitales para trasvasar sus inversiones desde sus negocios analógicos.

Consideramos que ello tiene poco sentido, puesto que el Reglamento, al ser de aplicación directa, es ya en sí mismo lo suficientemente detallado y específico como para que una ley nacional aborde las mismas cuestiones para simplemente remitirse a los artículos de la norma europea. Es más, el hecho de que la LOPD-GDD afronte esas mismas cuestiones con otro enfoque y estructura legislativa, encuadrándolas bajo diferentes títulos y epígrafes, no hace sino llevar en muchos casos a confusión y falta de comprensión de la regulación vigente en la materia. Como opinión, hubiera sido más acertado que la nueva LOPDGDD se hubiera limitado a regular exclusivamente aquellas cuestiones en las que el RGPD habilita a la normativa nacional para legislar en mayor detalle —cosa que, si bien se ha acometido, parcialmente, no en todos los casos que el Reglamento indica como ya hemos apuntado— además de las cuestiones nuevas o particulares de nuestra Ley (como, por ejemplo, la obligación de bloqueo de datos del art. 32).

Sea como fuere, el derecho fundamental a la protección de datos personales está tutelado, en nuestro Derecho, por la Constitución Española de 1978—*ex* art. 18.4—; por el RGPD; y por la LOPDGDD, como las tres normas fundamentales, y sin perjuicio de otras.

La **LOPDGDD fue modificada** en 2023[40] para introducir modificaciones tanto en la tramitación de algunos procedimientos de la Agencia Española de Protección de Datos (AEPD) como en su Estatuto.

Ello se debió, en primer lugar, a la corrección de errores del RGPD[41] de la que se desprende que no se debe considerar el apercibimiento como una sanción, tal y como se consideraba en el ordenamiento jurídico español. Dicha corrección requiere, dada la aplicación directa del RGPD, modificar la LOPDGDD para configurar el apercibimiento como una medida adecuada, de naturaleza no sancionadora, incluida dentro de los poderes correctivos de las autoridades de control.

En segundo lugar, al incremento y la mayor complejidad de los asuntos abordados por la Agencia en los procedimientos sancionadores que demuestra la necesidad de ampliar algunos de los plazos para resolver. Esta complejidad se

---

40 A través de la disposición final novena de la Ley 11/2023, de 8 de mayo, de trasposición de Directivas de la Unión Europea en materia de accesibilidad de determinados productos y servicios, migración de personas altamente cualificadas, tributaria y digitalización de actuaciones notariales y registrales; y por la que se modifica la Ley 12/2011, de 27 de mayo, sobre responsabilidad civil por daños nucleares o producidos por materiales radiactivos. BOE 110 de 9 de mayo de 2023

41 *Vid.*, Corrección de errores del Reglamento (UE) 2016/679 del Parlamento Europeo y del Consejo, de 27 de abril de 2016, relativo a la protección de las personas físicas en lo que respecta al tratamiento de datos personales y a la libre circulación de estos datos y por el que se deroga la Directiva 95/46/CE (Reglamento general de protección de datos) (Diario Oficial de la Unión Europea L 119 de 4 de mayo de 2016).

vio acentuada además por la instauración por parte del RGPD del mecanismo de «ventanilla única», que requiere de un sistema de cooperación y coherencia entre las distintas autoridades de protección de datos de la UE en determinados casos. Por ello, la modificación contempla el aumento de nueve a doce meses en la duración máxima del procedimiento sancionador, y de doce a dieciocho meses en las actuaciones previas de investigación.

Entre las **modificaciones más relevantes** de la LOPDGDD destacan: (i) la creación del procedimiento de apercibimiento como un procedimiento específico, más flexible y rápido, con una duración máxima de seis meses; (ii) la forma de realizar las actuaciones de investigación a través de sistemas digitales, para regular la opción de realizar no sólo investigaciones presenciales sino también remotas, (iii) la posibilidad de establecer modelos de presentación de reclamaciones ante la AEPD en todos los ámbitos en los que tenga competencia, que serán de uso obligatorio para los interesados independientemente de que estén obligados o no a relacionarse electrónicamente con las Administraciones Públicas. Estos modelos serán publicados en el BOE y en la Sede electrónica de la AEPD, serán de obligado cumplimiento al mes de su publicación y facilitarán y simplificarán la presentación de reclamaciones.

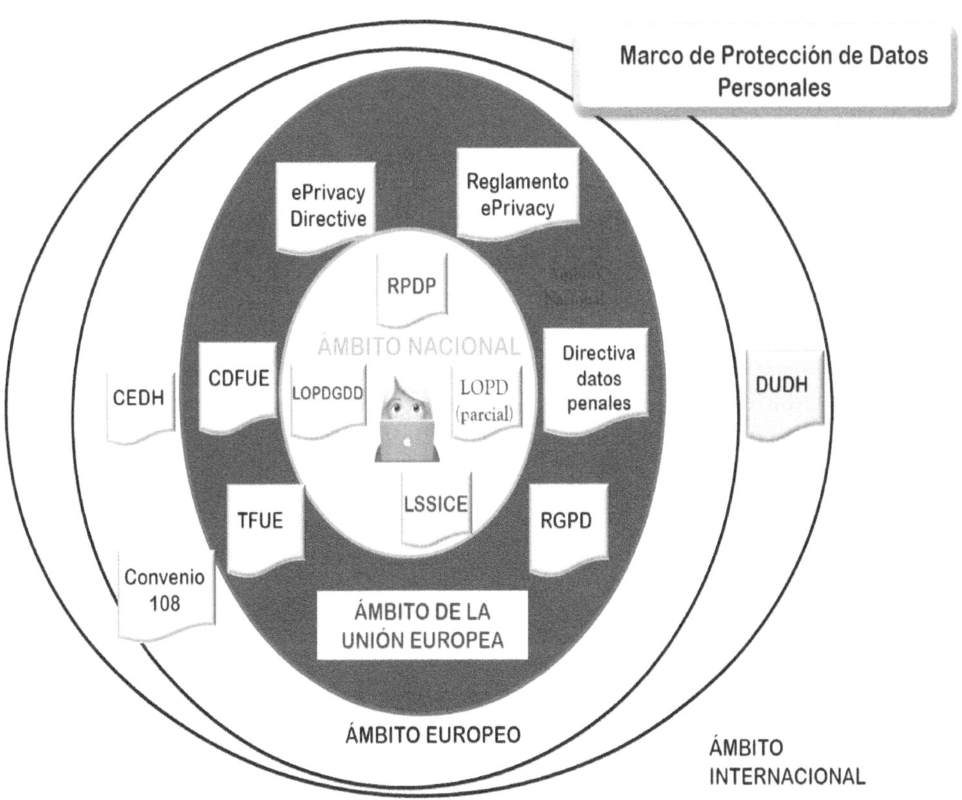

III. ÁMBITO DE APLICACIÓN DE LA NORMATIVA DE PROTECCIÓN DE DATOS

Una cuestión compleja en la nueva economía digital es la determinación del alcance de las normativas destinadas a regularla, en entornos cada vez más globales y «*líquidos*» en los que las fronteras no existen y todo cambia constantemente. Esto es lo que ocurre con la normativa de protección cuyo ámbito territorial se circunscribe a la Unión Europea pero que, debido a la ubicuidad y liquidez de la información, de los datos, a través de Internet, implica serias dificultades para concretar cuál es la normativa aplicable y jurisdicción competentes.

A. El RGPD

Con el objeto de establecer la normas relativas a la protección de datos personales y la libre circulación de datos a nivel europeo, así como proteger los derechos y libertades fundamentales de las personas físicas —en particular el derecho a la protección de datos personales—, pero también la libre circulación de tales datos en el territorio de la UE —libertad que no puede ser restringida, ni prohibida en aras de honrar el derecho a la protección de datos personales—, el RGPD se aplica, desde un punto de vista material, tanto a los datos automatizados como a los no automatizados, contenidos o destinados a ser incluidos en un fichero[42].

Quedan excluidos de su ámbito de aplicación material, y, por tanto, no se aplica, a los tratamientos de datos personales: (i) en el ejercicio de una actividad no comprendida en el ámbito de aplicación del Derecho de la UE; (ii) los realizados por parte de los Estados miembros cuando lleven a cabo actividades comprendidas en el ámbito de la acción exterior de la UE y su Política exterior de seguridad común; (iii) los efectuados por una persona física en el ejercicio de actividades exclusivamente personales o domésticas[43]; y (iv) los ejecutados por las autoridades competentes con fines de prevención, investigación, detección o enjuiciamiento de infracciones penales, o de ejecución de sanciones

---

42 *Vid.*, art. 1 RGPD.

43 No obstante, el TJUE precisó en su Sentencia (Sala Cuarta) de 11 de diciembre de 2014, asunto František Ryneš c. Úřad pro ochranu osobních údajů, (C-212/13) [ECLI:EU:C:2014:2428] que la instalación de cámaras de videovigilancia en un domicilio que capten imágenes de la vía pública no puede considerarse un uso «doméstico» y debe someterse a la normativa de protección de datos. Esta doctrina ilustra la interpretación restrictiva de la excepción personal o familiar.

penales, incluida la de protección frente a amenazas a la seguridad pública y su prevención[44].

El RGPD regula tanto a operadores europeos, privados como públicos —instituciones, órganos y organismos, si bien el régimen de exoneración de responsabilidad de los prestadores de servicios de intermediación de Internet, regulado en la Directiva de Comercio Electrónico (en lo sucesivo la «DCE»[45]) y transpuesto en nuestra LSSICE —arts. 14 a 17—.

El ámbito de aplicación territorial del RGPD ya ha sido analizado[46].

B. La LOPDGDD

Al igual que el RGPD, la parte de la LOPDGDD destinada a regular la protección de datos —es decir, los Títulos I a IX— se aplica tanto a los tratamientos automatizados como no automatizados de datos personales contenidos o destinados a ser incluidos en un fichero. No se aplica, en cambio, a los tratamientos: (i) excluidos del ámbito de aplicación del RGPD[47]; (ii) los tratamientos de personas fallecidas, sin perjuicio de lo que más adelante estudiaremos; y (iii) y los trata-

---

44 *Vid.*, art. 2 RGPD.

45 *Vid.*, Directiva 2000/31/CE del Parlamento Europeo y del Consejo, de 8 de junio de 2000, *relativa a determinados aspectos jurídicos de los servicios de la sociedad de la información, en particular el comercio electrónico en el mercado interior (Directiva sobre el comercio electrónico)*, DOUE núm. L 178 de 17 de julio de 2000 (págs., 0001 - 0016).

46 *Vid.*, Capítulo Primero, apartado II, C), 2º).

47 Sin perjuicio de aquellos tratamientos que no estando sujetos al RGPD, por afectar a materias no cedidas a la UE, se rigen por su normativa específica si la hubiere y, «supletoriamente por lo establecido en el RGPD y LOPGDD», como, por ejemplo, los tratamientos realizados al amparo de la normativa del régimen electoral general, instituciones penitenciarias, Registro Civil y Registros de la Propiedad y Mercantiles. La aplicación supletoria del RGPD y la norma española no parece, *a priori,* conforme con el ordenamiento jurídico europeo, toda vez que, poca lógica jurídica tiene que a una materia —como el régimen electoral general— se le aplique directamente la normativa española (por ser ésta una materia excluida del ámbito competencial de la UE y, por extensión, del RGPD) y, en defecto de aquélla, se le aplique, en segundo término, la norma que en primer término se negó su aplicación (esto es, el RGPD). *Vid.*, art. 2.3 LOPDGDD. Más plausible parece la solución alcanzada respecto de los tratamiento realizados por los órganos judiciales en los procesos de su competencia y los realizados dentro de la Oficina Judicial, que se regirán por el RGPD, la LOPDGDD y la LOPJ. *Ibid.*, art. 2.4.

mientos sometidos a la normativa sobre protección de materias clasificadas[48], cuestión que el RGPD sí que regula sucintamente[49].

La reforma de la LOPDGDD operada en 2021[50] ha dispuesto que los tratamientos de datos llevado a cabo con ocasión de la tramitación por el Ministerio Fiscal de los procesos de los que sea competente, así como el realizado con esos fines dentro de la gestión de la Oficina Fiscal, se regirán por lo dispuesto en el RGPD y la LOPDGDD, modificando de esta manera el ámbito de aplicación de ambas normas. Cambio que, por otro lado, plantea ciertas dudas en cuanto a su constitucionalidad toda vez que una norma de rango inferior jerárquicamente —LOPDGDD— opera una modificación de una norma de rango superior —RGPD— así como implementa una modificación legislativa que siendo una norma de menor rango legal no puede oponerse o contradecir a la de mayor rango.

IV. GRANDES HITOS EN LA PROTECCIÓN DE LA PRIVACIDAD Y PROTECCIÓN DATOS PERSONALES

A continuación, exponemos de manera esquemática los **hitos históricos de la normativa en materia de privacidad y protección de datos** en lo que a España respecta por su influencia, directa o indirecta:

---

48 El término «*materias clasificadas*» se refiere a «los asuntos, actos, documentos, informaciones, datos y objetos cuyo conocimiento por personas no autorizadas pueda dañar o poner en riesgo la seguridad y defensa del Estado». Las materias clasificadas pueden catalogarse bien como «secreto» o bien como «reservada» en función del grado de protección que requieran. *Vid.*, arts. 2 y 3 de la Ley 9/1968, de 5 de abril, *sobre secretos oficiales*. «BOE» núm. 84, de 6 de abril de 1968.

49 «Los datos personales de documentos oficiales en posesión de alguna autoridad pública o u organismo público o una entidad privada para la realización de una misión en interés público podrán ser comunicados por dicha autoridad, organismo o entidad de conformidad con el Derecho de la Unión o de los Estados miembros que se les aplique a fin de conciliar el acceso del público a documentos oficiales con el derecho a la protección de los datos personales en virtud del presente Reglamento». *Vid.*, art. 86 RGPD.

50 *Vid.*, disposición final 4(1) de la Ley Orgánica 7/2021, de 26 de mayo, de protección de datos personales tratados para fines de prevención, detección, investigación y enjuiciamiento de infracciones penales y de ejecución de sanciones penales. «BOE» núm. 126, de 27/05/2021.

1950	• Convenio Europeo de los Derechos Humanos.
1970	• El Estado alemán de Hesse introduce el primer derecho moderno a la privacidad.
1973	• Suecia crea la Ley de Datos, la primera normativa nacional de privacidad.
1973-74	• Se aprueba la Resolución 73/22, del Comité de Ministros del Consejo de Europa en materia jurídica, relativa a la protección de la vida privada de las personas físicas respecto de los bancos de datos electrónicos en el sector privado y la Resolución 74/29, del Comité de Ministros del Consejo de Europa en materia jurídica, relativa a la protección de la vida privada de las personas físicas respecto de los bancos de datos electrónicos en el sector público.
1979	• Algunos países de la UE aprueban sendas leyes en materia de protección de datos (Austria, Dinamarca, Francia, Alemania, Luxemburgo o Noruega). España reconoce el derecho a la privacidad y protección de datos como derecho fundamental incorporándolo en su Constitución de 1978.
1980	• Desarrollo de las guías (no vinculantes) de la OCDE relativas a la Protección de la Privacidad y el Flujo Transnacional de Datos Personales.
1981	• Se aprueba el Convenio 108 del Consejo de Europa para la Protección de las Personas con respecto al Tratamiento Automatizado de Datos de Carácter Personal y su Protocolo Adicional.
1995	• Se aprueba la Directiva 95/46/CE del Parlamento Europeo y del Consejo, de 24 de octubre de 1995, relativa a la protección de las personas físicas en lo que respeta al tratamiento de datos personales y a la libre circulación de estos datos.
1999	• Aprueba la Ley Orgánica 15/1999, de 13 de diciembre, de Protección de Datos de Carácter Personal ("LOPD").
2001	• Firma del Protocolo Adicional a la Convención 108. Introducción del concepto de nivel "adecuado" de protección en las transferencias de datos fuera de la UE.
2002	• Firma de la Directiva 2002/58/CE del Parlamento Europeo y del Consejo, de 12 de julio de 2002, relativa al tratamiento de los datos personales y a la protección de la intimidad en el sector de las comunicaciones electrónicas (Directiva sobre la privacidad y las comunicaciones electrónicas).
2007	• Aprobación del Real Decreto 1720/2007, de 21 de diciembre, por el que se aprueba el Reglamento de desarrollo de la Ley Orgánica 15/1999, de 13 de diciembre, de protección de datos de carácter personal ("RLOPD").

2016	• Se aprueba el Reglamento 2016/679/UE del Parlamento Europeo y del Consejo de 27 de abril de 2016 • relativo a la protección de las personas físicas en lo que respecta al tratamiento de datos personales y a la libre circulación de estos datos y por el que se deroga la Directiva 95/46/CE (Reglamento general de protección de datos).
2016	• Aprobación de la Directiva 2017/680/UE del Parlamento Europeo y del Consejo de 27 de abril de 2016 relativa a la protección de las personas físicas en lo que respecta al tratamiento de datos personales por parte de las autoridades competentes para fines de prevención, investigación, detección o enjuiciamiento de infracciones penales o de ejecución de sanciones penales, y a la libre circulación de dichos datos y por la que se deroga la Decisión Marco 2008/977/JAI del Consejo.
2016	• Aprobación de la Directiva 2016/681/UE del Parlamento Europeo y del Consejo relativa a la utilización de datos del registro de nombres de los pasajeros (PNR) para la prevención, detección, investigación y enjuiciamiento de los delitos de terrorismo y de la delincuencia grave.
2017	• Aprueba la Propuesta de Reglamento del Parlamento Europeo y del Consejo sobre el respeto de la vida privada y la protección de los datos personales en el sector de las comunicaciones electrónicas y por el que se deroga la Directiva 2002/58/CE (Reglamento sobre la privacidad y las comunicaciones electrónicas).
2018	• El 25 de mayo de 2018 comenzó a ser de aplicación obligatoria y automática el RGDP.
2018	• Entrada en vigor de la LOPDGDD (Ley Orgánica 3/2018, de 5 de diciembre, de Protección de Datos Personales y garantía de los derechos digitales).

Capítulo 2

CONCEPTOS FUNDAMENTALES DE LA PRIVACIDAD Y PROTECCIÓN DE DATOS PERSONALES

I. DATOS DE CARÁCTER PERSONAL

De conformidad con el RGPD, son **datos personales** «toda información sobre una persona física identificada o identificable ("interesado")». Los datos pueden estar automatizados o no y organizados en cualquier manera (en bases de datos, carpetas, etc.). La definición de la Directiva de protección de datos personales era más completa en el concepto de protección de datos personales[51].

No obstante, el **TJUE ha fijado una interpretación amplia** tanto del concepto de «dato personal» como del concepto de «tratamiento de datos», en aras al objetivo —declarado del RGPD— de garantizar un nivel uniforme y elevado de protección de las personas físicas dentro de la Unión y reforzar y especificar los derechos de los interesados[52].

En cualquier caso, el **Grupo de Trabajo del Artículo 29** (en lo sucesivo «GT29»)[53] elaboró un análisis sobre el concepto de datos personales[54] que resul-

---

[51] La Directiva entendía que son datos personales «toda información sobre una persona física identificada o identificable ("*el interesado*"); se considerará identificable toda persona cuya identidad pueda determinarse, directa o indirectamente, en particular mediante un número de identificación o uno o varios elementos específicos, característicos de su identidad física, fisiológica, psíquica, económica, cultural o social».

[52] *Vid.*, considerandos 10 y 11 RGPD y STJUE (Sala Primera) de 22 de junio de 2023, asunto *J.M c. Apulaistietosuojavaltuutettu y Pankki* S (C-579/21) [ECLI:EU:C:2023:501] apartados 42 a 46 y 55.

[53] El GT29 («WP29» por sus siglas en inglés), fue creado por la Directiva 95/46/CE en su artículo vigésimo noveno y es un órgano consultivo independiente integrado por las Autoridades de Protección de Datos de todos los Estados miembros, el Supervisor Europeo de Protección de Datos y la Comisión Europea. La Agencia Española de Protección de Datos forma parte del mismo desde su inicio, en febrero de 1997. En la actualidad, tras ser de aplicación el RGPD ha sido sustituido por el Comité Europeo de Protección de Datos (art. 68 y siguientes del RGPD). Las funciones del GT29 están recogidas en la Directiva de protección de datos entre las que se incluyen: (1) estudiar toda cuestión relativa a la aplicación de las disposiciones nacionales tomadas para la aplicación de la Directiva, (2) emitir dictámenes sobre el nivel de protección existente dentro de la Comunidad y en países terceros, (3) asesorar a la Comisión sobre cualquier proyecto de modificación de la Directiva, y (4) formular recomendaciones sobre cualquier asunto relacionado con la protección de datos en la Unión Europea. «*El GT 29 se pronuncia a través de Dictámenes, Documentos de Trabajo, Informes o Recomendaciones, aunque*

ta de gran interés y que ha ido inspirando la normativa y jurisprudencia desde entonces. El GT29 centra el concepto en cuatro apartados fundamentales:

A. *Toda información*

Cualquier tipo de información ha de ser entendido, en cuanto a su naturaleza, como cualquier tipo de información, tanto objetiva como subjetiva. Además, no es necesario que la información sea cierta para ser considerada datos personales. En cuanto al contenido, el concepto de cualquier tipo de información debe ser interpretada de manera amplia y no sólo referida a la vida privada y familiar[55]. Por tanto, recoge actividades ligadas con la vida profesional, la vida pública o la vida privada, entre otras. Por último, en cuanto al formato, los datos personales pueden estar recogidos en cualquier formato. El RGPD expresamente menciona los sistemas automatizados de procesamiento de datos, pero también incluye los medios manuales[56].

B. *Sobre*

Los datos personales tienen que ir referidos a una persona física. La información relativa a objetos, procesos o eventos puede calificarse de «dato personal» bajo ciertas circunstancias siempre y cuando estén relacionados con una persona física (los datos del domicilio, por ejemplo). Para que los datos se consideren que «versan sobre una persona» el GT29 recoge tres elementos de los cuales al menos uno debe de darse: (i) «contenido» (cuando la información es sobre un individuo en el sentido corriente de la palabra, como lo entiende nuestra sociedad); (ii) «finalidad» (en función de si la información que se trata tiene como fin analizar, evaluar o valorar a una persona física); o (iii) «resultado» (concurre cuando el tratamiento de ciertos datos tiene impacto para los derechos e intereses del individuo).

---

también manifiesta su posición en cartas o comunicados de prensa. Las decisiones del Grupo no son jurídicamente vinculantes, pero tienen un importante valor doctrinal y son frecuentemente utilizados y citados por los legisladores y los tribunales nacionales y europeos». Cfr., la Asociación Profesional de Consultores en Protección de Datos, disponible en https://www.apcpd.es/que-es-y-quienes-forman-el-grupo-de-trabajo-del-articulo-29/.

54 *Vid.*, Dictamen 4/2007 sobre el concepto de datos personales, de 20 de junio, 01248/07/ES WP 136

55 Así lo ha manifestado el TEDH en su Sentencia de 16 de febrero de 2000, en el asunto *Amann c. Suiza* (Solicitud 27798/1995).

56 *Vid.*, Art. 2.1 RGPD.

C. Identificada o identificable

Una persona es identificable, según el GT29, cuando a pesar de que todavía no se ha identificado, es posible hacerlo, directa o indirectamente. Para saber cuándo estamos en presencia de una persona «identificable» habremos de estar a criterios como el coste del proceso de identificación, el tiempo, la tecnología que hay que emplear, etc., sin que la mera hipótesis de poder identificar a un sujeto sea suficiente, debiendo de ser razonablemente posible (si la posibilidad de identificar a una persona no existe o es imposible, debemos considerar que no es «identificable» y tal información no podrá ser considerada «datos personales» a efectos de la privacidad y protección de datos personales)[57].

Caso direcciones IP

Las **direcciones IP** —incluso las dinámicas— pueden ser consideradas datos personales en ciertos casos ya que los individuos pueden ser identificados, al menos, indirectamente[58]. Si nos vamos a la definición estricta del RGPD, éste indica expresamente que los identificadores en línea (esto es, los ID de navegador, las direcciones IP, los datos de localización, etc.) como medios que permiten identificar —indirectamente— a personas físicas[59]. Y expresamente también reconoce las cookies («identificadores de

---

57 *Vid.*, Considerando 26º RGPD: «*Los principios de la protección de datos deben aplicarse a toda la información relativa a una persona física identificada o identificable. Los datos personales seudonimizados, que cabría atribuir a una persona física mediante la utilización de información adicional, deben considerarse información sobre una persona física identificable. Para determinar si una persona física es identificable, deben tenerse en cuenta todos los medios, como la singularización, que razonablemente pueda utilizar el responsable del tratamiento o cualquier otra persona para identificar directa o indirectamente a la persona física. Para determinar si existe una probabilidad razonable de que se utilicen medios para identificar a una persona física, deben tenerse en cuenta todos los factores objetivos, como los costes y el tiempo necesarios para la identificación, teniendo en cuenta tanto la tecnología disponible en el momento del tratamiento como los avances tecnológicos. Por lo tanto, los principios de protección de datos no deben aplicarse a la información anónima, es decir información que no guarda relación con una persona física identificada o identificable, ni a los datos convertidos en anónimos de forma que el interesado no sea identificable, o deje de serlo. En consecuencia, el presente Reglamento no afecta al tratamiento de dicha información anónima, inclusive con fines estadísticos o de investigación*».

58 *Cfr.*, STJUE de 19 de octubre de 2016, asunto *Patrick Breyer c. Bundesrepublik Deutschaland* (C-582/14).

59 *Vid.*, art. 4.1 RGPD en relación con la definición de «*"datos personales": toda información sobre una persona física identificada o identificable ("el interesado"); se considerará persona física identificable toda persona cuya identidad pueda determinarse, directa o indirectamente, en particular mediante un identificador, como por ejemplo un nombre, un número de identificación, datos de localización, un identificador en línea o uno o varios elementos propios de la identidad física, fisiológica, genética, psíquica, económica, cultural o social de dicha persona*»;

sesión en forma de "cookies"») como identificadores en línea que permiten asociarlos a personas físicas y, por tanto, como datos personales[60].

Lo cierto es que más allá de disquisiciones técnicas sobre la naturaleza jurídica de una dirección ip y su aptitud para ser un dato personal o no —algunas de ellas con mucha carga de razón y base argumental— esta cuestión ha sido zanjada tanto a nivel nacional como europeo en el sentido de que las direcciones IP son datos personales en el sentido de la normativa[61]. Así, ya antes de la entrada en vigor del RGPD, la AEPD se pronunció en el sentido de que las direcciones IP son datos personales, toda vez que permiten bien directa, bien indirectamente, identificar a las personas físicas asociadas a ellas[62].

El Tribunal Supremo español («TS») y el Tribunal de Justicia de la Unión Europea («TJUE») han seguido la misma línea que la autoridad española de protección de datos.

En este sentido, destaca la STJUE en el asunto «Breyer» (2016) donde el Tribunal declaró que una dirección IP dinámica puede constituir un dato personal si existen medios legales razonables para identificar al usuario[63].

La posición jurisprudencial de órganos judiciales de tanta relevancia como el TS o el TJUE es que las direcciones IP (bien sean estáticas o dinámicas) son datos personales a los efectos de la Normativa de Protección de Datos Personales. Es más, el TJUE expresamente indica —algo que puede ser discutible pero que no deja de ser una opinión jurídica muy cualificada y vinculante— que el hecho de que una dirección IP permita conocer la identidad de una persona física indirectamente (puesto que se pueden iniciar acciones legales y de esta manera solicitar al proveedor de servicios de acceso a Internet que revele cual es la identidad de la persona física asociada a la dirección IP) conlleva que las direcciones IP deban ser considerados datos personales a

---

60 *Vid.*, considerando 30º del RGPD: «*Las personas físicas pueden ser asociadas a identificadores en línea facilitados por sus dispositivos, aplicaciones, herramientas y protocolos, como direcciones de los protocolos de internet, identificadores de sesión en forma de «cookies» u otros identificadores, como etiquetas de identificación por radiofrecuencia. Esto puede dejar huellas que, en particular, al ser combinadas con identificadores únicos y otros datos recibidos por los servidores, pueden ser utilizadas para elaborar perfiles de las personas físicas e identificarlas*».

61 Además de las direcciones IP —estáticas o dinámicas—, la mayoría de la doctrina y jurisprudencia consideran que son datos personales, en el sentido de la normativa de protección de datos, los siguientes: (*i*) el ID del servidor; (*ii*) el ID del navegador, (*iii*) el ID del sistema operativo; (*iv*) el ID del proveedor de servicios de Internet, el código postal, el prefijo telefónico, país, región, ciudad, ID de la zona DMA, (*v*) la zona horaria, longitud, latitud, tipo de conexión, datos de localización o ubicación; (*vi*) la indicación de fecha y hora de la última visita de usuario; (*vii*) la información contenida en las cookies —no estrictamente técnicas—; y (*viii*) las direcciones MAC, IMEI, número de serie, etc., de dispositivos móviles.

62 *Cfr.*, Agencia Española de Protección de Datos (AEPD), «Carácter de dato personal de la dirección IP. Informe 327/2003»

63 Cfr., STJUE (Sala Segunda) de 19 de octubre de 2016, asunto Pratrick Breyer c. Bundesrepublik Deutschland (C-582/14) [ECLI:EU:C:2016:779

todos los efectos[64]. El TS, por su parte, en un asunto que enfrentaba a PROMUSICAE y la AEPD, también confirmó el parecer, criterio y fundamentos de la sala de instancia y manifestó que las direcciones IP son datos personales[65]. La STS rechaza el argumento de PROMUSICE de que las direcciones IP no son datos personales toda vez que no permiten identificar a la persona física[66].

Gran relevancia presentan los datos anónimos o anonimizados toda vez que el RGPD no aplica a éstos. Anónimo es «*desconocido o que se oculta*» según el Diccionario de la Lengua Española, mientras que los **datos anonimizados** son aquellos que se han transformado en anónimos mediante un procedimiento que no es reversible y que, por tanto, impide volver a conocer tales datos. Diferente de la anonimización es la seudonimización o datos seudónimos, un término a caballo entre los datos personales y los datos anónimos. Los **datos seudonimizados** deben considerarse información sobre una persona física identificable[67] y, por ende, no exime de cumplir con el RGPD.

Recientemente, el Tribunal de Justicia de la Unión Europea ha aclarado el alcance del concepto de datos personales en el marco de los tratamientos de datos en el seno de la UE[68] y relación con la transmisión de datos seudonimizados a terceros (STJUE [Sala Primera] de 4 de septiembre de 2025, asunto Supervisor Europeo de Protección de Datos (SEPD) et al c. Junta Única de Resolución (JUR) et al. [C- C-413/23 P]. En síntesis, el SEPD recurrió en casación ante el TJUE la sentencia del Tribunal General de 26 de abril de 2023, JUR/SEPD (T-557/20, en lo sucesivo, EU:T:2023:219). Y ello sobre la base de un litigio que se inició en 2017 por la Decisión JUR (SRB/EES/2017/08) relativa a un dispositivo de resolución de Banco Popular Español, S. A., en virtud del Reglamento (UE) n.º 806/2014

64 *Vid.*, STJUE (Sala 2ª) de 19 de octubre de 2016, asunto *Pratrick Breyer* (C-582/14), aptdo. 49º

65 *Vid.*, STS (Sala 3ª) número 3896/2014 de 3 de octubre de 2014 (RJ 6153/2011), FJº 4º.

66 Expresamente indicaba y rechazaba respecto del argumentario de la recurrente (PROMUSICAE) que «*dicha parte por sí misma es incapaz de llegar a conocer, a partir del dato de la dirección IP, la identidad, u otros datos de identificación de la persona de que se trate. Añade la parte recurrente que, de la prueba practicada en el recurso, resulta que carece de los medios técnicos precisos para llegar a averiguar la identidad real de la persona física que utiliza la dirección IP, con la consecuencia de que, en tales circunstancias, no es posible considerar que las direcciones IP que PROMUSICAE pretende tratar constituyan datos personales, haciendo la sentencia recurrida una lectura equivocada de la sentencia del Tribunal de Justicia de la Comunidad Europea de 29 de enero de 2008*».

67 *Vid.*, considerando 26º RGPD.

68 Vid., Reglamento (UE) 2018/1725 del Parlamento Europeo y del Consejo de 23 de octubre de 2018 relativo a la protección de las personas físicas en lo que respecta al tratamiento de datos personales por las instituciones, órganos y organismos de la Unión, y a la libre circulación de esos datos, y por el que se derogan el Reglamento (CE) n.o 45/2001 y la Decisión n.o 1247/2002/CE. DOUE L 295/39 de 21 de noviembre de 2018.

del Parlamento Europeo y del Consejo, de 15 de julio de 2014, por el que se establecen normas uniformes y un procedimiento uniforme para la resolución de entidades de crédito y de determinadas empresas de servicios de inversión en el marco de un Mecanismo Único de Resolución y un Fondo Único de Resolución y se modifica el Reglamento (UE) n.º 1093/2010. A raíz de la resolución de Banco Popular, la JUR encargó a Deloitte la valoración de la diferencia de trato, para determinar si los accionistas y acreedores de Banco Popular habrían recibido un mejor tratamiento si hubieran iniciado un procedimiento de insolvencia ordinario. El 14 de junio de 2018, Deloitte remitió esta valoración a la JUR. En el marco de tal procedimiento se adoptaron diferentes sistemas (tales como formularios de registro en línea) para que los accionistas y acreedores afectados a manifestar su interés en ejercer su derecho a ser oídos. Los datos recabados en la fase de registro eran accesibles a un número limitado de miembros del personal de la JUR y, posteriormente, tras pseudonimizarlos, transmitidos por ésta a Deloitte. El SRB recabó opiniones de accionistas y acreedores y transmitió comentarios seudonimizados a Deloitte, lo que motivó quejas ante el EDPS, que consideró infringida la obligación de información conforme a la normativa de protección de datos. Recurrida, el Tribunal General anuló parcialmente la decisión del EDPS.

En su Sentencia, el Tribunal de Justicia ha corregido esa interpretación, destacando que las opiniones personales están indisolublemente vinculadas a su autor y constituyen datos personales.[69] Asimismo, confirma que la seudonimización no implica en todos los casos anonimización plena (pues los datos pseudonimizados siguen siendo datos personales)[70], y que la valoración de la identificabilidad debe hacerse en función de las circunstancias y desde la perspectiva del responsable

---

69 Vid., apartados 54-55, 58, a saber: «El Tribunal de Justicia ha declarado que el empleo de la expresión «toda información» en la definición del concepto de «datos personales», que figura en esa disposición y en el artículo 4, punto 1, del RGPD, evidencia el objetivo del legislador de la Unión de atribuir a este concepto un significado muy amplio, que puede abarcar todo género de información, tanto objetiva como subjetiva, en forma de opiniones o apreciaciones, siempre que sean «sobre» la persona en cuestión (sentencias de 4 de mayo de 2023, Österreichische Datenschutzbehörde y CRIF, C-487/21, EU:C:2023:369, apartado 23 y jurisprudencia citada; de 7 de marzo de 2024, OC/Comisión, C-479/22 P, EU:C:2024:215, apartado 45, y de 4 de octubre de 2024, Agentsia po vpisvaniyata, C-200/23, EU:C:2024:827, apartado 130).
» Una información se refiere a una persona física identificada o identificable cuando, debido a su contenido, su finalidad o sus efectos, la información está relacionada con una persona identificable (sentencias de 20 de diciembre de 2017, Nowak, C-434/16, EU:C:2017:994, apartado 35; de 7 de marzo de 2024, OC/Comisión, C-479/22 P, EU:C:2024:215, apartado 45, y de 7 de marzo de 2024, IAB Europe, C-604/22, EU:C:2024:214, apartado 37 y jurisprudencia citada).
» Esta apreciación del Tribunal General no tiene en cuenta la particular naturaleza de las opiniones o de los puntos de vista personales que, como expresión del pensamiento de una persona, están necesaria e íntimamente ligados a esta».

70 Vid., apartados 63-64 de la Sentencia.

del tratamiento al momento de la recogida, no desde la del tercero receptor. Con ello, el Tribunal devuelve el asunto al Tribunal General para nueva resolución.

Por último, en materia de identificación de interesados, el uso de datos agregados para fines estadísticos puede generar dudas acerca de si contienen datos sobre individuos identificados o identificables. Sin embargo, se debe de ser prudente, pues la aplicación de la normativa de protección de datos dependerá de si los datos permiten identificar personas físicas o no.

D. Persona física

La protección de datos personales aplica a las personas naturales globalmente, con independencia del país de residencia, sujeto a lo recogido en el artículo 3 del RGPD. El concepto de «persona natural» o «persona física» se deja a la concreción de los Estados miembros, si bien el RGPD da algunas pistas de cómo debe implementarse dicho concepto[71].

Los datos pueden estar localizados en **ficheros**, entendiéndose por tal «todo conjunto estructurado de datos personales, accesibles con arreglo a criterios determinados, ya sea centralizado, descentralizado o repartido de forma funcional o geográfica».

Hay una amplísima tipología de datos, pero el RGPD ha introducido una especial mención a cierto tipo de datos, como son: los «**datos genéticos**» («datos personales relativos a las características genéticas heredadas o adquiridas de una persona física que proporcionen una información única sobre la fisiología o la salud de esa persona, obtenidos en particular del análisis de una muestra biológica de tal persona»)[72]; los «**datos biométricos**» («datos personales obtenidos a partir de un tratamiento técnico especifico, relativos a las características físicas, fisiológicas o conductuales de una persona física que permitan o confirmen la identificación única de dicha persona, como imágenes faciales o datos dactiloscópicos»); y los datos «**relativos a la salud**» («datos personales relativos a la salud física o mental de una persona física, incluida la prestación de servicios de atención sanitaria, que revelen información sobre su estado de salud»). Los datos relativos a la salud pueden ser aquellos que revelen datos pasados, presentes o

---

71 *Vid.*, considerando 27º: «*El presente Reglamento no se aplica a la protección de datos personales de personas fallecidas. Los Estados miembros son competentes para establecer normas relativas al tratamiento de los datos personales de estas*».

72 Además el considerando 34º del RGPD aclara que «*debe entenderse por datos genéticos los datos personales relacionados con características genéticas, heredadas o adquiridas, de una persona física, provenientes del análisis de una muestra biológica de la persona física en cuestión, en particular a través de un análisis cromosómico, un análisis del ácido desoxirribonucleico (ADN) o del ácido ribonucleico (ARN), o del análisis de cualquier otro elemento que permita obtener información equivalente*».

futuros —por ejemplo, una enfermedad genética futura que se pueda tener y se conozca mediante un análisis genético— que el interesado pueda tener.

Cuadro resumen

¿SON DATOS PERSONALES?	SI	NO	DEPENDE
Sobre personas físicas	☑		
Sobre personas jurídicas		✕	
Sobre objetos			!
Sobre el *nasciturus*			!
Sobre direcciones IP	☑		
Datos anónimos		✕	
Datos pseudonimizados	☑		
Datos genéticos	☑		
Datos biométricos	☑		
Datos agregados para fines estadísticos			!

II. EL INTERESADO

Una persona identificada o identificable, esto es, un «**interesado**», es «toda persona cuya identidad pueda determinarse, directa o indirectamente, en particular mediante un identificador, como por ejemplo un nombre, un número de identificación, datos de localización, un identificador en línea o uno o varios elementos propios de la identidad física, fisiológica, genética, psíquica, económica, cultural o social de dicha persona». Para determinar si una persona es identificable deben tenerse en cuenta todos los medios como la singularización que pueda emplear el responsable del tratamiento o cualquier otra persona. En el concepto de interesado, no se incluyen las **personas jurídicas**[73]. En cuanto a

[73] *Vid.*, considerando 14º «*La protección otorgada por el presente Reglamento debe aplicarse a las personas físicas, independientemente de su nacionalidad o de su lugar de residencia, en relación con el tratamiento de sus datos personales. El presente Reglamento no regula el tratamiento de datos personales relativos a*

los derechos del ***nasciturus*** habrá que estar a los derechos que el ordenamiento jurídico concreto del Estado miembro le otorgue.

III. RESPONSABLE, CORRESPONSABLE Y ENCARGADO DEL TRATAMIENTO. DESTINATARIOS

Los conceptos de «**responsable del tratamiento**», «**corresponsable del tratamiento**» y «**encargado del tratamiento**» desempeñan un papel crucial en la aplicación del RGPD puesto que determinan quién responde del cumplimiento de las distintas normas relativas a la protección de datos y cómo pueden los interesados ejercer sus derechos en la práctica. El significado preciso de estos conceptos y los criterios para su correcta interpretación deben ser suficientemente claros y homogéneos en todo el Espacio Económico Europeo (EEE).

Los conceptos de «responsable del tratamiento», «corresponsable del tratamiento» y «encargado del tratamiento» son conceptos funcionales, puesto que se utilizan para asignar responsabilidades en virtud de la función que desempeña cada una de las partes, y autónomos, en el sentido de que, en términos generales, deben interpretarse con arreglo al Derecho de la UE en materia de protección de datos[74].

Veamos estos conceptos en mayor detalle:

A. *Responsable del tratamiento*

El artículo 4, punto 7, del RGPD define a los responsables del tratamiento como sigue:

> «la persona física o jurídica, autoridad pública, servicio u otro organismo que, solo o junto con otros, determine los fines y medios del tratamiento; si el Derecho de la Unión o de los Estados miembros determina los fines y medios del tratamiento, el responsable del tratamiento o los criterios específicos para su nombramiento podrá establecerlos el Derecho de la Unión o de los Estados miembros».

Para conocer mejor esta figura es necesario abordar cada uno de los elementos que componen dicho concepto, esto es:

---

personas jurídicas y en particular a empresas constituidas como personas jurídicas, incluido el nombre y la forma de la persona jurídica y sus datos de contacto».

74 *Vid.*, CONSEJO EUROPEO DE PROTECCION DE DATOS, «Directrices 07/2020 sobre los conceptos de «responsable del tratamiento» y «encargado del tratamiento» en el RGPD, Versión 2.0 Adoptada el 7 de julio de 2021»

1. «La persona física o jurídica, autoridad pública, servicio u otro organismo»

Ello comporta que, en principio, no existen restricciones en relación con el tipo de ente que puede asumir la función de responsable del tratamiento; es decir, responsable puede ser tanto una **persona jurídica** como una **persona física.** Sin embargo, en la práctica, quien actúa como responsable del tratamiento en el sentido del RGPD suele ser la propia organización como tal y no una persona dentro de esta (p. ej., el director general, un empleado o un miembro del Consejo).

Con relativa frecuencia, las empresas y los organismos públicos nombran una **persona concreta** a la que hacen responsable de las actividades de tratamiento. Esta persona concreta no es el responsable del tratamiento si no la persona por cuenta de quien actúa. Lo mismo ocurre cuando un departamento o unidad de una organización ostenta la responsabilidad operativa de asegurar la conformidad de determinada actividad de tratamiento, ello.

Y, en fin, en principio, todo tratamiento de datos personales **realizado por empleados** en el ámbito de las actividades de una organización se presumirá realizado bajo el control de dicha organización toda vez que los empleados que disponen de acceso a datos personales dentro de una organización no se consideran responsables del tratamiento ni encargados del tratamiento, sino personas que actúan bajo la autoridad del responsable o del encargado en el sentido del artículo 29 del RGPD. Todo ello salvo aquellas excepciones en el los que el empleado se extralimite en el uso de los datos y tratamientos que tiene encomendados. Recae en la organización, en calidad de responsable del tratamiento, el deber de asegurar que se hayan aplicado medidas técnicas y organizativas apropiadas, incluyendo, p.ej., la prestación de formación e información a los empleados con vistas a garantizar el cumplimiento normativo.

Por lo que respecta al tratamiento de datos dentro de un **grupo de empresas**, debe prestarse especial atención a la cuestión de si un establecimiento puede estar actuando como responsable o encargado del tratamiento (*v. gr.* al tratar datos en nombre de la sociedad matriz).

2. «Determine»

La palabra «determine» hace referencia a la influencia (una influencia decisiva sobre los fines y medios del tratamiento es el responsable) del responsable en el tratamiento en virtud del ejercicio del poder de decisión, es decir, el responsable del tratamiento es quien decide determinados aspectos esenciales del tratamiento de los datos, fijando la atención en las actividades de tratamiento concretas de que se trate y comprender quién las determina.

Para establecer si estamos ante un responsable que determina o no el tratamiento hay que analizar cuestiones como (i) ¿por qué tiene lugar el tratamiento?

y (ii) ¿quién ha decidido que debe llevarse a cabo el tratamiento para un fin concreto?

En definitiva, se trata de identificar qué persona está en control de los datos, tratamientos y fines que se decide acometer. Para ello que hay que afrontar un análisis fáctico y no un análisis formal, es decir, hay que estar al fondo y no a la forma para localizar al verdadero controlador de los fines y tratamiento de los datos.

En base a ello podemos identificar el control referido en dos casos:

a. Control de derecho

Se trata de un control en virtud de disposiciones legales —nacionales o europeas— que comportan que cierta persona física o jurídica controle los datos, tratamientos y fines en cuestión. Se presupone, por tanto, que el legislador ha designado como responsable del tratamiento al ente con verdadera capacidad para ejercer el control. En algunos países, el Derecho nacional establece que las autoridades públicas son responsables del tratamiento de datos personales en el marco de sus obligaciones.

No obstante, es más frecuente que la Ley en lugar de nombrar directamente al responsable del tratamiento o fijar los criterios para su nombramiento, establezca un cometido o imponga a alguien el deber de recoger y tratar determinados datos. En tales casos, el objetivo del tratamiento suele venir determinado por la ley. El responsable del tratamiento será normalmente el designado por la ley para cumplir este fin, este cometido público. Este sería, por ejemplo, el caso de un ente al que se la Ley le encargara ciertos cometidos públicos (por ejemplo, la AEAT o la Seguridad Social) para los que irremediablemente necesita recoger y tratar datos personales. En este caso, la legislación establece quién es el responsable del tratamiento.

También es frecuente que la Ley imponga a entes públicos o privados la obligación de conservar o facilitar determinados datos. Estos entes se, considerarían, en principio los responsables del tratamiento necesario para cumplir esta obligación.

b. Control de hecho

Se trata de un control que se establece en virtud de una capacidad de influencia de hecho. En aquellos casos que la responsabilidad del tratamiento no viene establecida legalmente, la calificación como responsable del tratamiento debe establecerse sobre la base de una evaluación de todas las circunstancias de hecho en que tiene lugar el tratamiento.

En este caso no es relevante la naturaleza del ente que esté tratando los datos, sino las concretas actividades que realiza y el contexto en el que se enmarcan. Ello conlleva que un mismo ente puede actuar a la vez como responsable del tratamiento en determinadas operaciones de tratamiento y como encargado del tratamiento en otras, por lo que **la condición de responsable o encargado debe evaluarse respecto de cada actividad concreta de tratamiento de datos**.

En la práctica, **determinadas actividades de tratamiento** que se consideran intrínsecamente vinculadas por su naturaleza a la función o las actividades de un ente conllevan la responsabilidad en el tratamiento de datos, bien en base a unas disposiciones legales más generales o bien una práctica jurídica consolidada en distintos ámbitos. Así, por ejemplo, ciertas funciones tradicionales y la competencia profesional que suelen implicar una cierta responsabilidad permiten a identificar al responsable del tratamiento (*v. gr.* un editor respecto de los datos personales de sus suscriptores o un despacho de abogados que representa a su cliente en un pleito)[75].

En muchos casos, son los **contratos** los que fijan quién es el responsable, bien porque de las cláusulas contractuales se desprende quien es el que controla los datos, tratamientos y fines o bien porque el propio contrato establece claramente quién es el responsable (habitualmente en los contratos de encargo de tratamiento); caso en el que si no hay motivo para dudar de que ésta se ajuste a la realidad, nada se opone a que se sigan las condiciones fijadas en el contrato.

En cualquier caso, los contratos no son vinculantes de tal forma que no es posible devenir responsable del tratamiento ni rehuir las obligaciones del responsable mediante una mera fórmula en el contrato cuando las circunstancias de hecho indiquen lo contrario.

Si en la práctica una parte decide cómo y por qué se tratan los datos personales, dicha parte será el responsable del tratamiento, aunque el contrato estipule que se trata del encargado. De manera análoga, el hecho de que un contrato mercantil utilice el término subcontratista no implica que el ente se considere encargado del tratamiento en el contexto de la legislación en materia de protección de datos[76].

---

75 El CEPD considera que la prestación de un servicio de comunicaciones electrónicas, como el correo electrónico, conlleva el tratamiento de datos personales. *Vid.*, CONSEJO EUROPEO DE PROTECCION DE DATOS, «Directrices 07/2020 sobre los conceptos de «responsable del tratamiento» y «encargado del tratamiento» en el RGPD, Versión 2.0 Adoptada el 7 de julio de 2021», pág., 14.

76 Cfr. «Dictamen 10/2006 del Grupo de Trabajo del Artículo 29 sobre el tratamiento de datos personales por parte de la Sociedad de Telecomunicaciones Financieras Interbancarias Mundiales (*Worldwide Interbank Financial Telecommunication* - SWIFT)», de 22 de noviembre de 2006 (WP 128), p. 13.

3. «Sólo o junto con otros»

Los fines y medios del tratamiento pueden ser determinados por más de un participante—«sólo o junto con otros»—(art. 4[7] RGPD). En este caso, cada uno de ellos quedará sujeto a las disposiciones aplicables en materia de protección de datos. De esta manera, una organización puede ser responsable del tratamiento aun cuando no adopte todas las decisiones relativas a los fines y los medios.

4. «Los fines y medios»

La determinación de los fines y medios del tratamiento de datos es un elemento central y esencial en la identificación y fijación del responsable del tratamiento.

La determinación de los fines y los medios equivale a decidir, respectivamente, el porqué y el cómo del tratamiento[77]. Siguiendo esta perspectiva, el responsable del tratamiento es la parte que determina por qué tiene lugar el tratamiento (esto es, «con qué fin» o «para qué») y cómo se alcanzará este objetivo (esto es, qué medios se emplearán para lograrlo). Una persona física o jurídica que influye de este modo en el tratamiento de datos personales participa, por tanto, en la determinación de los fines y los medios de dicho tratamiento de conformidad con la definición prevista en el artículo 4(7) del RGPD[78].

No obstante, el CEPD reconoce que el encargado del tratamiento puede gozar de cierto margen de maniobra para tomar algunas decisiones sobre el tratamiento. En este sentido, es necesario aclarar qué grado de influencia en el «porqué» y en el «cómo» conlleva que un ente se considere responsable del tratamiento y en qué medida puede el encargado del tratamiento tomar decisiones propias.

Los **medios esenciales** se reservan al responsable del tratamiento; estos deben ser determinados obligatoriamente por el responsable del tratamiento. Los medios esenciales son aquellos estrechamente ligados al fin y el alcance del tratamiento, tales como el tipo de datos personales tratados (¿qué datos se tratarán?), la duración del tratamiento (¿cuánto tiempo se tratarán?), las categorías de destinatarios (¿quién tendrá acceso a los datos?) y las categorías de interesados (¿a quién pertenecen los datos personales tratados?). Además, se encuentran

---

77 *Vid.*, Conclusiones del Abogado General Sr. D. Yves Bot en el asunto *Wirtschaftsakademie* (C-2010/16), ECLI:EU:C:2017:796, apartado 46

78 *Vid.*, STJUE (Gran Sala) de 10 de julio de 2018 en el asunto *Jehovan todistajat* (C-25/17), ECLI:EU:C:2018:551, apartado 68

estrechamente vinculados a la cuestión de si el tratamiento es lícito, necesario y proporcionado.

Mientras que la determinación de los **medios no esenciales** puede dejarse en manos del encargado del tratamiento. Los medios no esenciales están relacionados con aspectos más prácticos del tratamiento en sí, como la elección de un tipo particular de hardware o software o la decisión sobre los pormenores de las medidas de seguridad, que pueden dejarse en manos del encargado del tratamiento.

5. «Del tratamiento»

Los fines y medios determinados por el responsable del tratamiento deben estar relacionados con el tratamiento de datos personales. El artículo 4(2) del RGPD define el tratamiento de datos personales como «cualquier operación o conjunto de operaciones realizadas sobre datos personales o conjuntos de datos personales». En consecuencia, el concepto de responsable del tratamiento puede estar ligado a una única operación de tratamiento o a un conjunto de operaciones; lo que, en la práctica, conlleva que el control ejercido por un ente concreto puede abarcar la totalidad del tratamiento en cuestión, o sólo circunscribirse a una fase concreta del tratamiento[79].

Así pues, el tratamiento de datos personales en el que están involucrados varios participantes se puede dividir en varias operaciones a menor escala (o suboperaciones) de tratamiento en las que podría considerarse que cada responsable determina los fines y los medios de forma individual. Y, una secuencia o un conjunto de operaciones de tratamiento en los que participen varios actores también pueden llevarse a cabo con el mismo fin o los mismos fines, en cuyo caso es posible que en el tratamiento participen uno o más corresponsables. En estos casos, para poder identificar al responsable hay que realizar un análisis a escala «macro» para verificar si a este nivel deberían o no considerarse un conjunto de operaciones que persiguen un fin común utilizando unos medios establecidos de manera conjunta.

En cualquier caso, el solo hecho de decidir tratar datos personales (aun cuando no se disponga de acceso real a datos que se están tratando) supone la condición de responsable del tratamiento siempre y cuando se tenga el poder de decisión sobre los fines y medios (esenciales) del tratamiento (por ejemplo, cuando se externalizan las actividades).

---

79 *Vid.*, STJUE (Sala Segunda) de 29 de julio de 2019 en el asunto *Fashion ID GmbH & Co.KG contra Verbraucherzentrale NRW eV* [ECLI:EU:C:2019:629], apartado 74

B. Corresponsable del tratamiento

El corresponsable del tratamiento requiere que haya un responsable identificado y, adicionalmente, se localicen otros participantes en dicho tratamiento al mismo nivel. Por tanto, dado que el corresponsable no deja de ser un responsable más, para identificar a un corresponsable debemos partir de la definición de responsable del tratamiento del art. 4(7) RGPD.

Así, **el art. 26 RGPD**, establece que hay corresponsabilidad «cuando dos o más responsables determinen conjuntamente los objetivos y los medios del tratamiento». Por tanto, para evaluar (como cuestión de fondo y no bajo la forma o apariencia que estas partes se relacionan) la existencia de corresponsabilidad del tratamiento es necesario examinar si la determinación de los fines y los medios que caracteriza la responsabilidad del tratamiento puede atribuirse a más de una parte.

No todas las operaciones de tratamiento en las que participan varios entes dan lugar a una situación de corresponsabilidad. El criterio general para la existencia de la corresponsabilidad del tratamiento es la **participación conjunta** de dos o más entes en la determinación de los fines y los medios del tratamiento.

Esta participación conjunta puede representarse bien porque se toman las **decisiones** sobre los medios y los fines de **forma conjunta** bien porque las decisiones que cada uno toma terminan **convergiendo** en relación con los fines y medios. Puede considerarse que las decisiones convergen en los fines y los medios si se complementan entre sí y son necesarias para que tenga lugar el tratamiento de tal manera que tengan un efecto tangible en la determinación de los fines y los medios del tratamiento sin que el grado de participación o la intensidad deban ser iguales entre uno y otro.

En este sentido es importante evaluar si el tratamiento hubiera sido posible sin la participación de ambas partes en los fines y los medios y sólo cuando los tratamientos por las distintas partes son inseparables los unos de los otros por estar indisolublemente unidos, estamos en presencia de una corresponsabilidad. Y sin que sea *conditio sine qua non* el hecho de que una de las partes no disponga de acceso a los datos personales tratados no es suficiente para excluir la corresponsabilidad del tratamiento[80].

En aquellos casos en los que la decisión conjunta o convergencia de decisiones solo afecte a fines y medios del tratamiento de un **apartado concreto de la cadena** de tratamiento de los datos (y no a toda), solo existirá corresponsabilidad

---

80 *Vid.*, STJUE (Gran Sala) de 5 de junio de 2018, en el asunto *Unabhängiges Landeszentrum für Datenschutz Schleswig-Holstein c. Wirtschaftsakademie Schleswig-Holstein GmbH et al.* (C-210/16), apartado 38

en relación con dicho fragmento de la cadena de toma de decisiones y tratamiento de datos[81].

Debe entenderse que existe una decisión conjunta de los responsables cuando (i) los fines del tratamiento se establecen conjuntamente o (ii) cuando los [co][r]responsables persigan unos fines estrechamente vinculados o complementarios (aunque no compartan un mismo fin en el tratamiento)[82].

De la misma manera, concurre una determinación conjunta de medios del tratamiento.

Finalmente, es importante destacar que la determinación de los fines y tratamientos por parte de los corresponsables se debe acometer de manera **transparente y de mutuo acuerdo (no siendo necesaria la equitatividad en el reparto),** «en particular en cuanto al ejercicio de los derechos del interesado y a sus respectivas obligaciones de suministro de información a que se refieren los artículos 13 y 14, salvo, y en la medida en que, sus responsabilidades respectivas se rijan por el Derecho de la Unión o de los Estados miembros que se les aplique a ellos» (art. 26[1] RGPD).

El mutuo acuerdo podrá alcanzarse mediante la suscripción del correspondiente **contrato** o de cualquier otra forma válida en Derecho, siendo lo más recomendable el uso de la primera opción (en opinión del CEPD[83]). Dicho acuerdo no es vinculante para las autoridades de protección de datos correspondientes, ni para los interesados que, independientemente de los términos del acuerdo, pueden ejercer sus derechos frente a, y en contra de, cada uno de los corresponsables (art. 26[3] RGPD), sin perjuicio de que deba ponerse en conocimiento de

---

81 *Vid.*, STJUE (Sala Segunda) de 29 de julio de 2019 en el asunto *Fashion ID GmbH & Co.KG contra Verbraucherzentrale NRW eV* [ECLI:EU:C:2019:629], apartado 74

82 Por ejemplo, cuando se obtenga un beneficio mutuo de la misma actividad de tratamiento (sin que por sí solo este elemento sea determinante), siempre que cada uno de los entes participe en la determinación de los fines y los medios de la actividad de tratamiento de que se trate. En el asunto *Fashion ID*, el TJUE aclaró que un administrador de un sitio web participaba en la determinación de los fines (y medios) del tratamiento mediante la inserción de un módulo social en un sitio web a fin de optimizar la publicidad sobre sus productos al hacerlos más visibles en la red social. Ibid., apartado 80. Y lo mismo ocurre cuando el tratamiento de datos personales por medio de las estadísticas de las visitas a una página de fans tiene por objeto permitir a Facebook mejorar su sistema de publicidad, que difunde a través de su red, y posibilitar que el administrador de la página de fans obtenga estadísticas a efectos de la gestión de la promoción de su actividad. Cfr., STJUE (Gran Sala) de 5 de junio de 2018, en el asunto *Unabhängiges Landeszentrum für Datenschutz Schleswig-Holstein c. Wirtschaftsakademie Schleswig-Holstein GmbH et al.* (C-210/16), apartados 34 y 39.

83 Cfr., CONSEJO EUROPEO DE PROTECCION DE DATOS (EUROPEAN DATA PROTECTION BOARD), «Directrices 07/2020 sobre los conceptos de «responsable del tratamiento» y «encargado del tratamiento» en el RGPD, Versión 2.0 Adoptada el 7 de julio de 2021», pág., 52.

éstos en sus aspectos esenciales, en particular en lo que atañe a las funciones y relaciones respectivas de los corresponsables y los interesados (art. 26[2] RGPD)

C. Encargado del tratamiento

El RGPD ha mantenido la figura del encargado del tratamiento, si bien le ha encomendado más tareas y responsabilidades, involucrándole de manera más activa en la protección y aseguramiento de los datos personales.

El art. **4(8) del RGPD** define al encargado del tratamiento como «la persona física o jurídica, autoridad pública, servicio u otro organismo que trate datos personales por cuenta del responsable del tratamiento».

Todo lo relacionado con la figura del encargado del tratamiento está regulada en mayor detalle en el **art. 28 del RGPD.**

Por su interés, se aborda de manera independiente la figura y alcance del encargado del tratamiento en el capítulo 9.

D. Tercero y destinatario

1. Tercero

El concepto de «tercero» hace referencia a alguien que, en la situación concreta de que se trate, no es un interesado, ni un responsable del tratamiento o encargado del tratamiento ni tampoco empleado de los anteriores o que actúa bajo su supervisión y control

El art. 4(10) del RGPD define al «tercero» como la

> «persona física o jurídica, autoridad pública, servicio u organismo distinto del interesado, del responsable del tratamiento, del encargado del tratamiento y de las personas autorizadas para tratar los datos personales bajo la autoridad directa del responsable o del encargado»

El concepto de «**personas autorizadas para tratar los datos personales bajo la autoridad directa del responsable o del encargado**» debe interpretarse como aquellas personas que forman parte de la organización del responsable o encargado del tratamiento, pero únicamente cuando estén autorizadas para tratar datos personales. Quedan, por tanto, excluidas de este concepto todas las personas que forman parte de la organización del responsable y/o encargado y que pudieren acceder a datos sin autorización para ello o para fines distintos de los establecidos por el responsable (en cuyo caso se considerarían «terceros»). Si, además, trataren los datos para sus propios fines (distintos de los del responsable y/o encargado) estas personas vendrán consideradas como responsables del tratamiento con el consiguiente deber de asumir todas las consecuencias y responsabilidades correspondientes por el tratamiento de los datos personales.

En un **grupo de empresas,** una sociedad que no actúe en calidad de responsable ni encargada del tratamiento se considerará un tercero, aunque pertenezca al mismo grupo que la sociedad que actúe como responsable o encargada[84].

2. Destinatario

Cualquiera que reciba datos personales, tanto si es un tercero como si no. El art. 4(9) del RGPD lo define como:

> «la persona física o jurídica, autoridad pública, servicio u otro organismo al que se comuniquen datos personales, se trate o no de un tercero. No obstante, no se considerarán destinatarios las autoridades públicas que puedan recibir datos personales en el marco de una investigación concreta de conformidad con el Derecho de la Unión o de los Estados miembros; el tratamiento de tales datos por dichas autoridades públicas será conforme con las normas en materia de protección de datos aplicables a los fines del tratamiento».

Cuando un responsable del tratamiento envía datos personales a otro ente, incluso si se trata de un encargado del tratamiento o de un tercero, este ente es el destinatario. Los terceros destinatarios se considerarán responsables de cualquier tratamiento que lleven a cabo para sus propios fines tras haber recibido los datos.

IV. TRATAMIENTO DE DATOS

La clave de la protección de datos pasa por que los datos sean tratados de alguna manera, entendiéndose por **tratamiento** «cualquier operación o conjunto de operaciones realizadas sobre datos personales o conjuntos de datos personales, ya sea por procedimientos automatizados o no, como la recogida, registro, organización, estructuración, conservación, adaptación o modificación, extracción, consulta, utilización, comunicación por transmisión, difusión o cualquier otra forma de habilitación de acceso, cotejo o interconexión, limitación, supresión o destrucción».

---

[84] Cfr., CONSEJO EUROPEO DE PROTECCION DE DATOS (EUROPEAN DATA PROTECTION BOARD), «Directrices 07/2020 sobre los conceptos de «responsable del tratamiento» y «encargado del tratamiento» en el RGPD, Versión 2.0 Adoptada el 7 de julio de 2021», pág., 33

El tratamiento debe tener como objeto los ámbitos materiales que indica el RGPD, esto es, **se aplica** a (i) tratamientos totales o parciales automatizados de datos personales, y (ii) tratamientos no automatizados de datos personales, en ambos casos contenidos o destinados a ser incluidos en un fichero; y **no se aplica** a (i) las actividades fuera de la competencia del Derecho de la UE; (ii) a las disposiciones específicas sobre la política exterior y de seguridad común; (iii) al tratamiento efectuado por una persona física en el ejercicio de actividades exclusivamente personales o domésticas; y (iv) al tratamiento de datos realizado por las autoridades con objeto de prevenir, investigar, detectar y enjuiciar infracciones penales o ejecutarlas. El RGPD no se aplica al tratamiento de datos de las personas jurídicas[85] ni a las personas fallecidas —aunque los Estados miembros pueden regular esta materia—.

El tratamiento puede ser **transfronterizo** cuando (i) se realice en más de un Estado de la UE de un responsable o un encargado, si el responsable o encargado está establecido en más de un Estado miembro; o (ii) tenga lugar en un único establecimiento de un responsable o un establecimiento en la UE, pero que afecta sustancialmente o es probable que afecte sustancialmente a interesados en más de un Estado de la UE. Uno de los tratamientos más relevantes —por no decir el más importante— es la «**elaboración de perfiles**» que consiste en «toda forma de tratamiento automatizado de datos personales consistente en utilizar datos personales para evaluar determinados aspectos personales de una persona física, en particular para analizar o predecir aspectos relativos al rendimiento profesional, situación económica, salud, preferencias personales, intereses, fiabilidad, comportamiento, ubicación o movimientos de dicha persona física». La **limitación del tratamiento** consiste en marcar, en ciertos casos concretos, aquellos datos conservados con el fin de limitar su tratamiento futuro.

El **tratamiento de datos que no requiere identificación** —art. 11 del RGPD— es aquel en el que los fines para los cuales el responsable trata los datos personales no requieren —o habiéndolo requerido en el pasado ya no— la identificación de un interesado por el responsable. En estos casos el responsable no estará obligado a mantener, obtener o tratar información adicional con vistas a identificar al interesado con la única finalidad de cumplir con el RGPD. Cuando el responsable sea capaz de demostrar que no está en condiciones de identificar al interesado, informará a este último, si es posible, y no se aplicarán los derechos de acceso, de rectificación, de supresión (incluyendo el derecho al «olvido»), a la

---

85 *Vid.*, considerando 14º, del siguiente tenor: «*La protección otorgada por el presente Reglamento debe aplicarse a las personas físicas, independientemente de su nacionalidad o de su lugar de residencia, en relación con el tratamiento de sus datos personales. El presente Reglamento no regula el tratamiento de datos personales relativos a personas jurídicas y en particular a empresas constituidas como personas jurídicas, incluido el nombre y la forma de la persona jurídica y sus datos de contacto*».

limitación del tratamiento y a la portabilidad de datos. Tampoco operará la obligación de notificación relativa a la rectificación o supresión de datos personales o la limitación del tratamiento[86]. Ahora bien, esto deja de operar en aquellos casos en los que el interesado suministre al responsable información adicional que permita su identificación.

V. FUENTES DE ACCESO A DATOS

Los datos se pueden recabar de **fuentes privadas** o **fuentes públicas.** El RGPD no recoge ninguna definición ni criterio al respecto para determinar qué fuentes han de considerarse públicas y cuáles privadas. En la misma línea, la LOPDGDD ha eliminado el listado que la antigua LOPD contenía de las fuentes que se consideraban como públicas[87].

En esta tesitura, la determinación de qué fuentes han de considerarse como públicas y cuáles como privadas habrá de hacerse sobre la base del Derecho común, respecto del cual todas aquellas que no puedan considerarse como fuentes públicas vendrán —a sensu contrario— determinadas como fuentes privadas.

En cualquier caso, el responsable de tratamiento viene obligado a **informar al interesado del origen** de los datos personales obtenidos, en particular de las fuentes públicas (art. 14[2] RGPD).

VI. DELEGADO DE PROTECCIÓN DE DATOS

El **delegado de protección de datos** («DPD» o «DPO»—por sus siglas en inglés—) es una figura nueva que ha introducido el RGPD en materia de protección de datos (art. 37 RGPD).

De manera resumida y sin perjuicio de que más adelante se tratará en detalle[88], el delegado de protección de datos es el **especialista o técnico** en privacidad y protección de datos que tiene que dirigir la política de privacidad y protección de datos del responsable o encargado del tratamiento, según los casos. Los responsables siguen siendo los responsables —valga la redundancia— o los encargados, según los casos, pero el DPD es un especialista que dirige la política de protección de datos de los anteriores al máximo nivel y que, en ciertas circuns-

---

86 Todo recogido en los artículos 15 a 30 del RGPD.

87 *Vid.*, art. 3.j) de la LOPD.

88 *Vid.*, *infra*, Capítulo Noveno, apartado II.

tancias, es una figura obligatoria con la que responsables y encargados deben contar.

Los delegados de protección de datos, que podrán ser empleados del responsable del tratamiento, deben estar —en todo caso— en condiciones de desempeñar sus funciones y cometidos de manera **independiente**[89].

89 *Vid.*, considerando 97 del RGPD.

Capítulo 3

DATOS PERSONALES SENSIBLES

I. CONCEPTO

Los datos personales pueden ser de diversa tipología como hemos visto. Dentro de ellos, hay cierto tipo de datos que tienen una especial protección. Son los datos personales denominados «sensibles» y que el RGPD recoge en su artículo 9. También podríamos considerar «especiales», si bien no se denominan así, por la especial regulación que se les da a los datos recogidos en el artículo 10 el RGPD, esto es, los datos personales relativos a condenas e infracciones penales.

II. CATEGORÍAS

A. Categorías especiales de datos personales (art. 9 RGPD)

La regla general para este tipo de datos es que está prohibido el tratamiento de los mismos y solo en caso de concurrencia de ciertos supuestos —taxativos— se podrán tratar los datos sensibles.

El artículo 9(1) del RGPD establece que:

> «Quedan prohibidos el tratamiento de datos personales que revelen el origen étnico o racial, las opiniones políticas, las convicciones religiosas o filosóficas, o la afiliación sindical, y el tratamiento de datos genéticos, datos biométricos dirigidos a identificar de manera unívoca a una persona física, datos relativos a la salud o datos relativos a la vida sexual o las orientación [sic.] sexuales de una persona física».

En materia de datos personales de salud, el TS ha aclarado que los «datos de carácter personal referidos a información sobre el estado de salud física o mental de los deportistas, relacionados con la aplicación de las técnicas del control de dopaje, (como los concernientes a la detección de la presencia de sustancias dopantes o de resultado de pruebas analíticas antidopaje), tienen el carácter tipológico o categorial de datos relativos a la salud, a los efectos de que el tratamiento, cesión o comunicación de dichos datos goce de la protección reforzada que contempla la normativa estatal y la legislación de la Unión Europea sobre protección de datos personales aplicable». Esto, es que los datos relativos a deportista y *doping*—y su control— están tutelados por el art. 9 del RGPD y su infracción debe calificarse como muy grave[90].

---

[90] *Vid.*, STS (Sala Tercera) núm. 1568/2024 de 8-10-24 (rec. 1920/2021) [ECLI:ES:TS:2024:4954].

Las **excepciones que permiten el tratamiento de los datos sensibles** están recogidas en el apartado segundo el artículo 9 y son las siguientes[91]:

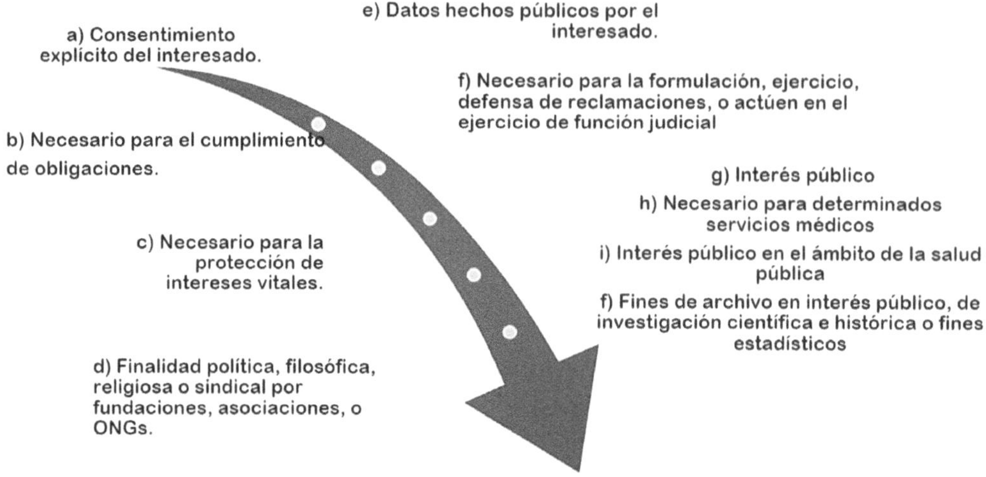

1. Que el interesado haya dado su consentimiento explícito para tratarlos

El interesado tiene que haber dado el consentimiento explícito para el procesamiento de este tipo de datos para uno o más fines específicos, excepto en aquellos casos en los que el Derecho de la UE o de los Estados miembros establezcan que la prohibición general de tratamiento de estos datos no puede ser levantada por el interesado sólo con su consentimiento, en cuyo caso el responsable deberá basarse en otro criterio para justificar lícitamente el tratamiento de datos sensibles.

Pues bien, esto es exactamente lo que ocurre en nuestro Derecho, en el que, con objeto de evitar situaciones discriminatorias, el consentimiento del afectado no vale por sí solo para levantar la prohibición del tratamiento de datos cuya finalidad principal sea identificar la ideología, afiliación sindical, religión, orientación sexual, creencias, u origen racial o étnico, sin perjuicio de que el tratamiento esté amparado por cualquier otra justificación del art. 9.2) RGPD[92]. El **consentimiento** al que se refiere este apartado debe ser además de **explícito, claro, específico**, otorgado **libremente** y de **manera informada.** El GT29 ha aclarado que el consentimiento explícito puede ser otorgado tanto en papel como mediante el uso de documentos electrónicos siempre y cuando se puedan firmar

---

91 Para un detalle mayor de los supuestos ver el artículo 9 del RGPD.

92 *Vid.*, art. 9.1) LOPDGDD.

electrónicamente o mediante envío de emails o haciendo clic sobre iconos digitales[93].

Esto se logrará, por ejemplo, mediante el uso de botones digitales sobre los que el interesado pueda hacer clic tras una explicación completa sobre los datos, medios, fines del tratamiento y demás requisitos, o, mediante el uso de sistemas de *doble opt-in* (como un email o SMS que se exige una doble confirmación de haber dado el consentimiento).

2. Que el tratamiento sea necesario para cumplir obligaciones y el ejercicio de derechos del responsable o del interesado en el ámbito del derecho laboral y de la seguridad y protección social, si lo autoriza el Derecho de la UE o un convenio colectivo con arreglo al derecho de los Estados miembros que establezca garantías adecuadas para el respeto de los derechos fundamentales y los intereses del interesado

Esto es, el responsable o encargado tiene que tratar datos sensibles para cumplir con la legislación laboral o social, por ejemplo, cuando trate con candidatos para un puesto de trabajo o para confeccionar un contrato de trabajo.

3. Que el tratamiento sea necesario para proteger intereses vitales del interesado o de otra persona física, cuando el interesado no esté capacitado, física o jurídicamente, para dar su consentimiento

Estamos en presencia de cuestiones de vida o muerte. Es el mismo criterio que el art. 6.1.d) del RGPD, aunque en caso de datos sensibles el responsable ha de ser capaz de probar no se puede obtener el consentimiento del interesado por falta de capacidad.

4. El tratamiento es efectuado, en el ámbito de sus actividades legítimas y con garantías por una fundación, una asociación o cualquier otro organismo sin ánimo de lucro con una finalidad política, filosófica, religiosa o sindical, siempre que el tratamiento se refiera exclusivamente a los miembros actuales o antiguos de las mismas o a personas que mantengan contactos

---

93 *Vid.*, Opinion 15/2011 on the definition of consent, Adopted on 13 July 2011, 01197/11/EN WP187, pág., 25.

regulares con ellos en relación con sus fines y siempre que los datos no se comuniquen fuera de ellos sin el consentimiento de los interesados

Este tipo de instituciones como las fundaciones o asociaciones puede procesar datos sensibles bien basándose en este criterio bien en cualquier otra excepción aquí recogida. No se pueden sacar datos fuera del circuito de este tipo de entidades sin ánimo de lucro si no se cuenta con el consentimiento del interesado. Esta excepción debe complementarse con el artículo 91 del RGPD que recoge las normas sobre protección de datos de las iglesias y asociaciones religiosas, indicando que, si a nivel nacional hay una regulación para los datos que traten iglesias y asociaciones religiosas, éstas podrán seguir aplicándose siempre que no sean contrarias al RGPD.

5. Que el tratamiento se refiera a datos personales que el interesado ha hecho manifiestamente públicos

Cualquier forma de hacer públicos datos sensibles por el interesado de manera voluntaria y libre, cae en esta excepción. Ello incluye publicar esta información en redes sociales o plataformas de internet bajo ciertos criterios (como, por ejemplo, que la política de privacidad de tales sitios no esté abierta al público).

6. Que el tratamiento sea necesario para la formulación, el ejercicio o la defensa de reclamaciones o cuando actúen en ejercicio de su función judicial

Para poder basarse en esta excepción tiene que quedar claro el nexo causal entre el tratamiento de los datos sensibles y el uso de los mismos para el ejercicio de acciones legales.

7. Que el tratamiento sea necesario por razones de interés público, sobre la base del Derecho de la UE o el Derecho nacional y sea proporcional el objetivo perseguido, respetando en lo esencial el derecho a la protección de datos y estableciendo medidas adecuadas y específicas para proteger los intereses y derechos fundamentales del interesado

Ni el RGPD ni la Directiva 95/46 definen que se considera interés público por lo que tendrán que ser los Estados miembros los que tendrán que determinar en qué casos estamos en presencia del interés legítimo; pero serán situaciones de relevancia social pública evidente como cuestiones de salud pública tal y como apunta el RGPD[94].

---

94 *Vid.*, considerando 45° y 53°, 54°, 65° del RGPD.

En cualquier caso, la norma nacional que desarrolle esta cuestión deberá tener rango legal y podrá imponer requisitos adicionales en materia de seguridad y confidencialidad[95], así como «podrá amparar el tratamiento de datos en el ámbito de la salud cuando así lo exija la gestión de los sistemas y servicios de asistencia sanitaria y social, pública y privada, o la ejecución de un contrato de seguro del que el afectado sea parte»[96].

8. Que el tratamiento sea necesario para fines de medicina preventiva o laboral, evaluación de la capacidad del trabajador, diagnóstico médico, prestación de asistencia o tratamiento del tipo sanitario o social, o gestión de los sistemas y servicios de asistencia sanitaria y social, sobre la base del Derecho de la UE o de los Estados miembros o en virtud de un contrato con un profesional sanitario y sin perjuicio de las condiciones y cuando su tratamiento sea realizado por un profesional sujeto a la obligación de secreto profesional o bajo su responsabilidad (o por cualquier otro profesional sujeto a la obligación de secreto profesional)

Por tanto, no es necesario que el tratamiento se preste por un profesional sanitario —médicos, enfermeras, etc.— sujeto a secreto profesional solamente, sino que otros profesionales, como los abogados, también estarán facultados para ello. Esta excepción permite el tratamiento de datos para la evaluación de los empleados, por ejemplo, para realizar evaluaciones sanitarias antes de incorporarse al trabajo, periódicas anuales, o cualquier otra necesaria para cumplir con la normativa de prevención de riesgos laborales.

9. Que el tratamiento sea necesario por razones de interés público en el ámbito de la salud pública, como la protección frente a amenazas transfronterizas graves para la salud, o para garantizar elevados niveles de calidad y de seguridad de la asistencia sanitaria y de los medicamentos o productos sanitarios, sobre la base del Derecho de la UE o de los Estados miembros que establezca medidas adecuadas y específicas para proteger los derechos y libertades del interesado, en particular el secreto profesional

Estamos en presencia de un tipo de interés público: el de la salud pública, como uno de los muchos intereses públicos que un Estado miembro puede indi-

---

95 *Vid.*, art. 9.2) LOPDGDD.

96 *Ibíd.*, art. 9.2) *in fine*.

vidualizar. Y lo entiende así porque el tratamiento de datos relativos a la salud pública es necesario para la sociedad en general[97]. El concepto de «salud pública» debe buscarse en el Reglamento (CE) 1338/2008 del Parlamento Europeo y del Consejo de 16 de diciembre de 2008, *sobre estadísticas comunitarias de salud pública y de salud y seguridad en el trabajo*[98].

En general, gran parte de los tratamientos que tienen que ver con la salud pública está amparados en el art. 9(2) apartados (g), (h), (i) y (j) del RGPD[99].

10. Que el tratamiento sea necesario con fines de archivo en interés público, fines de investigación científica o histórica o fines estadísticos, de conformidad con el artículo 89.1, sobre la base del Derecho de la UE o de los Estados miembros, que debe ser proporcional al objetivo perseguido, respetar en lo esencial el derecho a la protección de datos y establecer medidas adecuadas y específicas para proteger los intereses y derechos fundamentales del interesado

El considerando 159° del RGPD ha aclarado que los fines de «investigación científica» deben interpretarse de manera amplia[100]. Esta es la base que permite que muchas organizaciones estén trabajando en la minería de datos —o *data*

---

97 *Vid.*, considerando 53° del RGPD.

98 Que define, en su artículo 3.c) la «*salud pública*» como «*todos los elementos relacionados con la salud, a saber, el estado de salud, con inclusión de la morbilidad y la discapacidad, los determinantes que influyen en dicho estado de salud, las necesidades de asistencia sanitaria, los recursos asignados a la asistencia sanitaria, la puesta a disposición de asistencia sanitaria y el acceso universal a ella, así como los gastos y la financiación de la asistencia sanitaria, y las causas de mortalidad*».

99 Conforme dispone la disposición adicional decimoséptima de la LOPDGDD, «se encuentran amparados en las letras g), h), i) y j) del artículo 9.2 del Reglamento (UE) 2016/679 los tratamientos de datos relacionados con la salud y de datos genéticos que estén regulados en las siguientes leyes y sus disposiciones de desarrollo: (a) La Ley 14/1986, de 25 de abril, General de Sanidad; (b) La Ley 31/1995, de 8 de noviembre, de Prevención de Riesgos Laborales; (c) La Ley 41/2002, de 14 de noviembre, básica reguladora de la autonomía del paciente y de derechos y obligaciones en materia de información y documentación clínica; (d) La Ley 16/2003, de 28 de mayo, de cohesión y calidad del Sistema Nacional de Salud; (e) La Ley 44/2003, de 21 de noviembre, de ordenación de las profesiones sanitarias; (f) La Ley 14/2007, de 3 de julio, de Investigación biomédica; (g) La Ley 33/2011, de 4 de octubre, General de Salud Pública; (h) La Ley 20/2015, de 14 de julio, de ordenación, supervisión y solvencia de las entidades aseguradoras y reaseguradoras; (i) El texto refundido de la Ley de garantías y uso racional de los medicamentos y productos sanitarios, aprobado por Real Decreto Legislativo 1/2015, de 24 de julio; (j) El texto refundido de la Ley General de derechos de las personas con discapacidad y de su inclusión social, aprobado por Real Decreto Legislativo 1/2013 de 29 de noviembre».

100 *Vid.*, considerando 159°, a saber: «*El tratamiento de datos personales con fines de investigación científica debe interpretarse, a efectos del presente Reglamento, de manera amplia, que incluya, por ejemplo,*

mining[101]— amparados en esta excepción, obteniendo pingües beneficios de los patrones de comportamiento que se pueden obtener con estas técnicas y la explotación comercial de los resultados obtenidos.

Y, en fin, el TEDH ha insistido en la especial protección de estas categorías. En su Sentencia de 25 de febrero de 1997, en el asunto Z. c. Finlandia, concluyó que la divulgación no autorizada de la historia clínica de una paciente violó el artículo 8 CEDH. Posteriormente, en su Sentencia (Gran Sala) de 4 de diciembre de 2008, asunto S. y Marper c. Reino Unido, declaró desproporcionada la conservación indefinida de perfiles genéticos y huellas de personas no condenadas, destacando la extrema sensibilidad de los datos biométricos y genéticos. Y, en el asunto—de gran relevancia por los hechos—K.U. vs. Finland[102] el TEDH declaró que la falta de medidas de seguridad adecuadas en un hospital permitió accesos indebidos a historiales clínicos, vulnerando el artículo 8 CEDH. Este precedente anticipa la obligación de articular medidas técnicas y organizativas exigida hoy por el artículo 32 RGPD.

Cuadro resumen:

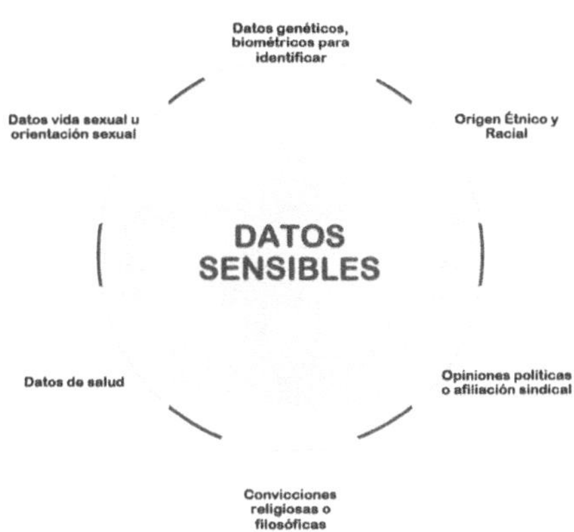

el desarrollo tecnológico y la demostración, la investigación fundamental, la investigación aplicada y la investigación financiada por el sector privado».

101 El *data mining* es un proceso que intenta descubrir patrones en grandes volúmenes de conjuntos de datos (*big data*) a través de métodos de la inteligencia artificial, aprendizaje automático, estadística y sistemas de bases de datos. No es cualquier tratamiento de *big data,* sino que se circunscribe al descubrimiento o localización de algo nuevo como una anomalía, una correlación antes no detectada, etc. Con la información obtenida, se realizan tareas posteriores. Un ejemplo sería extraer un patrón de comportamiento de un grupo de consumidores para predecir la demanda en tiempo real.

102 Vid., STEDH (Sección Cuarta) de 2 de diciembre de 2008 (rec. 2872/02) [definitiva de 2 de marzo de 2009).

Los Estados miembros podrán mantener o introducir **condiciones adicionales**, inclusive limitaciones, con respecto al tratamiento de datos genéticos, datos biométricos o datos relativos a la salud.

El tratamiento de **fotografías** no debe considerarse *per se* una categoría especial, ya que únicamente se encuentran comprendidas en la definición de datos biométricos cuando el tratamiento mediante sistemas de tecnología específicos permita la identificación o la autenticación unívocas de una persona física.

Ahora bien, el RGPD no aborda una cuestión más relevante aun si cabe cual es el hecho de que a través de una fotografía se puede conocer el origen étnico o racial, las opiniones políticas, las convicciones religiosas, la afiliación sindical o los datos relativos a la vida sexual u orientaciones sexuales de una persona física. Además de los requisitos específicos de ese tratamiento, deben aplicarse los principios generales y otras normas del presente Reglamento, sobre todo en lo que se refiere a las condiciones de licitud del tratamiento. Esto supone que para tratar datos de categorías especiales del artículo 9 deben darse dos condiciones cumulativamente: (i) que concurra una de las excepciones del artículo 9 y (ii) la concurrencia de una de las condiciones de licitud del tratamiento del artículo 6 del RGPD. A lo que hay que añadir el cumplimiento de otras obligaciones del RGPD como el deber de informar a los interesados de que sus datos serán tratados conforme a los derechos que le otorga el Reglamento.

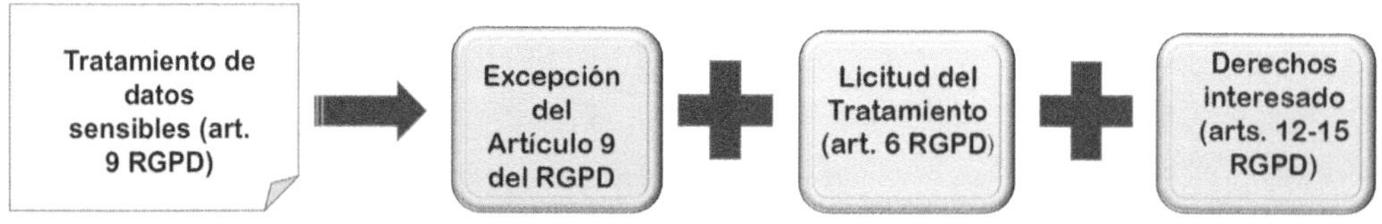

B. *Tratamiento de datos personales relativos a condenas e infracciones penales*

Además de los datos de las categorías especiales del artículo 9, también deben considerarse como una categoría cuasi especial de tratamiento —no con idénticas restricciones que los del artículo 9— los **datos relativos a condenas e infracciones penales o medidas de seguridad conexas —art. 10 RGPD—** siempre que se cumpla una de las condiciones del artículo 6.1 del RGPD.

Así, el tratamiento de estos datos, de conformidad con el artículo 10 del RGPD sólo podrá llevarse a cabo bajo la supervisión de las autoridades públicas o cuando lo autorice el Derecho de la UE o de los Estados miembros —a través de norma de rango legal[103]— de tal forma que se establezcan garantías adecua-

---

103 *Vid.*, art. 10.1 LOPDGDD

das para los derechos y libertades de los interesados. En este sentido, solo podrá llevarse un registro completo de condenas penales bajo el control de las autoridades públicas. En este campo existen tanto un registro europeo[104] cuanto un registro nacional.

Nuestra ley permite que este registro de datos referidos a condenas e infracciones penales, así como procedimientos y medidas cautelares y de seguridad conexas se realice conforme a lo establecido en la regulación del Sistema de registros administrativos de apoyo a la Administración de Justicia[105]. Fuera de estos casos, estos tratamientos solo serán posibles «cuando sean llevados a cabo por abogados y procuradores y tengan por objeto recoger la información facilitada por sus clientes para el ejercicio de sus funciones»[106].

La **Ley Orgánica 7/2021, de 26 de mayo, de protección de datos personales tratados para fines de prevención, detección, investigación y enjuiciamiento de infracciones penales y de ejecución de sanciones penales** (en adelante la «LOPDP»[107]), ha matizado algunas cuestiones en los tratamientos en el ámbito penal: Así, **(i)** el responsable del tratamiento ha de clasificar a los distintos interesados (art. 9 de la LOPDP); **(ii)** la base de licitud de este tipo de datos es —únicamente— la propia de la prevención, detección, investigación y enjuiciamiento de infracciones penales y de ejecución de sanciones penales art. 11 de la LOPDP); **(iii)** el tratamiento de datos sensibles solo es posible si viene previsto por ley, obedece a la salvaguarda de intereses vitales o sean públicos por causa del interesado (art. 13 de la LOPDP); **(iv)** la captación y reproducción de imagen y sonido y su tratamiento por parte de las Fuerzas y Cuerpos de Seguridad no se considerarán intromisiones ilegítimas en el derecho al honor, a la intimidad personal y familiar y a la propia imagen, a los efectos de lo establecido en el artículo 2(2) de la Ley Orgánica 1/1982, de 5 de mayo, de protección civil del derecho al honor, a la intimidad personal y familiar y a la propia imagen, sin menoscabo del principio de proporcionalidad que habrá de ponderarse siempre, tanto por parte de los usos que realicen las Fuerzas y Cuerpos de Seguridad del Estado (incluido el uso de dispositivos móviles —en casos de peligro o evento concreto—) cuanto en la instalación de sistemas de grabación fijos en calles (arts. 15, 16 y 17 de la

---

104 *Vid.*, Reglamento (UE) 2019/816 del Parlamento europeo y del Consejo de 17 de abril de 2019
por el que se establece un sistema centralizado para la identificación de los Estados miembros que poseen información sobre condenas de nacionales de terceros países y apátridas (ECRIS-TCN) a fin de complementar el Sistema Europeo de Información de Antecedentes Penales, y por el que se modifica el Reglamento (UE) 2018/1726. DOUE núm. L 135/1 de 22 de mayo de 2019

105 *Ibíd.*, art. 10.2)

106 *Ibíd.*, art. 10.3)

107 *Vid.*, «BOE» núm. 126, de 27/05/2021.

LOPDP), poniendo a disposición judicial dichas imágenes no más tarde de 72h (art. 18 de la LOPDP).

En materia de **antecedentes penales y su intercambio**, destaca la Ley Orgánica 7/2014, de 12 de noviembre, sobre intercambio de información de antecedentes penales y consideración de resoluciones judiciales penales en la Unión Europea. Ley Orgánica 7/2014, de 12 de noviembre, sobre intercambio de información de antecedentes penales y consideración de resoluciones judiciales penales en la Unión Europea (en adelante la «LOIAAPP»)[108], recientemente modificada[109].

Tiene por tiene por objeto «regular el régimen aplicable al intercambio de información sobre antecedentes penales de las personas físicas entre el Registro Central de Penados y las autoridades responsables de los registros nacionales de cada uno de los Estados miembros de la Unión Europea y a la consideración en los procesos penales tramitados en España de resoluciones condenatorias firmes dictadas con anterioridad por un órgano jurisdiccional penal por la comisión de un delito contra las mismas personas físicas en otros países Estados miembros de la Unión Europea» (art. 1 de la LOIAAPP).

La regla general es que el intercambio ha de ser de manera electrónica «utilizando el Sistema Europeo de Información de Antecedentes Penales (ECRIS) y un formato normalizado» (art. 4[1] de la LOIAAPP). Y cuando lo anterior no sea posible, «la transmisión de la información se efectuará a través de cualquier medio capaz de generar un registro escrito, o, en su caso, a través del formulario anexo a la ley, en condiciones que permitan a la autoridad central del Estado miembro receptor verificar la autenticidad de la información, tomando en consideración la seguridad de la transmisión. El formulario se traducirá a la lengua oficial o a una de las lenguas oficiales del Estado al que se dirige (art. art. 4[2] de la LOIAAPP).

«El Registro Central de Penados inscribirá las notas de condena transmitidas como firmes que, por considerar que se refieren a una persona con nacionalidad española, le hayan sido remitidas por la autoridad central del Estado miembro de condena» (art. 5[1] de la LOIAAPP). Así mismo, dicho registro tiene la obligación de informar «sobre las condenas pronunciadas en España a la autoridad central del Estado de la nacionalidad del condenado, indicando si dicha infor-

---

108 *Vid.*, «BOE» núm. 275, de 13/11/2014.

109 *Vid.*, Ley Orgánica 4/2024, de 18 de octubre, por la que se modifica la Ley Orgánica 7/2014, de 12 de noviembre, sobre intercambio de información de antecedentes penales y consideración de resoluciones judiciales penales en la Unión Europea, para su adecuación a la normativa de la Unión Europea sobre el Sistema Europeo de Información de Antecedentes Penales (ECRIS). «BOE» núm. 253, de 19 de octubre de 2024

mación podrá ser retransmitida a otros Estados miembros para su utilización fuera de un proceso penal (art. 6[1] de la LOIAAPP).

El Registro Central de Penados remite (salvo que no lo conozca) de oficio los datos de la condena en España a las autoridades competentes de los Estados miembros de la nacionalidad del condenado (art. 6[1] de la LOIAAPP).Destaca que entre esos datos, se debe transmitir «si dispone de ello, las impresiones dactilares y la imagen facial obtenidas del condenado, así como cualquier otra información relativa a la condena que constase en el mismo» ((art. 6[2] de la LOIAAPP).

Como novedad de la modificación recientemente operada, el Registro Central de Penados deberá crear un registro de datos en el sistema central para cada nacional de un tercer país condenado incluyendo los datos alfanuméricos, dactiloscópicos —se remitirán siempre que se hayan recogido durante el proceso penal y, en todo caso, cuando el nacional de un tercer país haya sido condenado a una pena de privación de libertad de una duración mínima de seis meses— y, cuando el Derecho español permita la recogida y conservación, la imagen facial del condenado (art. 7 bis de la LOIAAPP).

Si otra autoridad solicita al Registro Central de Penados los antecedentes penales, éste los remitirá con exclusión de las notas canceladas (art. 9 de la LOIAAPP). En el marco de esta cooperación sobre antecedentes penales, el Registro Central de Penados «podrá consultar a la autoridad central de otro Estado miembro sobre antecedentes penales relativos a una persona que fuera nacional o hubiera residido en dicho Estado cuando se requieran en el marco de un proceso penal o con cualquier otro fin válido en el ordenamiento jurídico español» (art. 10[1] LOIAAPP).

En cuanto al uso, conservación de los datos personales relativos a los antecedentes penales y su intercambio «sólo podrán ser utilizados para los fines con que fueron solicitados y no serán conservados en el Registro Central de Penados, salvo que la solicitud haya sido realizada por el propio Registro Central de Penados para actualizar debidamente la información registrada, haciendo constar este propósito en la solicitud» (art. 13[1] LOIAAPP). En ciertos casos, su uso estará amparado por el interés público (art. 6[1][e] RGDP) porque son necesarios para la «protección del orden público o de la seguridad nacional en casos de amenaza inminente y grave» (art. 13[2] LIOAAP). Y la conservación no podrá ir más allá de un mes desde que los antecedentes de un ciudadano del tercer país hubieran sido cancelados y esto se hubiera comunicado al Registro Central de Penados (art. 13[3] LOIAAPP).

C. Datos biométricos

El art. 4(14) del RGPD define «datos biométricos» como:

> «datos personales obtenidos a partir de un tratamiento técnico específico, relativos a las características físicas, fisiológicas o conductuales de una persona física que permitan o confirmen la identificación única de dicha persona, como imágenes faciales o datos dactiloscópicos».

Los sistemas de procesamiento de datos biométricos recogen y procesan datos personales relativos a las características físicas, fisiológicas o conductuales de las personas físicas, tales como las características neuronales, creando «plantillas biométricas» (también denominadas firmas o patrones) que posibilitan la identificación, seguimiento o perfilado de dichas personas. Las **plantillas biométricas son datos personales**.

Una plantilla biométrica es una forma de escritura de una característica biométrica humana (*v. gr.* una huella dactilar, una cara, un iris de un ojo), de tal forma que ésta sea interpretable por una máquina de forma eficiente y eficaz con un determinado fin. Esta forma de almacenamiento permite singularizar a un individuo y ejecutar acciones de forma automática, perfilar o inferir información sobre un sujeto como actitudes o patrones de comportamiento, entre otros.

Las operaciones de un tratamiento se pueden implementar de diversas formas, bien sean tratamientos manuales o automatizados (que, a su vez, se pueden materializar con tecnologías distintas). Por ejemplo, los tratamientos que implican el uso de un portal web conllevan la recogida de identificadores como direcciones IP, cookies, firma del dispositivo, etc. La biometría, para los distintos usos que pueda emplearse, conlleva la identificación de un concreto interesado y otra serie de operaciones. Algunas de ellas no están definidas en el RGPD, sin embargo, a través del Derecho de la UE se puede obtener una respuesta jurídica a tales conceptos y aplicarlos[110].

---

[110] *Vid.*, Reglamento 910/2014, del Parlamento Europeo y del Consejo, de 23 de julio de 2014, relativo a la identificación electrónica y los servicios de confianza para las transacciones electrónicas en el mercado interior y por la que se deroga la Directiva 1999/93/CE («Reglamento eIDAS») cuyo artículo 3 define, entre otros, los conceptos de «identificación electrónica», «sistema de identificación electrónica» o «autenticación».

En cualquier caso, la biometría es un **tratamiento de datos personales sensibles** (en el sentido del art. 9 del RGPD)[111]. Y el CEPD establece que el concepto de dato biométrico abarca tanto la autenticación como la identificación[112].

En el ámbito laboral, por ejemplo, debido las necesidades del pasado, se ha empleado cada vez más el control biométrico para controlar a los empleados[113]. El **control de presencia** es un tratamiento de datos sensibles[114] que puede servir para la consecución de distintas finalidades, entre otras para registrar la jornada laboral de los trabajadores. Si el tratamiento de datos personales consiste en el registro diario de la jornada, ello comporta acometer varias operaciones, entre las que cabe incluir la identificación del empleado, la recogida de sus datos personales, su almacenamiento, la identificación y autenticación de este en el proceso de fichaje, el registro de tiempo y otros posibles datos (como localizaciones), así como su procesamiento para determinar horas extra, faltas de asistencia, etc.

D. Los neurodatos

Los **neurodatos** son «la información que se recoge del cerebro y/o del sistema nervioso»[115] y son datos personales. Son el resultado de las investigaciones de la estimulación magnética transcraneal, la estimulación cerebral profunda y las interfaces cerebro-ordenador («Brain-Computer Interface» o «BCI» en inglés).

Las tecnologías originarias, utilizadas para la cura de problemas médicos, se han visto superadas por proyectos de gran envergadura, basados en IA, que buscan acelerar el desarrollo de neurotecnologías innovadoras («Proyecto BRAIN» en EE.UU., «Proyecto MAP»[116]; Proyecto China Brain»[117], etc.). Y ello a partir de

---

111 Lo que se deduce del hecho de que el RGPD establece que «tales datos personales no deben ser tratados, a menos que se permita su tratamiento en situaciones específicas contempladas en el presente Reglamento». *Vid.*, Considerando 51 del RGPD.

112 *Vid.*, Consejo Europeo de Protección de Datos, «Directrices 05/2022 del Comité Europeo de Protección de Datos (CEPD), sobre el uso de reconocimiento facial en el ámbito de las fuerzas de orden público (véase Versión 2.0, de 26 de abril de 2023)», apartado 12.

113 *Vid.*, art. 10 del Real Decreto-Ley 8/2019, de 8 de marzo, de medidas urgentes de protección social y de lucha contra la precariedad laboral en la jornada de trabajo y art. 34 del texto refundido de la Ley del Estatuto de los Trabajadores, aprobado por Real Decreto Legislativo 2/2015, de 23 de octubre. «BOE» núm. 255, de 24/10/2015.

114 *Vid.*, AEPD, «La protección de datos en las relaciones laborales», 2021, pág. 29.

115 *Vid.*, AEPD y CEPD, «TechDispatch. Neurodatos», 2024, disponible en https://www.aepd.es/guias/neurodatos-aepd-edps.pdf,

116 *Vid.*, RAMOS, K. M., et Al. (2019). «The NIH BRAIN Initiative: Integrating Neuroethics and Neuroscience». Neuron, 101(3), pp. 394-398

117 *Vid.*, WANG, L. (2017). «Muming Poo: China Brain Project and the future of Chinese neuroscience» *National Science Review*, 258-263. https://www.researchgate.net/publica-

que la neurotecnologia (cualquier desarrollo que permita monitorizar o modificar la función cerebral[118] o cualquier «dispositivo y procedimiento que se utilizan para acceder, investigar, evaluar, manipular y emular la estructura y función de los sistemas neuronales»[119]) ha permitido recoger la actividad generada por el cerebro, midiendo y registrando la actividad generada por dicho órgano. Las ondas cerebrales, registradas por un BCI, tras ser procesadas y decodificadas, se traducen en datos fisiológicos. Esta actividad depende de diversos factores internos del individuo (edad, sexo, estado psicoafectivo, patologías, antecedentes, tratamientos, etc.) y externos al mismo (ambientales, actividades, estímulos, miedos, etc.), que actúan en función de una determinada base genética.

A partir de aquí, se recogen unos conjuntos de neurodatos que, asociados a personas identificadas o identificables, son datos personales. Incluso se podría acometer con ellos el perfilado, la inferencia de nuevos datos personales, la modificación del comportamiento y podrían ser en sí mismos mecanismos de identificación y autenticación biométrica. Con el uso de sistemas de IA, podrían inferir y revelar información asociada a pensamientos, sentimientos o estados de salud, además de perfilar al individuo.

Estamos, por tanto, son datos personales muy sensibles. La información cerebral es única y personal, puede revelar información que no es conocida ni siquiera por el propio individuo o está fuera de su control, que puede usarse con fines predictivos, y que posibilitan la identificación mediante la anatomía cerebral («huella cerebral»—no en vano, el cerebro será un identificador tan único como una huella dactilar o un genoma—) por lo que podrían actuar en sí mismos como mecanismos de identificación y autenticación biométrica.

En definitiva, la información cerebral es única y personal, puede revelar información que no es conocida por el propio individuo o está fuera de su control, puede usarse con fines predictivos, y abre nuevas posibilidades en las representaciones del individuo a través de los datos. Pueden recogerse en tiempo real aspectos relacionados con el comportamiento, la personalidad, los sentimientos y los pensamientos de la persona. Tienen potencial no sólo para diagnosticar, sino para predecir predisposiciones a enfermedades, y también para predecir comportamientos y características de la personalidad.

---

tion/314070218_Mu-ming_
Poo_China_Brain_Project_and_Future_of_Chinese_Neuroscience

118 *Vid.*, EATON, M. L., & Illes, J. (2007). «Commercialising cognitive neurotechnology-the ethical terrain». *Nature Biotechnology*, 25(4), pp. 393-397

119 *Vid.*, e«Recommendation on Responsible Innovation in NEurotechnology» disponible en https://www.oecd.org/en/topics/sub-issues/emerging-technologies.html

Por si fuera poco, la información cerebral, además, es predictiva en el comportamiento de las personas, y está sujeta a interpretaciones subjetivas, lo que deja espacio para el sesgo, el error y la inexactitud, suponiendo una mayor implicación en la privacidad y en los riesgos asociados. Pero, al contrario que la información genómica, la neurotecnología permite dos posibilidades: no solo se puede recoger información en tiempo real, sino que a través del mismo interfaz se pueden generar estímulos neurológicos que alteren la actividad cerebral y modifiquen el comportamiento de la persona, tanto a corto como a largo plazo. De esta forma, la neurotecnologia tiene el potencial de afectar no solo nuestra privacidad, sino también los derechos fundamentales ligados a ella como la libertad de pensamiento, la libertad de expresión, la integridad corporal, personalidad, la dignidad de las personas, la no discriminación y la equidad y la justicia.

Los neurodatos pueden consistir y aportar datos respecto de (i) la estructura del cerebro; (ii) de la función y actividad del cerebro; y (iii) al sistema nervioso periférico. A partir de aquí se pueden clasificar en varias **categorías**, a saber: (a) tratamiento de categorías especiales de datos personales (en la medida en que el tratamiento de los mismos pudiera conllevar, entre otra, información biométrica orientada a la identificación, opiniones políticas, orientación sexual y datos de salud); (b) tratamiento de neurodatos que permiten el control de una aplicación o dispositivo; y (c) tratamiento de neurodatos que permiten la estimulación o modulación del sujeto, logrando un *neurofeedback* («lazo cerrado»)[120].

En la medida en que el tratamiento de los mismos pudiera conllevar información biométrica orientada a la identificación, opiniones políticas, orientación sexual y datos de salud, entre otros, los neurodatos se calificarían entonces como un tratamiento de categorías especiales de datos personales. En este último caso, para su tratamiento sería necesario cumplir con los requisitos del art. 6 RGPD en relación el artículo 9 del mismo cuerpo.

Para terminar, hay que tener muy presente el **Convenio para la Protección de los Derechos Humanos y la Dignidad del Ser Humano con respecto a las Aplicaciones de la Biología y la Medicina**[121].

---

[120] Cfr. AEPD y CEPD, «TechDispatch. Neurodatos», 2024, pp. 5 a 8

[121] *Vid.*, Instrumento de Ratificación del Convenio para la protección de los derechos humanos y la dignidad del ser humano con respecto a las aplicaciones de la Biología y la Medicina (Convenio relativo a los derechos humanos y la biomedicina), hecho en Oviedo el 4 de abril de 1997. «BOE» núm. 251, de 20/10/1999

Capítulo 4

PRINCIPIOS

Los principios relativos al tratamiento inspiran toda la regulación en materia de privacidad y protección de datos personales. Los principios son seis y están recogidos en el artículo 5 del RGPD.

I. LICITUD, LEALTAD Y TRANSPARENCIA (ART. 5.1.A) RGPD)

El art. 5(1)(a) del RGPD establece que:

> «Los datos personales serán [...] tratados de manera lícita, leal y transparente en relación con el interesado».

Ello implica que los datos personales podrán ser tratados solo si existe una base legal para ello y siempre y cuando el tratamiento se lleve a cabo de manera leal y transparente para con respecto a los interesados.

A. *«Lícita»*

Los datos solo podrán ser tratados si existe fundamento legal para ello —como veremos cuando hablemos de la licitud del tratamiento, art. 6 RGPD[122]—. La legalidad a la que hace referencia este aspecto del tratamiento no se reduce solo al RGPD, sino que hay que tener en cuenta otras normas vinculantes, como los códigos de conducta, normativa laboral, sanitaria, de competencia, tributaria, etc., En resumidas cuentas, para que el tratamiento sea lícito, debe cumplir con toda la normativa que le sea de aplicación.

En este sentido, el RGPD es una regulación de mínimos, en algunos aspectos, en los que los estados pueden ser más protectores, siempre y cuando las opciones legales por las que opten los Estados miembros sean coherentes con el RGPD. Por ejemplo, el RGPD establece, en relación con la edad mínima de los interesados menores de edad que ésta será de 16 años con posibilidad de los Estados miembros de reducirla a 13, pero no puede ser, en ningún caso, menos de 13[123].

---

122 *Vid., infra* Capítulo Quinto.

123 *Vid.*, Art. 8.1.II del RGPD: «*1. Cuando se aplique el artículo 6, apartado 1, letra a), en relación con la oferta directa a niños de servicios de la sociedad de la información, el tratamiento de los datos personales de un niño se considerará lícito cuando tenga como mínimo 16 años. Si el niño es menor de 16 años, tal*

En este sentido destaca la STEDH de 16 de febrero de 2000, en el asunto Amann c. Suiza de 2000 (rec. 27798/95) donde el Alto Tribunal afirmó que la mera recopilación de datos por el Estado sin base legal clara constituye una injerencia ilícita. En la misma línea, en la Sentencia de 4 de mayo de 2000, en el asunto Rotaru c. Rumanía (rec. 28341/95), condenó la conservación de datos falsos y obsoletos en archivos de inteligencia, subrayando la exigencia de exactitud y actualidad.

B. «Leal»

Este concepto está ligado con la idea de que el interesado debe saber —o, al menos, poder conocer— que sus datos son o podrán ser tratados, incluyendo el conocimiento acerca de cómo éstos serán recopilados, explotados y almacenados. También implica que el interesado pueda expresar cuanto estime oportuno acerca de la recopilación y tratamiento de sus datos y ejercitar sus derechos[124].

No obstante, esto no impide que en ciertas ocasiones el tratamiento de datos se produzca *ex lege*, de tal forma que se entiende leal sin que el interesado tenga conocimiento. Por ejemplo, en lo casos que las autoridades fiscales lo requieran, como el deber que las empresas tienen en nuestro país de retener pagos a cuenta de sus trabajadores y comunicarlos e ingresarlos en Hacienda.

Por último, un tratamiento legal implica que se debe indicar al interesado cómo el tratamiento afectará al mismo. Si le afectará negativamente y ello no está justificado, el tratamiento no será leal. Estará justificado en aquellos casos en los que es necesario, por ejemplo, para imponerle una sanción administrativa.

C. «Transparente»

Supone que los responsables deben ser transparentes y abiertos hacia los interesados en relación a cómo tratan los datos. Los ficheros, su estratificación, su registro y publicidad han sido derogados por el RGPD, sin embargo, el reglamento exige que los responsables sean transparentes con sus interesados y les informen de cómo sus datos son procesados.

El **deber de información** mínimo que se debe ofrecer está regulado en los artículos 13 y 14 del RGPD.

---

tratamiento únicamente se considerará lícito si el consentimiento lo dio o autorizó el titular de la patria potestad o tutela sobre el niño, y solo en la medida en que se dio o autorizó.
Los Estados miembros podrán establecer por ley una edad inferior a tales fines, siempre que esta no sea inferior a 13 años».

124 *Vid., infra* Capítulo Sexto.

Como excepción a lo anterior, el RGPD **libera de la obligación de informar** a los interesados acerca del tratamiento cuando:

a. Los datos fueron obtenidos directamente del interesado y éste *ya había sido informado.*

b. Cuando suministrar información al interesado suponga un *esfuerzo desproporcionado* o se pueda considerar *imposible.*

c. Que la obtención o comunicación esté expresamente *establecida por Derecho* nacional o de la UE aplicable al responsable y se establezcan medidas adecuadas para proteger los intereses legítimos del interesado

d. Cuando los datos deban seguir teniendo carácter confidencial sobre la base de una obligación de *secreto profesional* regulada en Derecho nacional o de la UE.

La transparencia también implica que la información se suministre al interesado en plazo, esto es, en el momento de la recopilación —cuando se obtenga del interesado directamente— y *(i)* en el plazo máximo de un mes, *(ii)* en el momento de la primera comunicación al interesado; o *(iii)* cuando los datos personales sean comunicados por primera vez —cuando no se hayan obtenido directamente del interesado—, lo que antes ocurra.

Por último, la transparencia conlleva que la información que se suministre al interesado debe ser clara, concisa y fácil de entender, así como que se facilite de manera accesible y gratuita[125]. El lenguaje debe ser especialmente claro, sencillo y comprensible cuando se suministre a un menor o en aquellos casos en los que un facultativo informa a un paciente. En resumen, la clave es que el interesado no sólo reciba la información, sino que la comprenda y la entienda. El RGPD promociona el uso de imágenes visuales, iconos y avisos de privacidad sencillos y no estandarizados en la Red para informar al usuario.

La LOPDGDD ha profundizado en el detalle de qué debe entenderse por «transparencia e información» a los efectos, fundamentalmente de cómo cumplir con esta obligación respecto del interesado. Así, explícitamente permite que el deber de información del art. 13 RGPD se cumpla mediante lo que en el lenguje común denominamos «**primera capa**» y que consiste en facilitar al interesado, cuando entra en contacto con él y **cuando hubiera obtenido directamente los datos de él**, la siguiente «información básica», como mínimo: (*i*) la identidad del responsable del tratamiento y de su representante (en su caso); (*ii*) la finalidad del tratamiento; (*iii*) la posibilidad de ejercer los derechos que le otorga el RGPD; y (*iv*), sólo en el caso de que los datos obtenidos del interesado fueran a ser tratados para la elaboración de perfiles, la primera capa también debería

---

125 *Vid.*, art. 12 RGPD y considerando 39º.

contener información sobre este extremo, junto con información sobre su derecho a oponerse.

Si los datos personales **no han sido obtenidos directamente del interesado**, además de la información básica del apartado anterior, y, además: (*i*) una dirección electrónica u otro medio que permita acceder de forma sencilla e inmediatamente a la restante información; (*ii*) las categorías de datos objeto del tratamiento; y (*iii*) las fuentes de las que procedan los datos.

II. LIMITACIÓN DE LA FINALIDAD (ART. 5.1.B) RGPD)

El art. 5(1)(b) del RGPD establece que:

> «Los datos personales serán [...] recogidos con fines determinados, explícitos y legítimos, y no serán tratados ulteriormente de manera incompatible con dichos fines; de acuerdo con el artículo 89, apartado 1, el tratamiento ulterior de los datos personales con fines de archivo en interés público, fines de investigación científica e histórica o fines estadísticos no se considerará incompatible con los fines iniciales».

Lo primero que tienen que hacer los responsables es identificar el fin o fines para los que quieren recoger esos datos y tratarlos. Ello es fundamental porque el tratamiento será lícito en la medida en que sea compatible con la finalidad bajo la cual fueron recopilados. Si un responsable, por ejemplo, un hospital, recoge los datos de sus pacientes para tratar sus enfermedades y, sin embargo, luego, utiliza esos datos para hacer perfilado y venderlos a compañías de seguros de salud, el segundo tratamiento no es compatible con el fin originario con el que fueron recogidos y es ilícito.

El juicio de compatibilidad de los fines del tratamiento implica que para que un fin pueda ser considerado compatible con otro, debe evaluarse: *(i)* la conexión entre el fin original y el posterior; *(ii)* el contexto en el que los datos fueron recopilados y la expectativa racional de usarlos para otro fin; *(iii)* la naturaleza de los datos; *(iv)* las consecuencias del tratamiento conforme a los nuevos fines; y *(v)* la existencia de garantías suficientes.

Si todos los requisitos anteriores tienen lugar, el nuevo fin es compatible con el original y nada más se requiere. Si no es así, el nuevo fin es incompatible y habrá que buscar otra base legal —art. 6 RGPD— para tratar los datos conforme a ese fin o fines distintos. El tratamiento para finalidades estadísticas, de interés público, o de investigación científica o histórica serán considerados tratamientos compatibles en la medida en que dicho tratamiento tenga lugar dentro de los límites del Derecho de la UE o de un Estado miembro. Ahora bien, siguiendo la jurisprudencia española y europea la reutilización de datos con una finalidad distinta de la original vulnera el derecho a la protección de datos[126]. En la misma línea, el TJUE[127] anuló la publicación indiscriminada en internet de ayudas agrícolas, al considerar que excedía el principio de finalidad y minimización.

III. MINIMIZACIÓN DE DATOS (ART. 5.1.C) RGPD)

El art. 5(1)(c) del RGPD establece que:

> «Los datos personales serán [...] adecuados, pertinentes y limitados a lo necesario en relación con los fines para los que son tratados».

El responsable debe limitarse a recopilar y tratar tan solo aquellos datos que realmente son necesarios para el fin o fines indicados. Para ello hay que realizar un doble análisis: *(i)* uno de necesidad y *(ii)* otro de proporcionalidad.

A. Necesidad

Los datos son necesarios si son adecuados para lograr el fin del tratamiento, tanto en calidad como en cantidad. Si un responsable quiere enviar información a sus clientes de las ofertas comerciales de sus productos, no puede pedir a los interesados datos de salud o datos fiscales, por ejemplo.

Los datos no serán necesarios si el fin se puede lograr igualmente con datos anónimos o si son excesivos los campos de datos que se recogen.

B. Proporcionalidad

La proporcionalidad se debe entender caso por caso. Una misma cantidad y calidad de datos recopilados y tratados en dos casos diferentes, en uno puede ser proporcional y en otro no. Así, esto supone que se debe de evitar la idea de «*recopilar todos los datos que se pueda y luego ya veremos qué hacemos con ellos*». Proporcionalidad que también entraña que, si caben alternativas menos intrusivas para

---

126 Vid., STC (Pleno) núm. 292/2000, de 30 de noviembre de 2000. Recurso de inconstitucionalidad 1.463/2000. Promovido por el Defensor del Pueblo respecto de los arts. 21.1 y 24.1 y 2 de la Ley Orgánica 15/1999, de 13 de diciembre, de Protección de Datos de Carácter Personal. Vulneración del derecho fundamental a la protección de datos personales. Nulidad parcial de varios preceptos de la Ley Orgánica. «BOE» núm. 4, de 4 de enero de 2001.

127 Vid., Sentencia del Tribunal de Justicia (Gran Sala) de 9 de noviembre de 2010, en el asunto Volker und Markus Schecke GbR (C-92/09) y Hartmut Eifert (C-93/09) contra Land Hessen (asuntos acumulados C-92/09 y 93/09) [ECLI:EU:C:2010:662].

con la privacidad y datos del interesado para el fin del tratamiento en cuestión, así ha de hacerse. Si, por ejemplo, con un número de DNI vale para llevar a cabo un control de asistencia, no se puede solicitar datos biológicos —como ADN— o biométricos —como huellas dactilares—.

IV. EXACTITUD (ART. 5.1.D) RGPD)

El art. 5(1)(d) del RGPD establece que:

> «Los datos personales serán [...] exactos y, si fuera necesario, actualizados; se adoptarán todas las medidas razonables para que se supriman o rectifiquen sin dilación los datos personales que sean inexactos con respecto a los fines para los que se tratan».

Esto supone que los responsables deben implementar las medidas apropiadas para que los datos sean exactos y estén actualizados[128]; y esto se deber verificar periódicamente. Ahora bien, el incumplimiento de este principio no se le imputa al responsable siempre que éste haya «*adoptado todas las medidas razonables para que se supriman o rectifiquen sin dilación, la inexactitud de los datos, con respecto a los fines para los que se trata*»[129]. Para que ocurra la presunción de no responsabilidad anterior, los datos inexactos deben de (*i*) haberse obtenido por el responsable directamente del afectado, (*ii*) o a través de un mediador o intermediario —siempre que las normas aplicables permitan su intervención y sin perjuicio de su responsabilidad por lo ilícitos imputables—, (*iii*) los hubiese recibido de otro responsable en virtud del derecho a la portabilidad ejercitado por el interesado; o (*iv*) proviniesen de un registro público al que ha accedido el responsable[130].

La exactitud supone también llevar un registro de errores y sus correcciones.

Cuando los datos son recopilados para fines estadísticos o históricos, solamente hay que mantener los datos tal cual fueron recopilados.

V. LIMITACIÓN DEL PLAZO DE CONSERVACIÓN (ART. 5.1.E) RGPD)

Recogido en el art. 5(1)(e) del RGPD, dispone que:

> «Los datos personales serán [...] mantenidos de forma que se permita la identificación de los interesados durante no más tiempo del necesario para los fines del tratamiento de los datos personales; los datos personales podrán conservarse durante períodos

---

128 *Vid.*, considerando 39º RGPD.

129 *Vid.*, art. 4.2 LOPDGDD.

130 *Ibíd.*, art. 4.2 *in fine* LOPDGDD.

> más largos siempre que se traten exclusivamente con fines de archivo en interés público, fines de investigación científica o histórica o fines estadísticos, de conformidad con el artículo 89, apartado 1, sin perjuicio de la aplicación de las medidas técnicas y organizativas apropiadas que impone el presente Reglamento a fin de proteger los derechos y libertades del interesado».

En resumidas cuentas, en el mismo momento en el que los datos ya no son necesarios, éstos deben ser borrados con las cautelas de seguridad oportunas.

El tiempo máximo que los datos deben ser almacenados es «*el tiempo estrictamente necesario para los fines*». Este plazo lo establecerá el responsable de manera lógica y razonada. Por ejemplo, en un proceso de selección de trabajo, una vez finalizado el proceso el responsable no puede mantener los datos personales —CV y otros— de los candidatos que han participado en el proceso y debe proceder a eliminarlos de forma segura, a no ser que concurra el consentimiento —por ejemplo— de los interesados para poder consérvalos.

En algunos casos las leyes especiales —procesales, tributarias, etc.—establecen unos límites y plazos de conservación de los datos a los que habrá que estar. En cualquier caso, los datos personales podrán conservarse durante períodos más largos siempre que se traten exclusivamente con fines de archivo en interés público, fines de investigación científica o histórica o fines estadísticos.

Y, en fin, el TEDH, en el asunto S. y Marper, consideró contraria al derecho a la vida privada la conservación indefinida de datos biométricos de personas absueltas, mientras que el TJUE en el caso Digital Rights Ireland (2014) anuló la directiva de retención de datos de tráfico por ser indiscriminada y desproporcionada.

VI. INTEGRIDAD Y CONFIDENCIALIDAD (ART. 5.1.F) RGPD)

El art. 5(1)(f) del RGPD establece que:

> «Los datos personales serán [...] tratados de tal manera que se garantice una seguridad adecuada de los datos personales, incluida la protección contra el tratamiento no autorizado o ilícito y contra su pérdida, destrucción o daño accidental, mediante la aplicación de medidas técnicas u organizativas apropiadas».

Los responsables deberán implementar marcos integrados de seguridad y confidencialidad dentro de las organizaciones y emplear medidas técnicas como el encriptado, seudonimización, cifrado, etc., para mantener la integridad y confidencialidad de la información, en particular cuando de datos sensibles se trate.

Este deber de confidencialidad se articula sin perjuicio —esto es, es complementario— de la normativa de secretos profesionales que, en cada caso, corresponda[131].

La obligación de confidencialidad y de secreto se mantendrán incluso una vez terminada la relación de la persona obligada a su observancia y el responsable o el encargado[132]. Además de los anteriores, una de las principales novedades del RGPD es la incorporación del principio de «*responsabilidad proactiva*» o «***accountability***» (art. 5.2 RGPD). Este principio, fundamental en la regulación europea de la protección de datos personales, implica no sólo que los responsables deben cumplir con los principios que hemos visto, sino que éstos deber ser capaces de demostrar documentalmente que se cumple con dichos principios[133].

Cuadro resumen:

Licitud, lealtad y transparencia

Los datos tienen que ser tratados si hay base legal para ello; el interesado debe saber que sus datos están siendo tratados; y deben informar a los interesados de cierta información relativa al tratamiento de manera clara.

Limitación de la finalidad

Solo se pueden tratar los datos conforme a los fines que fueron recopilados si surgen nuevos fines, cuando éstos sean compatibles con el fin original.

Minimización de datos

Solo se recopilarán y tratarán los datos mínimos e imprescindibles para realizar el fin (necesidad) y de forma proporcional (cantidad y tipología).

Exactitud

Los datos deben de ser exactos y estar actualizados en todo momento.

Limitación del plazo de conservación

Los datos se podrán almacenar el tiempo mínimo imprescindible para realizar los fines y cuando ya no sean necesarios se eliminarán de manera segura. Hay ciertas normas que indican ciertos plazos específicos para tales materias.

Integridad y confidencialidad

Implementar marcos integrados de seguridad y confidencialidad dentro de las organizaciones y emplear medidas técnicas como el encriptado, la seudinimización, el cifrado, etc.

---

131 *Vid.*, art. 5.2 LOPDGDD.

132 *Ibíd.*, art. 5.3.

133 *Vid. infra* Capítulo Séptimo.

Capítulo 5

LICITUD DEL TRATAMIENTO DE DATOS

I. LA LICITUD DEL TRATAMIENTO

La licitud del tratamiento es un apartado fundamental de la privacidad y protección de datos, toda vez que es la pieza nuclear sobre la que se asienta la posibilidad de recopilar y tratar datos personales. **Si no concurre una base de licitud de las seis que recoge el artículo 6 del RGPD, no se pueden recoger y tratar datos personales**; sin perjuicio de ulteriores necesidades para tratar cierto tipo de datos, como los sensibles y las excepciones en las que no se aplica el RGPD.

Además de cumplir con uno de los seis criterios del artículo 6 del RGPD, el responsable del tratamiento **debe demostrar** que concurre la base sobre la que se apoya para tratar datos, por lo que habrá que tener todo muy bien «atado».

Veamos cuales son los seis criterios del artículo 6 RGPD que permiten tratar datos:

A. *El interesado otorga su consentimiento para el tratamiento de sus datos personales para uno o varios fines específicos*

Es la principal y fundamental de las bases de licitud y, quizá, la más compleja de adquirir.

Si bien el consentimiento que regula el artículo 6.1 del RGPD no recoge abiertamente que éste sea expreso o explícito —como sí ocurre para los datos sensibles—, es claro que, sí implica un tipo de actitud o acción proactiva del interesado para que concurra válidamente sin que el silencio o la inactividad de éste puedan considerarse suficientes, como más adelante veremos en un apartado específico[134].

El resto de los criterios de licitud, a diferencia del consentimiento, se basan en la concurrencia de ciertas circunstancias cuyo mínimo común denominador es la «necesidad». En este sentido, algo será «necesario» siempre que haya una cercana y sustancial conexión entre el tratamiento y los fines. Por tanto, para que las bases de licitud que se exponen a continuación validen el tratamiento de datos no solo debe concurrir el criterio que se cita en ellos, sino que el tratamiento debe ser «necesario en el sentido expresado».

---

[134] *Vid., infra,* apartado II.

B. *El tratamiento es necesario para la ejecución de un contrato en el que el interesado es parte o para la aplicación a petición del interesado de medidas precontractuales*

Ejemplos de esta situación son la compra de un producto y el contrato de compraventa que va aparejado a él, entre los que se incluyen, en ocasiones, el envío a domicilio del producto; o para prestar un servicio. Esta base de tratamiento debe ser interpretada de manera estricta en el sentido de que el tratamiento de los datos debe ser imprescindible para cumplir el contrato.

En relación a este asunto, el CEPD ha adoptado ciertas pautas[135], entre las que destaca que «cuando el tratamiento no se considere "necesario para la ejecución de un contrato"; es decir, cuando el servicio solicitado pueda prestarse sin que tenga lugar ese tratamiento específico, el CEPD reconoce que puede resultar aplicable otro fundamento jurídico, siempre que se cumplan las condiciones pertinentes. En concreto, en algunas circunstancias, puede resultar más adecuado invocar el libre consentimiento previsto en el artículo 6, apartado 1, letra a). En otros casos, el artículo 6, apartado 1, letra f), puede ofrecer un fundamento jurídico más adecuado para el tratamiento».

Asimismo, de las directrices parece desprenderse que la base de licitud del art. 6(1)(b) del RGPD opera por defecto en el marco de una relación contractual, eso sí, sin olvidar la necesidad de identificar al fundamento de licitud más adecuado en virtud del principio de transparencia[136]. En cualquier caso, la cuestión no es clara y **se deja la puerta abierta a una admisión tácita de la base de licitud contemplada en el art. 6(1)(b) del RGPD** («la mera referencia o mención al tratamiento de datos en un contrato no es suficiente para considerar incluido dicho tratamiento en el ámbito de aplicación del artículo 6, apartado 1, letra b). Por el contrario, es posible que el tratamiento sea objetivamente [sic.] aunque no se mencione expresamente en el contrato. En cualquier caso, el responsable del tratamiento debe cumplir con sus obligaciones de transparencia»)[137].

---

135 *Vid.*, CEPD, «Directrices 2/2019 sobre el tratamiento de datos personales en virtud del artículo 6, apartado 1, letra b), del RGPD en el contexto de la prestación de servicios en línea a los interesados», Versión 2.0, de fecha 8 de octubre de 2019

136 Y, así, manifiesta que «Las Directrices del GT29 sobre consentimiento especifican también que si «un responsable pretende realizar el tratamiento de datos personales que sí son necesarios para la ejecución del contrato, entonces el consentimiento no constituirá el fundamento jurídico apropiado». A la inversa, el CEPD considera que, cuando el tratamiento no es necesario para la ejecución de un contrato, dicho tratamiento solo puede tener lugar si invoca otro fundamento jurídico adecuado». *Vid.*, CEPD, «Directrices 2/2019 sobre...*op. cit.*, pág. 8.

137 *Ibíd.*, pág. 10, apartado 27°.

En línea con la admisión tácita por las partes de la aplicación de esta base de licitud, hay que destacar que el propio artículo 6(1)(b) del RGPD aborda la relación precontractual entre las partes, por lo que implícitamente está admitiendo una suerte de conocimiento y aceptación tácita de esta base de licitud entre las partes que permiten y admiten el tratamiento de los datos esenciales en este caso para evaluar la solicitud de prestación de servicios y, en su caso, alcanzar un acuerdo contractual en el que típicamente se incorporará dicha base de licitud como sustento del tratamiento de datos personales. Una interpretación contraria a esto no resulta coherente ni eficaz toda vez que parece poco oportuno y plausible exigir un acuerdo —previo— entre las partes para el tratamiento de datos respecto —y en el marco— de una relación precontractual.

C. El tratamiento es necesario para el cumplimiento de una obligación legal aplicable al responsable del tratamiento

Son tratamientos de datos que van aparejados al cumplimiento de una obligación legal, como, por ejemplo, hacer frente a las responsabilidades fiscales de todos los ciudadanos para la presentación anual de la declaración de la renta. O, también, para cumplir con las obligaciones en relación con la Seguridad Social.

Las obligaciones legales a las que se vea sometido un responsable en virtud de normas de terceros países —fuera de la UE— no cumplen con este criterio.

El tratamiento de datos basado en el cumplimiento de una obligación legal, ha venido a matizar la LOPDGDD, solo opera si el responsable viene obligado por una norma de Derecho de la UE o una norma nacional con rango de ley, en donde además, éste se puede ver sometido a condiciones adicionales para el amparo en esta base de licitud[138]. Por tanto, cualquier obligación que venga exigida por una norma de rango reglamentario, por ejemplo, no desplegaría, en principio, la cobertura legal para el responsable o encargado de la base de licitud regulada en el art. 6.1.c) RGPD.

D. El tratamiento es necesario para proteger intereses vitales del interesado o de otra persona física

Proteger «intereses vitales» del interesado se refiere a cuestiones de vida o muerte, es decir, que dejar de tratar los datos del interesado puede implicar que éste no sobreviva en una determinada situación.

---

138 *Vid.*, art. 8.1 LOPDGDD

Este criterio se aplicará en situaciones excepcionales de emergencia en las que no cabe otro criterio legal para proceder al tratamiento de datos. Por ejemplo, en un accidente de tráfico con un herido grave de vida o muerte, donde el interesado está inconsciente y el médico necesita acceder a sus datos personales para consultar su historia médica o revisar los documentos de su cartera de mano para consultar su edad.

E. El tratamiento es necesario para el cumplimiento de una misión realizada en interés público o en el ejercicio de poderes públicos conferidos al responsable del tratamiento

El concepto de «interés público» es, en principio, vago y difícil de delimitar. Serán los Estados miembros los que determinen que tratamientos pueden ser realizados en «interés público» auspiciados por este criterio.

Ello implica que en los casos en los que el interesado se oponga a un tratamiento de sus datos basado en este criterio, la carga de demostrar que el tratamiento está fundamentado en un interés público o en el ejercicio de poderes público corresponde al responsable. Fundamentación que deberá ser suficiente como para predominar sobre los derechos y libertades del interesado.

En este sentido, el considerando 45° del RGPD trata de aclarar cuándo concurre el interés público, especificando que en estos casos «el tratamiento —y la finalidad— debe tener una base en el Derecho de la Unión o de los Estados miembros». Una norma puede ser suficiente como base para varias operaciones de tratamiento de datos basadas en una obligación legal aplicable al responsable del tratamiento. Además, dicha norma podría especificar las condiciones generales del RGPD[139]. Debe determinarse también en virtud del Derecho de la Unión o de los Estados miembros —norma con rango de ley[140]— si el responsable del tratamiento que realiza una misión en interés público o en el ejercicio de poderes públicos debe ser una autoridad pública u otra persona física o jurídica de Derecho público; o, cuando se haga en interés público, incluidos fines sanitarios como la salud pública, la protección social y la gestión de los servicios de sanidad, de Derecho privado, como una asociación profesional.

---

139 Como «establecer especificaciones para la determinación del responsable del tratamiento, el tipo de datos personales objeto de tratamiento, los interesados afectados, las entidades a las que se pueden comunicar los datos personales, las limitaciones de la finalidad, el plazo de conservación de los datos y otras medidas para garantizar un tratamiento lícito y leal». *Vid.*, considerando 45° RGPD.

140 *Vid.*, art. 8.2) LOPDGDD.

F. El tratamiento es necesario para la satisfacción de intereses legítimos perseguidos por el responsable del tratamiento o por un tercero, siempre que sobre dichos intereses no prevalezcan los intereses o los derechos y libertades fundamentales del interesado que requerirán la protección de datos personales, en particular cuando el interesado sea un niño

Este criterio es fundamental ya que, quizá, es el más «flexible» o «abierto» de todos ellos y el que permite a los responsables mayor margen de discreción. El *test* de equilibrio entre los intereses en juego[141] que debe llevarse a la hora de aplicar este criterio es una cuestión sensible y delicada sobre la que todavía son necesarias guías y directrices de interpretación por parte del CEPD.

El considerando 47° arroja algo más de luz acerca de cómo interpretar este criterio:

1. Este criterio no debe aplicarse al tratamiento efectuado por las *autoridades públicas* en el ejercicio de sus funciones.
2. El tratamiento debe ser *necesario para el fin* en cuestión.
3. El *fin* debe ser un *interés legítimo* del *responsable* o un tercero.
4. El interés legítimo *no puede invalidar o anular los intereses del interesado o derechos y libertades fundamentales*[142].
5. El tratamiento de datos de carácter personal estrictamente necesario para la *prevención del fraude* constituye también un interés legitimo del responsable del tratamiento de que se trate.
6. El tratamiento de datos personales con fines de *mercadotecnia directa* puede considerarse realizado por interés legítimo.
7. Los responsables que forman parte de un *grupo empresarial* o de entidades afiliadas a un organismo central pueden tener un interés legítimo en trans-

---

[141] *Vid.*, considerando 47°, del siguiente tenor: «*El interés legítimo de un responsable del tratamiento, incluso el de un responsable al que se puedan comunicar datos personales, o de un tercero, puede constituir una base jurídica para el tratamiento, siempre que no prevalezcan los intereses o los derechos y libertades del interesado, teniendo en cuenta las expectativas razonables de los interesados basadas en su relación con el responsable*».

[142] A la hora de considerar cuando los intereses legítimos del responsable o terceros pueden anular los intereses, derecho, o libertades del interesado, el responsable debe tener en cuenta las expectativas razonables de los interesados, en base a su relación con el responsable. *Vid.*, considerando 47°: «*teniendo en cuenta las expectativas razonables de los interesados basadas en su relación con el responsable...*» y añade: «En particular, los intereses y los derechos fundamentales del interesado podrían prevalecer sobre los intereses del responsable del tratamiento cuando se proceda al tratamiento de los datos personales en circunstancias en las que el interesado no espere razonablemente que se realice un tratamiento ulterior».

mitir datos personales dentro del grupo empresarial para fines administrativos internos, incluido el tratamiento de datos personales de clientes o empleados[143].

8. También puede constituir un *interés legítimo* el tratamiento de datos personales, en la medida estrictamente necesaria y proporcionada para garantizar la seguridad de la red y de la información[144].

En cualquier caso —y como quiera que este concepto es interpretado de manera diferente por las autoridades de protección de datos de los Estados miembros—, la existencia de un interés legítimo requerirá una evaluación meticulosa, caso por caso, incluso en aquellas situaciones en las que un interesado puede prever de forma razonable, en el momento y en el contexto de la recogida de datos personales, que pueda producirse el tratamiento con tal fin.

Al objeto de clarificar aún más (aunque con las dificultades que ello entraña) el CEPD ha publicado nuevas directrices sobre la interpretación del art. 6(1)(f) RGPD[145]. En síntesis, conforme a dicha guía, para que el tratamiento sea lícito en virtud del interés legítimo (art. 6[1][f] RGPD), deben cumplirse **tres condiciones acumulativas**, a saber: (i) que se persiga por el responsable del tratamiento (o de un tercero) un interés legítimo (no todos los intereses pueden considerarse legítimos, sólo aquellos intereses que sean legítimos, estén articulados con precisión y sean reales pueden invocarse válidamente como interés legítimo)**; (ii)** la necesidad de procesar datos personales para los fines del interés legítimo perseguido (debe comprobarse si los intereses legítimos perseguidos no pueden razonablemente lograrse con la misma eficacia por otros medios menos restrictivos de los derechos fundamentales y libertades de los interesados, teniendo también en cuenta los principios consagrados en el art. 5[1] RGPD —en entendido de que, si tales medios alternativos y menos invasivos existen, el procesamiento no puede basarse en el interés legítimo ex art. 6[1][f] RGPD—); **(iii)** los intereses o

---

143 *Vid.*, considerando 48º del RGPD.

144 «[...] es decir, la capacidad de una red o de un sistema información de resistir, en un nivel determinado de confianza, a acontecimientos accidentales o acciones ilícitas o malintencionadas que comprometan la disponibilidad, autenticidad, integridad y confidencialidad de los datos personales conservados o transmitidos, y la seguridad de los servicios conexos ofrecidos por, o accesibles a través de, estos sistemas y redes, por parte de autoridades públicas, equipos de respuesta a emergencias informáticas (CERT), equipos de respuesta a incidentes de seguridad informática (CSIRT), proveedores de redes y servicios de comunicaciones electrónicas y proveedores de tecnologías y servicios de seguridad. En lo anterior cabría incluir, por ejemplo, impedir el acceso no autorizado a las redes de comunicaciones electrónicas y la distribución malintencionada de códigos, y frenar ataques de denegación de servicio y daños a los sistemas informáticos y de comunicaciones electrónicas», *Vid.*, considerando 49º del RGPD.

145 *Vid.*, CEPD, «Guidelines 1/2024 on processing of personal data based on Article 6(1)(f) GDPR», Version 1.0 Adopted on 8 October 2024

las libertades y derechos fundamentales de los interesados no tienen en cuenta precedencia sobre el interés legítimo del responsable del tratamiento o de un tercero (esa condición implica un equilibrio de los derechos e intereses opuestos en cuestión que depende en principio sobre las circunstancias específicas del tratamiento correspondiente —el tratamiento sólo podrá tener lugar si el resultado de este ejercicio de equilibrio es que los intereses legítimos que se persiguen no queden anulados los intereses, derechos y libertades de los interesados—)

Finalmente, la guía recuerda que para determinar si un determinado tratamiento de datos personales puede basarse en el art. 6(1)(f) RGPD, los responsables deben evaluar y documentar cuidadosamente si se cumplen estas tres condiciones acumulativas, todo ello de manera previa a llevar a cabo las operaciones de procesamiento pertinentes.

II. EL CONSENTIMIENTO

A. El consentimiento en general

Dentro de los seis criterios que permiten recopilar y tratar datos personales, un concepto fundamental en la regulación de la protección de datos personales en Europa, **piedra angular del sistema,** es el consentimiento del interesado para que se recopilen y traten sus datos. No sólo es importante porque representa la fuerza de licitud más inoponible que hay, sino que con la llegada del RGPD la forma en la que se recaba el consentimiento se ha modificado radicalmente, exigiéndose una proactividad y responsabilidad mucho mayor a los responsables del tratamiento en relación con la obtención del consentimiento.

El consentimiento debe darse mediante un *acto afirmativo* claro que refleje una *manifestación de voluntad libre, especifica, informada*, e *inequívoca* del interesado de *aceptar el tratamiento* de datos de carácter personal que le conciernen, como una declaración por escrito, inclusive por medios electrónicos, o una declaración verbal[146]. Además, el consentimiento debe darse para todas las actividades de tratamiento realizadas con el mismo o los mismos fines. Cuando el tratamiento tenga varios fines, debe darse el consentimiento para todos ellos[147].

---

146 Esto podría incluir marcar una casilla de un sitio web en internet, escoger parámetros técnicos para la utilización de servicios de la sociedad de la información, o cualquier otra declaración o conducta que indique claramente en este contexto que el interesado acepta la propuesta de tratamiento de sus datos personales. Por tanto, el silencio, las casillas ya marcadas o la inacción no deben constituir consentimiento, *Vid.*, considerando 32° del RGPD.

147 Si el consentimiento del interesado se ha de dar a raíz de una solicitud por medios electrónicos, la solicitud ha de ser clara, concisa y no perturbar innecesariamente el uso del servicio

1. «Manifestación de voluntad libre»

Implica que el interesado debe ser él quien, libremente, sin coacciones ni presiones, entregue su consentimiento o lo deniegue para el tratamiento de sus datos. Ello supone que, si el consentimiento recaba presentándolo por escrito al interesado junto con otras cláusulas que versan de otras cuestiones, la solicitud de concesión del consentimiento debe ofrecerse de manera claramente separada del resto de cláusulas, de forma inteligible y de fácil acceso, utilizando un lenguaje claro y sencillo[148].

Es tal la importancia de este requisito, que, en caso de no cumplirlo, ninguna parte de la declaración por la que se preste el consentimiento no será vinculante en su totalidad. La cláusula para recabar el consentimiento será nula. Es más, se presume que el consentimiento no se ha dado libremente cuando no permita autorizar por separado las distintas operaciones de tratamiento de datos personales pese a ser adecuado en el caso concreto. También es esencial para que el consentimiento se entienda presentado de manera libre, que el cumplimiento de un contrato o relación de negocio no esté condicionado al consentimiento del interesado en aquellos casos en los que el tratamiento no es necesario para el cumplimiento del contrato; ni que exista un desequilibrio claro entre el interesado y el responsable del tratamiento, en particular cuando el responsable sea una autoridad pública y sea poco probable que en consentimiento se haya dado libremente.

Estas relaciones de desequilibrio se producen habitualmente entre empresario y empleado, por lo que solo será válido el consentimiento del empleado si ha tenido una oportunidad real de no consentir —o pueda retirar el consentimiento una vez entregado— sin sufrir represalias profesionales.

Este empoderamiento del interesado en materia del consentimiento es un factor que deben valorar los responsables a la hora de acometer tratamientos a largo plazo sobre esta base de licitud, siendo recomendable buscar más de una base de licitud del tratamiento.

En este sentido se ha posicionado la LOPDGD, recogiendo la necesidad de protección del trabajador y así expresamente contempla que «no podrá supeditarse la ejecución de un contrato a que el afectado consienta el tratamiento de los datos personales para finalidades que no guarden relación con el mantenimiento, desarrollo o control de la relación contractual»[149].

---

para el que se presta, *Vid.*, considerando 32º del RGPD.

148 *Vid.*, art. 7.2 de RGPD.

149 *Vid.*, art. 6.3 LOPDGDD.

2. «Específico»

El consentimiento ha de ser específico, esto es, debe ser otorgado específicamente para el fin y tratamiento en cuestión para el que se reclama. Si el tratamiento tiene varios fines, el consentimiento deberá ser otorgado para todos y cada uno de ellos (con los mismos requisitos del RGPD)[150].

Ello supone que en aquellos casos en los que los fines o el tratamiento cambien, se deberá recabar nuevos consentimientos del interesado. Ahora bien, las dificultades de determinar los fines exactos de unos tratamientos desde un principio han propiciado que el RGPD permita cierta flexibilidad con los cambios, por lo que, si los fines cambian respecto a los originarios por los que se obtuvo, no será necesario recabar un nuevo consentimiento siempre y cuando los nuevos fines sean coherentes y homogéneos con los originales. También hay cierta flexibilidad con los fines de investigación científica, permitiendo obtener un consentimiento válido —y en cierta medida genérico— para un área de la investigación científica como fin. Por ejemplo, otorgar el consentimiento para investigar nuevos tratamientos contra la hepatitis.

3. «Informado»

El responsable ha de facilitar al interesado todos los datos necesarios para el tratamiento en un lenguaje claro y de modo que pueda entender qué está aceptando y consintiendo, de tal manera que el interesado comprenda cómo el tratamiento le afectará. En consecuencia, el lenguaje se debe adaptar en cuanto a su complejidad y claridad al interlocutor del que se reclama del consentimiento, por ejemplo, si es un menor o si es una persona con bajo nivel de estudios.

4. «Inequívoco»

Debe ser un acto claro y afirmativo por el que, sin lugar a dudas, se entiende que el interesado otorga su consentimiento. Esto conlleva que con la llegada del RGPD ya **no caben los formularios** y asimilados con casillas pre-marcadas a través de las cuales se otorgaba el consentimiento hasta hace muy poco.

Tampoco cabe:

a. el *consentimiento tácito* (ese mensaje habitual en una venta emergente que indicaba que solo por el hecho de seguir navegando en el sitio web se entendía otorgado el consentimiento). Si bien es cierto que, en materia de

150 *Ibíd.*, art. 6.2

cookies, la AEDP parece seguir aceptando esta posibilidad para entender otorgado el consentimiento, nuestra opinión es que ello no parece muy conforme[151]. En este sentido el TJUE determinó que el consentimiento no puede presumirse ni deducirse del silencio, estableciendo que debe ser una manifestación activa e inequívoca[152].

b. el *opt-out,* es decir, la posibilidad de que el interesado no se oponga al tratamiento de sus datos porque no deje de usar el servicio o se oponga manifestándolo y comunicándoselo al responsable, con algunas salvedades que se analizarán[153].

Ahora bien, una vez obtenido el consentimiento de manera válida conforme al RGPD, el responsable puede apoyarse en futuras interacciones del interesado para entender concedido éste. Por ejemplo, cuando un interesado configura los parámetros de una aplicación o navegador en la sección de privacidad, aceptando o rechazando puntos, se entiende que «consiente los tratamientos».

El consentimiento debe obtenerse siempre *a priori*, antes de comenzar el tratamiento de datos del interesado, y no cabe obtenerlo *a posteri* con efectos validantes retroactivos al momento del inicio del tratamiento.

c. El responsable del tratamiento debe ser capaz de *demostrar* que el interesado ha consentido el tratamiento con los requisitos exigidos por el RGPD[154].

d. El interesado podrá *retirar el consentimiento* en cualquier momento y deberá poder hacerlo con la misma facilidad con la que lo otorgó, sin que los tratamientos anteriores a la retirada sean ilícitos por ello.

Es relevante destacar que el RGPD exige que todos aquellos consentimientos obtenidos de manera previa a su entrada en vigor y que no sean conformes con el mismo, deben conllevar necesariamente una nueva solicitud del consentimiento del interesado en los términos expresados. De lo contrario tales datos no podrán emplearse por el responsable. En este sentido destacan dos casos: ***asunto Iberdrola Comercializadora***[155] y la imposición de la sanción por difusión vía ***WhatsApp*** de una serie de fotos íntimas de dos mujeres sin su consentimiento.

---

151 *Vid., infra* Capítulo 11°, IV) y V).

152 Vid., STJUE (Gran Sala) de 1 de octubre de 2019, asunto Bundesverband der Verbraucherzentralen und Verbraucherverbände — Verbraucherzentrale Bundesverband eV c. Planet49 GmbH (C-673/17) [ECLI:EU:C:2019:801].

153 *Vid., infra,* Capítulo 13°.

154 *Vid.,* art. 7.1 RGPD.

155 En la actualidad denominada «CURENERGIA COMERCIALIZADORA DE ULTIMO RECURSO, S.A.U., *Vid.,* Resolución de la AEPD, de fecha 28 de noviembre de 2019, en el Procedimiento Sancionador número PS/00140/2019, *asunto IBERDROLA COMERCIALIZADORA.*

Caso 1: asunto Iberdrola Comercializadora

En La Resolución de la AEPD en el ***asunto Iberdrola Comercializadora***[156], la Agencia sanciona con una multa de setenta y cinco mil (75.000) euros a la comercializadora de luz por haber empleado datos de carácter personal de un antiguo cliente de la misma, sin su consentimiento, para realizar una contratación y alta fraudulenta, infringiendo, de esta manera, el art. 6.1.a) del RGPD, en conexión con el art. 83.5.a) de la misma norma y el art. 72.1.a) de la LOPDGDD. El interesado se enteró de esta circunstancia porque su compañía de luz en aquel momento —HOLALUZ— le remitió un correo electrónico en el que le indicaba que sentía mucho su baja y marcha a otra compañía —CURENERGIA—.

Caso 2: difusión vía WhatsApp de una serie de fotos íntimas de dos mujeres sin su consentimiento.

La AEPD impuso una sanción de multa de diez mil (10.000) euros a un particular que difundió a través de **WhatsApp una serie de fotos íntimas de dos mujeres**, al parecer compañeras de trabajo, sin su conocimiento ni consentimiento. Las víctimas tuvieron conocimiento de los hechos mediante información que les suministró un tercero que realizó capturas de pantalla de las conversaciones con el sujeto en cuestión en las que se podían ver las imágenes de éstas acompañadas, en muchos casos, de comentarios vejatorios y denigrantes. El responsable habría adquirido las fotos de un *pendrive* extraviado que las contenía.

La AEPD resuelve, en el **asunto fotos íntimas en WhatsApp**[157], que se trata de una clara vulneración del del art. 6.1.a) del Reglamento General de Protección de Datos («RGPD»), en conexión con el art. 6 de la Ley Orgánica de Protección de Datos Personales y Garantía de los Derechos Fundamentales («LOPDGDD») que versa sobre la necesidad del consentimiento previo y obtenido de manera proactiva por parte del interesado.

La infracción de obtener el consentimiento de manera previa al tratamiento de datos está considerada por la LOPDGDD como «**muy grave**» sancionadas con hasta con multas administrativas de veinte millones (20 millones) de euros como máximo o, tratándose de una empresa, de una cuantía equivalente al 4% como máximo del volumen de negocio total anual global del ejercicio financiero anterior, optándose por la de mayor cuantía (art. 83.5) RGPD). Al final, la AEPD,

---

156 En la actualidad denominada «CURENERGIA COMERCIALIZADORA DE ULTIMO RECURSO, S.A.U., *Vid.*, Resolución de la AEPD, de fecha 28 de noviembre de 2019, en el Procedimiento Sancionador número PS/00140/2019, *asunto IBERDROLA COMERCIALIZADORA*.

157 *Vid.*, Resolución de la AEPD en el Procedimiento Sancionador número PS/00334/2019, *asunto fotos íntimas en WhatsApp*.

aplicando los criterios de graduación de la sanción que contempla la normativa falló en el siguiente sentido: «*imponer, por una infracción del artículo 6.1.a) del RGPD, tipificada en el artículo 83.5.a) del mismo Reglamento y calificada como infracción muy grave a efectos de prescripción en el artículo 72.1.b) de la LOPDGDD, una multa de 10.000 € (diez mil euros)*»[158].

B. El consentimiento en el ámbito sanitario

El consentimiento es la herramienta más cualificada para poder recopilar y tratar datos de salud. Permite tanto tratar datos, en general, como tratar los datos denominados sensibles, para lo cual ha de ser explícito y específico tras una información clara y transparente al paciente sobre los datos que se van a obtener de su persona y los usos que se van a realizar.

Sin embargo, el consentimiento no siempre es necesario para tratar los datos de salud, incluso si se trata de datos sensibles como los biométricos, genéticos u otros recogidos en la historia clínica. Para ayudar tanto a pacientes como a los profesionales sanitarios a conocer cómo gestionar estas situaciones, la Agencia Española de Protección e Datos ha publicado una pequeña guía[159] enfocada al conocimiento de qué se puede y qué no pueden hacer con los datos de los facultativos o los de los pacientes.

C. El consentimiento en menores de edad

En el caso de menores y consentimiento, éste se entenderá lícito cuando el menor tenga como mínimo 16 años. Si es menor de diez y seis años —y mayor de trece—, el tratamiento únicamente se considerará lícito si el consentimiento lo dio o autorizó el titular de la patria potestad o tutela del niño y solo en la medida en que se otorgó o autorizó[160].

Ahora bien, como quiera que el RGPD permite a los Estados rebajar esta edad mínima hasta los trece años, en nuestro país, la LOPDGDD[161] ha mantenido la

---

158 *Ibíd.*, pág., 7

159 *Vid.*, «Guía para pacientes y usuarios de la Sanidad», *aepd*, noviembre de 2019, disponible en https://www.aepd.es/sites/default/files/2019-12/guia-pacientes-usuarios-sanidad.pdf

160 *Vid.*, art. 8.1 del RGPD.

161 *Vid.*, art. 7.1) LOPDGDD que ha pasado a subsanar una anomalía en nuestro Derecho tras la llegada del RGPD ya que en el *ínterin* nos encontrábamos en una situación en la que esa edad mínima de los menores debía establecerse en Derecho nacional por una norma con rango legal y orgánica y no de rango reglamentario, como ocurría entonces al estar recogido este límite en el RDPD.

edad mínima de catorce años —que estableció el sistema predecesor[162]— para prestar el consentimiento sin necesidad de autorización o intervención de los representantes legales de los menores.

Nuestra reciente Ley de protección de datos también ha querido clarificar que, en aquellos supuestos en los que un menor de edad mayor de catorce años vaya a realizar un negocio jurídico que requiera el complemento de la capacidad —mediante la intervención de sus padres o tutor— para su validez y eficacia y en los que se traten sus datos personales en base a la solicitud del consentimiento del menor, será preceptiva la intervención de los padres o el tutor[163]. En el caso de menores de catorce años, se requiere, en todo caso, consentimiento tanto del menor que solo será lícito si figura junto con el del titular de la patria potestad o tutela y con el alcance que determinan tales instituciones jurídicas sobre la esfera de la vida de los menores[164].

Por lo demás, el responsable del tratamiento debe desarrollar esfuerzos razonables para verificar en estos casos que el consentimiento en menores fue dado o autorizado por el titular de la patria potestad o la tutela sobre el menor, teniendo en cuenta la tecnología disponible. Esta regla sobre el consentimiento y minoría de edad se aplica solo *(i)* en el contexto de un servicio de la sociedad de la información directamente ofrecido a menores de edad y *(ii)* cuando el responsable se base solamente en el consentimiento para el tratamiento y no pueda basarse en otra base de licitud añadida.

Por la crucial importancia que tiene el consentimiento en toda la arquitectura de protección de datos, el GT29 ha emitido unas directrices para interpretar el consentimiento conforme al RGPD en las que se detallan aún más si cabe los elementos del consentimiento para que sea válido, los mínimos e imprescindibles deberes a la hora de recabalarlo, sus implicaciones en relación con los menores y las obligaciones de prueba de haber obtenido el consentimiento previo del interesado[165].

---

162 *Vid.*, el artículo 13.1 del RPDP que desarrolla la LOPD: «*1. Podrá procederse al tratamiento de los datos de los mayores de catorce años con su consentimiento, salvo en aquellos casos en los que la Ley exija para su prestación la asistencia de los titulares de la patria potestad o tutela. En el caso de los menores de catorce años se requerirá el consentimiento de los padres o tutores*».

163 *Vid.*, art. 7.2) LOPDGDD.

164 *Ibíd.*, art. 7.3).

165 *Vid.*, Article 29 Working Party, «Guidelines on consent under Regulation 2016/679», Adopted on 28 November 2017 As last Revised and Adopted on 10 April 2018 (17/EN;WP259 rev.01).

INTERÉS VITAL

INTERÉS PÚBLICO

EJECUCIÓN DE CONTRATO

OBLIGACIÓN LEGAL

INTERÉS LEGÍTIMO

CONSENTIMIENTO

Bases legales para tratamiento de datos personales

Capítulo 6

DERECHOS DE LOS INTERESADOS

I. LOS DERECHOS DEL INTERESADO

Los derechos del interesado —antiguos derechos «ARCO», que ahora se han ampliado— están recogidos en los **artículos 15 a 22 y 34 del RGPD** —sin perjuicio del derecho a la información que se analizará en el siguiente apartado II—.

El responsable deberá tomar las medidas oportunas para garantizar los derechos del interesado— cuyo ejercicio no podrá ser denegado por el mero hecho de que el interesado trate de ejercitar sus derechos a través de otro medio distinto del que los que le ofrece el responsable[166]—y comunicará cualquier aspecto en relación a ellos de manera concisa, transparente, inteligible y de fácil acceso, con un lenguaje claro y sencillo —sobre todo si se trata de menores—. Todo ello deberá ser comunicado por escrito o por otros medios, incluyendo los electrónicos; incluso verbalmente siempre que se demuestre la identidad del interesado por otros medios. Ello no impide que los encargados del tratamiento puedan tramitar también las solicitudes de ejercicio de tales derechos si así le autoriza el responsable por contrato[167].

Es fundamental para poder garantizar los derechos del interesado llevar a cabo todos los esfuerzos necesarios, por parte del responsable, para verificar la identidad de los interesados. El responsable está obligado a facilitar al interesado el ejercicio de los sus derechos salvo que sea capaz de acreditar que no está en condiciones de identificar al interesado. Una vez solicitado el ejercicio del derecho en cuestión por el interesado, el responsable tiene **un plazo máximo de un mes** para dar curso al mismo y por los mismos medios que el interesado lo solicitó. La carga de la prueba del cumplimiento del deber de responder una solicitud de ejercicio de derechos formulado por el interesado corresponde al responsable[168]. Si, por ejemplo, pide que se rectifiquen sus datos por inexactos —derecho de rectificación— ello deberá producirse lo antes posible y no más tarde de un mes. Plazo que **podrá prorrogarse por otros dos meses** en caso necesario, teniendo en cuenta la complejidad y el número de solicitudes. La prórroga y notificación al interesado se debe acometer dentro del plazo del primer mes. En **caso de no dar curso al derecho**, el responsable debe informar al interesado sin dilación y a más tardar en el plazo de un mes, de las razones de su no actuación y de la

166 *Vid.*, art. 12.2 LOPDGDD.

167 *Ibíd.*, art. 12.3).

168 *Ibíd.*, art. 12.4).

posibilidad de presentar una reclamación ante la autoridad de control o, en su caso, de ejercitar acciones judiciales.

Toda actuación del responsable en relación con los derechos del interesado será **gratuita**[169]. Ahora bien, cuando las solicitudes sean manifiestamente infundadas o excesivas, especialmente porque sean repetitivas[170] o desproporcionadas[171], el responsable podrá *(i)* cobrar un canon —en función de los costes que tengan que afrontar para dar curso a la solicitud— o *(ii)* negarse a actuar, en el ejercicio por el afectado de su derecho de acceso y las obligaciones de información —ex arts. 13 y 14 RGPD—. En ambos casos, la carga de demostrar la falta de fundamento de la solicitud o carácter excesivo es del responsable. Por último, el responsable puede pedir más información al interesado cuando tenga dudas razonables sobre su identidad.

Los **derechos del interesado** son:

A. Derecho de acceso (art. 15 RGPD)

El interesado tiene derecho a obtener del responsable del tratamiento confirmación de **si se están tratando o no sus datos** personales y si se están tratando, tiene derecho a saber:

1. Los *fines* del tratamiento;
2. Las *categorías de datos* personales de que se trate;
3. Los *destinatarios* o las categorías de destinatarios a los que se comunicaron los datos o se comunicarán, en particular en países fuera de la UE;
4. Si es posible, el *plazo previsto de conservación* de los datos. Si no es posible, los criterios que se utilizan para determinar ese plazo;
5. La existencia del derecho a solicitar del responsable la rectificación o supresión de datos personales, la limitación del tratamiento, o a oponerse a dicho tratamiento. Los clásicos *derechos «ARCO»* restantes;
6. El derecho a presentar una *reclamación* ante la autoridad de control;

---

[169] *Ibíd.*, art. 12.7).

[170] «*Se podrá considerar repetitivo el ejercicio del derecho de acceso en más de una ocasión durante el plazo de seis meses, a menos que exista causa legítima para ello*». *Ibíd.*, art. 13.3).

[171] En aquellos casos en los que el interesado elija un medio diferente a los que le ofrece el responsable para ejercitar su derecho de acceso y ello suponga un coste desproporcionado, la solicitud se considerará excesiva, en cuyo caso el interesado asumirá el exceso de costes que su elección comporte. *Ibíd.*, art. 13.4).

7. Cualquier información sobre el origen de los datos cuando no se hayan obtenido directamente del interesado;
8. La existencia de *decisiones automatizadas*, incluida la elaboración de perfiles y, en tales casos, información significativa sobre la lógica aplicada, así como la importancia y las consecuencias previstas de dicho tratamiento para el interesado;

Una novedad importante del RGPD en relación al derecho de acceso es que el responsable debe facilitar al interesado una copia de los datos personales objeto de tratamiento, de manera gratuita y por medios electrónicos (si por este medio lo solicitó el interesado). Además de la anterior, si el interesado solicita otra u otras copias, el responsable le podrá pedir un canon razonable basado en los costes administrativos.

En el caso de que la solicitud de acceso implique una gran cantidad de datos del interesado y este último «ejercite su derecho de acceso sin especificar si se refiere a todos o a una parte» de ellos, el responsable le pude requerir para que especifique los datos o actividades de tratamiento a los que se refiere[172].

Para el cumplimiento de este derecho de acceso, nuestra ley aprueba que el responsable implemente un entorno digital en donde el interesado pueda acceder a toda esta información, entendiendo con esto —y con su comunicación al interesado—, cumplido el derecho. Un acceso a los datos en la nube o a una *Intranet* del responsable, por ejemplo. Ello sin perjuicio del derecho de acceso respecto de aquellos datos que no figuren en tal sistema[173].

B. Derecho de rectificación (art. 16 RGPD)

El interesado tendrá derecho a obtener, sin dilación indebida, del responsable del tratamiento la **rectificación de los datos personales inexactos que le conciernan**. También podrá, teniendo en cuenta los fines del tratamiento, solicitar que se **completen** los datos personales que sean incompletos, incluso mediante una declaración adicional.

Para el ejercicio de este derecho, el interesado debe «indicar en su solicitud a qué datos se refiere y la corrección que haya de realizarse», acompañando, cuan-

---

172 *Ibíd.*, art. 13.1.II).

173 «*El derecho de acceso se entenderá otorgado si el responsable del tratamiento facilitara al afectado un sistema de acceso remoto, directo y seguro a los datos personales que garantice, de modo permanente, el acceso a su totalidad*». *Ibíd.*, art. 13.2).

do sea preciso, «*la documentación justificativa de la inexactitud o carácter incompleto de los datos objeto del tratamiento*»[174].

El responsable tiene la obligación de comunicar al interesado cualquier rectificación efectuada a cada uno de los destinatarios a los que se haya comunicado los datos personales, salvo que sea imposible o exija un esfuerzo desproporcionado. Además, el responsable informará al interesado acerca de dichos destinatarios si éste así lo solicita.

Cuando un interesado solicite la rectificación —o la supresión— de sus datos, el responsable estará obligado a **bloquear tales datos.** El *bloque consiste* en la «identificación y reserva de los mismos, incluyendo su visualización, excepto para la puesta a disposición de los datos a jueces y tribunales, el Ministerio Fiscal o las Administraciones Públicas competentes, en particular de las autoridades de protección de datos, para la exigencia de posibles responsabilidades derivadas del tratamiento y sólo por el plazo de prescripción de las mismas»[175]. Una vez prescritas las posibles acciones, los datos deben destruirse.

Los datos bloqueados no pueden ser tratados más que para realizar las acciones que implican el bloqueo —ya vistas—. Si el sistema operativo no permite el bloqueo o para acometerlo se necesita una adaptación que implique un esfuerzo desproporcionado, se debe realizar un *backup*[176] de la información, de tal forma, que conste una evidencia digital, o de otra naturaleza, que permita acreditar ciertos extremos, como la autenticidad de la información, la fecha del bloqueo y la no manipulación de los datos durante ese tiempo[177].

La AEDP o las autoridades autonómicas pueden establecer excepciones a la obligación de bloqueo[178], ello sin perjuicio de otras estipulaciones más específicas, que priman sobre esta regulación general, como es el caso, por ejemplo, de suprimir los datos transcurrido un mes, salvo excepciones, en casos de videovigilancia. El incumplimiento de la obligación de bloqueo conlleva una sanción muy grave[179], que prescribe a los tres años y lleva aparejada la máxima sanción.

---

174 *Ibíd.*, art. 14.

175 *Vid.*, art. 32, apartados 1 y 2 LOPDGDD.

176 Un «*backup*» consiste en realizar una copia y archivo seguros de datos de la computadora de modo que se puede utilizar para restaurar la información original después de una eventual pérdida de datos.

177 *Ibíd.*, art. 32, apartados 3 y 4.

178 *Ibíd.*, art. 32.5).

179 *Ibíd.*, art. 72.1).n).

En relación con el derecho de rectificación, destaca una resolución de la AEPD en un asunto que versaba contra el **Servicio Andaluz de Salud** y por el cual sanciona a éste por no haber atendido, en plazo, el derecho de rectificación solicitado por el interesado —quien, tras ejercitar su derecho de acceso— ante el Complejo Hospitalario de Jaén —a la información de su historial médico, apreció como en él figuraban incorporados a la misma datos de salud inexactos (ya que correspondían a pruebas médicas efectuadas a terceras personas)[180].

C. Derecho de supresión (el «derecho al olvido») (art. 17 RGPD)

El interesado también tiene derecho a obtener del responsable, sin dilación indebida, la **supresión de los datos personales que le conciernan**, quién estará obligado a suprimir sin dilación indebida los datos personales cuando concurra alguna de las circunstancias siguientes:

1. Que los datos personales ya *no sean necesarios* en relación con los fines para los que fueron recogidos o tratados de otro modo;
2. Que el interesado *retire el consentimiento* en que se basa el tratamiento de conformidad con los requisitos que exige el RGPD para recabarlo;
3. Que el interesado *se oponga* al tratamiento en los casos de mercadotecnia directa y no prevalezcan otros motivos legítimos para el tratamiento, o se oponga con arreglo a que sus datos no sean tratados por motivos de interés público o interés legítimo;
4. Que los datos personales hayan sido *tratados ilícitamente*;
5. Que los datos personales deban suprimirse para el *cumplimiento de una obligación legal* establecida en el Derecho de la UE o los Estados miembros que se aplique al responsable;
6. Que los datos personales se hayan obtenido en relación con la oferta de servicios de la sociedad de la información con la oferta de servicios de la sociedad de la información a *menores de edad.*

El responsable tiene la **obligación de comunicar al interesado** cualquier supresión efectuada a cada uno de los destinatarios a los que se haya comunicado los datos personales, salvo que sea imposible o exija un esfuerzo desproporcionado.

---

[180] La AEPD impone una sanción de Apercibimiento al Servicio Andaluz de Salud, por incumplimiento del art. 32.1.b) RGPD, exhortándole a que proceda a atender el derecho de rectificación. *Cfr.*, Resolución de la AEPD de fecha 21 de noviembre de 2019, en el Procedimiento Sancionador número PS/00424/2019, *asunto SAS Jaén.*

Además, el responsable informará al interesado acerca de dichos destinatarios si éste así lo solicita.

El derecho de supresión no aplica cuando el tratamiento sea necesario: *(i)* para ejercer el derecho a la libertad de expresión e información (habrá que estar al caso concreto y hacer la ponderación de los derechos fundamentales en juego, clásica en estos casos); *(ii)* para el *cumplimiento de una obligación legal* que requiera el tratamiento de datos impuesta por el Derecho de la UE o de los Estados miembros que se aplique al responsable, o para el cumplimiento de una misión realizada en *interés público* o en el ejercicio de poderes públicos conferidos al responsable; *(iii)* por razones de *interés público en el ámbito de la salud* pública (casos de medicina preventiva o laboral, evaluación de la capacidad laboral del trabajador, diagnóstico médico, prestación de asistencia o tratamiento sanitario, gestión de los sistemas de servicios de asistencia sanitaria o protección frente amenazas sanitarias transfronterizas graves para la salud); *(iv)* con fines de *archivo en interés público*, fines de *investigación científica* o *histórica* o fines *estadísticos*; y *(vi)* para formular acciones legales en el ejercicio o defensa de *reclamaciones*.

Una particularidad del derecho de supresión de datos es el llamado **«derecho al olvido»** que el RGPD recoge por primera vez en una norma y que trae origen de la **STJUE en el asunto *Costeja v. Google***[181], por el que,

1. Se reconoció que la actividad de los motores de búsquedas debe calificarse de tratamiento de datos personales cuando la información contiene datos personales de un interesado.

2. Que el motor de búsqueda debe considerarse responsable del tratamiento, que de conformidad con la regulación de protección de datos —por entonces la Directiva 95/46—«*el gestor de un motor de búsqueda está obligado a eliminar de la lista de resultados obtenida tras una búsqueda efectuada a partir del nombre de una persona vínculos a páginas web, publicadas por terceros y que contienen información relativa a esta persona, también en el supuesto de que este nombre o esta información no se borren previa o simultáneamente de estas páginas web, y, en su caso, aunque la publicación en dichas páginas sea en sí misma lícita*».

3. Que en cada caso, el motor de búsquedas, tendrá que «*examinar, en particular, si el interesado tiene derecho a que la información en cuestión relativa a su persona ya no esté, en la situación actual, vinculada a su nombre por una lista de resultados obtenida tras una búsqueda efectuada a partir de su nombre, sin que la apreciación de la existencia de tal derecho presuponga que la inclusión de la información en cuestión en la lista de resultados cause un perjuicio al interesado. Puesto que éste puede, habida cuenta de los derechos que le reconocen los artículos 7 y 8 de la Carta, solicitar que la*

[181] *Vid.*, STJUE (Gran Sala) de 13 de mayo de 2014, asunto *Costeja v. Google* (C-131/12).

información de que se trate ya no se ponga a disposición del público en general mediante su inclusión en tal lista de resultados, estos derechos prevalecen, en principio, no sólo sobre el interés económico del gestor del motor de búsqueda, sino también sobre el interés de dicho público en acceder a la mencionada información en una búsqueda que verse sobre el nombre de esa persona. Sin embargo, tal no sería el caso si resultara, por razones concretas, como el papel desempeñado por el interesado en la vida pública, que la injerencia en sus derechos fundamentales está justificada por el interés preponderante de dicho público en tener, a raíz de esta inclusión, acceso a la información de que se trate».

En resumen, los interesados tienen derecho a que **informaciones sobre su persona que ya no son relevantes**, ciertas, actuales o que están canceladas, **no se ofrezcan en los resultados de los motores de búsquedas de Internet**, sin perjuicio de que la información siga publicada en el medio de comunicación en cuestión.

Ello supone un importante hito en relación con la responsabilidad de los prestadores de servicios de intermediación de Internet, en una línea cada vez más evidente, de la necesidad de que éstos colaboren activamente en la regulación de la Red, dada su posición privilegiada y única en dicho ecosistema[182].

El derecho al olvido se regula en el RGPD[183] en el sentido de que cuando se hayan hecho públicos los datos personales de un interesado y el responsable esté obligado en virtud del derecho de supresión —analizado anteriormente— a suprimir dichos datos, el responsable, teniendo en cuenta la tecnología y el coste de su aplicación, adoptará medidas razonables, incluidas medidas técnicas, con miras a informar a los responsables que estén tratando los datos personales (es decir, a los motores de búsqueda que estén ofreciendo en sus resultados estos datos), de la solicitud del interesado de supresión de cualquier enlace a esos datos personales o cualquier copia o réplica de los mismos.

Nuestra ley orgánica en materia de protección de datos, ha regulado con más en detalle, si cabe, este derecho, abordándolo desde una doble perspectiva: (*i*) el derecho al olvido en relación con motores de búsqueda; y (*ii*) el derecho al olvido en relación con las redes sociales.

En el primer caso, **los motores de búsqueda** —como *Google, Qwant, Yahoo* o *Bing*, etc.— vienen obligados a eliminar de la lista de resultados —efectuada a partir del nombre la persona que ejercita el derecho al olvido— los enlaces publicados que contengan información relativa a esa persona cuando «fuesen in-

---

182 Para más información sobre la responsabilidad de los prestadores de internet, *Vid.*, ORTEGO RUIZ, Miguel, *Prestadores de Servicios de Internet y Alojamiento de Contenidos Ilícitos*, Editorial REUS, 2016, Madrid.

183 *Vid.*, art. 17.2 RGPD.

adecuados, inexactos, no pertinentes, no actualizados o excesivos o hubieren devenido como tales por el transcurso del tiempo, teniendo en cuenta los fines para los que se recogieron o trataron los datos al tiempo»[184] y, también, cuando los derechos invocados por el interesado prevaleciesen sobre el mantenimiento de los enlaces en los resultados de búsquedas[185].

Básicamente lo que pretende el derecho es que no se indexen en los motores de búsqueda este tipo de contenidos, algo que el responsable debe indicar al motor mediante la configuración adecuada para que las «arañas del motor» no indexen el contenido[186].

El derecho al olvido subsiste aun cuando la conservación de la información publicada en la página web, fuera lícita y no se procediese por la web a su borrado. El derecho al olvido no impide acceder a un contenido en concreto a través de un motor de búsqueda a través de sistemas alternativos al uso del nombre del interesado que lo ejercita. Por ejemplo, si llego al mismo artículo de prensa no por el nombre del interesado sino buscando la cabecera del periódico y buceando en la sección «Sucesos» del mismo[187].

En el caso de las **redes sociales**, la LOPDGDD regula el derecho de olvido de manera diferente al caso anterior. En estas situaciones lo hace como un derecho de supresión, de tal forma que «toda persona tiene derecho a que sean suprimidos, a su simple solicitud, los datos personales que hubiese facilitado para su publicación por servicios de redes sociales y servicios de la sociedad de la información equivalentes»[188]. Supresión a la que también tendrán derecho si sus datos han terminado en las redes sociales por culpa de la actuación de terceros cuando «fuesen inadecuados, inexactos, no pertinentes, no actualizados o excesivos o hubieran devenido como tales por el transcurso del tiempo, teniendo en cuenta los fines para los que se recogieron o trataron, el tiempo trancurrido y la naturaleza e interés público de la información», y cuando prevalezcan los derechos invocados por el interesado[189].

---

184 *Vid.*, art. 93.1) LOPDGDD.

185 *Ibíd.*, art. 93.1.II).

186 Esto se realiza mediante la configuración de las hemerotecas digitales de tal forma que se indique a las arañas o *crawlers* que el contenido no debe ser indexado mediante la etiquetación del mismo como «no-index».

187 *Ibíd.*, art. 93.2).

188 *Ibíd.*, art. 94.1).

189 *Ibíd.*, art. 93.2).

Si se tratase de datos facilitados, por él o por terceros, durante la **minoría de edad** del interesado, el prestador debe eliminarlos sin dilación por la simple solicitud, sin más[190].

Quedan fuera del ámbito de esta situación aquellos datos facilitados por personas físicas en el ejercicio de actividades personales o domésticas[191].

En relación con el derecho de supresión —y si se quiere al olvido— destaca la Resolución de la Agencia en el **asunto *Google Spain***[192], en un asunto en el que un particular reclama que el buscador no atendió debidamente su derecho de supresión. El interesado alegaba que al introducir sus datos personales en el buscador se mostraba como resultados una fotografía de una tercera persona junto con unos comentarios difamatorios y, concluía, solicitando que se eliminase la URL en la que figuraba todo esto.

La Agencia, estima —en parte la reclamación— y exhorta a Google para que adopte las medidas necesarias para evitar que la foto que se publica en la web objeto de la cuestión se vincule a los resultados de búsqueda, si bien no puede proceder a solicitar al buscador a que elimine las expresiones difamatorias puesto que están amparadas por el derecho de expresión, en cuyo caso, el reclamante deberá dirigirse a la justicia ordinaria.

Un caso similar es el ocurrido frente a **Twitter Spain**, por el que un usuario demandaba, en esencia, lo mismo —que sus datos personales no se asociaran en los resultados de búsqueda de Twitter— y en donde la Agencia, ante la no atención de la multinacional del derecho de supresión ejercitado por el interesado, condenaba a ésta para que «*en el plazo de diez días hábiles siguientes a la notificación de la presente resolución, remita a la parte reclamante certificación en la que haga constar que ha atendido el derecho de supresión ejercitado por ésta o se deniegue motivadamente*»[193].

Y, en fin, más recientemente el TJUE ha vuelto a incidir en la desindexación sin sentencia previa en su Sentencia de 8 de diciembre de 2022[194], clarificando el alcance del derecho de supresión (art. 17 RGPD) y su relación con el llamado derecho al olvido en el contexto de los motores de búsqueda.

---

190 *Ibid.,* art. 93.3).

191 *Ibíd.,* art. 93.2) *in fine.*

192 *Vid.,* Resolución de la AEPD, número R/00587/2019, de fecha 28 de noviembre de 2019, en el Expediente número TD/00227/2019, *Google Spain.*

193 *Vid.,* Resolución de la AEPD, número R/00599/2019, de fecha 22 de noviembre de 2019, en el expediente número TD/00321/2019, *asunto Twitter Spain.*

194 *Vid.,* STJUE (Gran Sala) de 8 de diciembre de 2022, *asunto Google LLC v D. Schwarz* y al (C-460/20)

En síntesis, el caso versaba sobre dos personas solicitaron a Google la desindexación de ciertos resultados de búsqueda que vinculaban sus nombres a contenidos periodísticos que, a su juicio, contenían información inexacta y perjudicial para su reputación. Alegaban que dicha información carecía de veracidad, pero no existía ninguna sentencia judicial firme que así lo hubiera declarado. Google se negó a eliminar los enlaces, alegando que no podía determinar por sí mismo si los contenidos eran inexactos sin una resolución judicial al respecto.

El TJUE sostuvo que el responsable del tratamiento (en este caso, Google) no puede supeditar el ejercicio del derecho de supresión a que el afectado obtenga una sentencia judicial previa contra el editor del contenido en cuestión. Y que, el interesado debe aportar elementos de prueba suficientemente verosímiles y pertinentes que sustenten la inexactitud manifiesta del contenido indexado. Por otro lado, si el responsable del tratamiento no puede conciliar el derecho a la protección de datos con la libertad de información, debe desindexar los resultados de búsqueda.

Esta sentencia refuerza el carácter autónomo y efectivo del derecho de supresión frente a motores de búsqueda, sin necesidad de depender del resultado de litigios contra editores o medios de comunicación. Para responsables del tratamiento y DPOs, implica que: (i) deben evaluar de forma razonable la verosimilitud de las pruebas aportadas por el solicitante; (ii) no pueden exigir al afectado que obtenga primero una resolución judicial; y (iii) deben ponderar, caso por caso, el interés público en la información frente al derecho del interesado a la protección de sus datos personales, especialmente cuando se alega inexactitud objetiva.

D. Derecho a la limitación del tratamiento (art. 18 RGPD)

El interesado tiene derecho a **que el responsable limite el tratamiento de sus datos**, esto significa que el responsable debe dejar de tratar los datos como hasta ahora venía haciéndolo, las bases de licitud del artículo 6 decaen, y solo podrá tratarlos con el consentimiento del interesado para la formulación, ejercicio o la defensa de reclamaciones o con el objetivo de proteger los derechos de otra persona física o jurídica o por razones de interés público importante de la UE o de un Estado miembro.

La limitación del tratamiento también permite al responsable conservarlos para los fines anteriores, pero no tratarlos más allá. Si los datos personales están en situación de limitación, esto deben constar claramente en los sistemas de información del responsable[195].

---

195 *Ibíd.,* art. 16.2).

La limitación del tratamiento tendrá lugar cuando se cumpla alguna de las siguientes condiciones:

1. Que el interesado *impugne la exactitud* de los datos personales, durante un plazo que permita al responsable verificar la exactitud de los mismos;
2. Que el tratamiento sea *ilícito* y el interesado se oponga a la supresión de los datos personales y solicite, en su lugar, la limitación de su uso;
3. Que el responsable *ya no necesite los datos* personales para los fines del tratamiento, pero el interesado los necesite para la formulación, el ejercicio o la defensa de reclamaciones;
4. Que el interesado se haya *opuesto al tratamiento* en los casos que el tratamiento esté basado en el interés público o el interés legítimo, y mientras se verifica si los motivos legítimos del responsable prevalecen sobre los de interesado.

Una vez concluidas las verificaciones y trámites necesarios durante la limitación, el responsable debe informar al interesado —de manera previa— de que va a **levantar la limitación** del tratamiento.

El responsable tiene la obligación de comunicar al interesado cualquier limitación del tratamiento efectuada a cada uno de los **destinatarios a los que se haya comunicado los datos personales**, salvo que sea imposible o exija un esfuerzo desproporcionado. Además, el responsable informará al interesado acerca de dichos destinatarios si éste así lo solicita.

E. Derecho a la portabilidad (art. 20 RGPD)

El derecho a la portabilidad de los datos es una de las principales novedades que ha introducido el RGPD en relación con los derechos del interesado y cuyo objetivo fundamental es facilitar, por un lado, la transmisión y flujo de datos en la economía de datos y, por otro, que esa facilidad de transmisión de datos no perjudique ni limite el derecho a la privacidad y protección de datos de los interesados. Es frecuente el uso de este derecho en los cambios de compañías telefónicas, pero el IoT, el 5G y otros fenómenos que se están desarrollando requieren de derechos como el derecho a la portabilidad.

El derecho a la portabilidad de los datos implica que los **interesados tienen derecho a recibir sus datos personales que está tratando un responsable** (porque se los haya facilitado), en **un formato estructurado, de uso común y lectura mecánica** (esto es, digital), **y a transmitirlos a otro responsable** sin que lo impida el primer responsable, cuando:

1. El tratamiento esté *basado en el consentimiento* —tanto para datos en general como para datos sensibles, según el caso—, o en un contrato y sean necesarios para la ejecución del mismo;
2. El tratamiento se efectúe por medios *automatizados*.

El interesado, en virtud de este derecho, puede pedir que los datos sean transmitidos por el primer responsable al segundo, siempre que sea técnicamente posible.

El derecho a la portabilidad de datos no implica renunciar al derecho a la supresión, por lo que el interesado podrá pedir la portabilidad a otro responsable y luego —o al mismo tiempo— solicitar la supresión de sus datos al primero. Ahora bien, «los prestadores podrán conservar, sin difundirla a través de Internet, copia de los contenidos cuando dicha conservación sea necesaria para el cumplimiento de una obligación legal»[196].

El derecho a la portabilidad de los datos no se aplicará cuando el tratamiento sea necesario para el cumplimiento de una misión realizada en interés público o en el ejercicio de poderes públicos conferidos al responsable. Además, el derecho a la portabilidad no debe afectar negativamente a los derechos y libertades de terceros.

F. Derecho de oposición (art. 21 RGPD)

El interesado tiene **derecho a oponerse**, en cualquier momento y por medios automatizados, por motivos relacionados con su situación particular, **a que sus datos sean tratados en base a razones de interés público o interés legítimo** (incluyendo la elaboración de perfiles).

Cuando el interesado se oponga, el responsable dejará de tratar los datos personales, salvo que acredite motivos legítimos imperiosos para el tratamiento que prevalezcan sobre los intereses, los derechos y las libertades del interesado o para la formulación, el ejercicio o la defensa e reclamaciones.

Si del ejercicio del derecho de oposición deriva la supresión de los datos personales del interesado, el responsable puede conservar los datos identificativos del afectado que sean necesarios para que pueda impedir que se traten los datos personales en el futuro con fines de mercadotécnica directa[197].

En los casos del llamado marketing directo, el interesado podrá oponerse en todo momento al tratamiento de sus datos para fines de marketing directo, in-

---

196 *Vid.*, art. 95.II) LOPDGDD.

197 *Ibíd.*, art. 15.2).

cluida la elaboración de perfiles. Si ocurriera tal oposición, el responsable debe dejar de tratar los datos para dichos fines.

En relación con este derecho, el responsable debe **informar** desde el primer momento al interesado —y en la primera comunicación que le dirija como muy tarde— del derecho a la oposición del tratamiento de sus datos que le asiste, de una forma en la que se presente al interesado esta información de manera clara y al margen de cualquier otra información.

Cuando los datos personales se traten con fines de investigación científica o histórica o fines estadísticos, el interesado tendrá derecho, por motivos relacionados con su situación particular, a oponerse al tratamiento de sus datos, salvo que sea necesario para el cumplimiento de una misión realizada por razones de interés público.

G. Decisiones automatizadas, incluida la elaboración de perfiles (art. 22 RGPD)

La elaboración de perfiles es una de las herramientas más poderosas en la economía de los datos ya que permite realizar acciones de marketing, entre otras, de alto valor añadido.

Los interesados tienen el derecho a **no ser objeto de una decisión basada únicamente en el tratamiento automatizado de sus datos personales, incluida la elaboración de perfiles («perfilado»)**, que les afecten; como, por ejemplo, acciones de marketing directo a partir de datos de navegación en plataformas de comercio electrónico.

Sin embargo, este derecho a no ser objeto de acciones basadas en el perfilado de datos decae en aquellos casos en los que *(i)* el perfilado es necesario para la celebración o ejecución de un contrato entre el interesado y el responsable; *(ii)* el perfilado está autorizado por el Derecho de la UE o los Estados miembros; o *(iii)* el perfilado se base en el consentimiento explícito del interesado; todo ello siempre que se establezcan medidas adecuadas para salvaguardar los derechos, libertades y los intereses legítimos del interesado. Además, el responsable debe implementar ciertas salvaguardas como el derecho a obtener una intervención humana por parte del responsable, o cualquier otro sistema para que el interesado pueda expresar su punto de vista para impugnar la decisión.

El perfilado no se basará en datos sensibles salvo que concurra el interés público o consentimiento explícito del interesado y se hayan tomado medidas adecuadas para salvaguardar los derechos, libertades e intereses legítimos del interesado.

H. Derechos respecto de los datos de las personas fallecidas

En relación a los datos personales de las **personas fallecidas**, el RGPD no es de aplicación, si bien permite que la normativa nacional aborde estas cuestiones[198]. Por esta razón, la LOPDGDD ha regulado parcialmente —puesto que también los excluye— este asunto de manera limitada en relación a los derechos de acceso, de rectificación y de supresión.

Así, la normativa española otorga a las «*personas vinculadas al fallecido por razones familiares o de hecho, así como sus herederos*»[199] la facultad de solicitar del responsable o encargado del tratamiento el acceso a los datos del fallecido, su rectificación o su supresión[200], salvo que le causante lo hubiese prohibido expresamente o así lo establezca una ley. En todo caso, los herederos tendrán derecho a acceder a los datos de carácter patrimonial del fallecido[201].

El causante también puede, antes de morir, designar a personas o instituciones expresamente para hacer uso de estos derechos, conforme a las instrucciones que éste hubiera dejado dadas. Todavia falta por desarrollarse, por parte del Gobierno, cuáles serán los requisitos y condiciones para acreditar la validez y vigencia de estas instrucciones, así como, en su caso, la implementación de un registro de las mismas[202] —posiblemente dentro del Registro de Actos de Última Voluntad—.

En relación con los derechos de privacidad y protección de datos de los fallecidos, la LOPDGDD recoge una novedosa regulación de lo que ha denominado el «**Derecho al testamento digital**» y que básicamente trata de determinar qué hacer con los contenidos digitales del fallecido una vez finado éste[203].

Las personas vinculadas al fallecido por razones familiares o de hecho, así como los herederos, albacea— o figura análoga designada por el causante para ello— pueden dirigirse a los prestadores de servicios de la sociedad de la información para acceder a los contenidos digitales, indicándoles qué quieren que se haga con los mismos (uso, destino o supresión). Ello, salvo que el causante hubiese expresamente prohibido este derecho o así venga estipulado por ley; y

---

198 *Vid.*, considerandos 27°, 158° y 160° del RGPD.

199 Si el fallecido es un menor de edad o una persona con discapacidad, los legitimados para ejercitar estos derechos se amplian y a los indicados se suman también los representantes legales; los tutores o curadores (si en su designación viniesen estas facultades contempladas); y, en su caso, el Ministerio Fiscal. *Vid.*, art. 3.3 LOPDGDD.

200 *Ibid.*, art. 3.1 LOPDGDD.

201 *Ibíd.*, art. 3.2 LOPDGDD.

202 *Ibid.*, art. 3.2 LOPDGDD.

203 *Vid.*, art. 96 LOPDGDD.

sin perjuicio del derecho de los herederos a acceder a los contenidos con interés patrimonial que pudiesen formar parte del caudal relicto[204].

Si el fallecido fuera menor de edad o discapacitado, las facultades indicadas podrán ejercitarse también por sus representantes legales, el Ministerio Fiscal, o quienes hubiesen sido designados para el ejercicio de las funciones de apoyo, según corresponda[205].

Los legitimados para acceder al testamento digital pueden decidir sobre el mantenimiento o eliminación de los perfiles del fallecido, salvo instrucciones expresas por parte del causante en este sentido. Cualquier instrucción que éstos dieran al prestador de servicios de Internet deberá ser atendida por éste sin dilación[206].

Todo ello sin perjuicio de la prioridad de la normativa civil foral o especial propia en la materia[207].

I. Comunicación de una violación de la seguridad de los datos personales del interesado (art. 34 RGPD)

Es otra de las novedades introducidas por el RGPD de manera expresa. En aquellos casos en los que se produzca una violación de la seguridad de los sistemas en los que se contengan o traten los datos, **el interesado tiene el derecho a que se le comunique que ésta ha ocurrido**.

Ahora bien, **no en todas las violaciones la comunicación es obligatoria para el responsable** y un derecho del interesado, sino que solo es vinculante en aquellos casos en los que la brecha de seguridad entrañe un alto riesgo para los derechos y libertades de las personas físicas. En tales casos, el responsable comunicará al interesado sin dilación indebida que ha ocurrido la brecha, en un lenguaje claro y sencillo, explicándole la naturaleza de la violación de seguridad, así como el nombre y los datos del delegado de protección de datos, las posibles consecuencias de la violación de seguridad y una descripción de las medidas adoptadas o propuestas por el responsable para poner remedio a la violación (incluyendo, en su caso, las medidas adoptadas para mitigar posibles efectos negativos).

Este derecho decae —y por tanto el responsable no está obligado a comunicar— si concurre alguna de las siguientes excepciones:

---

204 *Ibíd.*, art. 96.1), apartados a) y b).

205 *Ibíd.*, art. 96.1), apartados c) y d).

206 *Ibíd.*, art. 96.2)

207 *Ibíd.*, art. 96.4).

a.- Que el responsable haya adoptado *medidas de protección técnicas y organizativas apropiadas* y éstas se hayan aplicado a los datos personales afectados (en particular aquellas que hagan ininteligibles los datos a personas no autorizadas a acceder a ellos, como el cifrado);

b.- Que el responsable haya tomado medidas posteriores a la violación que garanticen que *no hay probabilidad* —o esta es ínfima, al menos— de que se concrete el alto riesgo para los derechos y libertades del interesado; y

c.- Que la comunicación individualizada al interesado suponga un *esfuerzo desproporcionado*, en cuyo caso se debe optar por medidas asimilables (como una comunicación pública) que sean eficaces para informar al interesado afectado.

Si el responsable no ha procedido a comunicar la violación al interesado y ésta entraña un alto riesgo, a juicio de la autoridad de control, ésta puede compeler al responsable a hacerlo, siempre que no concurra una de las excepciones anteriores.

II. LA OBLIGACIÓN DE INFORMACIÓN COMO UN DERECHO DE LOS INTERESADOS

El principio de transparencia es fundamentalmente la base de la obligación —y el derecho de los interesados— de los responsables de que informar a los interesados en relación al tratamiento de sus datos personales y los fines del mismo, así como otra serie de cuestiones que se configuran como un derecho de los interesados y obligación de los responsables que debe concurrir para que el tratamiento de datos sea lícito y legítimo.

El derecho a la información se materializa con matices diferenciales en dos supuestos diferentes: *(i)* cuando los datos personales han sido obtenidos directamente del interesado (art. 13 RGPD) y *(ii)* cuando los datos personales no han sido obtenidos directamente del interesado (art. 14 RGPD), por ejemplo, por haberse recabado de manera indirecta o de fuentes públicas.

A. *Derecho a la información cuando los datos han sido obtenidos directamente del interesado*

Cuando el responsable obtenga los datos personales directamente del interesado, en ese mismo momento, debe facilitar toda la información que se detalla a continuación:

1. La identidad y los datos de contacto del *responsable* y, en su caso, de su representante;
2. Los datos de contacto del *delegado de protección de datos*, en su caso;
3. Los *fines* del tratamiento a que se destinarán los datos personales y la *base jurídica* del tratamiento. Si los fines del tratamiento cambian respecto a los originales (*nuevos fines*), la información sobre su nuevo fin y tratamiento antes de comenzarlo, así como el resto de los derechos recogidos en este artículo;
4. Cuando el tratamiento se base en *fines legítimos* perseguidos por el responsable o un tercero, cuáles son éstos;
5. Los *destinatarios* o las *categorías* de los datos personales;
6. En su caso, la intención de transferir los datos personales a un *tercer país u organización internacional* y la existencia o ausencia de una decisión adecuada de la Comisión[208] o, en el caso de transferencias basadas en un nivel adecuado de garantías, de ciertas situaciones puntuales[209], y la referencia a las garantías adecuadas o apropiadas y a los medios para obtener una copia de estas o al hecho de que se hayan prestado.
7. El *plazo* durante el cual se conservarán los datos personales o, cuando no sea posible, los criterios utilizados para determinar este plazo;
8. La existencia y *derechos* de que dispone el interesado;
9. La existencia del derecho *retirar el consentimiento* en cualquier momento cuando el tratamiento esté basado en éste;
10. El derecho a presentar una *reclamación* ante una autoridad de control;
11. Si la comunicación de datos personales es un *requisito legal o contractual* o un requisito necesario para suscribir un contrato y si el interesado está obligado a facilitar los datos personales y está informado de las posibles consecuencias de no facilitar los datos;

---

208 *Vid., infra* Capítulo Noveno.

209 «*Cuando una transferencia no pueda basarse en disposiciones de los artículos 45 o 46, incluidas las disposiciones sobre normas corporativas vinculantes, y no sea aplicable ninguna de las excepciones para situaciones específicas a que se refiere el párrafo primero del presente apartado, solo se podrá llevar a cabo si no es repetitiva, afecta solo a un número limitado de interesados, es necesaria a los fines de intereses legítimos imperiosos perseguidos por el responsable del tratamiento sobre los que no prevalezcan los intereses o derechos y libertades del interesado, y el responsable del tratamiento evaluó todas las circunstancias concurrentes en la transferencia de datos y, basándose en esta evaluación, ofreció garantías apropiadas con respecto a la protección de datos personales. El responsable del tratamiento informará a la autoridad de control de la transferencia. Además de la información a que hacen referencia los artículos 13 y 14, el responsable del tratamiento informará al interesado de la transferencia y de los intereses legítimos imperiosos perseguidos*», *Vid.*, artículo 49.1.II del RGPD.

12. La existencia de *decisiones automatizadas*, incluida la elaboración de perfiles y la lógica aplicada, así como las consecuencias e importancia previstas de dicho tratamiento para el interesado;

El artículo 13 contiene una **cláusula de cierre** fundamental que indica que esta obligación de información, en todos sus extremos, no será obligatoria para el responsable cuando el interesado ya disponga de toda la información indicada.

El incumplimiento de esta obligación, por ejemplo, por no contar con una política de privacidad actualizada y conforme a la normativa, se ha sancionado por la Agencia en un asunto en el que el Instituto Municipal de Consumo de Madrid denunciaba una cerrajería que recogía datos personales sin facilitar información precisa a los interesados de conformidad con la normativa[210].

B. Derecho a la información cuando los datos no han sido obtenidos directamente del interesado

La información que se debe facilitar al interesado cuando los datos no se hayan obtenido directamente del interesado es básicamente la misma que en los casos en que los datos se han obtenido directamente del interesado —tratados en el punto anterior—, con las siguientes particularidades:

1. Las *categorías* de datos no son alternativas a los destinatarios, sino una obligación;
2. La *fuente* de la que proceden los datos personales y, en su caso, si proceden de fuentes de acceso público;

Fundamental es el **plazo** de que dispone el responsable para **informar al interesado**, que será un plazo razonable desde que haya obtenido los datos personales y como **máximo un mes**. En aquellos casos en los que los datos personales se quieran para comunicarse con el interesado, la información ocurrirá más tarde del momento de la primera comunicación con el interesado. Cuando esté previsto comunicarlos a otro destinatario, no más tarde del momento en que los datos personales sean comunicados por primera vez.

Este derecho no concurre, (i) además de en los casos en los que el interesado ya disponga de esta información, en aquellos (ii) casos en los que la comunicación de la misma al interesado resulte imposible o suponga un esfuerzo

[210] En la que se sancionaba a una cerrajería con una sanción de mil quientos euros. *Vid.*, Resolución de la AEPD de fecha 3 de diciembre de 2019, en el Procedimiento Sancionador número PS/00265/2019, asunto *Cerrajería Verín*.

desproporcionado[211], en particular en aquellos tratamientos con fines de interés público, de investigación científica o histórica o estadísticos cuando pueda imposibilitar u obstaculizar gravemente el lograr de los objetivos del tratamiento —y siempre que se cumplan los requisitos del artículo 89(1) del RGPD; (iii) la no obligación de información esté expresamente establecida por el Derecho de la UE o de los Estados miembros; y (iv) cuando los datos personales deban seguir teniendo carácter confidencial sobre la base de una obligación de secreto profesional regulada por el Derecho— incluida una obligación de secreto de naturaleza estatutaria—, como, por ejemplo, el deber de secreto profesional de los abogados.

C. Brechas de seguridad

Los interesados también tienen derecho a que los responsables les informen de las **violaciones de seguridad** que afecten a sus datos. Las brechas de seguridad se abordarán más adelante en detalle[212].

D. Cómo proporcionar la información al interesado

La información a la que tiene derecho el interesado debe proporcionarse de manera **concisa, transparente, inteligible** y de forma que sea **fácilmente accesible**, utilizando un **lenguaje claro** y **sencillo**, así como de manera **gratuita** —salvo algunas cuestiones como el cobro de un canon por los gastos administrativos afrontados para comunicar la información en aquellos casos en los que las solicitudes sean manifiestamente infundadas o excesivas, concretamente por su carácter repetitivo.

La información deberá proporcionarse por **escrito** o por otros medios, inclusive, si procede, por medios electrónicos (lo que incluye a través de una página web)[213]. El principio de transparencia también implica que la información pueda

---

[211] Concepto vago o abierto que requerirá de mayor concreción por parte de las autoridades de control (AEPD y CEPD), pese a que el considerando 62º del RGPD apunta el sentido de su interpretación («*tal podría ser particularmente el caso cuando el tratamiento se realice con fines de archivo en interés público, fines de investigación científica o histórica o fines estadísticos. A este respecto, debe tomarse en consideración el número de interesados, la antigüedad de los datos y las garantías adecuadas adoptadas*»).

[212] *Vid., infra* capítulos 8 y 18 epígrafe III.

[213] *Vid.*, considerando 58º: «*Ello es especialmente pertinente en situaciones en las que la proliferación de agentes y la complejidad tecnológica de la práctica hagan que sea difícil para el interesado saber y comprender si se están recogiendo, por quién y con qué finalidad, datos personales que le conciernen, como es en el caso de la publicidad en línea. Dado que los niños merecen una protección específica, cualquier*

ser facilitada **oralmente** cuando sea solicitada de esta forma por el interesado, siempre y cuando la identidad del interesado esté acreditada por otros medios.

Una novedad del RGPD consiste en que la información de los interesados analizados puede también aportarse —es recomendable— en combinación con **iconos** normalizados que permitan proporcionar de forma fácilmente visible, inteligible y claramente legible una adecuada visión de conjunto del tratamiento previsto. Por ejemplo, un icono diferente para cada uno de los derechos o banderas de países terceros a los que son transferidos los datos cuando así sea.

El RGPD empodera a la Comisión[214] para que, mediante actos delegados, pueda listar qué información podrá presentarse de manera estandarizada mediante iconos y los procedimientos para facilitarlos. Los iconos que se presenten en formato electrónico deberán ser legibles mecánicamente.

E. Posibilidad de imponer obligaciones añadidas de información

En ciertas áreas, los Estados miembros pueden, mediante disposición legislativas o convenios colectivos, proporcionar reglas específicas para garantizar la protección de los derechos y libertades de los interesados en relación con el tratamiento de sus datos[215]. Estas áreas incluyen, por ejemplo, los datos personales en el contexto del trabajo y el derecho de los trabajadores.

Cuando se introduzcan estas medidas adicionales por los Estados miembros, se deberán incluir medidas adecuadas y específicas para preservar la dignidad humana de los interesados, así como sus intereses legítimos y sus derechos fundamentales, prestando especial atención a la transparencia del tratamiento.

También permite el RGPD que asociaciones y otras organizaciones representantes de grupos de responsables puedan elaborar e implementar códigos de conducta regulando la aplicación del RGPD, teniendo en cuenta las características específicas de los distintos sectores de tratamiento y las necesidades específicas de las microempresas y las PYMES[216]. Ello supone que ciertos grupos de responsables se pueden ver sometidos a obligaciones adicionales respecto de las recogidas en el RGPD.

Por último, el RGPD también concede a los Estados miembros la opción de regular excepciones y derogaciones de la obligación de proveer información

---

información y comunicación cuyo tratamiento les afecte debe facilitarse en un lenguaje claro y sencillo que sea fácil de entender».

214 *Vid.*, artículo 92 RGPD.

215 *Vid.*, art. 88 del RGPD y art. 91 LOPDGDD.

216 *Vid.*, art. 40 del RGPD.

transparente sobre el tratamiento cuando éste sea llevado a cabo con fines periodísticos y fines de expresión académica, artística o literaria, así como aquellas excepciones y derogaciones necesaria para conciliar el derecho a la protección de datos personales con el derecho a la libertad de expresión e información[217].

F. Obligaciones de información en materia de cookies y asimilados

La Directiva 2002/58 establece obligaciones adicionales en relación con el uso de *cookies* y tecnologías similares por los operadores de sitios web, aplicaciones y, en general y debido al IoT, cualquier responsable de dispositivos electrónicos conectados que traten o puedan tratar datos personales. El artículo 5 de la Directiva 2002/58 —como más adelante se abordará con mayor detalle[218]— exige que se informe a un abonado o usuario de manera clara y completa, en particular sobre los fines del tratamiento de los datos, para que se puedan emplear las *cookies* y dispositivos asimilables[219].

III. LIMITACIÓN DE LOS DERECHOS

El Derecho de la UE o de los Estados miembros —aplicable al responsable o encargado del tratamiento— **puede limitar por ley el alcance de las obligaciones y de los derechos de los interesados, así como de los principios** (art. 5 RGPD), en la línea del RGPD y cuando tal limitación respete en lo esencial los derechos y libertades fundamentales y sea una medida necesaria y proporcionada en una sociedad democrática para los siguientes fines:

1. La *seguridad del Estado*;
2. La *Defensa*;
3. La *seguridad pública*;
4. La prevención, investigación, detección o enjuiciamiento de *infracciones penales o la ejecución de sanciones penales*, incluida la protección frente a amenazas a la seguridad pública y su prevención;

---

217 *Vid.*, art. 85 del RGPD.

218 *Vid.*, *infra* Capítulo Decimoprimero.

219 *Vid.*, art. 5.3 de la Directiva 2002/58. El GT29 ha entendido esta cláusula como una obligación de aquél que coloca una *cookie* o dispositivos asimilables y recopila información en el dispositivo de un usuario de obtener el consentimiento previo e informado del usuario. *Vid.*, *Opinion 2/2010 on Online Behavioural Advertising* del GT29, de 22 de junio de 2010 (00909/10/EN; WP 171), pág., 13.

5. Otros objetivos importantes de *interés público*, en particular el interés económico o financiero, fiscal, presupuestario y monetario, la sanidad pública y seguridad social;
6. La protección de la independencia *judicial* y de los procedimientos judiciales;
7. La prevención, investigación, detección y enjuiciamiento de infracciones de normas *deontológicas* en las profesiones reguladas;
8. Una función de supervisión, inspección o reglamentación vinculada, incluso ocasionalmente, con el ejercicio de la *autoridad pública*;
9. La protección del interesado o de los *derechos y libertades* de otros; y
10. La ejecución de *demandas civiles*.

Cualquier medida que se adopte en este sentido, debe estar suficientemente motivada y contener, al menos, información acerca de la finalidad del tratamiento, las categorías de datos personales que se traten, el alcance de las limitaciones establecidas, las garantías para evitar accesos o transferencias ilícitos o abusivos, la determinación de responsable o de categorías de responsables, los plazos de conservación en función de la naturaleza de los datos, los riesgos y libertades de los interesados y el derecho de los interesados a ser informados sobre la limitación (salvo si puede ser perjudicial a los fines de ésta).

En materia de procedimientos judiciales y protección de datos personales, la «**Ley de Medidas de Eficiencia Digital y Procesal del Servicio Público de Justicia**»[220], no sólo ha traslado las modificaciones operadas en la Ley Orgánica 6/1985, de 1 de julio, del Poder Judicial (en adelante la «LOPJ») con objeto observar la normativa de datos (arts. artículos 236 bis a 236 decies), incluidas las medidas de disociación, anonimización y seudonimización de datos (arts. 99 y 100) sino que ha supuesto un empoderamiento del uso de los sistemas electrónicos de gestión, tramitación y comunicación en el seno de la Administración de Justicia, trasladando muchos de los deberes y derechos que la actual normativa de protección de datos recoge (arts. 5 y 6, así como el principio de integridad y registro de actividades —art. 31—).

Entre las principales novedades, destacan **(i)** la implementación de la **sede judicial electrónica** (como «aquella dirección electrónica disponible para los ciudadanos y ciudadanas a través de redes de telecomunicaciones cuya titularidad, gestión y administración corresponde a cada una de las administraciones

---

220 *Vid.*, Real Decreto-ley 6/2023, de 19 de diciembre, por el que se aprueban medidas urgentes para la ejecución del Plan de Recuperación, Transformación y Resiliencia en materia de servicio público de justicia, función pública, régimen local y mecenazgo. BOE» núm. 303, de 20/12/2023

competentes en materia de Justicia» —art. 8) y el **punto de acceso general de la Administración de Justicia** («un portal orientado a los ciudadanos y ciudadanas que dispondrá de su sede electrónica que, como mínimo, contendrá la Carpeta Justicia y el directorio de las sedes judiciales electrónicas que, en este ámbito, faciliten el acceso a los servicios, procedimientos e informaciones accesibles correspondientes a la Administración de Justicia, al Consejo General del Poder Judicial, a la Fiscalía General del Estado y a los organismos públicos vinculados o dependientes de la misma, así como a las administraciones con competencias en materia de Justicia. También podrá proporcionar acceso a servicios o informaciones correspondientes a otras administraciones públicas o corporaciones que representen los intereses de los y las profesionales que se relacionan con la Administración de Justicia, mediante la celebración de los correspondientes convenios» —art. 12); **(ii)** la creación de la «carpeta justicia» (art. 13); **(iii) el expediente judicial electrónico** («el conjunto ordenado de datos, documentos, trámites y actuaciones electrónicas, así como de grabaciones audiovisuales, correspondientes a un procedimiento judicial, cualquiera que sea el tipo de información que contengan y el formato en el que se hayan generado» —art. 47—); **(iv) el punto común de actos de comunicación** («en el que los y las profesionales puedan acceder a todos los actos de comunicación de los que sean destinatarios, cualquiera que sea órgano judicial, oficina judicial u oficina fiscal que los haya emitido» —art. 51—); **(v)** la creación del **registro de datos para el contacto electrónico con la Administración de Justicia** (art. 69), no confundir con el registro judicial electrónico (Art. 70) ni con el registro electrónico común de la Administración de Justicia (art. 73) o del apoderamientos judiciales (art. 74) y **(vi),** sobre todo, la tramitación orientada al dato sobre la base del **«principio general de orientación al dato»,** sobre la base de uso y gestión de los metadatos (arts. 35 y ss.) y el enfoque del **«dato abierto»** (arts. 81 y ss.) que trata, en realidad, de la transparencia respecto de la Administración de Justicia).

Junto con lo anterior, también se implementa la posibilidad de emitir las actuaciones celebradas por medios electrónicos cuando se hayan de practicar en audiencia pública (art. 66), en cuyo caso, se ha de respetar la normativa vigente de protección de datos (art. 67).

IV. REGULACIÓN DE TRATAMIENTOS CONCRETOS EN LA NORMATIVA ESPAÑOLA

La normativa española de protección de datos ha querido mantener el sistema vigente con la anterior regulación y que se construye en base a una serie de presunciones legales relativas a ciertos tratamientos y situaciones, en las que, dados ciertos hechos objetivos, se presume —*iuris tantum*— válido el tratamiento y amparado en la normativa de protección de datos.

A. Datos de contacto, empresarios individuales y profesionales liberales

Como sabemos, el RGPD solo trata de los datos de las personas físicas identificadas o identificables. Los datos de las personas jurídicas están excluidos de su ámbito de ampliación. Sin embargo, hay perfiles a medio camino entre una persona física y una persona jurídica que no están expresamente regulados. Se trata de perfiles como los empresarios individuales —autónomos— o los profesionales liberales —los abogados—.

La LOPDGDD establece una presunción de tratamiento de tales datos en base al interés legítimo cuando se estén tratando los datos de las personas que ejercen como tal pero no como persona física sino como un empresario o un profesional liberal[221]. Esto es, una relación estrictamente profesional; lo cual no es sencillo a virtud de lo difícil que es determinar cuándo uno y otro se relacionan en el plano personal o profesional —o en los dos—.

De la misma manera, se establece una presunción legal de amparo en virtud del interés legítimo del responsable cuando se traten los datos de contacto y los relativos a la función o puesto de trabajo de la persona física que preste servicios en el seno de una persona jurídica, sujeto al cumplimiento de dos requisitos: (*i*) que «*el tratamiento se refiera únicamente a los datos necesarios para su localización profesional*»; y (*ii*) que «*la finalidad del tratamiento sea únicamente mantener relaciones de cualquier índole con la persona jurídica en la que el afectado preste sus servicios*»[222].

En ambos casos, la desvirtuación de la presunción atañe al interesado que denuncia una conducta ilícita.

B. Sistemas de información crediticias: listas de morosos

El art. 20 de la LOPDGDD admite, bajo una presunción *iuris tantum* de licitud, el tratamiento de datos personales relativos al incumplimiento de obligaciones dinerarias, financieras o de crédito por sistemas comunes de información crediticia y siempre y cuando se cumplan los requisitos que dicho artículo establece, esto es, (i) que los datos «hayan sido facilitados por el acreedor o por quien actúe por su cuenta o interés»; (ii) que los datos «se refieran a deudas ciertas, vencidas y exigibles» no reclamadas en vía administrativa, judicial o extrajudicial; (iii) que

---

[221] *Vid.*, art. 19.2) LOPDGDD.

[222] *Ibíd.*, art. 19.1)

«el acreedor haya informado al afectado en el contrato o en el momento de requerir el pago acerca de la posibilidad de inclusión en dichos sistemas»; (iv) que los datos «solo se mantengan en el sistema mientras persista el incumplimiento, con el límite de cinco años desde el vencimiento de la obligación dineraria, financiera o de crédito»; (v) que los «datos referidos a un deudor determinado solamente puedan ser consultados cuando quien consulte el sistema mantuviese una relación contractual con el afectado [...] o éste le hubiera solicitado la celebración de un contrato]»; y (vi) que, «en el caso de que se denegase la solicitud de celebración de contrato, o éste no llegase a celebrarse, como consecuencia de la consulta efectuada, quien haya consultado el sistema informe al afectado del resultado de dicha consulta»[223]. Estos ficheros de morosos son las denominadas popularmente «listas de morosos».

Esta presunción no ampara el tratamiento de estos datos sobre morosos para realizar acciones adicionales consistentes en el perfilado de los interesados añadiendo más capas de datos provenientes de otras fuentes, en particular mediante técnicas de calificación crediticia[224].

El **acreedor debe requerir al pago al deudor** con carácter previo a la inclusión en el fichero[225]. El fichero debe informar de su inclusión al interesado junto con los derechos que la normativa le confiere, en el plazo de treinta días desde que recibe la solicitud de incorporación al sistema —permaneciendo los datos bloqueados durante ese período—. Ahora bien, esta presunción no alcanza a la conducta típica necesaria para situarse en una posición de incumplimiento de sus obligaciones por parte del interesado, por mucho que la mayoría de los responsables que operan en los sectores afectados así lo hayan querido entender. Por tanto, lo fundamental aquí será que los responsables que soliciten la inclusión en una lista de morosos de un interesado garanticen que realmente el afectado ha incumplido sus obligaciones financieras o económicas para con ellos.

La jurisprudencia del Tribunal Supremo ha ido matizando el alcance y modo en que la referida presunción de tratamiento de datos de morosos. Así, se ha asentado la línea jurisprudencial consistente en un «**enfoque funcional**» y carácter recepticio del requerimiento previo de pago» que lleva a eliminar la fehacien-

---

[223] *Ibíd.*, art. 20.1

[224] *Ibíd.*, art. 20.3)

[225] Con la nueva LOPDGDD ya no es indispensable que en el requerimiento se advierta al deudor de la posibilidad de comunicar sus datos al fichero de morosos si tal advertencia se hizo al celebrar el contrato. Y el hecho de que el importe de la deuda que se comunicó fuera superior a lo realmente adeudado no basta para considerar que la inclusión vulneró su honor. *Vid.*, STS de 20-12-2022 (Rc 2737/2022, ECLI:ES:TS:2022:4607).

cia del requerimiento de pago al deudor[226], presumiéndose hecha tan solo con la remisión de una carta al domicilio del deudor sin que tal misiva sea devuelta[227].

En aquellos casos en los que el interesado ejercite su **derecho a la limitación del tratamiento** de los datos incorporados al sistema de información crediticia, impugnando su exactitud, el sistema indicará a quienes consulten estos datos que los datos están limitados y no facilitará datos concretos —por estar limitados— en tanto se resuelva la solicitud del interesado[228].

Las entidades que gestionan los sistemas de información crediticia y los acreedores que soliciten la incorporación de los morosos en éstas, tendrán, respecto de tales datos, la condición de corresponsables del tratamiento[229].

En la actualidad, los **sistemas de información crediticia más conocidos** son (i) la Asociación Nacional de Establecimientos Financieros de Crédito (más conocida como «ASNEF-EQUIFAX»), (ii) el Registro de Aceptaciones Impagadas (o «RAI», que depende del Centro de Cooperación Interbancaria CCI, (iii) Dun & Bradstreet y (iv) Experian Bureau de Crédito («BADEXCUG»).

C. Tratamientos en operaciones societarias

Se presumen lícitos —*iuris tantum*— los tratamientos de datos que se deriven de «cualquier operación de modificación estructural de sociedades o la aportación o transmisión de negocio o de rama de actividad empresarial»[230], esto es, la transformación, fusión, escisión, segregación, la cesión global del activo o del pasivo; o el traslado internacional del domicilio social.

Para ello es requisito que el tratamiento de los datos sea «necesario para el buen fin de la operación». En el caso de que no se concluya la operación, la entidad que ha recibido tales datos —cesionaria— debe proceder de manera inmediata a la supresión de éstos. No cabe el bloqueo[231].

---

226 *Vid.*, STS 960/2022 de 21-12-2022 (Rc 1456/2022, ECLI:ES:TS:2022:4491),

227 *Vid.*, SSTS- 20-12-2022 (Rc 2737/2022, ECLI:ES:TS:2022:4607), 20-12-2022 (Rc 4754/2022, ECLI:ES:TS:2022:4492) y STS Pleno 34/2024 de 11-01 (el simple hecho de que la comunicación que contenía el requerimiento de pago fuera depositada en el servicio de correos, no basta por si solo para considerar que no se ha practicado el requerimiento de pago cuando la comunicación ha sido remitida a una dirección idónea. La exigencia del empleo de sistemas tales como el burofax o el correo certificado con acuse de recibo no son acorde con la jurisprudencia de esta sala que no exige la fehaciencia de la recepción. No supone una vulneración del derecho al honor.)

228 *Ibíd.*, art. 20.1.e).II.

229 *Ibíd.*, art. 20.2.I)

230 *Ibíd.*, art. 21.1).

231 *Ibíd.*, art. 21.2)

D. Videovigilancia

Las personas físicas o jurídicas, públicas o privadas, pueden tratar imágenes a través de cámaras o videocámaras con el único fin de preservar la seguridad de las personas y/o bienes y sus instalaciones.

Los datos deben de suprimirse en el plazo de **un mes** desde que se captaron salvo cuando sea necesario conservarlos para acreditar la comisión de delitos, en cuyo caso deben ponerse a disposición de la autoridad competente en el plazo de setenta y dos horas desde que se tenga conocimiento de la existencia de la grabación. Entendemos que el plazo del mes es de caducidad, por lo que transcurrido el mismo, no debería poderse recuperar material con objeto de denunciarlo a la autoridad[232].

Para poder realizar estos tratamientos se debe informar a los interesados en los términos del RGPD. Para ello se debe colocar un dispositivo informativo en el que se indique (i) la existencia del tratamiento; (ii) la identidad del responsable; y (iii) la posibilidad de ejercitar los derechos previstos en la normativa. Esta obligación se entiende cumplida si el cartel que se coloque contiene un código BIDI o dirección de Internet que remita a esta información[233].

Cuando las cámaras estén colocadas de tal forma que capten la vía pública, deberán colocarse de modo que ésta sea registrada en la «medida que resulte imprescindible» para la finalidad de preservación de la seguridad. Si los bienes o servicios a preservar son estratégicos o vinculados al transporte, se permite la captación de la vía publica en una extensión mayor, sin que, en ningún caso, ello suponga la captación de imágenes del interior de un domicilio privado[234].

La instalación de cámaras en el domicilio particular por el propio interesado que capten imágenes del interior solamente está excluida del cumplimento de la normativa de protección de datos. Ahora bien, ello no excluye de su cumplimiento en aquellos casos en los que la vigilancia se realice en el interior del domicilio pero mediante una empresa de seguridad privada contratada[235].

La captación de imágenes realizadas por las Fuerzas y Cuerpos de Seguridad del Estado, por los órganos competentes para la vigilancia y control de centros penitenciarios y para el control, regulación, vigilancia y disciplina del tráfico, se rige por sus propias normas. Lo mismo ocurre con las cuestiones reguladas en materia de Seguridad Privada[236].

---

232 *Ibíd.*, art. 22, apartados 1) y 3).

233 *Ibíd.*, art. 22.4)

234 *Ibíd.*, art. 22.3)

235 *Ibíd.*, art. 22.5).

236 *Vid.*, Ley 5/2014, de 4 de abril, *de Seguridad Privada*. «BOE» núm. 83, de 5 de abril de 2014.

Todo ello sin perjuicio de lo regulado en relación con la materia y los derechos digitales en la propia LOPDGDD.

E. *Sistemas de exclusión publicitaria: «listas Robinson»*

Los sistemas de exclusión publicitaria son lo que se conoce como las «listas Robinson». El artículo 23 de la LOPDGDD permite el tratamiento de datos personales —imprescindibles para ello— que se lleven a cabo con objeto de evitar el envío de comunicaciones comerciales los interesados que hayan solicitado su negativa u oposición a recibir tales comunicaciones o simplemente limiten la recepción de comunicaciones de determinadas empresas mediante sistemas de preferencia.

Las listas Robinson pueden ser generales o sectoriales y como requisito constitutivo está la comunicación a la autoridad estatal o autonómica de la que dependan, así como el modo en que los afectados pueden incorporarse a las mismas o gestionar sus preferencias[237].

La autoridad de control competente debe publicar a través de su sede electrónica un listado de los sistemas de exclusión publicitaria disponibles y comunicarlo al resto de autoridades[238].

Si un interesado comunica al responsable su deseo de que sus datos no se empleen para suministrarle información comercial, el responsable debe informarle de los sistemas de exclusión publicitaria existentes. En la actualidad sólo existe el fichero de estas características[239] denominado «Lista Robinson»[240], cuya inscripción es gratuita y que está gestionado por la Asociación Española de Economía Digital (en adelante, «ADIGITAL»).

Cualquiera que desee realizar acciones de marketing directo, debe, de manera previa, consultar las listas Robinson que pudieran afectar a su actuación, excluyendo cualquier acción respecto de un afectado incluido en tal lista. Hoy en día solo existe uno, pero de haber más, bastará con consultar sólo aquellos que haya publicado la Agencia. Ahora bien, el responsable no tendrá que realizar esta consulta de los sistemas de exclusión publicitaria cuando el interesado hubiera prestado su consentimiento a tal responsable, válido y eficaz, para recibir la comunicación comercial[241].

---

237 *Ibíd.*, art. 23.2.I)

238 *Ibíd.*, art. 23.2.II).

239 Según la información de la AEPD, disponible aquí (fecha de la última consulta el 14 de enero de 2020): https://www.aepd.es/es/areas-de-actuacion/publicidad-no-deseada

240 Más información aquí: https://www.listarobinson.es

241 *Víd.*, art. 23.4 LOPDGDD.

Además de la Lista Robinson, existe un sistema de **mediación voluntaria** para obtener una respuesta rápida y ágil en reclamaciones relativas al tratamiento de datos personales y publicidad no deseada. Creada —en 2018— y gestionada por la Asociación para la Autorregulación de la Comunicación Comercial (en adelante, «AUTOCONTROL»), en la actualidad se han adherido fundamentalmente empresas del sector de las telecomunicaciones[242].

Ambos sistemas son independientes del derecho de los ciudadanos de iniciar acciones ante la AEPD.

F. *Tratamientos en el ámbito de la función estadística y con fines de archivo en interés público*

Los datos con fines estadísticos se entienden amparados en el cumplimiento de una misión en interés público o en el ejercicio de los poderes públicos siempre que una norma de Derecho de la UE o una nacional relativa a instrumentos de programación estadística lo contemple[243].

Esta presunción no se extiende a los datos sensibles —art. 9 RGPD— y los datos sobre condenas penales y medidas conexas —art. 10 RGPD— en cuyo caso tales datos solo pueden aportarse porque el interesado así lo desee —voluntariamente— y previo consentimiento expreso de éste[244].

Los organismos que ejercen la función estadística tiene la facultad de denegar los derechos que el RGPD concede a los afectados solo en aquellos casos en los que tales datos se «*encuentren amparados por las garantías del secreto estadístico previstas en la legislación estatal o autonómica*»[245].

Los tratamientos por las Administraciones Públicas de los datos «*con fines de archivo en interés público*» se someterán al RGPD, así como la LOPDGDD y la normativa sobre Patrimonio Histórico Español[246] y la normativa que establece el Sistema Español de Archivos y se regula el Sistema de Archivos de la Administración General del Estado y de sus Organismos Públicos[247].

---

242 *Vid.*, https://www.listarobinson.es

243 *Ibíd.*, art. 25.2.I).

244 *Ibíd.*, art. 25.2.II).

245 *Ibíd.*, art. 25.3).

246 *Vid.*, Ley 16/1985, de 25 de junio, *del Patrimonio Histórico Español.* «BOE» núm. 155, de 29 de junio de 1985.

247 *Vid.*, Real Decreto 1708/2011, de 18 de noviembre, *por el que se establece el Sistema Español de Archivos y se regula el Sistema de Archivos de la Administración General del Estado y de sus Organismos Públicos y su régimen de acceso.* «BOE» núm. 284, de 25 de noviembre de 2011.

G. Tratamientos relativos a infracciones y sanciones administrativas

El tratamiento de datos sobre infracciones y sanciones administrativas, incluidos los registros sobre las mismas, requiere que (i) los responsables de dichos tratamientos sean los órganos competentes para todo el proceso, desde la incoación a la sanción; y (ii) que el tratamiento se limite a los datos estrictamente necesarios para tal finalidad[248].

En defecto de lo anterior, estos tratamientos requieren de amparo en virtud del consentimiento del interesado o de autorización mediante norma con rango de ley[249].

Fuera de los anteriores supuestos, solo se podrán tratar por abogados y procuradores y para el ejercicio de sus funciones respecto de sus clientes[250].

H. Tratamientos relativos a procedimientos judiciales

En materia de procedimientos judiciales, la denominada «Ley de Medidas de Eficiencia Digital y Procesal del Servicio Público de Justicia»[251], ha incorporado por remisión, en el Capítulo IV del Libro Primero, todo el capítulo I bis (del Título Tercero) de la comprometiendo —art. 99— a los sistemas que se utilicen en la Administración de Justicia y que traten datos personales que vayan a ser incorporados a un proceso judicial o expediente fiscal para fines jurisdiccionales a cumplir dicha normativa. En la misma línea, el artículo 2(2) de la LOPDP y el artículo 2, párrafos 4 y 5, de la LOPDGDD.

En síntesis, se consideran «tratamientos jurisdiccionales», los tratamientos de los datos que se encuentren incorporados a los procesos que tengan por finalidad el ejercicio de la actividad jurisdiccional. Tratamiento que se llevará cabo por el órgano competente dentro de la Administración de Justicia y siempre de conformidad con el RGPD y la LOPDGDD (arts. 236 bis y ter de la LOPJ), incluidos los profesionales y operadores jurídicos (tales como letrados, procuradores, etc.).

No es necesario el consentimiento del interesado para que se proceda al tratamiento de los datos personales en el ejercicio de la actividad jurisdiccional,

---

248 *Vid.*, art. 27.1) LOPDGDD.

249 *Ibíd.*, art. 27.2).

250 *Ibíd.*, art. 27.3).

251 *Vid.*, Libro Primero del Real Decreto-ley 6/2023, de 19 de diciembre, por el que se aprueban medidas urgentes para la ejecución del Plan de Recuperación, Transformación y Resiliencia en materia de servicio público de justicia, función pública, régimen local y mecenazgo. BOE» núm. 303, de 20/12/2023

ya sean éstos facilitados por las partes o recabados a solicitud de los órganos competentes (art. 236 ter [3] LOPJ). Ahora bien, los interesados pueden ejercer cualquiera de los **derechos** que la normativa les reconoce ante el responsable del tratamiento, esto es, el órgano jurisdiccional (salvo el ejercicio del derecho de acceso en el caso de diligencias decretadas como secretas o reservadas —art. 236 septies LOPJ).

Por lo demás, el tratamiento —de datos— jurisdiccionales, debe respetar el **principio de minimización** (con suministro a las oficinas de comunicación, la Abogacía del Estado, Fiscalía General del Estado y Ministerio de Justicia de los datos estrictamente esenciales para desempeñar su labor). Y se deben **suprimir** los datos personales de las resoluciones judiciales y documentos accesibles por las partes[252] (art. 236 quinquies LOPJ). Compleja labor que exige una dotación tecnológica suficiente a los órganos jurisdiccionales (art. 236 sexies LOPJ) para poder afrontarse y que por ahora sigue pendiente.

De gran interés resulta que, en materia de tratamientos jurisdiccionales, el **Consejo General del Poder Judicial** (en concreto, por la por la Dirección de Supervisión y Control de Protección de Datos del Consejo General del Poder Judicial[253]) realizará las labores propias de la autoridad de control y supervisión, mientras que con relación a los tratamientos con fines **no jurisdiccionales la AE-DP continúa siendo la autoridad referente** (art. 236 octies LOPJ), sin perjuicio de las autoridades autonómicas (donde las haya y en el marco de sus competencias). Mientras que el CGPJ y la Fiscalía General del Estado están sometidos a la AEPD en los tratamientos que realicen y que no se considerarán como tratamientos jurisdiccionales (art. 236 decies LOPJ).

---

252 A estos efectos, «las oficinas judiciales y fiscales dispondrán de los medios tecnológicos adecuados para la realización automatizada de la anonimización, seudonimización y disociación de los datos de carácter personal. Con la finalidad de posibilitar lo dispuesto en el párrafo anterior, las resoluciones procesales y judiciales deberán adecuarse a un formato normalizado acordado en el seno del Comité técnico estatal de la Administración judicial electrónica» (artículo 100 de la Ley de Medidas de Eficiencia Digital y Procesal del Servicio Público de Justicia).

253 Al frente de la cual estará un director, nombrado de entre juristas de reconocida competencia con al menos quince años de ejercicio profesional y con conocimientos y experiencia acreditados en materia de protección de datos, durante de cinco años (no renovable). *Vid.*, art. 236 nonies LOPJ.

Acceso por la Policía a los datos del teléfono móvil.

En línea con lo anterior, en materia de diligencias de investigación restrictivas de derechos fundamentales y en el marco de procedimientos penales, recientemente el TJUE se ha posicionado en favor de ampliar las capacidades de los cuerpos y fuerzas de seguridad de los Estados miembros para acceder a teléfonos móviles.

La STJUE (Gran Sala) de 4 de octubre de 2024, asunto CG c. Bezirkshauptmannschaft Landeck, (C-548/21)[ECLI:EU:C:2024:830], considera que si bien el derecho a la intimidad y protección de datos es un derecho fundamental y que ha de venir limitado tan solo por los órganos jurisdiccionales, en el marco de la Ley y con los requisitos y motivación de sobra conocidos, ello no puede circunscribir únicamente la actuación de la policía (que actúa sin autorización judicial, de manera urgente si bien luego da cuenta al órgano jurisdiccional en 24h, al menos en el caso Español) a casos de delincuencia grave o extrema. Y ello porque limitar la justificación del acceso a datos personales exclusivamente a la lucha contra la delincuencia grave podría restringir desproporcionadamente las capacidades de acción de las fuerzas del orden. Esta perspectiva sugiere que un enfoque demasiado restrictivo podría facilitar la impunidad por delitos menores, incidiendo negativamente en la creación de un espacio seguro y justo en la Unión Europea.

Es más, y esto es lo más relevante, considera que el acceso por la policía a datos personales en tales casos está justificado por el interés general[254].

---

254 La sentencia, publicada en pocos idiomas, recoge, en francés, lo siguiente: «[...]une limitation à l'exercice des droits fondamentaux consacrés aux articles 7 et 8 de la Charte, telle que celle qui découle de la réglementation en cause au principal, il convient de souligner qu'un traitement de données à caractère personnel dans le cadre d'une enquête policière visant la répression d'une infraction pénale, tel qu'une tentative d'accès aux données contenues dans un téléphone portable, doit être considéré, en principe, comme répondant effectivement à un objectif d'intérêt général reconnu par l'Union, au sens de l'article 52, paragraphe 1, de la Charte».

Capítulo 7

ACCOUNTABILITY O RESPONSABILIDAD PROACTIVA

Novedad absoluta —respecto de la Directiva 95/46 que solo la contemplaba tácitamente[255]— en torno a la cual gira toda la regulación de la protección de los datos del RGPD es la *Accountability* o lo que se podría traducir —no sin dificultades— como una «responsabilidad proactiva» que inspira todo el RGPD, imbricada en sus artículos a lo largo de todo el reglamento.

I. ¿QUÉ ES LA «ACCOUNTABILITY»?

Como decimos, no es un concepto sencillo con una fácil traslación a nuestro Derecho —proviene del Derecho inglés—. Para los fines de lo que nos ocupa ahora, podemos definir la *accountability* como aquella serie de obligaciones que una organización debe cumplir para demostrar y probar que cumple con la regulación en materia de protección de datos.

La *accountability* tiene por objetivo lograr que las organizaciones, cada vez más basadas en el tratamiento de datos, que ya no son un departamento más de la organización, sino que fluyen a lo largo de toda la empresa —las «*data driven companies*»— graben en su ADN una **cultura** de respeto y protección a la privacidad y protección de datos personales. Elaborar procedimientos o rellenar formularios con casillas pre-marcadas no logrará este fin, por lo que una acción responsable y proactiva por parte de las empresas es fundamental. La *accountability* será también un termómetro fundamental para las autoridades de control a la hora de investigar posibles denuncias o a la hora de imponer —o graduar— sanciones. Ello pasa por desarrollar e implementar estándares, principios, valores, en definitiva, una cultura de privacidad y protección de datos en la UE y, en particular, en las organizaciones.

Este principio o conjunto de obligaciones se materializan en una serie de cuestiones, algunas de las cuales veremos con más detalle en otros lugares de este manual, y que son los siguientes: (i) la responsabilidad del responsable; (ii) la protección de datos por defecto y en el diseño; (iii) la documentación y cooperación con los reguladores; (iv) las evaluaciones de Impacto de Protección

---

255 Aunque un viejo conocido concepto ya incluido en el Derecho europeo de protección de datos.

de Datos —se analizará a parte—; (v) el Delegado de Protección de Datos —se analizará a parte—; y (vi) las Normas Corporativas Vinculantes.

A. *Responsabilidad del responsable del tratamiento*

La *accountability* representa para el responsable una serie de obligaciones que van, desde la observancia de los principios del artículo 5 del RGPD, pasando por las obligaciones que los responsables tienen de aplicar medidas técnicas y organizativas apropiadas a fin de garantizar y poder demostrar que el tratamiento es conforme con el RGPD[256], hasta enfocar los tratamientos desde un punto de vista del riesgo asociado a los mismos y los datos involucrados en cada uno[257].

Las medidas técnicas y organizativas que adopte el responsable deben revisarse y actualizarse cuando sea necesario. Además, el RGPD encamina a los responsables a implementar políticas de protección de datos adecuadas —y cuando sean proporcionadas con los fines y medios del tratamiento—. Estas políticas de privacidad deberán abordar una serie de cuestiones fundamentales, como, por ejemplo, (i) el ámbito de aplicación; (ii) la posición de la compañía en relación al cumplimiento de los requisitos de accountability y protección de datos; (iii) las responsabilidades de los empleados —definiendo roles y perfiles de acceso y tratamiento de datos personales—; (iv) las responsabilidades de los directivos y administradores —igualmente definiendo roles y perfiles de acceso y gestión de datos personales— (v) la procedimientación de la gestión y notificación de los incidentes en materia de protección de datos personales; y (vi) las políticas disciplinarias y sanciones en caso de incumplimientos de la regulación de la compañía

---

256 *Vid.*, art. 24.1 RGPD.

257 El considerando 75º facilita una serie de ejemplos de lo que podría considerarse tratamientos de alto riesgo, a saber: «*Los riesgos para los derechos y libertades de las personas físicas, de gravedad y probabilidad variables, pueden deberse al tratamiento de datos que pudieran provocar daños y perjuicios físicos, materiales o inmateriales, en particular en los casos en los que el tratamiento pueda dar lugar a problemas de discriminación, usurpación de identidad o fraude, pérdidas financieras, daño para la reputación, pérdida de confidencialidad de datos sujetos al secreto profesional, reversión no autorizada de la seudonimización o cualquier otro perjuicio económico o social significativo; en los casos en los que se prive a los interesados de sus derechos y libertades o se les impida ejercer el control sobre sus datos personales; en los casos en los que los datos personales tratados revelen el origen étnico o racial, las opiniones políticas, la religión o creencias filosóficas, la militancia en sindicatos y el tratamiento de datos genéticos, datos relativos a la salud o datos sobre la vida sexual, o las condenas e infracciones penales o medidas de seguridad conexas; en los casos en los que se evalúen aspectos personales, en particular el análisis o la predicción de aspectos referidos al rendimiento en el trabajo, situación económica, salud, preferencias o intereses personales, fiabilidad o comportamiento, situación o movimientos, con el fin de crear o utilizar perfiles personales; en los casos en los que se traten datos personales de personas vulnerables, en particular niños; o en los casos en los que el tratamiento implique una gran cantidad de datos personales y afecte a un gran número de interesados*».

en materia de protección de datos. También se deberán distribuir (o, al menos, dejar constancia de los criterios de distribución) las responsabilidades internas.

Una práctica interesante es la creación de un comité de privacidad y protección de datos personales, formado por varios miembros de la organización con posiciones estratégicas respecto de la protección de datos, como órgano supervisor del cumplimiento de la regulación de protección de datos; del que el DPO será su presidente. Por último, la formación interna del personal, directivos, administradores y cuantos otros grupos de interés se considere necesario es una cuestión esencial para cumplir no solo con el RGPD y la normativa conexa, sino para acreditar frente a las autoridades de control que se actúa conforme al principio de la *accountability*.

B. Protección de datos desde el diseño y por defecto

Son dos de los nuevos requisitos introducidos por el RGPD para lograr —y demostrar— que el responsable del tratamiento ha implementado las medidas técnicas y organizativas adecuadas para proteger los datos personales, así como los derechos y libertades de los individuos, y como una de facetas de la *accountability:* (i) la protección de datos desde el diseño; y (ii) la protección de datos por defecto.

1. Protección de datos desde el diseño

Originalmente se ideó este principio para que el resultado del desarrollo de nuevos productos, servicios o tecnologías fuese conforme con la regulación en materia de privacidad y protección de datos personales, pero el principio de protección de datos desde el diseño no aplica solo a planeamiento y ejecución de nuevos desarrollos en sus distintas fases, sino que también aborda futuros desarrollos y gestión de esos desarrollos durante toda la vida de un producto, servicio o tecnología de tal forma que durante toda su vida operativa cumpla con la regulación de protección de datos y las políticas de la empresa.

El principio de protección de datos desde el diseño («PbD» por sus siglas en inglés) está recogido en el artículo 25.1 del RGPD, como sigue:

> «Teniendo en cuenta el estado de la técnica, el coste de la aplicación y la naturaleza, ámbito, contexto y fines del tratamiento, así como los riesgos de diversa probabilidad y gravedad que entraña el tratamiento para los derechos y libertades de las personas físicas, el responsable del tratamiento aplicará, tanto en el momento de determinar los medios de tratamiento como en el momento del propio tratamiento, medidas técnicas y organizativas apropiadas, como la seudonimización, concebidas para aplicar de forma efectiva los principios de protección de datos, como la minimización de datos, e integrar

las garantías necesarias en el tratamiento, a fin de cumplir los requisitos del presente Reglamento y proteger los derechos de los interesados».

Los **sujetos obligados** a la observancia de dicho principio son todos los responsables del tratamiento con independencia de su tamaño, el tipo de datos tratados o la naturaleza del tratamiento. Junto con estos, también vienen obligados a su cumplimiento los proveedores y prestadores de servicios, los desarrolladores de productos y las aplicaciones o fabricantes de dispositivos[258].

La AEPD ha publicado una «**Guía de Protección de Datos desde el diseño**»[259] con el objetivo no solo de explicar en qué consiste y cómo afrontar la privacidad en el diseño sino de también de calar entre los operadores la idea fundamental de que la privacidad en el diseño no representa un obstáculo para la innovación, sino que conlleva ventajas y oportunidades en materia de eficiencia, sostenibilidad y avance tecnológico en el respeto de los derechos fundamentales de los interesados. Y todo ello desde un enfoque metodológico orientado a la gestión del riesgo y de responsabilidad proactiva.

El PbD puede lograrse a través de la implementación y uso de **los siete principios fundamentales de CAVOUKIAN**[260] (que es fundamentalmente lo que la Guia de la AEPD recoge al respecto de la PbD). Tales principios son:

a. **Proactivo, no reactivo; preventivo, no correctivo:** La PbD implica anticiparse a los eventos que afecten a la privacidad antes de que sucedan. Cualquier sistema, proceso o infraestructura que vaya a utilizar datos personales debe ser concebida y diseñada desde cero identificando, *a priori,* los posibles riesgos a los derechos y libertades de los interesados y minimizarlos para que no lleguen a concretarse en daños. Es aquello de «mejor prevenir que curar».

b. **La privacidad como configuración predeterminada:** la privacidad debe quedar establecida desde el diseño a tal nivel que incluso en el caso de que el interesado no realice ninguna acción de configuración de su privacidad, ésta quede garantizada e intacta.

---

258 A la luz del considerando 78 del RGPD.

259 *Vid.*, AEPD, «Guía de protección de datos desde el diseño», octubre de 2019.

260 *Vid.*, CAVOUKIAN, Ann, «Privacy by Design: The 7 Foundational Principles. Implementation and Mapping of Fair Information Practices», January 2011, disponible en https://privacy.ucsc.edu/resources/privacy-by-design—foundational-principles.pdf y «Operationalizing Privacy by Design: A Guide to Implementing Strong Privacy Practices», December 2012, disponible en https://gpsbydesigncentre.com/wp-content/uploads/2021/08/Doc-5-Operationalizing-pbd-guide.pdf

c. **Privacidad incorporada en la fase de diseño:** la privacidad debe formar parte integral e indisoluble de los sistemas, productos y servicios, así como de las prácticas de negocio y procesos de la organización. Una cuestión de la cultura y organización y no una mera capa más.

d. **Funcionalidad total: pensamiento «todos ganan»:** superar el pensamiento de que la privacidad supone perder otras funcionalidades (v. gr., usabilidad, funcionalidad, beneficio empresarial o seguridad). Se ha de buscar un desarrollo equilibrado en el que todas estas cuestiones salen ganando («win-win»).

e. **Aseguramiento de la privacidad en todo el ciclo de vida:** la privacidad nace en el diseño, antes de que el sistema esté en funcionamiento y debe garantizarse a lo largo de todo el ciclo de vida completo de los datos Visibilidad y transparencia. Además, la privacidad garantiza la desvinculación (*unlinkability*)[261], la transparencia[262] y la capacidad de intervención y control en el tratamiento por parte del sujeto del dato (*intervenability*)[263]. Para ello es imprescindible analizar todas las etapas y tratamientos a lo largo de toda la cadena de tal forma que se garantice la privacidad en todas ellas.

---

261 La desvinculación busca que el procesamiento de la información se realice de modo que los datos personales respecto de un tratamiento no puedan vincularse con los datos personales de otro tratamiento diferente o que el establecimiento de dicha vinculación suponga un esfuerzo desproporcionado. Este objetivo de privacidad minimiza el riesgo de un uso no autorizado de los datos personales y la creación de perfiles mediante la interconexión de información perteneciente a diferentes conjuntos de datos estableciendo garantías sobre los principios de limitación de la finalidad, la minimización de datos y la limitación del plazo de conservación. *Vid.*, AEPD, «Guía de Privacidad desde el Diseño», pág. 13

262 La transparencia busca clarificar el tratamiento de los datos de modo que la recogida, el procesamiento y el uso de la información pueda ser comprendido y reproducido por cualquiera de las partes implicadas y en cualquier momento del tratamiento. Este objetivo de la privacidad pretende que el contexto del tratamiento quede perfectamente delimitado y que la información sobre las finalidades y las condiciones legales, técnicas y organizativas aplicables esté disponible antes, durante y después del tratamiento a todas las partes implicadas, tanto para el responsable como para el sujeto cuyos datos son tratados, minimizando así los riesgos que pueden afectar a los principios de lealtad y transparencia. *Vid.*, AEPD, «Guía de Privacidad desde el Diseño», pág. 14

263 El control garantiza la posibilidad de que las partes involucradas en el tratamiento de los datos personales y, principalmente, los sujetos cuyos datos son tratados, pueden intervenir en el tratamiento cuando sea necesario para aplicar medidas correctivas al procesamiento de la información. Este objetivo está íntimamente relacionado con la definición e implementación de procedimientos para el ejercicio de derechos en materia de protección de datos, la presentación de reclamaciones o la revocación de los consentimientos prestados por parte de los interesados, así como mecanismos para garantizar, por parte del responsable, la evaluación del cumplimiento y la efectividad de las obligaciones que le son fijadas por la normativa, lo que contribuye a respetar los principios de exactitud y responsabilidad proactiva marcados por el RGPD. *Ibídem.*

f. **Visibilidad y transparencia:** para permitir demostrar (por ejemplo, ante la autoridad de control) y, en su caso, verificar, que se cumple la PbD.

g. **Respeto por la privacidad de los usuarios:** mantener un enfoque centrado en el usuario: sin perjuicio del interés y fines de la organización, el fin último debe ser garantizar los derechos y libertades de los usuarios cuyos datos son objeto de tratamiento, por lo que cualquier medida adoptada debe ir encaminada a garantizar su privacidad.

La manera de acometer la PbD se puede estratificar en **tres fases**: (i) la fase de determinación de las estrategias de PbD, (ii) integración a nivel táctico; y (iii) fase de desarrollo e implementación efectiva (con prevalencia del uso de las utilizando «Privacy Enhancing Technologies»).

Entre las **primeras —estrategias—**, se pueden citar la (i) *minimización* (seleccionar muestras de individuos estrictamente necesarios, excluyendo los individuos que resulten irrelevantes para el tratamiento así como la eliminación parcial —«poda»— o total de todos aquellos datos desde que dejen de ser necesarios); (ii) *ocultación* (limitar la exposición de los datos —restricción en el acceso, ofuscación [ininteligibles], disociación o agregación—); (iii) *separación* (para minimizar el riego de perfilado mediante técnicas como el aislamiento o distribución de datos); (iv) *abstracción* (limitar al máximo el detalle de los datos personales que son tratados mediante sumarización, agrupación, perturbación); (v) *información* (que los interesados estén plenamente informados del procesamiento de sus datos en tiempo y forma mediante la facilitación, explicación y notificación); (vi) *el control* (proporcionar a los interesados control en relación a la recogida, tratamiento, usos y comunicaciones realizadas sobre sus datos personales mediante técnicas como el consentimiento, las alertas, la elección granulada, la actualización o retirada), (vii) *cumplimiento* (los tratamientos de datos personales son compatibles y respetan los requisitos y obligaciones legales impuestos por la normativa —definición, mantenimiento de la política definida y defensa del cumplimiento), (viii) *demostración* (que el responsable del tratamiento pueda demostrar, tanto a los interesados como a las autoridades de supervisión, el cumplimiento de la política de protección de datos que esté aplicando, así como del resto de requisitos y obligaciones legales impuestos por el RGPD —para ello deberá registrar y documentar, auditar de manera sistemática e informar de los resultados, también documentados—).

Para poder determinar todas las estrategias descritas anteriormente, es recomendado afrontar un procedimiento de análisis y evaluación del del estado de madurez de la organización en materia de protección de datos, junto con la documentación de las decisiones adoptadas en base a los resultados obtenidos. Y, a partir, de ahí, fijar los requisitos de privacidad que deban implementarse en aplicaciones y sistemas como parte de la privacidad desde el diseño, documentar por completo cómo se realizan los tratamientos de datos personales y dar cumplimiento al principio de responsabilidad proactiva. Otros recursos para demostrar el cumplimiento de las obligaciones por parte del responsable es la adhesión a códigos de conducta y mecanismos de certificación.

El **segundo nivel,** la integración a nivel táctico, conlleva la incorporación a los productos y servicios de los objetivos y estrategias previamente definidos. Ello se realiza a través de «patrones de diseño de la privacidad». Esto es, soluciones —abiertas— reutilizables que se usan para resolver problemas comunes y repetibles de privacidad que se presentan de forma reiterada en un contexto concreto durante el desarrollo de productos y sistemas[264].

Existen varios catálogos de patrones diseño de la privacidad, entre otros, el denominado «Preparing Industry to Privacy by design by supporting its Application in Research»[265], el desarrollado por la Universidad de Economía y Negocios de Viena[266] o la iniciativa «Privacypatterns» resultado de la colaboración entre varios centros y universidades[267].

En **tercer y último lugar**, encontramos, en la fase implementación y desarrollo de la solución o soluciones elegidas, las denominadas «PETS» por sus siglas en inglés, o «PRIVACY ENHANCING TECHNOLOGIES». Se trata de un conjunto organizado y coherente de soluciones propias de las tecnologías de la información y comunicación que mitigan los riesgos que afectan a la privacidad, implementando las estrategias y patrones ya definidos. Una PET puede ser desde un ordenador personal o una compleja arquitectura de sistemas de información. Una de las múltiples clasificaciones de los PETS es la que recoge la AEPD en su guía[268].

En definitiva, todo lo anterior puede resumirse en la necesidad de adoptar un enfoque proactivo y respetuoso con la privacidad y protección de datos en base a dos conceptos esenciales: (i) el **enfoque de riesgo** y (ii) la «**privacy engineering**» (o ingeniería de la privacidad)[269].

---

264 Generalmente, un patrón de diseño contiene, como mínimo, su nombre, propósito, descripción del contexto de aplicación, objetivos, estructura, implementación (relación con otros patrones), consecuencias de su aplicación y usos conocidos. *Ibíd.*, pág. 25

265 Cfr., VV.AA, «Privacy- and Security-by-Design Methodology Handbook», *PRIPARE*, December 2015.

266 *Vid.*, Drozd, Oha, «Privacy Pattern Catalogue: A Tool for Integrating Privacy Principles of ISO/IEC 29100 into the Software Development Process», *Vienna University of Economics and Business, Vienna, Austria.*

267 *Vid.*, https://privacypatterns.org

268 *Vid.*, AEPD, «Guía de Privacidad desde el Diseño...*op. cit.*, pág. 28 y ss.

269 Proceso sistemático y Guiado por un enfoque de riesgo cuyo objetivo es llevar a la práctica y operativa diaria los principios de la PbD dentro del ciclo de vida de los sistemas de información encargados del tratamiento de datos personales

2. *Protección de datos por defecto*

Junto con el anterior, el RGPD también introduce el principio de protección de datos por defecto («PDpD»), que implica que las organizaciones deben implementar medidas técnicas y organizativas apropiadas para asegurar que, por defecto, solo aquellos datos personales necesarios para cada fin especifico del tratamiento son tratados.

Este principio implica no solo que debe minimizarse el número de datos que se tratan y por el tiempo mínimo imprescindible, sino que se debe controlar toda la cadena de valor del tratamiento de datos personales.

El principio de protección de datos por defecto está regulado en el artículo 25(2) del RGPD, como sigue:

> «El responsable del tratamiento aplicará las medidas técnicas y organizativas apropiadas con miras a garantizar que, por defecto, solo sean objeto de tratamiento los datos personales que sean necesarios para cada uno de los fines específicos del tratamiento. Esta obligación se aplicará a la cantidad de datos personales recogidos, a la extensión de su tratamiento, a su plazo de conservación y a su accesibilidad. Tales medidas garantizarán en particular que, por defecto, los datos personales no sean accesibles, sin la intervención de la persona, a un número indeterminado de personas físicas».

El RGPD no especifica como deben aplicarse estos dos principios y su novedad y quizá abstracción, complican esta tarea. Sin embargo, sí da pistas sobre cómo pueden los responsables demostrar el cumplimiento de éstos, y es a través de certificaciones que cumplan los requisitos del art. 42 del RGPD (esto es, cuyo mecanismo de certificación esté aprobado por el CEPD).

No obstante lo anterior, la AEPD se ha encargado de arrojar más luz sobre la forma de abordar las obligaciones del art. 25 RGPD mediante la publicación en 2020 de una «**Guía de Protección de Datos por Defecto**»[270] que debe interpretarse en relación con el resto de medidas y garantías que el RGPD estipula. En síntesis, la guía trata de que responsables y encargados, por un lado y desarrolladores de tecnología, por otro, converjan en el cumplimiento del RGPD, de tal manera que estos últimos proporcionen soluciones técnicas que incluyan la posibilidad de establecer configuraciones por defecto respetuosas con los principios del RGPD, mientras los primeros opten por aquellas soluciones tecnológicas que cumplan con el art. 25 RGPD.

Tal directriz —que en gran medida está inspirada en el documento homólogo del CEPD—[271], centra en **tres estrategias el cumplimiento** de la PDpD: (i) la *opti-*

---

[270] *Vid.*, AEPD, «Guía de Protección de Datos por Defecto», octubre de 2020.

[271] *Vid.*, CEPD, «Guidelines 4/2019 on Article 25 Data Protection by Design and by Default», 2019.

mización (en cuanto a la cantidad de datos recogidos, la extensión del tratamiento, su conservación y accesibilidad), (ii) la *configuración* (el tratamiento deber poder configurarse —en parte por el usuario— con relación a los datos personales mediante valores [ajustes] disponibles en las aplicaciones, dispositivos o sistemas que lo implementan); (iii) la *restricción* (las opciones de configuración han de estar ajustadas, por defecto, en aquellos valores que limiten la cantidad de datos)

Otra práctica interesante para cumplir con estos dos principios es realizar **evaluaciones o trabajos de consultoría sobre el flujo de datos** dentro de las compañías y cómo son tratados, de tal forma que se trabaje a partir de los resultados (mapas de riesgo, controles automáticos o manuales, medidas que se aplican y medidas que se deberían aplicar, etc.).

Por último destacar que la PDpD conlleva acometer una serie de **limitaciones** tales como (i) que la cantidad de datos recogidos sean la estrictamente necesaria para llevar a cabo los fines y el tratamiento; (ii) que la extensión del tratamiento se limite al estrictamente necesario para cumplir con el propósito declarado por el responsable; (iii) que el periodo de conservación de los datos sea también el estrictamente necesario (de tal forma que si un dato personal no se necesita más después de ejecutar una fase del tratamiento, el dato deberá ser suprimido); (iv) la definición de roles y perfiles de acceso a datos personales para que no todo el mundo pueda acceder a ellos; (v) la posibilidad de configurar los parámetros anteriores y otros adicionales[272].

Todas estas medidas y cualquier otra que se implemente han de estar debidamente **documentadas** y someterse a auditorías periódicas. Tales **auditorías** deben verificar, al menos, lo siguiente (listado a título enunciativo):

a. Comprobar que el responsable cuenta con la documentación necesaria para aplicar PDpD de forma objetiva; en particular, la definición de roles y obligaciones de los miembros de la organización, la política de control de accesos, la política de información.

b. Comprobar que el responsable cuenta con los procedimientos que garantizan las políticas y que están implantados debidamente

c. Comprobar que el está disponible la información básica relativa al tratamiento (entre otras, sobre la sobre la naturaleza, el ámbito, el contexto y los fines, y los análisis de proporcionalidad y necesidad).

d. Documentación sobre el análisis del tratamiento desde la óptica de la PDpD.

---

272 *Vid.*, anexo II de la « Guía de Protección de Datos por Defecto»...op. cit.

e. Verificar que le ciclo de vida de los datos está ajustado a los uso y que el responsable ajusta los casos de uso a la operativa real y necesidades del usuario, adaptándolo en el tiempo.
f. Verificar que el responsable no obliga al usuario a aceptar un tratamiento más instrusivo como condición para acceder al servicio.
g. Comprobar que las opciones de configuración están correctamente identificadas y definidas (medidas de PDpD, parámetros configurables, valores por defecto, roles, etc.)
h. Comprobar que los requisitos para configurar la privacidad desde el diseño han llegado a todas las fases y se encuentran correctamente implementados (en concreto, comprobar qué componentes *off-the-shelf* cumplen los requisitos de configuración establecidas en la documentación y, en su caso, determinar las limitaciones de configuración que tienen y cómo afectan al tratamiento —por ejemplo que el blog corporativo se implemente en una herramienta desarrollada por un tercero—).
i. Verificar la posibilidad de coexistencia de configuraciones alternativas en distintas instancias de la aplicación de diferentes dispositivos.
j. Comprobar que se han implementads las medidas de seguridad.
k. Verificar que en el caso de «uso por defecto» por parte del usuario éste s el que cumple de forma más restrictiva el principio de minimización.
l. Comprobar que las opciones de modificación de la configuración para el usuario explican suficientemente como para tomar una decisión informada. Y que un cambio de configuración requiere de una acción consistente, libre e intencionada del usuario.
m. Comprobar que cabe la posibilidad de revocar las elecciones que el usuario ha realizado, en cualquier momento y con la misma facilidad con que se adoptaron.
n. Comprobar que el usuario puede retornar a la configuración inicial más restrictiva siempre y que ello no afecta negativamente al usuario.
o. Analizar y comprobar que la documentación pertinente sobre la implementación de las medidas de PDpD se ha trasladado a la etapa de gestión de riesgos para los derechos y libertades y, en particular, a la gestión de riesgos de seguridad, así como que dicha información ha sido empleada para configurar la política de información y trasparencia proporcionada al usuario.

C. Documentación y cooperación con los reguladores

Con la regulación anterior, los responsables del tratamiento venían obligados a dar de alta los ficheros con la indicación de los datos que contenía cada fichero y las medidas de seguridad que se aplicaban a cada uno. Este requisito de comunicación del tratamiento y registro de los ficheros y medidas ha sido derogado por el RGPD.

Los responsables ya no tienen que comunicar sus actividades de tratamiento de datos. En su lugar, los responsables tendrán que mantener un registro interno de los tratamientos y actividades relacionadas con los datos que realicen.

Estos registros deberán constar por escrito —cabe que sea en formato electrónico— y solo tendrá que suministrarse a las autoridades de protección de datos bajo petición de éstas. Las obligaciones de registro de tratamientos varían en función de si se trata de responsables, encargados o si la compañía es grande, mediana o pequeña[273].

D. Normas corporativas vinculantes

Las normas corporativas vinculantes («NCV») son unos estándares globales de protección de datos en grupos de empresas y, sobre todo, empresas multinacionales, cuya misión es fijar un marco de privacidad y protección de datos a nivel global para que la operativa en diferentes países —particularmente fuera de la UE— no aumente el riesgo de incumplimiento normativo. Dicho de otro modo, se trata de las políticas de protección de datos personales asumidas por un responsable o encargado del tratamiento establecido en el territorio de un Estado miembro para transferencias o un conjunto de transferencias de datos personales a un responsable o encargado en uno o más países terceros, dentro de un grupo empresarial o una unión de empresas dedicadas a una actividad económica conjunta[274].

Las NCV fueron inicialmente articuladas por la Comisión Europea para facilitar las transferencias transnacionales entre países y entre Estados miembros y terceros países y en la actualidad se han recogido en el artículo 47 del RGPD para estos fines.

---

273 Esto se trata con más detalle en los capítulos Octavo y Noveno en relación al responsable y encargado respectivamente. *Vid., infra,* Capítulos Octavo y Noveno.

274 La AEPD ha puesto a disposición un mecanismo de coordinación, entre otras cuestiones para verificar el mecanismo de coherencia (Art. 63 RGPD) a través de un correo electrónico mediante el cual los grupos empresariales interesados en la elaboración de normas corporativas vinculantes pueden solicitar información en la siguiente dirección de correo electrónico: sg-promocion.autorizaciones@aepd.es

De conformidad con el art. 47 del RGPD, la **aprobación** de las normas corporativas vinculantes corresponde a la autoridad de control competente de conformidad con el mecanismo de coherencia del artículo 63 del RGPD, siempre que estas: (i) sean jurídicamente vinculantes, (ii) confieran expresamente a los interesados derechos exigibles en relación con el tratamiento de sus datos personales, y (iii) cumplan los requisitos establecidos en el artículo 47(2) del RGPD (contenido mínimo)[275]. Existe un registro de normas corporativas vinculantes dependiente y gestionado por la AEPD[276].

Las NCV serán estudiadas en mayor detalle más adelante cuando se aborden las transferencias internacionales de datos personales[277].

---

275 En marzo de 2020 la AEPD aprobó las primeras normas corporativas vinculantes. *Vid.*, Resolución de aprobación de las normas corporativas vinculantes del grupo fujikura automotive europe (grupo fae); expediente: TI/00001/2020

276 *Vid.*, https://www.aepd.es/informes-y-resoluciones/registro-BCR

277

Capítulo 8

SEGURIDAD DE LOS DATOS. EVALUACIONES DE IMPACTO DE PROTECCIÓN DE DATOS

I. INTRODUCCIÓN

El RGPD ha querido que el aseguramiento de los datos personales de los interesados sea un pilar fundamental en el flujo de información y datos europeos. Y es que cuestiones tan relevantes en la economía digital como la ciberseguridad —materia esencial para empresas, administraciones, presidentes o individuos— pasan ineludiblemente por un fortalecimiento de la seguridad y medidas de aseguramiento de los datos personales, así como el cambio de paradigma en esta tarea.

El RGPD introduce un nuevo enfoque en relación con el aseguramiento de los datos eliminando las medidas de seguridad clásicas, basadas en tres niveles —bajo, medio o alto— y en función del tipo de dato, para implementar un novedoso **sistema de medidas a la medida de cada organización**, en base a un **análisis del riesgo** (partiendo de los datos, el tratamiento, los fines y las particulares características de la organización en cuestión).

Ello supone que figuras como el DPO o la ejecución de las Evaluaciones de Impacto de Protección de Datos («EIPD») cobren una importantísima función en el aseguramiento de los datos personales y el cumplimiento del RGPD.

II. EL PRINCIPIO DE SEGURIDAD Y LA SEGURIDAD BASADA EN EL ENFOQUE DE RIESGO

El **principio de seguridad** no está expresamente recogido como tal en el RGPD, sino que viene incluido dentro del principio de «integridad y confidencialidad» del artículo 5.1.f).

En este sentido, el RGPD esgrime como principio de seguridad la necesidad de que se «garantice una seguridad adecuada de los datos personales, incluida la protección contra el tratamiento no autorizado o ilícito y contra su pérdida, destrucción o daño accidental, mediante la aplicación de medidas técnicas u organizativas apropiadas».

El principio de seguridad se desarrolla en los artículos 32 y siguientes del RGPD. Teniendo en cuenta el estado de la técnica, los costes de aplicación y la naturaleza, el alcance, el contexto y los fines del tratamiento, así como los riesgos de probabilidad y gravedad variables para los derechos y libertades de las personas físicas, el responsable y el encargado —el principio de seguridad aplica a los dos— deben aplicar las medidas técnicas y organizativas apropiadas para garantizar un nivel de seguridad adecuado al riesgo.

Las medidas de seguridad que deben aplicar el responsable y/o encargado, son diversas. En artículo 32 del RGPD contiene un listado ejemplificativo o abierto de medidas, pero podrán aplicarse otras. Entre las medidas que recoge dicho artículo se encuentran:

1. La *seudonimización* y el *cifrado* de datos personales.
2. La capacidad de garantizar la *confidencialidad, integridad, disponibilidad y resiliencia* permanentes de los sistemas y servicios de tratamiento;
3. La capacidad de *restaurar* la disponibilidad y el acceso a los datos personales de forma rápida en caso de incidente físico o técnico;
4. Un proceso de *verificación, evaluación y valoración* regulares de la eficacia de las medidas técnicas y organizativas para garantizar la seguridad del tratamiento.

La novedad fundamental en relación al aseguramiento de los datos personales que introduce el RGPD es el enfoque o aproximación basado en el riesgo. Por eso, al evaluar la adecuación del nivel de seguridad que se debe aplicar a cada categoría de datos, los responsables y encargados tendrán en cuenta los riesgos que presente el tratamiento de los datos, en particular el riesgo que concurra como consecuencia de la destrucción, pérdida o alteración accidental o ilícita de datos personales transmitidos, conservados o tratado de otra forma, o la comunicación o acceso no autorizados a dichos datos. Esto es, situaciones como ataques de denegación de servicio, ataques de virus informáticos, *ransomware, malware,* etc.

Como quiera que tanto el responsable como el encargado tienen la carga de la prueba de que han cumplido las medidas de aseguramiento de los datos personales en función del riesgo, el RGPD propone —art. 32.3 RGPD— la adhesión a códigos de conducta o la obtención de una certificación como mecanismos para demostrar el cumplimiento de las medidas de seguridad y su adecuación.

A. Confidencialidad, supervisión y trabajadores

El responsable y el encargado deben tomar medidas para garantizar que cualquier persona que actúe bajo la autoridad del responsable o del encargado y tenga acceso a los datos personales solo pueda tratar dichos datos siguiendo instrucciones del responsable, salvo que esté obligada en virtud del Derecho de la UE o de los Estados miembros[278].

Además, todo aquel personal que trabaje para un encargado debe observar un deber de confidencialidad y el encargado debe asegurar que esto sea así[279]. Esta obligación puede venir recogida en un convenio colectivo o en la política de cumplimiento del encargado —opción más interesante y efectiva—.

B. Registro de las actividades del tratamiento (el «RAT»)

Los responsables tienen obligación de llevar al día un registro de actividades de tratamiento («RAT») efectuadas bajo su responsabilidad. Esta obligación solo es preceptiva en aquellas empresas cuya dimensión sea, al menos, de **250 o más empleados**, salvo que el tratamiento pueda entrañar **un riesgo para los derechos y libertades de los interesados**, **no sea ocasional**, o incluya **categorías especiales** de datos personales, como los sensibles del art. 9 y especiales del art. 10 RGPD.

La construcción del RAT se puede afrontar desde **dos fases** claramente diferenciadas: (i) una basada en la revisión de estado de madurez del responsable en cuanto a privacidad y protección de datos (tratamientos, fines, datos, etc.), y (ii) una segunda fase en la que se comprueba si todo lo que el responsable realiza es conforme al RGPD y qué elementos faltan no habría que implementar.

El registro de actividades debe constar por **escrito** —incluyendo en formato electrónico— y debe **contener, al menos**, la siguiente información:

1. El nombre y los datos de contacto del *responsable* y, en su caso, del corresponsable, del representante del responsable, y del delegado de protección de datos;
2. Los *fines* del tratamiento;
3. Una descripción de las categorías de *interesados* y de las categorías de *datos* personales;
4. Las categorías de *destinatarios* a quienes se comunicaron o comunicarán los datos personales;
5. En su caso, las *transferencias* de datos personales a un tercer país o una organización internacional, incluida la identificación de dicho tercer país u organización internacional;
6. Los *plazos* previstos para la supresión de las diferentes categorías de datos, cuando sea posible; y

---

278 *Vid.*, arts. 32.4 y 29 RGPD.

279 *Ibíd.*, art. 28.3.b).

7. Una descripción general de las *medidas técnicas* y organizativas de seguridad a que se refiere el artículo 32, siempre que sea posible.

Este registro debe estar, en todo momento, a disposición de la autoridad o control que lo solicite.

Dada la complejidad que la tarea de confeccionar un RAT supone, la AEPD ha puesto a disposición de todos los responsables de tratamiento de naturaleza privada una herramienta para ayudar a dicha tarea[280]. En el caso de los responsables de naturaleza pública, muchos de ellos vienen regulados por sus propias disposiciones normativas[281].

En el anexo II al final de la obra se puede encontrar un modelo de RAT siguiendo el Inventario de actividades de tratamiento de la AEPD.

C. Cooperación con la autoridad de control

El responsable y el encargado del tratamiento y, en su caso, sus representantes cooperarán con la autoridad de control que lo solicite en el desempeño de sus funciones[282]. En lo que a los responsables radicados en España se refiere, esto implica que tanto la AEPD como el CEPD pueden solicitar una actuación al responsable y éste debe cooperar con ellas.

No hay que olvidar que, en ciertas actuaciones, los funcionarios de la AEPD tienen la condición de autoridad pública[283] con los efectos —añadidos a los previstos en el RGPD— administrativos y penales que ello conlleva[284].

---

280 La herramienta que se denomina «FACILITA_RGPD», está disponible en https://www.servicios.agpd.es/Facilita

281 *Vid.*, por ejemplo, en relación con el RAT y la UE, el art. 31 del REGLAMENTO (UE) 2018/1725 DEL PARLAMENTO EUROPEO Y DEL CONSEJO
de 23 de octubre de 2018
relativo a la protección de las personas físicas en lo que respecta al tratamiento de datos personales
por las instituciones, órganos y organismos de la Unión, y a la libre circulación de esos datos, y por el
que se derogan el Reglamento (CE) n.o 45/2001 y la Decisión n.o 1247/2002/CE

282 *Vid.*, art. 31 RGPD.

283 «*Los funcionarios que desarrollen actividades de investigación tendrán la consideración de agentes de la autoridad en el ejercicio de sus funciones, y estarán obligados a guardar secreto sobre las informaciones que conozcan con ocasión de dicho ejercicio, incluso después de haber cesado en él*», *Vid.*, art. 1.3 del Real Decreto-ley 5/2018, de 27 de julio, *de medidas urgentes para la adaptación del Derecho español a la normativa de la Unión Europea en materia de protección de datos.*

284 El artículo 550 del CP tipifica el delito de atentado contra la autoridad a los que agredieren o, con intimidación grave o violencia, opusieren resistencia grave a la autoridad, a sus agentes o funcionarios públicos, o los acometieren, cuando se hallen en el ejercicio de las funciones

III. EVALUACIÓN DE IMPACTO DE PROTECCIÓN DE DATOS

Las Evaluaciones de Impacto de Protección de Datos («EIPD») son uno de los pilares del enfoque de riesgo que realiza el RGPD en relación con la protección de la privacidad y protección de datos en el respeto y equilibrio de este derecho fundamental frente a derechos y libertades fundamentales de los individuos.

La EIPD está regulada en el artículo 35 del RGPD. Una EIPD es un **proceso basado en el riesgo** y pensado para (i) describir el *tratamiento* de datos que se haga; (ii) evaluar la *necesidad* de realizar ese tratamiento y su *proporcionalidad*, y (iii) ayudar a *gestionar* los riesgos para los derechos y libertades de las personas físicas derivados del tratamiento de datos personales, evaluándolos y (iv) determinando las medidas para abordar y *mitigar* los riesgos.

La EIPD sirve no solo para conocer cuáles son los riesgos y medidas en relación con los tratamientos de datos personales sino para demostrar ante los interesados y la autoridad de control que se han tomado medidas apropiadas para garantizar que se cumple el RGPD.

Una EIPD puede afectar a una única operación de tratamiento de datos o a varias y puede utilizarse una única EIPD para evaluar múltiples operaciones de tratamiento que sean similares Una EIPD también puede servir para evaluar el impacto relativo a la protección de datos de un producto tecnológico, por ejemplo, un elemento de *hardware* o *software* cuando sea probable que distintos responsables utilicen un mismo producto para diferentes operaciones.

A. *¿Cuándo se debe realizar una EIPD?*

Hay que partir de que, de conformidad con el RGPD, no siempre hay que realizar una EIPD, sino que solo en aquellos casos en los que el «*tipo de tratamiento, en particular si utiliza nuevas tecnologías, por su naturaleza, alcance, contexto o fines, entrañe un alto riesgo para los derechos y libertades de las personas físicas*»[285]. La obligatoriedad de realizar una EIPD afecta tanto a los nuevos tratamientos como a los ya existentes una vez en vigor el RGPD, siempre que entrañen un alto riesgo para los derechos y libertades de las personas físicas y para las que se ha producido un cambio de los riesgos, teniendo en cuenta la naturaleza, el alcance, el

---

de sus cargos o con ocasión de ellas. Y, en todo caso, los cometidos contra los funcionarios docentes o sanitarios que se hallen en el ejercicio de las funciones propias de su cargo, o con ocasión de ellas; castigándoles con la pena de prisión de uno a cuatro años y multa de tres a seis meses si el atentado fuera contra autoridad y de prisión de seis meses a tres años en los demás casos, *Vid.*, art. 550 de la Ley Orgánica 10/1995, de 23 de noviembre, *del Código Penal*, Texto consolidado a 28 de abril de 2015, «BOE» núm. 281, de 24/11/1995.

285 *Vid.*, art. 35.1 RGPD.

contexto y los fines del tratamiento. Sin embargo, no será necesaria la EIPD en las operaciones de tratamiento que hayan sido comprobadas por una autoridad de control o DPO, que sean conformes con la Directiva 95/46 y que no hayan cambiado desde tal comprobación. Si las condiciones han cambiado, hay que realizar una EIPD.

En todo caso hay tres situaciones en los que **se debe realizar una EIPD**[286]:

1. Cuando se realice una *evaluación sistemática* y exhaustiva de aspectos personales de personas físicas que se base en un tratamiento automatizado, como la *elaboración de perfiles*, y sobre cuya base se tomen decisiones que produzcan efectos jurídicos para las personas físicas o que les afecten significativamente de modo similar;
2. Cuando se realice un *tratamiento a gran escala* de datos *sensibles* (art. 9) y datos especiales (art. 10); o
3. Cuando se realice una *observación sistemática a gran escala* de una zona de acceso público.

La AEPD finalmente ha publicado, en virtud del art. 35(4) del RGPD[287] la lista —orientativa— de los tratamientos de datos que **requieren de una EIPD**, en la línea de lo que ya había adelantado el GT29, con el objeto de facilitar a los responsables de los tratamientos la identificación de aquellos tratamientos que requieren de dicha evaluación. Tales tratamientos son los siguientes[288]:

(i) Tratamientos que impliquen **perfilado o valoración de sujetos**, incluida la recogida de datos del sujeto en múltiples ámbitos de su vida (desempeño en el trabajo, personalidad y comportamiento), que cubran varios aspectos de su personalidad o sobre sus hábitos.

(ii) Tratamientos que impliquen la toma de **decisiones automatizadas** o que contribuyan en gran medida a la toma de tales decisiones, incluyendo cualquier tipo de decisión que impida a un interesado el ejercicio de un derecho o el acceso a un bien o un servicio o formar parte de un contrato.

(iii) Tratamientos que impliquen la **observación, monitorización, supervisión, geolocalización o control del interesado de forma sistemática y**

---

286 *Ibíd.*, 35.3.

287 Art. 35(4) RGPD: «La autoridad de control establecerá y publicará una lista de los tipos de operaciones de tratamiento que requieran una evaluación de impacto relativa a la protección de datos de conformidad con el apartado 1. La autoridad de control comunicará esas listas al Comité a que se refiere el artículo 68». Estas listas que publique la autoridad de control deben venir avaladas por la aplicación del mecanismo de coherencia (Art. 35.6 RGPD) y deben ser comunicadas al CEPD.

288 *Vid.*, AEPD, «Listas de tipos de tratamientos de datos que requieren evaluación de impacto relativa a protección de datos (art. 35.4)»

exhaustiva, incluida la recogida de datos y metadatos a través de redes, aplicaciones o en zonas de acceso público, así como el procesamiento de identificadores únicos que permitan la identificación de usuarios de servicios de la sociedad de la información como pueden ser los servicios web, TV interactiva, aplicaciones móviles, etc.

(iv) Tratamientos que impliquen el uso de **categorías especiales de datos a las que se refiere el artículo 9.1 del RGPD,** datos relativos a condenas o infracciones penales a los que se refiere el **artículo 10 del RGPD** o datos que permitan determinar la situación **financiera o de solvencia** patrimonial o deducir información sobre las personas relacionada con categorías especiales de datos.

(v) Tratamientos que impliquen el uso de datos **biométricos** con el propósito de identificar de manera única a una persona física.

(vi) Tratamientos que impliquen el uso de datos **genéticos** para cualquier fin.

(vii) Tratamientos que impliquen el uso de datos a **gran escala.** Para determinar si un tratamiento se puede considerar a gran escala se considerarán los criterios establecidos en la guía WP243 "Directrices sobre los delegados de protección de datos (DPD)" del Grupo de Trabajo del Artículo 29.

(viii) Tratamientos que impliquen la **asociación, combinación o enlace de registros de bases de datos** de dos o más tratamientos con finalidades diferentes o por responsables distintos.

(ix) Tratamientos de datos de **sujetos vulnerables o en riesgo de exclusión social,** incluyendo datos de menores de 14 años, mayores con algún grado de discapacidad, discapacitados, personas que acceden a servicios sociales y víctimas de violencia de género, así como sus descendientes y personas que estén bajo su guardia y custodia.

(x) Tratamientos que impliquen la utilización de **nuevas tecnologías o un uso innovador de tecnologías consolidadas**, incluyendo la utilización de tecnologías a una nueva escala, con un nuevo objetivo o combinadas con otras, de forma que suponga nuevas formas de recogida y utilización de datos con riesgo para los derechos y libertades de las personas.

(xi) Tratamientos de datos que **impidan a los interesados ejercer sus derechos, utilizar un servicio o ejecutar un contrato**, como por ejemplo tratamientos en los que los datos han sido recopilados por un responsable distinto al que los va a tratar y aplica alguna de las excepciones sobre la información que debe proporcionarse a los interesados según el artículo 14.5 (b,c,d) del RGPD.

Asimismo, se ha publicado por dicha autoridad la relación de tratamientos que **no requieren de una EIPD** —también orientativa—[289] y sobre la base de lo ya establecido por el GT29, de conformidad con lo dispuesto en el art. 35(5) RGPD, a saber:

(i) Tratamientos que se realizan estrictamente **bajo las directrices establecidas o autorizadas con anterioridad mediante circulares o decisiones** emitidas por las Autoridades de Control, en particular la AEPD, siempre y cuando el tratamiento no se haya modificado desde que fue autorizado.

(ii) Tratamientos que se realizan estrictamente **bajo las directrices de códigos de conducta aprobados por la Comisión Europea o las Autoridades de Control**, en particular la AEPD, siempre y cuando una EIPD completa haya sido realizada para la validación del código de conducta y el tratamiento se implementa incluyendo las medidas y salvaguardas definidas en la EIPD.

(iii) Tratamientos que sean **necesarios para el cumplimiento de una obligación legal, cumplimiento de una misión realizada en interés público o en el ejercicio de poderes públicos** conferidos al responsable, siempre que en el mismo mandato legal no se obligue a realizar una EIPD, y siempre y cuando ya se haya realizado una EIPD completa.

(iv) Tratamientos realizados en el **ejercicio de su labor profesional por trabajadores autónomos que ejerzan de forma individual**, en particular médicos, profesionales de la salud o abogados, sin perjuicio de que pueda requerirse cuando el tratamiento que lleven a cabo cumpla, de forma significativa, con dos o más criterios establecidos en la lista de tipos de tratamientos de datos que requieren evaluación de impacto relativa a protección de datos publicada por la AEPD.

(v) Tratamientos obligatorios por ley y realizados con relación a la **gestión interna del personal de las PYMES con finalidad de contabilidad, gestión de recursos humanos y nóminas, seguridad social y salud laboral,** pero nunca relativos a los datos de los clientes.

(vi) Tratamientos realizados por **comunidades y subcomunidades de propietarios** tal como se definen en el artículo 2 (a, b y d) de la Ley 49/1960 de Propiedad Horizontal.

(vii) Tratamientos realizados por **colegios profesionales y asociaciones sin ánimo de lucro** para la gestión de los datos personales de sus propios asociados y donantes, y en el ejercicio de su labor, siempre que no incluyan en

---

[289] *Vid.*, AEPD, «Lista orientativa de tipos de tratamientos que no requieren una evaluación de impacto relativa a la protección de datos según el artículo 35.5 RGPD».

el tratamiento de datos sensibles tales como los que se establecen en el artículo 9.1 del RGPD y no sea de aplicación el artículo 9.2(d) de dicho Reglamento.

Al ser ambas listas «orientativas», ello quiere decir que realmente a lo que hay que estar es a lo dispuesto en el art. 35(3) RGPD, tanto para identificar qué tratamientos requieren de dicha evaluación como cuáles no. Así, a *sensu contrario*, podemos establecer que **no se requiere una EIPD** cuando no sea probable que el tratamiento entrañe un alto riesgo, esto es, *(i)* que no sea probable que el tratamiento entrañe un alto riesgo para los derechos y libertades de las personas físicas; *(ii)* cuando la naturaleza, el alcance, el contexto y los fines del tratamiento sean muy similares al tratamiento para el que se ha realizado la EIPD; *(iii)* cuando una operación de tratamiento tenga una base jurídica en el Derecho de la UE o español; *(iv)* cuando ya se haya realizado una EIPD en el pasado y el objetivo sea actualizar la EIPD; y *(v)* cuando el tratamiento se incluya en la lista emitida por la AEPD de operaciones de tratamiento, si finalmente se desarrolla este precepto. En desarrollo de este último punto, la Agencia ha elaborado —en virtud de los criterios del GT29—[290] y publicado un listado de aquellos tratamientos que requieren, obligatoriamente, la realización de una EIPD, a saber:

Muy importante es que, en aquellos casos en los que el responsable decida no implementar una EIPD, particularmente en los casos en los que sea de obligado cumplimiento según el RGPD, éste **justifique documentalmente las razones por las que entiende que no debe realizar** —u opta por no realizar— **la EIPD.**

En cualquier caso, el responsable puede, obligado o no, llevar a cabo una EIPD libremente siempre que quiera acometerla.

¿Cuándo tengo que realizar una EIPD obligatoriamente?

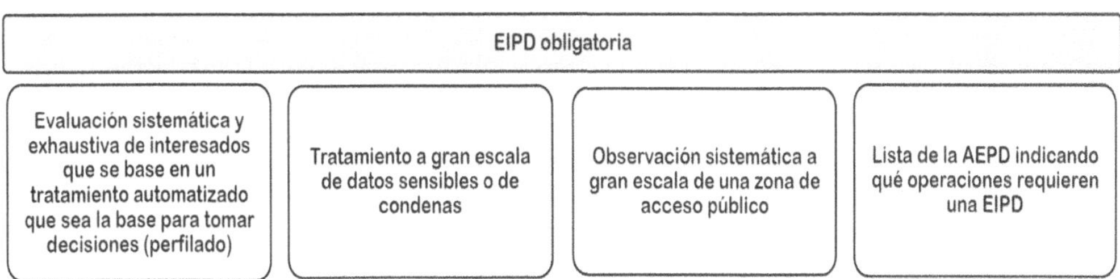

Para finalizar, destacar que lo dispuesto por la AEPD en este sentido está en la línea con lo que ha ocurrido en el **Derecho comparado,** donde otras autoridades

290 *Vid.*, GT29, «*Directrices sobre decisiones individuales automatizadas y elaboración de perfiles a los efectos del Reglamento 2016/679*», adoptadas el 3 de octubre de 2017 y revisadas por última vez y adoptadas el 6 de febrero de 2018 (17/ES; WP251rev.01)

—*v. gr.* la portuguesa— también han procedido en la línea de emitir sendas listas de tratamientos que requieren y no requieren una EIPD[291].

B. *¿Cómo realizar una EIPD?*

Para poder realizar una EIPD basada en el riesgo hay que conocer, primero, de qué hablamos cuando nos referimos a un «*riesgo*». Un **riesgo** es un escenario que describe un acontecimiento y sus consecuencias, estimado en términos de gravedad y probabilidad. La «***gestión de riesgos***» puede definirse como las actividades coordinadas para dirigir y controlar una organización respecto al riesgo. La EIPD debe ser continua y cuando exista un DPO, el responsable debe contar con el asesoramiento de éste a la hora de realizar la EIPD.

La EIPD debe realizarse **antes del tratamiento**. Debe servir para tomar decisiones relativas al tratamiento. La EIPD debe llevarse a cabo antes del diseño de un

---

291 La *Comissão Nacional de Protecção de Dados* portuguesa en su listado contempla la obligación de realizar una EIPD cuando se realicen los siguientes tratamientos: *(i)* Tratamiento de la información derivada de la utilización de dispositivos electrónicos que transmitan, por redes de comunicación, datos personales relativos a la salud; *(ii)* Interconexión de datos personales o tratamiento que relacione datos personales previstos en el apartado 1 del artículo 9 o en el artículo 10 del RGPD o datos de carácter altamente personal; *(iii)* Tratamiento de datos personales previstos en el apartado 1 del artículo 9 o en el artículo 10 del RGPD o datos de carácter altamente personal sobre la base de una recogida indirecta de los mismos cuando no sea posible o factible garantizar el derecho de información con arreglo al artículo b) del apartado 5 del artículo 14 del RGPD; *(iv)* Tratamiento de datos personales que implique o consista en la creación de perfiles a gran escala; *(v)* Tratamiento de datos personales que permita rastrear la ubicación o los comportamientos de los respectivos titulares (por ejemplo, trabajadores, clientes o sólo transeúntes), que tengan como efecto la evaluación o clasificación de éstos, excepto cuando el tratamiento sea indispensable para la prestación de servicios requeridos específicamente por los mismos; *(vi)* Tratamiento de los datos previstos en el apartado 1 del artículo 9 o en el artículo 10 del RGPD o de los datos de carácter altamente personal para fines de archivo de interés público, investigación científica e histórica o fines estadísticos, con excepción de los tratamientos previstos y regulados por ley que presente garantías adecuadas de los derechos de los titulares; *(vii)* Tratamiento de datos biométricos para la identificación inequívoca de sus titulares cuando sean personas vulnerables, con excepción de los tratamientos previstos y regulados por ley que hayan sido precedidos de una evaluación de impacto sobre la protección de datos; *(viii)* Tratamiento de datos genéticos de personas vulnerables, con excepción de los tratamientos previstos y regulados por ley que hayan sido precedidos de una evaluación de impacto sobre la protección de datos; y *(ix)* Tratamiento de datos personales previstos en el apartado 1 del artículo 9 o en el artículo 10 del RGPD o datos de carácter altamente personal con utilización de nuevas tecnologías o nuevas aplicaciones de tecnologías ya existentes, *Vid.*, Regulamento n.o 1/2018, *relativo à lista de tratamentos de dados pessoais sujeitos a Avaliação de Impacto sobre a Proteção de Dados,* Comissão Nacional de Protecção de Dados, Lisboa, 16 de outubro de 2018, disponible en https://www.cnpd.pt/bin/decisoes/regulamentos/regulamento_1_2018.pdf

nuevo producto o servicio que implique un tratamiento de datos y por defecto. Por ello, tan pronto como sea viable en el diseño de la operación de tratamiento, se deberá realizar una EIPD, incluso aunque algunas de las operaciones de tratamiento no se conozcan aún. En todo caso señalar que el **responsable del tratamiento** es la persona obligada a realizar la EIPD, junto con el DPD y los encargados del tratamiento. El encargado del tratamiento recabará información del DPD del responsable para realizar la EIPD. Además, los encargados deben ayudar a los responsables a realizar las EIPD. Para ello se recabará también la opinión de los interesados o sus representantes cuando proceda.

La **metodología** para realizar una EIPD es cualquiera que permita cumplir con los requisitos mínimos del RGPD, por ejemplo, COSO. Ahora bien, la metodología que se aplique deberá cumplir con los criterios del Anexo I de las Directrices del GT29 para realizar una EIDP[292]. Una ilustración simplificada de los pasos que debería tener una EIPD (aunque estas fases deberán reevaluarse y adaptarse a los cambios), sería la siguiente:

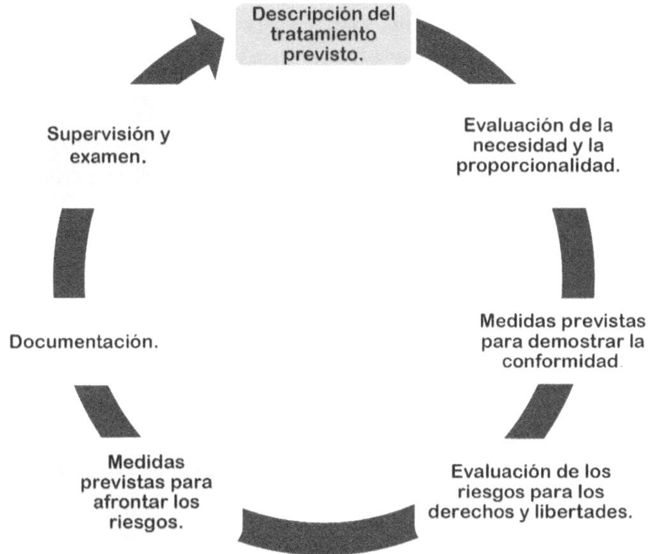

Fuente: GT29[293]

[292] *Vid.*, Grupo «Protección de datos» del artículo 29, «Directrices sobre la evaluación de impacto relativa a la protección de datos (EIPD) y para determinar si el tratamiento "*entraña probablemente un alto riesgo*" a efectos del Reglamento (UE) 2016/679», Adoptadas el 4 de abril de 2017 y revisadas y adoptadas por última vez el 4 de octubre de 2017, (17 ES; WP 248 rev.01), págs., 23 y 24.

[293] Fuente: Grupo «Protección de datos» del artículo 29, «*Directrices sobre la evaluación de impacto relativa a la protección de datos (EIPD) y para determinar si el tratamiento "entraña probablemente un alto riesgo" a efectos del Reglamento (UE) 2016/679*», Adoptadas el 4 de abril de 2017 y revisadas y adoptadas por última vez el 4 de octubre de 2017, (17 ES; WP 248 rev.01).

No existe **obligación de publicar** un resumen de la EIPD, pero ello podría fomentar la confianza de los interesados. Lo que si se ha de hacer es comunicar la EIPD a la autoridad (AEPD o CEPD) en caso de que se produzca una consulta previa o si así lo solicita la autoridad. Los responsables también deben considerar la publicación de ciertas partes de la EIPD, como un resumen o una conclusión de su EIPD. Respecto al **contenido mínimo** de la EIPD:

1. Una *descripción sistemática de las operaciones* de tratamiento previstas y de los fines del tratamiento, inclusive, cuando proceda, el interés legítimo perseguido por el responsable del tratamiento;
2. Una evaluación de la *necesidad* y la *proporcionalidad* de las operaciones de tratamiento con respecto a su finalidad;
1. Una *evaluación de los riesgos* para los derechos y libertades de los interesados; y
2. Las *medidas previstas para afrontar los riesgos*, incluidas garantías, medidas de seguridad y mecanismos que garanticen la protección de datos personales, y a demostrar la conformidad con el presente Reglamento, teniendo en cuenta los derechos e intereses legítimos de los interesados y de otras personas afectadas[294].

En este caso, también, el responsable y el encargado pueden adherirse a códigos de conducta aprobados a los efectos de evaluar las repercusiones de las operaciones de tratamiento realizadas por dichos responsables o encargados, en particular a efectos de la EIPD. El responsable recabará la opinión de los interesados o de sus representantes en relación con el tratamiento previsto cuando proceda.

C. Consulta previa preceptiva

A la **autoridad de control se la debe consultar** cuando los riesgos residuales[295] sean elevados. Esto quiere decir que si, una vez realizada la EIPD y aplicadas determinadas las medidas y controles de seguridad sobre dichos riesgos —riesgos inherentes—, los riesgos remanentes o residuales una vez aplicados los controles y medidas, siguen entrañando un alto riesgo para los derechos y libertades de

---

294 [VÉASE POR EL LECTOR EL ANEXO I, EN DONDE SE RECOGE UN EJEMPLO DE SISTEMATIZACIÓN DE LOS CRITERIOS PARA LLEVAR A CABO UNA EIPD ACEPTABLE]

295 En *compliance*, los «*riesgos inherentes*» son aquellos que emanan directamente de la actividad. Son los riesgos asociados a la actividad por el mero hecho de la misma, sin aplicar controles o medidas sobre los mismos para mitigarlos. Si a los riesgos inherentes se les aplican controles y/o medidas para abordarlos, el resultado son los «*riesgos residuales*» (que serán mayores o menores dependiendo del «*apetito*» al riesgo de la organización).

los interesados, hay que consultar a la AEPD[296]. Cuando el responsable del tratamiento no pueda hallar suficientes medidas para reducir los riesgos hasta un nivel aceptable (es decir, los **riesgos residuales siguen siendo elevados**), se debe consultar a la autoridad de control.

Algunas de las medidas de seguridad y controles a efectos de mitigar los riesgos, son, por ejemplo, el cifrado completo y efectivo del disco duro de los equipos, una sólida gestión de claves, certificados y contraseñas, o realización de copias de seguridad garantizadas. En cambio, la seudonimización y el cifrado de datos personales, así como la minimización de datos o los mecanismos de supervisión no son necesariamente medidas apropiadas. En todo caso, los anteriores son solo ejemplos; las medidas adecuadas dependen del contexto y los riesgos, específicos, de las operaciones de tratamiento.

El **escrito** por el que se presente la consulta a la AEPD debe contener como mínimo la siguiente información:

1. En su caso, las *responsabilidades* respectivas del responsable, los corresponsables y los encargados implicados en el tratamiento;
2. Los *fines* y *medios del tratamiento* previsto;
3. Las *medidas* y *garantías* establecidas para proteger los derechos y libertades de los interesados;
4. En su caso, los datos de contacto del *DPO*;
5. La *EIPD*; y
6. *Cualquier otra* información que solicite la AEPD.

IV. LAS BRECHAS O VIOLACIONES DE SEGURIDAD

Las brechas de seguridad o violaciones de seguridad son una violación de la normativa de protección de datos y un ataque al denominado derecho a la seguridad del individuo respecto de las comunicaciones que se transmitan y reciban a través de Internet en relación a sus datos (art. 82 LOPDGDD).

Dado que, en la actualidad, en la gran mayoría de los casos las brechas de seguridad ocurren con motivo de ciberataques, éstas se estudiarán más adelante en el capítulo 18.

[296] La consulta previa está recogida en el art. 36 RGPD.

Capítulo 9

EL ENCARGADO DEL TRATAMIENTO Y EL DELEGADO DE PROTECCIÓN DE DATOS

I. EL ENCARGADO DEL TRATAMIENTO

A. *Concepto y funciones*

«**Encargado del tratamiento**», o «**encargado**», es «la persona física o jurídica, autoridad pública, servicio u otro organismo que trate datos personales **por cuenta del responsable del tratamiento**». El encargado está regulado en los arts. 4(8) y 28 del RGPD. Encargado, tal y como está definido, puede ser tanto una persona física como jurídica; una autoridad pública, un servicio u otro organismo; una organización o un individuo.

Cabe que un responsable del tratamiento cuente con múltiples encargados para distintas fases independientes del tratamiento. Las actividades de tratamiento que le son atribuidas al encargado pueden limitarse a una tarea o contexto muy específico o pueden ser más generales y amplias, incluso se pueden subencargar.

En todo caso, en encargado del tratamiento ha de aglutinar dos condiciones fundamentales: **(i)** ser independiente (respecto del responsable) y **(ii)** tratar los datos por cuenta del responsable.

En el primer lugar, la **independencia** implica que una forma de delegación del responsable del tratamiento respecto de todas las actividades de tratamiento o parte de ellas a un tercero (encargado)[297]. En segundo lugar, el tratamiento **por cuenta** del responsable requiere que los datos se traten en beneficio del responsable y conforme a los fines que indique el responsable (no los propios del encargado), en todas sus fases (recogida, la conservación y la consulta hasta la utilización, la difusión o cualquier otra forma de habilitación de acceso y destrucción), así como por cuenta del responsable lo que implica que dicha labor se realiza de manera delegada siguiendo las instrucciones del responsable (no bajo la autoridad del responsable), siempre respectando cierto margen de dis-

---

[297] En un grupo de empresas, una de las sociedades puede actuar como encargada del tratamiento por cuenta de otra sociedad que actúe como responsable, puesto que ambas sociedades son entes distintos. En cambio, un departamento de una empresa no puede ser encargado del tratamiento por cuenta de otro departamento de la misma empresa porque si el responsable del tratamiento decide tratar los datos por su cuenta y con sus propios recursos, por ejemplo, con su propio personal, no estaríamos ante un encargado del tratamiento

crecionalidad del encargado de manera que pueda elegir los medios técnicos y organizativos más adecuados.

La **diferencia fundamental**, por tanto, entre con el responsable y el encargado reside en que este último no decide los fines y tratamientos, sino que simplemente, se limita a tratar los datos conforme a las indicaciones del responsable[298]. Por esta razón es fundamental —de hecho, es de obligado cumplimiento— que **exista un contrato** entre el responsable y el encargado[299]. Es más, si un encargado infringe las instrucciones, en particular los fines y tratamientos indicados por el responsable, se convierte automáticamente en responsable del tratamiento de datos realizado al margen del acuerdo con el responsable además de las sanciones que pueda recibir por ello.

Como en el caso del responsable, la **naturaleza jurídica del encargado** hay que analizarla desde el plano fáctico y no formal de tal manera a función de encargado del tratamiento se deriva de las concretas actividades y contexto específico en el que se prestan por un ente. Consecuencia de ello es que una misma persona puede actuar a la vez como responsable del tratamiento en determinadas operaciones de tratamiento y como encargado del tratamiento en otras (en cuyo caso la condición de responsable o encargado debe evaluarse respecto de los conjuntos de datos específicos o las operaciones concretas).

El responsable debe elegir un encargado que ofrezca un elevado grado de control, así como **garantías suficientes —de manera continua—** respecto de conocimientos especializados, fiabilidad, recursos, la aplicación de medidas técnicas y organizativas conforme al RGPD, incluida la seguridad del tratamiento (art. 28[1] RGPD y considerando 81 del mismo cuerpo). Las garantías ofrecidas por el encargado serán aquellas que este pueda demostrar a satisfacción del responsable del tratamiento, puesto que estas son las únicas que el responsable del tratamiento puede tener en cuenta al evaluar el cumplimiento de sus obligaciones. Para ello deberá acudirse, por ejemplo, a las políticas del encargado, los términos del servicio, el registro de las actividades de tratamiento, la política de gestión de los registros, la política en materia de seguridad de la información, los informes de las auditorías externas sobre la protección de datos y las certificaciones inter-

---

298 Ahora bien, el CEPD se ha posicionado en favor de la presunción de encargado del tratamiento del prestador de un servicio en aquellos casos en los que el cliente del servicio determine en la práctica los fines y los medios del tratamiento, incluso cuando el tratamiento de datos personales no sea el objetivo primario o principal del servicio, siempre y cuando el control sobre fines, medios y tratamientos siga en poder del cliente). Cfr. CONSEJO EUROPEO DE PROTECCION DE DATOS, «Directrices 07/2020...*op. cit.*, pág., 31. Se trataría de aquellas plataformas online y prestadores de servicios de intermediación de Internet que actúan por cuenta del cliente o usuario.

299 considerando 81 del RGPD.

nacionales reconocidas, como la serie ISO 27000. La evaluación de la suficiencia de las garantías que realice el responsable del tratamiento dependerá en gran medida del tipo de tratamiento encomendado al encargado estudiándose caso por caso. La adhesión a un código de conducta aprobado o a un mecanismo de certificación aprobado puede servir para demostrar la existencia de las garantías suficientes (art. 28[5] RGPD y considerando 81 del mismo cuerpo).

La transmisión y acceso a los datos del responsable por parte del encargado **no se considerará comunicación** —en el sentido de la normativa de protección de datos— siempre que se haga conforme a lo estipulado en el RGPD y las normas nacionales[300].

En el ámbito del **sector público**, las competencias propias del encargado del tratamiento pueden ser desempeñadas por un órgano de la Administración estatal, autonómica o local; o por un organismo vinculado o dependiente de ellas[301].

Finalmente, RGPD ha impuesto al encargado una serie de **obligaciones directas** tales como (i) el encargado del tratamiento debe garantizar que las personas autorizadas para tratar datos personales se hayan comprometido a respetar la confidencialidad (artículo 28[3] RGPD); (ii) el deber de llevar un registro de todas las categorías de actividades de tratamiento (artículo 30[2] RGPD; (iii) la obligación de aplicar medidas técnicas y organizativas apropiadas (artículo 32 RGPD); (iv) la obligación de designar un delegado de protección de datos cuando se den determinadas condiciones (artículo 37 RGPD); y (v) el deber de notificar sin dilación indebida al responsable del tratamiento las violaciones de la seguridad de los datos personales de las que tenga conocimiento (artículo 33[2] RGPD). Además, las reglas sobre las transferencias de datos a terceros países no solo se aplican a los responsables del tratamiento, sino también a los encargados. En este sentido, el CEPD considera que el artículo 28(3) del RGPD, pese a prescribir la inclusión de un contenido concreto en el contrato necesario entre el responsable y el encargado del tratamiento, impone obligaciones directas a los encargados, incluido el deber de ayudar al responsable del tratamiento a garantizar el cumplimiento de las obligaciones[302].

B. Subencargo del tratamiento

La **regla general** es que no cabe el subencargo del tratamiento, de tal forma que un encargado no puede encomendar el tratamiento que le ha encargado

---

300 *Cfr.*, art. 33.1) LOPDGDD.

301 *Ibíd.*, art. 33.5)

302 CONSEJO EUROPEO DE PROTECCION DE DATOS, «Directrices 07/2020…op. cit., págs., 34 y 35.

a éste a su vez el responsable sin la previa autorización, por escrito y especial o general del responsable permitiendo tal subencargo[303].

En caso de que el responsable **autorice el subencargo**, además de mediar un contrato entre ambos encargados (principal y subencargado), el encargado principal se obliga frente al responsable a informarle de cualquier cambio previsto en la incorporación o substitución de otros encargados, dándole de esta manera al responsable la oportunidad de oponerse a tales cambios.

La autorización para admitir subencargados del tratamiento puede ser **general o específica**. En el primer caso, se recogerá en el contrato incluyendo un anexo con la lista de criterios y/o subencargados admitidos, así como los criterios que deberá seguir el encargado para su elección. El encargado debe informar al responsable, de manera oportuna, de cualquier incorporación o sustitución prevista de los subencargados, de manera que se dé al responsable la oportunidad de oponerse. La ausencia de oposición del responsable del tratamiento en el plazo establecido puede interpretarse como una autorización (es decir, como un silencio positivo).

En el segundo caso —autorización específica—, el responsable debe precisar por escrito a qué subencargado y a qué actividad de tratamiento se refiere y cualquier cambio ulterior debe ser autorizado por escrito por el responsable (teniendo el silencio de éste a la petición del encargado sentido negativo).

En cualquier caso, estos mecanismos deben recogerse en el contrato den encargo del tratamiento, con detalle sobre el plazo —razonable en función del tratamiento concreto— para la aprobación u oposición por parte del responsable del tratamiento y sobre el modo en que las partes prevén comunicarse sobre esta cuestión, así como las consecuencias de la oposición del responsable al subencargo instado.

Admitido el subencargo, el encargado trasladará (virtud de otro acto jurídico establecido con arreglo al Derecho de la Unión o de los Estados miembros) al subencargado las **mismas obligaciones** de protección de datos que a su vez le trasladó el responsable a él, y, en particular, recogerá las garantías —suficientes— de aplicación de las medidas técnicas y organizativas apropiadas de tal forma que el tratamiento sea conforme al RGPD[304].

En caso de que el **subencargado incumpla** sus obligaciones, el encargado principal seguirá siendo responsable frente al responsable por los incumplimientos del subencargado que causen responsabilidad al responsable.

---

303 *Vid.*, art. 28.2 RGPD.

304 *Ibíd.*, art. 28.4.

C. Relaciones entre el Encargado y Responsable

Las relaciones entre encargado y responsable, básicamente el tratamiento por cuenta de este último, debe estar obligatoriamente recogido en un **contrato**[305] o cualquier otro **acto jurídico vinculante, por escrito**[306], con arreglo a Derecho de la UE o de los Estados miembros[307], que puede estar integrado en un contrato más amplio, como un acuerdo de nivel de servicio y basado o no en clausulas tipo[308]. Además, dicho acuerdo o contrato debe vincular al encargado frente al responsable; esto es, debe imponer al encargado obligaciones vinculantes en virtud del Derecho de la Unión o de los Estados miembros. También debe establecer las obligaciones del encargado. La ausencia del contrato constituirá una vulneración del RGPD (art. 28[3]).

El **contrato de tratamiento,** lejos de un ejercicio meramente formal, no debe limitarse a reproducir las disposiciones del RGPD, sino que debe incluir una información más específica y concreta sobre el modo en que se satisfarán los requisitos y el grado de seguridad que se precisará para el tratamiento de los datos personales objeto del contrato de tratamiento. Además, el contrato debe tener en cuenta las funciones y responsabilidades específicas del encargado en el contexto del tratamiento que ha de llevarse a cabo y del riesgo para los derechos y libertades del interesado. Esto quiere decir que no hay necesidad de imponer

---

305 El régimen transitorio para los contratos de encargo del tratamiento suscritos con anterioridad al 25 de mayo de 2018 está recogido en la Disposición Transitoria Segunda de Real Decreto-ley 5/2018, de 27 de julio, *de medidas urgentes para la adaptación del Derecho español a la normativa de la Unión Europea en materia de protección de datos* del siguiente tenor: «*Los contratos de encargado del tratamiento suscritos con anterioridad al 25 de mayo de 2018 al amparo de lo dispuesto en el artículo 12 de la Ley Orgánica 15/1999, de 13 de diciembre, de Protección de Datos de Carácter Personal mantendrán su vigencia hasta la fecha de vencimiento señalada en los mismos y en caso de haberse pactado de forma indefinida, hasta el 25 de mayo de 2022. Durante dichos plazos cualquiera de las partes podrá exigir a la otra la modificación del contrato a fin de que el mismo resulte conforme a lo dispuesto en el artículo 28 del Reglamento (ue) 2016/679*».

306 Cabe el formato electrónico como constancia por escrito. *Vid.*, art. 28.9 RGPD.

307 *Ibíd.*, art. 28.3.

308 *Vid.*, art. 28(6) RGPD. Además, es posible que la Comisión europea o una autoridad de control (de acuerdo con el mecanismo de coherencia) fijen un conjunto de cláusulas contractuales tipo (CCT). *Vid.*, art. 28(7) RGPD y Consejo Europeo de Protección de Datos, «Dictamen conjunto 1/2021 del CEPD-SEPD sobre la Decisión de Ejecución de la Comisión Europea relativa a las cláusulas contractuales tipo entre responsables y encargados del tratamiento [para las cuestiones a que se refieren el artículo 28, apartado 7, del Reglamento (UE) 2016/679 y el artículo 29, apartado 7, del Reglamento (UE) 2018/1725]», pág. 4. Si las partes desean hacer uso de cláusulas contractuales tipo, las cláusulas sobre protección de datos del acuerdo deben ser idénticas a las de las CCT sin perjuicio de que las partes añadan cláusulas adicionales (tales como la ley aplicable o fuero) y siempre que no contravengan, directa o indirectamente, las CCT y no menoscaben la protección otorgada por el RGPD y el Derecho sobre protección de datos de la Unión o de los Estados miembros.

unas medidas de protección y unos procedimientos particularmente rigurosos a un encargado al que se haya encomendado una actividad de tratamiento que únicamente entrañe pequeños riesgos, sino que ello debe ajustarse a la situación concreta.

Como **requisitos mínimos,** el contrato[309] debe recoger:

1. El *objeto:* si bien es una cuestión genérica o amplia, debe formularse de un modo suficientemente detallado como para que quede claro cuál es el principal objetivo del tratamiento;
2. La *duración:* que no tiene por qué coincidir con la duración del contrato, requiere que deban especificarse el período de tiempo exacto o los criterios empleados para determinarlo;
3. La *naturaleza y finalidad* del *tratamiento:* el tipo de operaciones y sy finalidad (lo más detallada posible);
4. El *tipo de datos personales:* debe afrontarse también con alto grado de detalle, más aún cuando se trata de datos sensibles del art. 9 RGPD;
5. Las *categorías de* i*nteresados:* detalladamente
6. Las *obligaciones y derechos* del *responsable*;
7. Las *obligaciones y derechos* del *encargado,* en particular y como mínimo, las siguientes:
   a. La obligación del encargado de tratar los datos personales exclusivamente conforme a las *instrucciones* que por escrito le traslade el responsable (salvo que una obligación legal o razón de interés público se lo prohíba, en cuyo caso deberá informar al responsable). Sin embargo, el encargado podría tratar datos de un modo distinto al indicado en las instrucciones cuando venga obligado a tratar o transferir datos personales en virtud del Derecho de la UE o de los Estados miembros que se aplique al encargado.
   b. Una *garantía* apropiada por parte del encargado de que las personas bajo su autorización (empleados, contratados, etc.) se han comprometido a respetar la confidencialidad de los datos —o que están sometidos a ella en virtud de otra norma, como un convenio colectivo de empresa, sectorial o estatal—;

---

[309] El responsable y encargado puede libremente celebrar el contrato que estimen oportuno. Ahora bien, el RGPD permite (art. 28.6; 28.7 y 28.8 del RGPD) al encargado y responsable acogerse o emplear, total o parcialmente, cláusulas contractuales tipo que hayan sido previamente aprobadas por la autoridad de control correspondiente.

c. La obligación de adoptar las *medidas de seguridad* recogidas en el artículo 32 del RGPD (para lo cual es necesario un alto grado de detalle, según cada caso), así como de recabar la aprobación del responsable antes de realizar cualquier cambio de estas y llevar a cabo una actualización constante para lo cual se requerirá una revisión periódica de dichas medidas a fin de garantizar su adecuación a los riesgos (cambiantes en el tiempo).

d. La obligación de *asistir* al responsable en el tratamiento, aplicando medidas técnicas y organizativas apropiadas, siempre que sea posible, para que el responsable pueda cumplir con sus obligaciones y solicitudes de parte de los interesados (por ejemplo, para ejercitar los derechos de los interesados). En general deberá ayudar al responsable en el cumplimiento de todas y cada una de las medidas técnicas y organizativas tendentes al aseguramiento de los datos y mitigación de las infracciones y brechas de seguridad. Los detalles sobre la asistencia que debe prestar el encargado deben incluirse en el contrato;

e. El compromiso de *no subencargar* el tratamiento y, en caso de que lo haga, éste se produce cumpliendo los requisitos del RGPD –en particular la previa autorización por parte del responsable–, así como el pertinente acuerdo o contrato con el subencargado (en su caso)[310];

f. El compromiso de *suprimir* y devolver todos los datos personales cuando lo solicite el responsable o cuando finalice la relación con éste, incluyendo la supresión de copias existentes, salvo obligación legal de conservarlo;

g. Suministrar al responsable toda la *información* necesaria para que éste pueda demostrar que cumple con las obligaciones del RGPD, incluyendo la realización de auditorías o inspecciones que quiera realizar el responsable (o tercero autorizado por éste). Para ello es menester que el acuerdo detalle el modo en que el encargado deberá ayudar al responsable a cumplir las obligaciones indicadas, según la naturaleza del servicio y tipo de datos tratados. Especialmente relevante es la obligación de ayudar al responsable a notificar las brechas de seguridad toda vez que de tal acción por parte del encargado depende por completo el cumplimiento por parte del responsable;

---

310 Cuando el responsable del tratamiento decida aceptar determinados subencargados en el momento de la firma del contrato, deberá incluirse en el contrato o en un anexo al mismo una lista de los subencargados autorizados. La lista deberá mantenerse actualizada, de conformidad con la autorización general o específica del responsable del tratamiento. CONSEJO EUROPEO DE PROTECCIÓN DE DATOS, «Directrices 07/2020…op. cit., pág. 47

h. La *obligación por parte del encargado* de, una vez finalizado el tratamiento, bien *suprimir t*odos los datos bien *retornarlos* al responsable (a elección de este último), a menos que se requiera su conservación en virtud del Derecho de la Unión o de los Estados miembros.

i. La obligación del encargado de poner a disposición del responsable toda la información necesaria para demostrar el *cumplimiento de las obligaciones* establecidas en el art. 28 RGPD además de contribuir a la realización de auditorías y/o inspecciones por parte del responsable o un tercero que indique el responsable[311]. Como quiera que el RGPD no aborda quien corre con la asunción de estos costes, las partes pueden pactar libremente quien los soportará, ahora bien, no caben cláusulas que prevean el pago de costes u honorarios claramente desproporcionados o excesivos y que, por tanto, tengan un efecto disuasorio para una de las partes[312].

Aunque el artículo 28 RGPD ofrece una lista de puntos que deben tenerse en cuenta en cualquier contrato que rija la relación entre responsables y encargados, deja espacio para la **negociación** entre las partes del contrato. Máxime cuando el encargado no solo tiene obligación de cumplir las instrucciones impartidas por el responsable sino que debe estar, por encima de todo, sujeto al **cumplimiento de la Ley,** de tal forma que debe informar inmediatamente al responsable si, en su opinión, una instrucción infringe el RGPD u otras disposiciones en materia de protección de datos de la Unión o de los Estados miembros (debiendo reevaluar el responsable la instrucción en tal situación)[313].

En aquellos casos en los que los contratos y sus condiciones comerciales sean **preparados por el prestador de servicios** y no por el responsable, ello no solo es perfectamente posible y válido sino que no constituye por sí solo base suficiente para concluir que el prestador de servicios deba considerarse responsable del tratamiento (el responsable debe evaluar las cláusulas, y, en la medida en que las acepte y utilice el servicio, asumirá también plena responsabilidad por el cum-

---

311 *Vid.*, artículo 28, apartado 3, letra h), del RGPD.

312 *Vid.*, Consejo Europeo de Protección de Datos, «Directrices 07/2020...*op. cit.,* pág. 46.

313 El CEPD recomienda a las partes que negocien y acuerden en el contrato las consecuencias en caso de que el encargado notifique que una instrucción infringe la normativa y el responsable no adopte ninguna medida al respecto. Un ejemplo de este tipo de consecuencias sería introducir una cláusula de extinción del contrato si el responsable del tratamiento persiste con una instrucción ilícita. Otro ejemplo sería una cláusula que introduzca la posibilidad de que el encargado del tratamiento suspenda la aplicación de la instrucción en cuestión hasta que el responsable del tratamiento la confirme, modifique o retire. *Ibíd.*, pags., 46-47 y Consejo Europeo de Protección de Datos, «Dictamen conjunto 1/2021 del CEPD-SEPD...*op. cit.,* pág. 9 (apartado 39).

plimiento del RGPD). Ahora bien, toda modificación de los acuerdos sobre el tratamiento de datos incluidos en las condiciones y/o clausulas tipo a instancia del encargado debe notificarse directamente al responsable del tratamiento y ser aprobada por este para tener validez frente a aquél, no siendo suficiente la mera publicación de estas modificaciones en el sitio web del encargado.

El encargado puede ser considerado **corresponsable** si, por ejemplo, establece relaciones con los interesados en su propio nombre y sin que conste que actúa por cuenta de otro; ello, aun cuando exista un contrato entre responsable y encargado que diga lo contrario[314]. También será corresponsable si, a pesar de figurar como encargado, emplea los datos para sus propias finalidades[315].

De la misma manera y sin perjuicio de la responsabilidad —del tipo que corresponda[316]— en la que pueda incurrir el encargado, si éste infringe el RGPD al determinar los fines y medios de tratamiento que le ha indicado el responsable, **será considerado responsable** del tratamiento con respecto a dicho tratamiento. Esto es, un incumplimiento del contrato entre responsable y encargado sitúa a este último como corresponsable en los mismos términos que el responsable de aquellos que se derive por el incumplimiento.

El encargado no puede decidir qué hacer con los datos una vez termine la prestación de servicios a un cliente o interesado. Será el responsable quien determine qué ocurre al término de esta relación profesional indicando al responsable si los datos deben ser devueltos al responsable, entregados a un nuevo encargado o bien destruidos[317]. No obstante, el encargado puede conservar —debidamente bloqueados— los datos por las eventuales responsabilidades que pudieran derivarse de su relación con el responsable[318].

Como en el caso del responsable y las medidas de seguridad, el encargado también puede adherirse a un **código de conducta** o **certificarse**, como mecanismos para demostrar el cumplimiento de las garantías suficientes analizadas anteriormente.

Para terminar, el CEPD ha emitido una opinión sobre ciertas obligaciones derivadas de la dependencia del encargado y subencargado a petición de la autoridad de protección de datos danesa y con miras a lograr arrojar luz sobre los artí-

---

314 Esta previsión no aplica en materia de contratación pública. *Cfr.*, art. 33.2) LOPDGDD.

315 *Ibíd.*, art. 33.2) *in fine*.

316 Conforme a los artículos 82, 83 y 84 RGPD.

317 No procederá la destrucción de los datos cuando exista una norma legal que obligue a su conservación, en cuyo caso deberán ser devueltos al responsable, que garantizará su conservación mientras tal obligación persista. *Vid.*, art. 33.3) LOPDGDD.

318 *Ibíd.*, art. 33.4).

culos 64(2) y 28 RGDP alcanzando un mayor grado de armonización europea[319]. En particular, la opinión del CEPD aborda la interpretación de determinados deberes de responsables del tratamiento que dependen de encargados y subencargados, en particular del artículo 28 del RGPD, así como como la redacción de los contratos entre responsable y encargado, con especial énfasis en el procesamiento de datos personales en el seno del EEE, así como el procesamiento tras una transferencia a un tercer país.

El criterio del CEPD es que los responsables del tratamiento deberían tener la información sobre la identidad (es decir, nombre, dirección, persona de contacto) de todos los encargados y subencargados (y ulteriores, si los hubiera), disponibles en todo momento para que puedan cumplir mejor con sus obligaciones en virtud del artículo 28 del RGPD, independientemente del riesgo asociado a la actividad de procesamiento. A tal fin, el encargado del tratamiento debe proporcionar de forma proactiva al responsable del tratamiento toda esta información, y mantenerla actualizada en todo momento.

D. Registro de actividades de tratamiento en relación con los encargados del tratamiento

Los encargados del tratamiento, al igual que ocurre con el responsable, tienen la obligación, en los mismos casos y circunstancias que el responsable[320], de llevar un **registro** de todas las categorías de actividades de tratamiento efectuadas por cuenta de un responsable.

Este **registro deberá contener, como mínimo**, lo siguiente:

1. El nombre y los datos de contacto del *encargado(s)* y de cada *responsable* por cuenta del cual actúe el encargado y, en su caso, del representante del responsable o del encargado y del DPO;
2. Las categorías de *tratamientos* efectuados por cuenta de cada responsable;
3. En su caso, las *transferencias* de datos personales a un tercer país o una organización internacional, incluida la identificación de dicho tercer país u organización internacional; y

319 *Vid.*, CEPD, «Opinion 22/2024 on certain obligations following from the reliance on processor(s) and sub-processor(s)», Adopted on 7 October 2024

320 Esto es, en aquellas empresas cuya dimensión sea, al menos, de 250 o más empleados, salvo que el tratamiento pueda entrañar un riesgo para los derechos y libertades de los interesados, no sea ocasional, o incluya categorías especiales de datos personales, como los sensibles del art. 9 y especiales del art. 10 RGPD.

4. Una descripción general de las *medidas técnicas* y organizativas de seguridad a que se refiere el artículo 30, siempre que sea posible.

La normativa nacional ha incorporado **exigencias adicionales** al registro de actividades de tratamiento obligando a especificar las finalidades del tratamiento; las actividades de tratamiento llevadas a cabo; y cualquiera de las circunstancias que exige el reglamento, analizadas justo en el párrafo inmediatamente anterior, y que deberán asimismo, ser especificadas[321]. También debe constar **por escrito**, incluyendo en formato electrónico, y debe estar a disposición de la autoridad de control que lo solicite.

Cualquier modificación o exclusión en el RAT debe ser comunicada al Delegado de Protección de Datos en caso de haber designado uno.

Por último, los organismos e instituciones públicas deben publicar su RAT[322].

II. EL DELEGADO DE PROTECCIÓN DE DATOS

A. Concepto y funciones

El Delegado de Protección de Datos («*DPO*» por sus siglas en inglés) es una de las novedades que introduce el RGPD en la regulación de la protección de datos. Dada la dificultad —cada vez mayor— de comprender la regulación en materia de protección de datos personales e implementarla en entornos digitales y de la sociedad de la información, las autoridades europeas han considerado oportuno que una **figura experta y con perfil técnico** represente los intereses de los individuos en la protección de los datos a través del asesoramiento continuo y responsable a los responsables y encargados del tratamiento.

El DPO **no es obligatorio en todas las organizaciones** ni para todos los responsables o encargados, tan solo en el caso de que concurran ciertos criterios que recoge el RGPD, si bien cualquier responsable o encargado puede contar con uno —interno o a través de profesionales externos— siendo más que recomendable que nombrar un DPO, un especialista, para facilitar tu tarea en la protección de datos personales.

Un grupo empresarial podrá nombrar un único DPO siempre que sea fácilmente accesible desde el establecimiento de cada empresa[323]. Además, cuando el responsable o el encargado del tratamiento sea una autoridad u organismo

---

[321] *Cfr.*, art. 31.1).II) LOPDGDD.

[322] *Ibíd.*, art. 31.2)

[323] *Vid.*, art. 37.2 RGPD.

público, se podrá designar un único delegado de protección de datos para varias de estas autoridades u organismos, teniendo en cuenta su estructura organizativa y tamaño[324].

B. ¿Cuándo nombrar un DPO?

El art. 37(1) RGPD establece los casos en los que es obligatorio normar un DPO, esto es, siempre que el responsable o encargado —o las asociaciones y otros organismos que los representen— lo consideren oportuno y, **en todo caso,** cuando:

1. El tratamiento lo lleve a cabo una *autoridad u organismo público*, excepto los tribunales que actúen en ejercicio de su función judicial;
2. Las actividades principales del responsable o del encargado consistan en operaciones de tratamiento que, en razón de su naturaleza, alcance y/o fines, requieran una *observación habitual y sistemática de interesados a gran escala*, o
3. Las actividades principales del responsable o del encargado consistan en el *tratamiento a gran escala de datos sensibles o sobre condenas penales.*
4. Si lo exige la *Ley del Estado* miembro en cuestión[325].

En este sentido y con objeto de clarificar las situaciones en las que un DPO es obligatorio, el GT29 emitió una **guía** interpretativa para explicar con mayor detalle las situaciones en las que el RGPD indica que es necesario contar con un DPO[326].

Así, por ejemplo, define el concepto «***a gran escala***» en relación con el número de interesados afectados en lugar de respecto del tamaño de la organización. Razón por la que las PYMES o microempresas pueden realizar tratamientos a gran escala. Los factores que ayudan a identificar un tratamiento a gran escala, según el GT29 son:

1. El *número* de interesados afectados;
2. El *volumen* y la diferente tipología de datos procesados;

---

[324] *Ibid.*, art. 37.3.

[325] *Vid.*, art. 37.4, *in fine* del RGPG. La normativa alemana, por ejemplo, requiere aquellas compañías que cuenten, al menos, con 9 empleados trabajando en un departamento para tratar datos personales, o, bien, que cuenten con al menos 20 personas trabajando en un departamento que trate datos de manera manual, deben nombrar un DPO.

[326] *Vid.*, GT29, «*Guidelines on Data Protection Officers ("DPOs")*», *Adopted on 13 December 2016* (16/EN; WP 243)

3. La *duración* o permanencia del tratamiento; y
4. La *extensión* geográfica del tratamiento.

Por su parte, el término «***observación habitual y sistemática de interesados***» incluye cualquier tipo de monitorización o perfilado basado en redes de comunicación, en particular Internet, aunque no está limitado únicamente a los entornos digitales —los más frecuentes—. A criterio del GT29 «**regular**» significa: (i) recurrente o con cierta frecuencia durante un período de tiempo; (ii) recurrente o repetitivo en un período de tiempo concreto; (iii) constante o que tiene lugar periódicamente. Mientras que «**sistemático**» supone que (i) ocurre según un sistema; (ii) que está pre organizado, organizado o sigue un método; (iii) que tiene lugar como parte de un plan general para recopilar datos; y (iv) que se lleva a cabo como parte de una estrategia.

Con todo, nuestra norma nacional ha explicitado aún más, qué situaciones requieren un DPO de manera obligatoria en función de quién sea el responsable o encargado del tratamiento. De esta manera, las siguientes entidades deben contar con un DPO de manera obligatoria:

1. Los *colegios profesionales* y sus consejos generales.
2. Los *centros docentes* que ofrezcan enseñanzas en cualquiera de los niveles establecidos en la legislación educativa, así como las Universidades Públicas y privadas.
3. Las entidades que exploten *redes y presten servicios de comunicaciones electrónicas* conforme a lo dispuesto en su legislación específica, cuando traten habitual y sistemáticamente datos personales a gran escala.
4. Los *prestados de servicios de la sociedad de la información*[327] cuando elaboren a gran escala perfiles de los usuarios del servicio.

---

[327] Un «prestador de servicios de la sociedad de la información» es «cualquier persona física o jurídica que suministre un servicio de la sociedad de la información», entendiendo por tal, « todo servicio prestado normalmente a cambio de una remuneración, a distancia, por vía electrónica y a petición individual de un destinatario de servicios», *Cfr.,* art. 2 de la Directiva 2000/31/CE del Parlamento Europeo y del Consejo, de 8 de junio de 2000, *relativa a determinados aspectos jurídicos de los servicios de la sociedad de la información, en particular el comercio electrónico en el mercado interior (Directiva sobre el comercio electrónico),* DOUE núm. L 178 de de 17 de julio de 2000 (págs., 0001 – 0016) y art. 1.2) de la Directiva 98/34/CE del Parlamento Europeo y del Consejo, de 22 de junio de 1998 *por la que se establece un procedimiento de información en materia de las normas y reglamentaciones técnicas* (DOUE núm., L 204/37 de 21 de julio de 1998), modificada por la Directiva 98/48/CE del Parlamento Europeo y del Consejo de 20 de julio de 1998 que modifica la Directiva 98/34/CE *por la que se establece un procedimiento de información en materia de las normas y reglamentaciones técnicas* (DOUE núm., L 217/18 de 5 de agosto de 1998).

5. Los *bancos*, las cajas de ahorro, las cooperativas de crédito y el Instituto de Crédito Oficial.
6. Los establecimientos *financieros de crédito.*
7. Las entidades *aseguradoras* y reaseguradoras.
8. Las empresas de servicios de *inversión*[328].
9. Los distribuidores y comercializadores de *energía eléctrica* y los distribuidores y comercializadores de *gas natural.*
10. Las entidades responsables de ficheros comunes para la evaluación de la *solvencia patrimonial y crédito* o de los ficheros comunes para la gestión y prevención del fraude (incluidos los relativos a la prevención del blanqueo de capitales y la financiación del terrorismo).
11. Las entidades que desarrollen actividades de *publicidad y prospección comercial*, incluyendo las de investigación de mercados, cuando lleven a cabo tratamientos basados en las preferencias de los afectados o realicen actividades que impliquen la elaboración de perfiles de los mismos;
12. Los *centros sanitarios* legalmente obligados al mantenimiento de las historias clínicas de pacientes. Se exceptúan los profesionales sanitarios que, aunque lleven historias clínicas de pacientes, ejerzan la actividad a título individual;
13. Las entidades que tenga como objeto la emisión de *informes comerciales* que puedan referirse a personas físicas;
14. Los operadores que desarrollen la actividad del *juego online*;
15. Las empresas de *seguridad privada*; y
16. Las *federaciones deportivas* cuando traten datos de menores de edad.

Fuera de los casos en lo que es obligatorio, cualquier responsable o encargado puede designar un DPO, bien a tiempo completo, bien a tiempo parcial, en función de las necesidades (tipo de datos, volumen de tratamiento, etc.), si bien, una vez designado —voluntaria u obligatoriamente— se debe comunicar la designación —o cese— del DPO a la AEPD (o autoridad autonómica) en el plazo de diez días desde que ésta ocurra. Estas autoridades llevarán un registro o listado oficial de DPO que será accesible por medios electrónicos[329].

---

328 Para ampliar información *Cfr.*, COMISIÓN NACIONAL DEL MERCADO DE VALORES, «Empresas de servicios de inversión, disponible aquí (última vez consultado el 18 de enero de 2020): https://www.cnmv.es/portal/Consultas/IndiceESI.aspx

329 *Cfr.*, art. 34, apartados 3, 4 y 5 de la LOPDGDD.

Los DPO designados por los responsables han de

¿Cuándo es obligatorio un DPO?

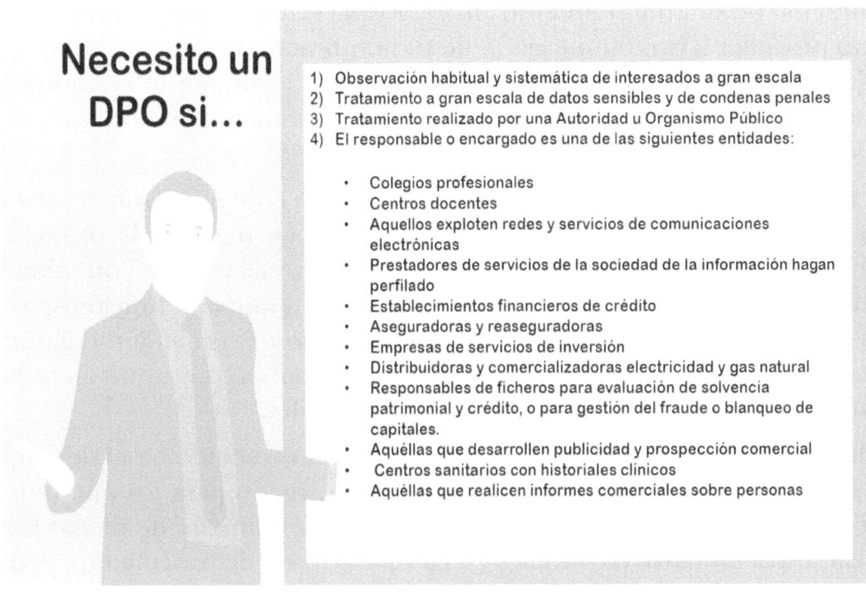

C. Perfil y posición del DPO

El DPO debe ser un **perfil técnico y experto** en materia de privacidad y protección de datos, esto es, una persona que conozca a la perfección la normativa, regulación y jurisprudencia en materia de protección de datos personales. El RGPD específicamente requiere que sea un profesional con conocimientos especializados en Derecho con experiencia en la materia[330]. Esta cualificación se podrá demostrar mediante mecanismos voluntarios de certificación[331].

Para aquellas compañías que se lo puedan permitir y que les parezca la mejor opción, el DPO deberá integrarse **en la plantilla** del responsable o encargado del tratamiento[332], pero el RGPD también permite que esta función sea desempeña-

---

330 Si bien no dice literalmente que debe ser un abogado o jurista, sí recoge que el DPO que «*será designado atendiendo a sus cualidades profesionales y, en particular, a sus conocimientos especializados del Derecho y la práctica en materia de protección de datos y a su capacidad para desempeñar las funciones*». *Vid.*, art. 37.5 RGPD.

331 *Cfr.*, art. 35 LOPDGDD.

332 Cuando se trate de una persona física integrada en la organización de éstos, el DPO «no podrá ser removido o sancionado por el responsable o encargado por desempeñar sus funciones salvo que incurriera en dolo o negligencia grave en su ejercicio». *Vid.*, art. 36.2) LOPDGDD.

da por un **profesional externo** a la organización (e.g. una firma de servicios jurídicos especializada y siempre que esté regulado por contrato[333]). En cualquier caso, el DPO debe ser un profesional independiente y proceder para ello a la comunicación de su nombramiento ante la AEPD evitando conflictos de interés, así como proceder a la comunicación de su nombramiento ante la AEPD[334]. Sus datos deben permanecer **públicos**; de tal forma que cualquier interesado pueda contactarle para cualquier cuestión relativa para el tratamiento de sus datos o el ejercicio de sus derechos.

El DPO debe ocupar una posición dentro de la compañía suficientemente **alta en la jerarquía** como para que sus decisiones en materia de privacidad y protección de datos sean influyentes y eficaces —o relacionarse con miembros del equipo directivo directamente en los casos en los que esta función se preste por un externo—. Así, el responsable y el encargado del tratamiento garantizarán que el DPO **participa de forma adecuada** y en tiempo oportuno en todas las cuestiones relativas a la protección de datos personales.

De la misma manera, el DPO debe contar con un respaldo en el desempeño de sus funciones por parte del responsable o encargado para los que trabaje y deberá contar con los **recursos** necesarios para el desempeño de dichas funciones y el acceso a los datos personales y a las operaciones de tratamiento, y para el mantenimiento de sus conocimientos especializados.

Debe ser **independiente**[335]. Por este motivo, el responsable y el encargado del tratamiento garantizarán que el DPO no reciba ninguna instrucción en lo que respecta al desempeño de dichas funciones. No será destituido ni sancionado por el responsable o el encargado por desempeñar sus funciones y solo rendirá cuentas directamente al más alto nivel jerárquico del responsable o encargado.

El DPO estará obligado a mantener el **secreto o la confidencialidad** en lo que respecta al desempeño de sus funciones y solo podrá desempeñar otras funciones en tanto en cuanto no se produzca conflicto de interés —algo por lo que deben velar tanto el responsable como el encargado, según el caso—. Su función y sus obligaciones implican que no se puede oponer frente al DPO la existencia de cualquier deber de confidencialidad o secreto, puesto que el delegado debe poder acceder a la información precisa para ejercitar sus funciones.

---

333 *Vid.,* art. 37. 6 RGPD.

334 *Ibíd.,* art. 37.7 RGPD.

335 *Vid.,* art. 36.2) *in fine* LOPDGDD.

D. Funciones del DPO

El DPO tendrá todas aquellas funciones que él y el responsable o el encargado estimen oportunas para la mejor llevanza de todos los asuntos relacionados con la protección de datos personales. Las funciones del DPO deben acometerse con un **enfoque de riesgo** asociado a las operaciones de tratamiento de datos, teniendo en cuenta la naturaleza, el alcance, el contexto y los fines del tratamiento.

En particular, el DPO actuará como interlocutor entre el responsable o encargado, por un lado, y la AEPD o autoridad autonómica correspondiente, por otro. Y podrá inspeccionar y emitir recomendaciones[336]. En aquellos casos en los que aprecie la existencia de una vulneración relevante en materia de protección de datos debe documentarlo y comunicarlo inmediatamente a los órganos de administración y dirección del responsable o encargado[337].

El RGPD exige una serie de **funciones mínimas** que el DPO debe desempeñar y que son:

1. *Informar y asesorar* al responsable o al encargado del tratamiento y a los empleados que se ocupen del tratamiento de las obligaciones que les incumben en virtud del RGPD y la normativa estatal;
2. *Supervisar el cumplimiento* de lo dispuesto en el RGPD o normativa del Estado en el que actúe y de las políticas del responsable o del encargado del tratamiento en materia de protección de datos personales, incluida la asignación de responsabilidades, la concienciación y formación del personal que participa en las operaciones de tratamiento, y las auditorías correspondientes;
3. Ofrecer el asesoramiento que se le solicite acerca de la *evaluación de impacto relativa a la protección de datos* y supervisar su aplicación;
4. *Cooperar* con la autoridad de control;
5. Actuar como *punto de contacto* de la autoridad de control para cuestiones relativas al tratamiento, incluida la consulta previa a que se refiere el artículo 36, y realizar consultas, en su caso, sobre cualquier otro asunto.

E. Intervención del DPO en casos de denuncias ante la AEPD

Cualquiera que quiera denunciar ante la AEPD —o la autoridad autonómica competente— debe, en aquellos casos en los que el responsable o encargado

---

336 *Vid.*, art. 36.1) LOPDGDD

337 *Ibíd.*, art. 36.4).

hubieran designado un DPO, con carácter previo, dirigirse al delegado de protección de datos de la organización a la que se reclame. Si obvia esta cuestión y se dirige directamente a la autoridad, ésta puede remitir, en primer lugar, la reclamación al DPO para que conteste en el plazo de un mes. De no hacerlo la autoridad incoará el procedimiento sancionador[338].

Tras la reclamación al DPO, este debe comunicar al interesado la decisión adoptada en el plazo máximo de dos meses desde la recepción de la reclamación[339].

---

338 *Ibíd.,* art. 37, apartados 1) y 2).

339 *Ibíd.,* art. 37.1). *in fine.*

Capítulo 10

TRANSFERENCIAS INTERNACIONALES DE DATOS PERSONALES

I. INTRODUCCIÓN

La mayoría de las PYMES y microempresas de nuestro país no realizan transferencias internacionales de datos y aquellas que sí que las realizan deben de buscar un asesoramiento mucho más especializado y profundo para adecuar las transferencias a la regulación del RGPD.

Por esta razón y por el carácter básico de este manual, en este capítulo se abordarán los aspectos más esenciales y de una forma clara, sencilla y breve, de las transferencias internacionales de datos (cuestión bastante compleja) al objeto de que los lectores tengan unas nociones esenciales de las mismas y puedan reconocer los signos de riesgo.

Como ya hemos dicho, uno de los objetivos del RGPD es permitir que los **datos fluyan** entre los Estados miembros y terceros países sin que por ello los derechos de los individuos respecto de su privacidad y protección de datos sufran un menoscabo. Por esta razón, el RGPD articula una serie de medidas para que los principios de protección de datos se cumplan en las transferencias internacionales de datos.

II. PRINCIPIO GENERAL DE LAS TRANSFERENCIAS

El RGPD no define el **concepto de transferencia**, aunque lo que está claro es que no se puede concebir como un mero tránsito de datos a otro país. Transferencia es el tratamiento de datos personales que tiene lugar total o parcialmente en varios países, uno de ellos fuera de la UE.

El principio general de las transferencias consiste en que solo se realizarán transferencias de datos personales que sean objeto de tratamiento o vayan a serlo tras su transferencia a un tercer país u organización internacional si, además de cumplir las disposiciones del RGPD, el responsable y el encargado del tratamiento cumplen las condiciones recogidas en el mismo para las transferencias, incluidas las relativas a las transferencias ulteriores de datos personales desde el tercer país u organización internacional a otro tercer país u otra organización internacional[340].

---

[340] *Vid.*, art. 44 RGPD.

Por tanto, para que una transferencia internacional sea conforme con el RGPD, ésta debe cumplir no solo el RGPD a la hora de recopilar y tratar los datos en origen, sino también la regulación específica para las transferencias a la hora de trasvasar datos desde un Estado miembro hasta un tercer país.

Para que una **transferencia sea conforme con el RGPD** debe estar basada, al menos, en alguno de los siguientes fundamentos (en cascada): *(i)* una decisión de adecuación; *(ii)*, a falta de la decisión de adecuación, en una garantía adecuada; o *(iii)*, a falta de las dos anteriores, en una excepción recogida en el RGPD.

III. TRANSFERENCIAS BASADAS EN UNA DECISIÓN DE ADECUACIÓN

Las decisiones de adecuación están basadas en las **evaluaciones de países terceros** —donde irá a parar la transferencia de datos—. Cuando las leyes de un país tercero son «*adecuadas*» —a los efectos de cumplir con el nivel de protección de datos del RGPD— la transferencia puede realizarse sin necesidad de medidas añadidas.

Las transferencias basadas en una decisión de adecuación están reguladas en el artículo 45 del RGPD: *«Podrá realizarse una transferencia de datos personales a un tercer país u organización internacional cuando la Comisión haya decidido que el tercer país, un territorio o uno o varios sectores específicos de ese tercer país, o la organización internacional de que se trate garantizan un nivel de protección adecuado. Dicha transferencia no requerirá ninguna autorización específica»*.

A. *Procedimiento para determinar qué países son «adecuados»*

La **Comisión Europea** es la encargada de determinar qué países son *«adecuados»* o no a los efectos del cumplimiento del RGPD. La Comisión, después de evaluar el nivel de protección adecuado de la transferencia, podrá decidir, mediante la emisión un acto de ejecución, que un tercer país, un territorio o uno o varios sectores específicos de un tercer país, o una organización internacional garantizan un nivel de protección adecuado dentro del marco del RGPD.

El acto de ejecución establecerá un **mecanismo de revisión periódica**, al menos cada cuatro años, que tenga en cuenta todos los acontecimientos relevantes en el tercer país o en la organización internacional. También especificará su ámbito de aplicación territorial y sectorial, y, en su caso, determinará la autoridad o autoridades de control independientes en el tercer país o a las cuales esté sujeta una organización internacional que serán las responsables de garantizar y hacer cumplir las normas del RGPD.

Para **evaluar el nivel adecuado de protección** la Comisión Europea debe tener en cuenta los siguientes elementos:

1. El *Estado de Derecho*; el respeto de los derechos humanos y las libertades fundamentales; la legislación pertinente, tanto general como sectorial, incluida la relativa a la seguridad pública, la defensa, la seguridad nacional y la legislación penal y el acceso de las autoridades públicas a los datos personales, así como la aplicación de dicha legislación; las normas de protección de datos, las normas profesionales y las medidas de seguridad, incluidas las normas sobre transferencias ulteriores de datos personales a otro tercer país u organización internacional observadas en ese país u organización internacional; la jurisprudencia, así como el reconocimiento a los interesados cuyos datos personales estén siendo transferidos de derechos efectivos y exigibles y de recursos administrativos y acciones judiciales que sean efectivos;
2. La existencia y el funcionamiento efectivo de una o varias *autoridades de control* independientes en el tercer país o a las cuales esté sujeta una organización internacional, con la responsabilidad de garantizar y hacer cumplir las normas en materia de protección de datos, incluidos poderes de ejecución adecuados, de asistir y asesorar a los interesados en el ejercicio de sus derechos, y de cooperar con las autoridades de control de la Unión y de los Estados miembros, y
3. Los *compromisos internacionales* asumidos por el tercer país u organización internacional de que se trate, u otras obligaciones derivadas de acuerdos o instrumentos jurídicamente vinculantes, así como de su participación en sistemas multilaterales o regionales, en particular en relación con la protección de los datos personales.

Cuando la Comisión tenga constancia de que ese tercer país, territorio o sector específico del mismo, u organización internacional ya no garantiza un nivel de protección adecuado, podrá —mediante un nuevo acto de ejecución— derogar, modificar o suspender —sin efecto retroactivo— la decisión de adecuación. Y lo puede adoptar de manera urgente[341]. Seguidamente entablará consultas con el tercer país para poner remedio a la situación que ha provocado la retirada del nivel de adecuación.

La Comisión publicará en el DOUE y en su página web una lista de terceros países, territorios y sectores específicos en un tercer país, y organizaciones internacionales respecto de los cuales haya decidido que se garantiza, o ya no, un nivel de protección adecuado. En la actualidad los **países** que han sido designados

341 *Vid.*, art. 45.5 RGPD.

como «**adecuados**» por la Comisión Europea son: (1) EE.UU.; (2) Canadá; (3) Argentina; (4) Uruguay; (5) Las Islas Feroe; (6) La Isla de Man; (7) Guernsey; (8) Jersey; (9) Suiza; (10) Israel; (11) Nueva Zelanda; y (12) Andorra[342].

B. Relación con EE.UU. El «Privacy Shield»

Originalmente las transferencias de datos personales entre la UE y EE.UU. estaban amparadas en el «Puerto Seguro» o «*Safe Harbor*». Un mecanismo que consistía en un marco de autorregulación que permitía a las organizaciones satisfacer los requerimientos de protección de datos de la UE. El 26 de julio de 2000, la Comisión Europea emitió una decisión manifestando que los principios de privacidad del *Safe Harbor* proporcionaban un nivel adecuado de protección para las transferencias entre la UE y EE.UU. Sin embargo, algunas autoridades de protección de datos comenzaron a cuestionar ese Puerto Seguro como medida adecuada de transferencia internacional de datos.

El caso *Snowden*, las revelaciones que en junio de 2013 realizó el ex agente del servicio de inteligencia de EE.UU. —la NSA— acerca de la vigilancia masiva y acceso masivo a datos personales supusieron un punto y a parte en la confianza de la UE y el *Safe Harbor*. Las autoridades de protección de datos comenzaron a solicitar la revocación del Puerto Seguro y el Parlamento Europeo adoptó una resolución para solicitar la inmediata suspensión del *Safe Harbor*.

La Comisión decidió no actuar porque cualquier suspensión del *Safe Harbor* podría afectar negativamente a las relaciones comerciales entre la UE y EE.UU.; si bien comenzó a negociar con el país americano una actualización de este marco regulatorio.

Entre tanto, un estudiante austríaco, Maximillian Schrems, interpuso una demanda ante la autoridad de protección de datos de Irlanda —sede de Facebook en la UE— solicitando la terminación de las transferencias de datos personales de *Facebook Ireland* a EE.UU. en base al *Safe Harbor*. El TJUE resolvió esta cuestión en la **STJUE en el asunto *Schrems*[343] declarando la decisión de adecuación del *Safe Harbor* inválida**.

La Comisión inició una negociación con EE.UU. que duró más de dos años, tras los cuales, un nuevo marco de protección de datos con el país norteamericano entraba en vigor el 29 de febrero de 2016: el ***Privacy Shield*** (o «Escudo de Privacidad»). Sin embargo, el GT29 puso sobre la mesa algunas cuestiones que

---

342 La lista de países con un nivel adecuado de protección está publicada en la AEPD, disponible aquí (a fecha 2 de noviembre de 2018): https://www.aepd.es/reglamento/cumplimiento/transferencias-internacionales.html

343 *Vid.*, SJUE (Gran Sala) de 6 de octubre de 2015, asunto *Schrems* (C-362/14).

no eran conformes con el RGPD, por lo que finalmente, la Comisión emitió la decisión de adecuación final sobre el *Privacy Shield* el 12 de julio de 2016 y éste entro en vigor definitivamente el **1 de agosto de 2016**[344].

El *Privacy Shield* se basa en una serie de principios sustanciales (o principales) y suplementarios[345]. Los **principales** son: (i) Notificación; (ii) Elección; (iii) *Accountability*; (iv) Seguridad; (v) Integridad de los datos y limitación de los fines; (vi) Acceso; y (vii) Recursos, cumplimiento y responsabilidad. Los **suplementarios**: (i) datos sensibles; (ii) excepciones periodísticas; (iii) responsabilidad indirecta; (iv) *due diligence* y auditoría.

Lamentablemente, el 16 de julio de 2020 **el TJUE declaró no conforme al Derecho de la UE el Privacy Shield**, esto es, anuló la Decisión 2016/1250 de la Comisión que declaraba el nivel adecuado de protección del esquema del escudo de privacidad para las transferencias internacionales de datos a EEUU. La resolución, que se conoce como el **asunto Schrems II**[346] pese a anular el escudo de privacidad, reconoció la validez de las cláusulas contractuales estándar adoptadas por la Comisión Europea para realizar transferencias internacionales de datos entre un responsable establecido en la Unión Europea y un encargado del tratamiento fuera de la UE.

La Comisión adoptó su **tercer marco de privacidad** de datos entre la UE y EE.UU. el 10 de julio de 2023[347]. Como anteriores ocasiones, dicho acuerdo tiene por objeto garantizar un elevado nivel de protección de la información personal que se transfiere en el marco de la cooperación transatlántica a efectos de aplicación de la ley, en concreto en la lucha contra el terrorismo y la delincuencia organizada[348].

---

344 El denominado Privacy Shield no es otra cosa más que una Decisión de la Comisión Europea. *Vid.* Decisión De Ejecución (UE) 2016/1250 de la Comisión de 12 de julio de 2016 con arreglo a la Directiva 95/46/CE del Parlamento Europeo y del Consejo, sobre la adecuación de la protección conferida por el Escudo de la privacidad UE-EE. UU. (DOUE L207/1 de 1 de agosto de 2016) [C(2016) 4176].

345 Para más información sobre el *Privacy Shield* y cómo funcionan los principios: *Vid.*, https://www.privacyshield.gov/EU-US-Framework

346 *Vid.*, STJUE (Gran Sala) de 16 de julio de 2020, asunto *Data Protection Commissioner c. Facebook Ireland Ltd y Maximillian Schrems* (C-311/18) [ECLI:EU:C:2020:559]

347 *Vid.*, Decisión de Ejecución (UE) 2023/1795 de la Comisión de 10 de julio de 2023 relativa a la adecuación del nivel de protección de los datos personales en el Marco de Privacidad de Datos UE-EE. UU. con arreglo al Reglamento (UE) 2016/679 del Parlamento Europeo y del Consejo [notificada con el número C(2023) 4745]

348 Por otro lado, también existen acuerdos de la UE con EE. UU., Australia y Canadá sobre el registro de nombres de los pasajeros («PNR», por sus siglas en inglés). En lo que respecta a Canadá, en su Dictamen 1/15, de 26 de julio de 2017, el TJUE declaró que el Acuerdo previsto entre la Unión Europea y Canadá firmado el 25 de junio de 2014 no podía celebrarse en su forma actual. A raíz de este dictamen, en junio de 2018 se iniciaron nuevas negociaciones so-

Sin embargo, una nueva sentencia del TJUE, en el caso ***Schrems III***[349], dio una nueva vuelta de tuerca. Así, en su sentencia, el Tribunal de Justicia de la Unión Europea respondió a varias cuestiones prejudiciales planteadas por el Oberster Gerichtshof austríaco en el marco de un litigio entre Max Schrems y Meta Platforms Ireland, operadora de Facebook en la UE.

El Sr. Schrems impugnó el modelo contractual y técnico de Facebook basado en la publicidad personalizada, alegando que Meta procesaba datos personales (incluidos datos sensibles) de forma masiva, sin base legítima adecuada y sin respeto a los principios de minimización, limitación de la finalidad y licitud del tratamiento.

El TJUE falla que el principio de minimización (art. 5[1][c] RGPD) se opone al tratamiento masivo, sin distinción ni límite temporal, de todos los datos obtenidos por Meta dentro y fuera de su plataforma con fines de publicidad personalizada. Y que, en relación con los datos sensibles y el consentimiento explícito (art. 9 RGPD), el hecho de que una persona haya manifestado públicamente (en una mesa redonda, por ejemplo) su orientación sexual no autoriza automáticamente a la plataforma a tratar otros datos sobre dicha orientación obtenidos de terceros (por ejemplo, apps o webs de citas), salvo que exista consentimiento explícito

IV. TRANSFERENCIAS MEDIANTE GARANTÍAS ADECUADAS

A falta de una decisión adecuación de la Comisión, el responsable o el encargado del tratamiento solo podrá transmitir datos personales a un tercer país u organización internacional si hubiera ofrecido garantías adecuadas y a condición de que los interesados cuenten con derechos exigibles y acciones legales efectiva, esto es, la transferencia internacional será conforme al RGPD si se cumple alguna de las siguientes garantías:

a.- Un *instrumento jurídicamente* vinculante y exigible entre las autoridades u organismos públicos;

b.- *Normas corporativas vinculantes*;

c.- *Cláusulas tipo* de protección de datos adoptadas por la *Comisión*;

---

bre el PNR con Canadá, que actualmente están en curso. Asimismo, el 18 de febrero de 2020, el Consejo adoptó una Decisión por la que se autoriza la apertura de negociaciones entre la UE y Japón con miras a un acuerdo en materia de transferencia y uso de los datos del registro de nombres de los pasajeros (PNR), actualmente en curso también.

349 *Vid.*, STJUE (Sala Cuarta) de 4 de octubre de 2024, asunto *Schrems III* (C-446/21).

d.- *Cláusulas tipo* de protección de datos adoptadas por una *autoridad de control* y aprobadas por la Comisión[350];

e.- Un *código de conducta* aprobado, junto con compromisos vinculantes y exigibles del responsable o el encargado del tratamiento en el tercer país de aplicar garantías adecuadas, incluidas la relativas a los derechos de los interesados;

f.- Un mecanismo de *certificación* aprobado, junto con compromisos vinculantes y exigibles del responsable o el encargado del tratamiento en el tercer país de aplicar garantías adecuadas, incluidas la relativas a los derechos de los interesados

g.- *Cláusulas contractuales* entre el *responsable* o el *encargado* y el responsable, encargado o destinatario de los datos personales en el tercer país u organización internacional; o

h.- Disposiciones que se incorporen en *acuerdos administrativos* entre las autoridades u organismos públicos que incluyan derechos efectivos y exigibles para los interesados.

En los dos últimos casos la autoridad de control debe aplicar, además, el mecanismo de coherencia[351].

V. NORMAS CORPORATIVAS VINCULANTES

Las organizaciones multinacionales, los grandes grupos de empresas, están radicados en diferentes países a lo largo del Globo y tratan y transmiten datos de unas sedes a otras. Las dificultades de que todos los países en los que están radicadas las empresas cumplan con el RGPD es la razón por la que surgen las Normas Corporativas Vinculantes («NCV»).

Están pensadas para que las **grandes multinacionales** puedan adoptar políticas internas de cumplimiento con la regulación de protección de datos personales en todos los países en los que estén establecidos. Son normas vinculantes para toda la organización.

Si las autoridades de protección de datos aprueban las normas corporativas vinculantes que las empresas les someten para su aprobación[352], las compañías

350 *Vid.*, también, art. 41.1) LOPDGDD.

351 *Vid.*, arts. 60 a 67 del RGPD.

352 El procedimiento para su aprobación debe durar nueve meses como máximo. *Cfr.*, art. 41.2) LOPDGDD.

son libres para transferir datos personales dentro de su organización de un país a otro.

Las NCV deben ser aprobadas conforme al mecanismo de coherencia del RGPD y siempre que cumplan los siguientes **requisitos**:

1. Que sean *jurídicamente vinculantes*, que se apliquen y sean cumplidas por todos los miembros correspondientes del grupo empresarial o de la unión de empresas dedicadas a una actividad económica conjunta, incluidos sus empleados;
2. Que confieran expresamente a los interesados *derechos exigibles* en relación con el tratamiento de sus datos personales; y
3. Que cumplan con las especificaciones y *elementos mínimos,* esto es:
   a. La estructura y los datos de contacto del *grupo empresarial* o de la unión de empresas dedicadas a una actividad económica conjunta y de cada uno de sus miembros;
   b. Las *transferencias* o conjuntos de transferencias de datos, incluidas las categorías de datos personales, el tipo de tratamientos y sus fines, el tipo de interesados afectados y el nombre del tercer o los terceros países en cuestión;
   c. Su *carácter jurídicamente vinculante*, tanto a nivel interno como externo;
   d. La aplicación de los *principios generales* en materia de protección de datos, en particular la limitación de la finalidad, la minimización de los datos, los períodos de conservación limitados, la calidad de los datos, la protección de los datos desde el diseño y por defecto, la base del tratamiento, el tratamiento de categorías especiales de datos personales, las medidas encaminadas a garantizar la seguridad de los datos y los requisitos con respecto a las transferencias ulteriores a organismos no vinculados por las normas corporativas vinculantes;
   e. Los *derechos de los interesados* en relación con el tratamiento y los medios para ejercerlos, en particular el derecho a no ser objeto de decisiones basadas exclusivamente en un tratamiento automatizado, incluida la elaboración de perfiles, el derecho a presentar una reclamación ante la autoridad de control competente y ante los tribunales y el derecho a obtener una reparación, y, cuando proceda, una indemnización por violación de las normas corporativas vinculantes;
   f. La *aceptación* por parte del responsable o del encargado del tratamiento establecidos en el territorio de un Estado miembro de la responsabilidad por cualquier violación de las normas corporativas vinculantes

por parte de cualquier miembro de que se trate no establecido en la Unión[353];

g. La forma en que se *facilita a los interesados la información* sobre las normas corporativas vinculantes y el derecho a la información de los interesados;

h. Las *funciones del DPO* designado o de cualquier otra persona o entidad encargada de la supervisión del cumplimiento de las normas corporativas vinculantes dentro del grupo empresarial o de la unión de empresas dedicadas a una actividad económica conjunta, así como de la supervisión de la formación y de la tramitación de las reclamaciones;

i. Los procedimientos de *reclamación*;

j. Los mecanismos establecidos dentro del grupo empresarial o de la unión de empresas dedicadas a una actividad económica conjunta para garantizar la *verificación del cumplimiento* de las normas corporativas vinculantes. Dichos mecanismos incluirán auditorías de protección de datos y métodos para garantizar acciones correctivas para proteger los derechos del interesado. Los resultados de dicha verificación deberían comunicarse al DPO y ponerse a disposición de la autoridad de control competente que lo solicite;

k. Los mecanismos establecidos para *comunicar y registrar* las modificaciones introducidas en las normas y para notificar esas modificaciones a la autoridad de control;

l. El *mecanismo de cooperación* con la autoridad de control para garantizar el cumplimiento por parte de cualquier miembro del grupo empresarial o de la unión de empresas dedicadas a una actividad económica conjunta, en particular poniendo a disposición de la autoridad de control los resultados de las verificaciones de las medidas;

m. Los mecanismos para *informar* a la autoridad de control competente de cualquier requisito jurídico de aplicación en un país tercero a un miembro del grupo empresarial o de la unión de empresas dedicadas a una actividad económica conjunta, que probablemente tengan un efecto adverso sobre las garantías establecidas en las normas corporativas vinculantes, y

n. La *formación* en protección de datos pertinente para el personal que tenga acceso permanente o habitual a datos personales.

---

[353] El responsable o el encargado solo será exonerado, total o parcialmente, de dicha responsabilidad si demuestra que el acto que originó los daños y perjuicios no es imputable a dicho miembro, *Vid.*, art. 47.2.f) RGPD.

VI. EXCEPCIONES

En ausencia de una decisión de adecuación de conformidad o de garantías adecuadas, incluidas las normas corporativas vinculantes, una transferencia o un conjunto de transferencias de datos personales a un tercer país u organización internacional únicamente se realizará si se cumple alguna de las condiciones siguientes (**excepciones**)[354]:

1. Que el interesado haya dado explícitamente su *consentimiento* a la transferencia propuesta, tras haber sido informado de los posibles riesgos para él de dichas transferencias debido a la ausencia de una decisión de adecuación y de garantías adecuadas;
2. Que la transferencia sea *necesaria para la ejecución de un contrato* entre el interesado y el responsable del tratamiento o para la ejecución de medidas precontractuales adoptadas a solicitud del interesado;
3. Que la transferencia sea necesaria para la *celebración o ejecución de un contrato*, en interés del interesado, entre el responsable del tratamiento y otra persona física o jurídica;
4. Que la transferencia sea necesaria por razones importantes de *interés público*;
5. Que la transferencia sea necesaria para la formulación, el ejercicio o la *defensa de reclamaciones*;
6. Que la transferencia sea necesaria para proteger los *intereses vitales* del interesado o de otras personas, cuando el interesado esté física o jurídicamente incapacitado para dar su consentimiento;
7. Que la transferencia se realice desde un *registro público* que, con arreglo al Derecho de la Unión o de los Estados miembros, tenga por objeto facilitar información al público y esté abierto a la consulta del público en general o de cualquier persona que pueda acreditar un interés legítimo, pero sólo en la medida en que se cumplan, en cada caso particular, las condiciones que establece el Derecho de la Unión o de los Estados miembros para la consulta[355].

---

[354] *Ibíd.*, art. 49.

[355] Las transferencias efectuadas de conformidad con esta excepción no abarcarán la totalidad de los datos personales ni categorías enteras de datos personales contenidos en el registro, y si la finalidad del registro es la consulta por parte de personas que tengan un interés legítimo, la transferencia solo se efectuará a solicitud de dichas personas o si estas han de ser las destinatarias. *Ibíd.*, art. 49.2.

Cuando una transferencia no pueda basarse en una decisión de adecuación, ni en una garantía adecuada para la transferencia, **ni en una de las excepciones** para situaciones específicas, solo se podrá llevar a cabo si *(i)* no es repetitiva, *(ii)* afecta solo a un número limitado de interesados, *(iii)* es necesaria a los fines de intereses legítimos imperiosos perseguidos por el responsable del tratamiento sobre los que no prevalezcan los intereses o derechos y libertades del interesado, y *(iv)* el responsable del tratamiento haya evaluado todas las circunstancias concurrentes en la transferencia de datos y, basándose en esta evaluación, haya ofrecido garantías apropiadas con respecto a la protección de datos personales. En estos casos, **el responsable del tratamiento** *(i)* informará a la autoridad de control de la transferencia; *(ii)* a los interesados cumpliendo el deber de información de conformidad con el RGPD, *(iii)* así como les indicará los intereses legítimos imperiosos perseguidos[356].

El responsable o el encargado deberán **registrar** junto con el registro de actividades del tratamiento los resultados de la evaluación y garantías apropiadas indicadas anteriormente para los casos en los que no apliquen ni siquiera las excepciones[357].

En ausencia de una decisión por la que se constate la adecuación de la protección de los datos, el Derecho de la Unión o de los Estados miembros podrá, por razones importantes de interés público, establecer expresamente **límites a la transferencia de categorías** específicas de datos a un tercer país u organización internacional. Los Estados miembros notificarán a la Comisión dichas disposiciones[358].

VII. SUPUESTOS SOMETIDOS A AUTORIZACIÓN O INFORMACIÓN PREVIA A LA AUTORIDAD DE CONTROL

Las transferencias internacionales de datos que no cuenten con una decisión de adecuación aprobada por la Comisión o que no se ampare en alguna garantía, requerirán una previa autorización de la AEPD o, en su caso, las autoridades autonómicas. Estas autorizaciones podrán otorgarse en dos supuestos regulados en la ley mediante un procedimiento que no podrá durar más de seis meses[359].

---

356 En el apartado 1, el párrafo primero, letras a), b) y c), y el párrafo segundo no serán aplicables a las actividades llevadas a cabo por las autoridades públicas en el ejercicio de sus poderes públicos. *Ibíd.*, art. 49.3.

357 *Ibíd.*, art. 49.6.

358 *Ibid.*, art. 49.5.

359 *Cfr.*, art. 42 LOPDGDD.

De la misma manera, los responsables del tratamiento deben informar —con carácter previo a su realización— a la autoridad nacional de protección de datos de cualquier transferencia internacional de datos que deseen llevar a cabo «*sobre la base de su necesidad para fines relacionados con intereses legítimos imperiosos*» que persigan; y deben informar a los interesados de cuáles son esos intereses legítimos. No así respecto de las autoridades públicas en el ejercicio de sus poderes públicos[360].

[360] *Ibíd.*, art. 43.

Capítulo 11

COOKIES Y PRIVACIDAD

I. INTRODUCCIÓN

La digitalización que viven economía y sociedad, liderada por Internet fundamentalmente, hace que la publicidad haya ido abriéndose camino en el mercado online y representando ya más de un tercio de la inversión total realizada en medios de comunicación[361].

En la publicidad online es esencial —porque es posible— conocer cuanto más en detalle, mejor, al cliente final y de esta manera ofrecerle productos específicos de conformidad con sus gustos e intereses. Las empresas quieren conocer más y mejor a sus clientes o potenciales clientes. El objetivo final: predecir la demanda en tiempo real y con una altísima tasa de acierto —ni más ni menos—. En esta tarea es donde las *cookies* desempeñan una labor esencial.

Las *cookies* vienen reguladas en nuestro Derecho en diferentes **normas,** pero fundamentalmente en tres: **(a)** en el art. 22.2 de la Ley 34/2002, de 11 de julio, *de servicios de la sociedad de la información y de comercio electrónico*[362] (en adelante la «LSSICE»); **(b)** el RGPD, de manera expresa en el considerando 30° donde ya advierte del impacto de estas tecnologías para la privacidad[363]; y, **(c)** en la LOPDGDD, por el mero hecho de ser dispositivos que tratan y almacenan datos personales.

Sin embargo, estas dos últimas normativas no abordan expresa y directamente esta materia y, por tanto, la clave la encontramos en el art. 22.2 de la LSSICE, que siguiendo la directiva que traspone exceptúa de su regulación las cookies técnicas. Pese a que el art. 22.2 LSSICE todavía sigue haciendo mención a la ley orgánica 15/1999, de 13 de diciembre, de protección de datos de carácter personal, dicha remisión debe entenderse realizada al RGPD y la LOPDGDD y, por consiguiente, interpretado tal artículo conforme a las normas en vigor.

Junto con estas normas, también debemos tener muy presentes los documentos que ayudan a su interpretación, máxime cuando nos encontramos con una

---

361 La inversión publicitaria supuso en 2018 un 34,3% del total (1.972 millones de euros). *Vid.*, PWC e IAB Spain, «Inversión publicitaria en medios digitales 2018», Abril de 2019.

362 *Vid.*, BOE núm. 166, de 12 de julio de 2002.

363 Considerando 30° RGPD: «*Las personas físicas pueden ser asociadas a identificadores en línea facilitados por sus dispositivos, aplicaciones, herramientas y protocolos, como direcciones de los protocolos de internet, identificadores de sesión en forma de cookies u otros identificadores, como etiquetas de identificación por radiofrecuencia. Esto puede dejar huellas que, en particular, al ser combinadas con identificadores únicos y otros datos recibidos por los servidores, pueden ser utilizadas para elaborar perfiles de las personas físicas e identificarlas*».

materia tan antigua y que, en muchos casos, ha quedado desfasada. En este sentido los dos elementos esenciales son: **(i)** los Dictámenes del GT29 sobreuso de las cookies y sobre la excepción del consentimiento en las cookies y **(ii)** la reciente Guía de mayo de 2024 de la AEPD sobre el uso de las *cookies*[364].

A nivel europeo, la regulación de las *cookies* no ha sufrido un nivel de armonización tan alto como otras cuestiones en materia de protección de datos toda vez que a nivel europeo la norma que las regula —todavía— es una Directiva (la Directiva 2002/58) que ha sido traspuesta en los diferentes Estados miembros conforme a sus criterios y con el simple requisito de respetar el nivel mínimo de regulación que impone la Directiva 2002/58 (denominada la «*ePrivacy Directive*») y que ha sido transpuesta en nuestro ordenamiento, entre otras normas, fundamentalmente en materia de *cookies* en la LSSICE (art. 22).

El objetivo de la Directiva 2002/58 es armonizar las distintas disposiciones de los Estados miembros de tal forma que se garantice un nivel equivalente de protección de los derechos y libertades de los individuos, en particular el derecho a la intimidad, en lo que respecta del tratamiento de los datos personales en el sector de las comunicaciones electrónicas, así como la libre circulación de tales datos y de los equipos y servicios de comunicaciones electrónicas en la UE[365].

En cualquier caso, lo primero y fundamental es tener claro cuándo nos encontramos ante una cookie denominada «técnica» y cuando no. Al resto de las *cookies,* que no son de las denominadas técnicas —puesto que todas al fin y al cabo son elementos técnicos— las denominaremos a efectos de facilitar su análisis «cookies publicitarias». Estas últimas son las *cookies* en las que nos vamos a centrar en el presente capítulo, por ser las que requieren la observación del cumplimiento de la normativa de protección de datos personales, en particular del consentimiento informado.

II. CONCEPTO, TIPOS Y FUNCIONES

A. *¿Qué es realmente una cookie?*

Una ***cookie*** —o «galleta informática»— es un pequeño archivo de texto en formato electrónico —un *script*[366]— que es enviado por un servidor de un sitio

---

364 *Vid.,* AEPD, «Guía sobre el uso de las cookies», mayo 2024, disponible en https://www.aepd.es/guias/guia-cookies.pdf

365 *Vid.,* art. 1 de la Directiva 2002/58.

366 Un «script» (literalmente, del inglés «guion» o «texto») es un archivo de órdenes; un programa informático simple almancenado en un archivo de texto plano («txt»).

web a los ordenadores de los usuarios que visitan esos sitios web. La *cookie* queda almacenada en el navegador del usuario que ha realizado la visita de manera que el sitio web puede consultar la actividad previa del navegador y, de esta forma, conocer el comportamiento y visitas del usuario que utiliza el navegador. Son, en definiva, cualesquiera dispositivos de almacenamiento y recuperación de datos («*DARD*») incorporados en cualesquiera equipos terminales de los destinatarios[367].

Las *cookies* se emplean generalmente para prestar **funciones de naturaleza técnica,** como ofrecer las *websites* correctamente en todos sus elementos o reducir el tiempo de respuesta de la navegación, esto es, prestar funciones tales como *(i)* recordar accesos (conocer si ese usuario ya ha visitado la página antes para actuar en consecuencia, por ejemplo, mostrándole o no cierto contenido, ofreciendo el contenido en un idioma concreto, etc.); o *(ii)* mantener la seguridad de los usuarios mientras están conectados tras iniciar su sesión a través del navegador, por ejemplo; pero las *cookies* también se pueden emplear para *(iii)* conocer información sobre los hábitos de navegación del usuario y ofrecerles publicidad más precisa, entre otros.

B. Tipos de cookies

Las cookies se pueden clasificar en función de diferentes criterios. A continuación realizamos una clasificación sencilla y con ejemplos:

1. Por su naturaleza

Las cookies son todas de naturaleza técnica pues, al fin y al cabo, son un *script*. No hay que confundir su naturaleza con su finalidad o función.

2. Por el responsable de la misma

Las *cookies* pueden ser **propias** o de **terceros.** Las *cookies* propias son colocadas directamente por el operador de la *website* visitada por el usuario (habitualmente el responsable del tratamiento) y permiten a este operador publicitar sus propios productos o personalizar su *website* en función de la información recopilada con la *cookie.*

---

367 El anexo de la LSSICE define como «*Destinatario del servicio*» o «*destinatario*» a la «*persona física o jurídica que utiliza, sea o no por motivos profesionales, un servicio de la sociedad de la información*».

Las *cookies* de terceros, en cambio, son enviadas por un tercero —diferente del operador de la *website*— y colocadas bien por el operador de la web siguiendo las instrucciones del tercero o bien directamente por el tercero en aquellos casos en los que el operador permita a éste acceder al hosting de su web.

En aquellos casos en los que nos encontremos en presencia de *cookies* de terceros y que, por tanto, esos terceros determinen los fines y medios del tratamiento de datos a los que se accede y recopila a través de tales *cookies*, los terceros serán considerados responsables del tratamiento a todos los efectos del RGPD.

3. Por la finalidad o función que desempeñan o su finalidad

Las cookies pueden ser, (*i*) **técnicas**, (*ii*) **de preferencias o personalización**, (*iii*) **analíticas o de medición**, y (*iv*) de **publicidad**; ello sin perjuicio de que existen cookies que pueden realizar al mismo tiempo más de una función o finalidad («*cookies polivalentes*»[368]) siendo recomendable el uso de una *cookie* para cada finalidad[369], porque, de lo contrario, si el usuario rechaza una finalidad de una cookie polivalente —o acepta una y otra no— la cookie no puede usarse —salvo que el sistema permita tal diferenciación de finalidades— y a *sensu contario*, si las de naturaleza técnica también se usan para fines no técnicos, deberán cumplir la normativa como un todo[370].

a. Cookies técnicas

Se considera que son *cookies* técnicas, y por ello están exceptuadas del cumplimiento de las obligaciones establecidas en el art. 22.2 LSSICE (siguiendo el art. 5.3.II de la ePrivacy Directive), aquellas *cookies* que se emplean con la finalidad de (*i*) «*permitir únicamente la comunicación entre el equipo del usuario y la red*» y (*ii*) «*estrictamente prestar un servicio expresamente solicitado por el usuario*»[371], entendemos que en base a un interés legítimo —aunque nada se dice el art. 22.2 LSSICE, sí, en cambio, la Directiva[372]— puesto que si fuera un servicio comercial poco sen-

[368] En cuyo caso quedaría exceptuada del ámbito de aplicación del art. 22.2 LSSICE para las finalidades técnicas pero no para el resto. *Vid.*, AEPD, «Guía sobre el uso de las cookies», noviembre 2019, pág., 10, disponible en: https://www.aepd.es/media/guias/guia-cookies.pdf

[369] *Vid.*, ARTICLE 29 DATA PROTECTION WORKING PARTY, «Opinion 04/2012 on Cookie Consent Exemption», adopted on 7 june 2012 (00879/12/EN; WP 194), pág., 6.

[370] *Vid.*, AEPD, «Guía sobre el uso de las cookies», noviembre 2019, págs., 10 a 12, disponible en: https://www.aepd.es/media/guias/guia-cookies.pdf

[371] *Ibíd.*, pág. 9.

[372] *Vid.*, art. 5.2 de la Directiva 2002/58.

tido tendría dejar fuera este tipo de elementos. No obstante, es recomendable informar, al menos, a los usuarios de la existencia de estas cookies.

Las cookies que podríamos encuadrar en estas características serían, siguiendo al GT29[373]: (*i*) las cookies de «*entrada del usuario*» o registro; (*ii*) las *cookies* de autenticación o identificación de usuario (únicamente de sesión); (*iii*) las *cookies* de seguridad del usuario; (*iv*) las *cookies* de sesión de reproductor multimedia; (*v*) las cookies de sesión para equilibrar la carga; (*vi*) las *cookies* de personalización de la interfaz de usuario; y (*vii*) ciertas *cookies* de complemento (*plug-in*) para intercambiar contenidos sociales.

La Guía 2019 de la AEPD sobre el uso de *cookies*, por su parte, identifica como *cookies* técnicas todas aquellas que el editor de la página web utiliza para permitir la gestión y operativa de la misma, por ejemplo, los siguientes tipos: (*i*) aquellas que sirven para controlar el tráfico y la comunicación de datos; (*ii*) identificar la sesión; (*iii*) acceder a partes de acceso restringido; (*iv*) recordar los elementos que integran un pedido; (*v*) gestionar el pago; (*vi*) conttrlar el fraude vinculado a la seguridad del servicio; (*vii*) realizar la solicitud de inscripción o participación en un evento; (*viii*) contar visitas del software con el que funciona el servicio (web, plataforma o aplicación); (*ix*) utilizar elementos de seguridad durante la navegación; (*x*) almacenar contenidos para la difusión de vídeos o sonido o habilitar contenidos dinámicos; y (*xi*) compartir contenidos a través de redes sociales. También se consideran *cookies* técnicas aquellas que permiten la gestión eficaz de los espacios publicitarios en las páginas web, plataformas o aplicaciones como un elemento de maquetación o diseño sin que se recopile información de los usuarios con otros fines[374].

> Algunos ejemplos prácticos de este tipo de *cookies* serían, por ejemplo, la cookie «PHPSESSID». Una cookie que se usa en lenguaje de programación «PHP», encriptado, para permitir que las variables de sesión del usuario sean guardadas en el servidor web del *site* de tal forma que pueda funcionar la web. Lo mismo ocurre con «COOKIE_ACCEPT», también usada por PHP y que permite saber si un usuario ha aceptado previamene las cookies del sitio web en cuestión. Otro ejemplo de este tipo te cookies pero que funciona con otro tipo de lenguaje de programación —en este caso con «JAVA»— es «JSESSIONID».

---

373 *Vid.*, ARTICLE 29 DATA PROTECTION WORKING PARTY, «Opinion 04/2012 on Cookie Consent Exemption», adopted on 7 june 2012 (00879/12/EN; WP 194).

374 *Vid.*, AEPD, «Guía sobre el uso de las cookies», noviembre 2019, pág., 12, disponible en: https://www.aepd.es/media/guias/guia-cookies.pdf

Frente a las *cookies* técnicas se sitúan el resto y que deben cumplir la normativa de cookies, esto es, consentimiento e información transparente. En definitiva, serían todas aquellas cuya misión y función no es meramente técnica y, por tanto, no son imprescindibles para que funcione adecuadamente la Red; esto es, se definen por contraposición a las técnicas (una *cookie* publicitaria es toda aquella que no sea una *cookie* técnica). En este grupo nos encontramos las cookies de personalización, las analíticas y las de publicidad.

b. Cookies de preferencias o de personalización

Son aquellas que permiten recordar información para que el usuario acceda al servicio con determinadas características que pueden diferenciar su experiencia de la de otros usuarios. Aquí nos encontramos con cookies, por ejemplo, como las que sirven para (*i*) ofrecer la página en un idioma u otro[375], o (*ii*) para mostrar un número de resultados cuando el usuario realiza una búsqueda en la web, o (*iii*) aquellas que modifican el aspecto o contenido de la página web en función del tipo de navegador a través del cual el usuario accede o del país desde donde accede[376].

c. Cookies analíticas o de medición

Son aquellas que permiten al responsable el seguimiento y el análisis del comportamiento de un usuario ante una página web, plataforma o aplicación para, con esa información, aplicarla a diferentes fines: mejorar los servicios, conocer cuáles son las noticias más leídas en el caos de un medio de comunicación, mejorar el proceso de decisión de compra, conocer la ubicación de los usuarios, o, incluso elaborar perfiles de navegación y conocer las preferencias de los usuarios para ofrecerles productos y servicios personalizados. También permiten la cuantificación de los impactos de los anuncios[377].

---

[375] Hay que matizar que si el usuario es quien realiza la acción de solicitar un idioma, por ejemplo pinchando en el icono de «EN» para transformar la página en su versión inglesa, estaríamos ante un servicio «estrictamente solicitado por el usuario» y, por tanto, esta cookie estaría exceptuada del cumplimiento del art. 22.2 LSSICE.

[376] *Ibíd.*, pág. 12.

[377] Necesarios para conocer el retorno de la inversión publicitaria –*Return Over Investments* (ROI)–.

Aquí las más habituales en casi todas las páginas web o plataformas son las *cookies* de *Google Analytics*[378], como «__ga,__utma, __utmb, __utmc, __utmz» pero puede haber otras, por ejemplo de YouTube («_ga, consent, pref, YSC, sgl»), Taboola[379] («taboola_session_id, t_gid,DNT, taboola_select, taboola_fp_td_user_id, t_gid, t_pid») o Outbrain[380] («OB_ADV_ID, PAGE_VIEW», o, incluso, personalizadas para cada responsable.

El GT29 ha dicho de las cookies analíticas que, aunque no están exentas del deber de obtención del consentimiento, es «*poco probable que representen un riesgo para la privacidad de los usuarios siempre que se trate de cookies de primera parte*[381], *que*

378 Google Analytics es una herramienta de Google (Alphabet, Inc.) que permite conocer cómo interactúan los usuarios con los sitios web de internet. Para ello, Google Analytics emplea unas etiquetas creadas en lenguaje JavaScript («bibliotecas») que permiten registrar información de la página que ha visitado el usuario. Las bibliotecas JavaScript emplean cookies basadas en lenguaje HTTP para recuperar el comportamiento de un usuario en un site. Google admite tres bibliotecas de JavaScript para registrar el uso de los sitios web, esto es: «*gtag.js*», «*analytics.js*» y «ga.js». Algunas de las cookies empleadas por Google Analytics son: «*_ga*» o «*_gid*» para distinguir usuarios; «_gat» para limitar el porcentaje de solicitudes; «*AMP_TOKEN*», incluye un token que se puede utilizar para recuperar un ID de cliente del servicio de IDs de cliente de AMP; o «*_gac_<property-id>*» que proporciona información de la campaña publicitaria respecto de un usuario. También destacan «_ _*utma*», para distinguir usuarios y sesiones; «_ _*utmt*», que se usan para limitar el porcentaje de solicitudes; «_ _*utmb*», para determinar nuevas sesiones o visitas; «_ _*utmz*», almacena la fuente de tráfico o la campaña que explica como ha llegado el usuario al site; «_ _*utmx*», para determinar la inclusión de un usuario en un experimento; o, por último, «*_opt_awcid*» que se emplea para las campañas asociadas a IDs de cliente de Google Ads. *Cfr.*, GOOGLE DEVELOPPERS, «*Uso de las cookies de Google Analytics en sitios web*», última vez consultado el 8 de enero de 2020, disponible aquí: https://developers.google.com/analytics/devguides/collection/analyticsjs/cookie-usage?hl=es

379 Taboola es una compañía de marketing digital, con orígen en EE.UU., y que cuenta con una plataforma de recomendaciones de contenidos en Internet. Más información aquí: https://www.taboola.com/es

380 Outbrain es una compañía de marketing digital, de origen norteamericano, especializada en medios de comunicación escritos («publishers» o editores), de tal forma que potencia su difusión en Internet y el descubrimiento de estos medios por parte de los usuarios en la Red. Más información aquí: https://www.outbrain.com/es/

381 Realmente se refiere al tipo de datos que recuperan tales *cookies*. Los datos se pueden clasificar en tres tipos en función del origen de la fuente de la que provienen, a saber: (*i*) los «First Party Data» («*datos de primera mano*») son aquellos que obtiene el responsable directamente, a través de sus propias fuentes, por ejemplo, a través de su CRM, de sus redes sociales, de su página web, etc.; (*ii*) los «*Second Party Data*» («*datos de segunda mano*») son obtenidos por intercambio con otros responsables que nos los ceden, por ejemplo, una compañía hoteles que se aloja en Booking.com y los datos que obtiene Booking.com de sus usuarios se los cede; y, por último, (*iii*) los «*Third Party Data*» («*datos de tercera mano*») que se obtienen, generalmente, de empresas proveedoras de datos y que pueden adquirirse a gran escala.

traten datos agregados con una finalidad estrictamente estadística, que se facilite información sobre sus usos y se incluya la posibilidad de que los usuarios manifiesten su negativa sobre su utilización»[382].

d. *Cookies de publicidad o marketing*

Son aquellas que almacenan información sobre el usuario con objeto de enviarle publicidad lo más precisa posible en función de sus gustos o intereses (publicidad comportamental). La información que proporcionan estas *cookies* permite elaborar un perfil de usuario y realizar publicidad segmentada. Este tipo de cookies son las más invasivas desde el punto de vista de la privacidad de los interesados y se denominan «*de publicidad comportamental*» y consisten en aquellas que permiten a los responsables del tratamiento la gestión de los espacios publicitarios de manera óptima a partir de la recopilación de información del comportamiento del usuario durante el tiempo que está interaccionando con la web —el denominado «*journey*»—. Estos datos del comportamiento se obtienen mediante la observación continuada de los hábitos de navegación del usuario y a partir de ahí se crea un perfil particular del interesado sobre el que mostrar una publicidad concreta, también, a ese usuario. Este proceso es lo que se conoce como «*perfilado*».

Las *cookies* publicitarias también permiten al responsable recopilar información sobre los anuncios mostrados a los usuarios —por los sistemas de suministro de anuncios («*Ad-servers*»)— o conocer el resultado de las campañas de publicidad —número o de *clicks*, duración, frecuencia de visualización—.

e. *Otras*

La clasificación anterior es orientativa y está basada en las cookies más frecuentes empleadas por los responsables. Sin embargo, pueden existir otras categorías en función de otro tipo de cookies que utilicen los responsables.

Así, por ejemplo, cada vez se usan más las denominadas «**cookies de seguimiento**». Estas cookies ya existían, sin embargo, se ha reforzado en cuanto a su uso gracias a la aparición de nuevos métodos de seguimiento reemplazando los previos y resultando mejor para los nuevos modelos digitales si bien incrementando el riesgo para la protección de datos al mismo tiempo. Entre los nuevos sistemas de seguimiento, destacan, entre otros, (i) el URL and pixel tracking, (ii) el local processing; (iii) el tracking based on IP only; (iv) el intermittent and

---

382 *Ibíd.*, pág, 12.

mediated Internet of Things (IoT) reporting; y (v) el unique identifier (la guía aborda cada uno detalladamente).

Si bien el art. 5(3) de a ePrivacy Directive está bien asentado e implementado,

para algunas tecnologías de seguimiento como las cookies descritas, es necesario abordar las ambigüedades relacionadas con la aplicación de dicha disposición (fundamentalmente con las herramientas emergentes).

De esta manera, el CEPD ha querido arrojar más luz sobre este asunto y así ha publicado una guía sobre el alcance del art. 5(3) de la ePrivacy Directive, en particular sobre las diferentes soluciones técnicas que pueden adoptar los responsables y encargados del tratamiento para dar cumplimiento al deber de informar y obtener el consentimiento previo (se trata de una ampliación de la opinión 9/2014 del GT29 sobre la toma de huellas dactilares de dispositivos).

En síntesis, la guía tiene como objetivo proporcionar una comprensión clara de las operaciones técnicas cubiertas por el artículo 5(3) ePrivacy Directive y con este fin, identifica tres elementos clave en la aplicación de la ePrivacy Directive, a saber: (i) información; (ii) equipo terminal de un abonado o usuario; y (iii) obtener acceso y almacenamiento de información e información almacenada. Por lo detallado y extenso del análisis de cada uno de estos elementos, me remito a lo recogido en dicha guía.

4. Por la duración

Las *cookies* pueden ser **de sesión** o **persistentes**. Las primeras están diseñadas para recopilar datos y almacenarlos mientras el usuario accede a la página web en cuestión. Se suelen utilizar para almacenar información que solo interesa conservar para la prestación de un servicio en un momento dado, que coincide con la sesión, por ejemplo, una lista de productos de una cesta de una compra. Se eliminan automáticamente al terminar la sesión.

Las *cookies* persistentes, en cambio, guardan los datos de manera permanente en el dispositivo del usuario y pueden ser accedidas y tratadas durante el período definido por el responsable de la *cookie* —minutos o años—. Esta últimas solo desaparecen de manera previa al período de caducidad, si el usuario es proactivo y las borra del navegador web accediendo a sus ajustes.

Al ser más invasivas para la privacidad de los interesados, las persistentes se recomienda que se usen cuando específicamente sea necesario y por el tiempo mínimo imprescindible para cumplir la finalidad[383]. De manera que hay que op-

---

383 *Vid.*, ARTICLE 29 DATA PROTECTION WORKING PARTY, «*Opinion 04/2012 on Cookie Consent Exemption*», adopted on 7 june 2012 (00879/12/EN; WP 194), pág., 5

tar en primer lugar por las cookies de sesión para reducir al mínimo los riegos para la privacidad.

5. Por el tiempo de tecnología que emplean

Las *cookies* pueden ser (*i*) ***Flash Cookies*** —emplean tecnología *Adobe Flash*—[384]; (*ii*) ***JavaScript*** —emplean el lenguaje de programación *JavaScript*—; (*iii*) ***HTML5*** —emplean este lenguaje de programación—, etc.

Junto con las cookies como «*dispositivos de almacenamiento y recuperación de datos*», también existe una tecnología denominada ***tracking pixel*** o pixel de monitorización. Un *tracking pixel* —también denominado «tracking bug» o «web beacons»— es un fragmento de código (HTML o *javascript)* en forma de pequeña imagen —inapreciable a la vista por su tamaño y color, generalmente de un único *pixel* transparente— que se coloca en el sitio web para activar una *cookie* que recoge información sobre la visita de un usuario, fundamentalmente para monitorear la actividad del usuario en la web —permite registrar información que el navegador del interesado facilita al descargar el pixel proporcionando datos como la dirección IP, el sistema operativo, la versión del navegador, etc[385].

Los píxeles de seguimiento han evolucionado desde pequeñas imágenes del tamaño de un píxel en páginas web con fines de seguimiento hasta incluir una amplia gama de HTML y JavaScript integrados en sitios web (y correos electrónicos).[6] Los píxeles de seguimiento pueden ocultarse a la vista y pueden rastrear y enviar todo tipo de datos personales, como la forma en que un usuario interactúa con una página web, incluidos elementos específicos que un usuario ha comprado o información que los usuarios han escrito en un formulario mientras estaban en el sitio.[7] Las empresas a menudo quieren usarlos para rastrear el comportamiento del consumidor (páginas vistas, clics, interacciones con anuncios) y orientar anuncios a usuarios que tienen más probabilidades de interactuar o comprar algo en función de ese comportamiento en línea anterior.

---

384 También se las denomina «Local Shared Objects»: «*son un tipo de cookies que pueden almacenar mucha más información que las cookies tradicionales. Además, al ser independientes del navegador utilizado son más difíciles de localizar, visualizar o borrar y pueden utilizarse, por ejemplo, para generar cookies estándar*». *Vid.*, AEPD, «Guía sobre el uso de las cookies», noviembre 2019, pág., 8, disponible en: https://www.aepd.es/media/guias/guia-cookies.pdf

385 Se descargan al visitar una web pero no en el navegador sino que están almacenadas en un segundo sitio desde donde acceden a toda la información. *Ibíd.*, pág., 8.

En cuanto a su funcionamiento, las empresas interesadas en el seguimiento de píxeles deben elegir primero un proveedor de seguimiento de píxeles. Luego, el proveedor generará un píxel de seguimiento, un pequeño fragmento de código que se colocará en el sitio web o anuncio y definirá sus objetivos de seguimiento, como compras, clics o páginas vistas. Luego, la empresa utilizará alguna versión de un panel o interfaz con el proveedor para rastrear, probar y perfeccionar su configuración. El seguimiento de píxeles se puede monetizar de varias formas. Una forma de monetizar el seguimiento de píxeles es que las empresas utilicen los datos de seguimiento recopilados para mejorar sus propias campañas de marketing. Los datos se pueden utilizar para dirigirse a audiencias más específicas con anuncios y otros mensajes de marketing. Otra es que las empresas pueden monetizar los datos recopilados optimizando aún más sus propios sistemas de orientación de anuncios y cobrando a otras empresas por utilizar sus ofertas publicitarias.[9]

Los principales riesgos para la privacidad y protección de datos pasan por (i) Uso generalizado de píxeles invisibles que los consumidores no pueden evitar. Es posible que los controles tradicionales, como el bloqueo de cookies de terceros, no impidan por completo que los píxeles recopilen y compartan información.[10] Además, es posible que muchos consumidores no se den cuenta de que existen píxeles de seguimiento porque están integrados de forma invisible en las páginas web con las que los usuarios pueden interactuar. Los píxeles se consideran ampliamente una herramienta estándar de la industria, pero los ejemplos de GoodRx y BetterHelp muestran que pueden recopilar datos confidenciales. Los equipos académicos[11] y de informes públicos[12] han descubierto que miles de las páginas web más visitadas tienen píxeles y otros métodos que filtran información personal a terceros.

Falta de claridad en torno a la recopilación y el uso de datos. Con los píxeles se puede recopilar y compartir cualquier tipo de información personal y de identificación.[13] De hecho, la información recopilada de un píxel se puede utilizar para identificar perfiles de redes sociales mediante información coincidente, como la dirección de correo electrónico de un usuario, que conecta automáticamente a un usuario con su cuenta de redes sociales en la plataforma, si tiene una. Estos terceros a menudo no saben cómo almacenan los datos y, en algunos casos, no saben qué tipo de información se rastrea y dónde se almacena.[14] Estas interacciones pueden complicarse aún más por patrones oscuros y prácticas relacionadas, que pueden generar confusión en el consumidor o intercambio no deseado.[15]

Es posible que la información personal no se elimine de manera efectiva. Algunos métodos de seguimiento de píxeles aparentemente intentan eliminar información personal pero, de hecho, aún pueden filtrar suficiente información para identificar a un individuo. Por ejemplo, algunos píxeles de seguimiento "hash" información personal para codificar información de identificación personal, como nombres o correos electrónicos,[16] lo que, según la FTC, puede ser inadecuado en algunos casos, porque los hashes pueden revertirse o usarse para vincular datos entre diferentes bases de datos.[17]

Además de las *cookies* y los *pixel,* la tercera tecnología de almacenamiento y recuperación de datos son los dispositivos con **lectores de huella** —*fingerprinting*—, **reconocimiento de voz** o sistemas de **reconocimiento facial**. Estos sistemas identifican los dispositivos electrónicos de cada individuo y al acceder a la información de éstos acceden a la nuestra también una vez que concedemos permisos de privacidad a las aplicaciones —apps— que instalamos en ellos. Hoy en día todos tenemos dispositivos personales —teléfonos, tabletas, ordenadores personales, etc.— y que éstos están registrados e identificados de manera única a través de datos como las direcciones MAC, IP[386], etc., la información y datos que se generan cuando nos conectamos a Internet permite individualizar los datos y generar perfiles de usuarios y sus hábitos entrando en el terreno de los datos personales.

Junto a éstos, también existen sistemas de monitorización asociados a los sistemas operativos de los dispositivos —como ***Apple IOS's Identifiers for Advertisers*** («IDFA») o ***Google Android's Advertising ID***[387]— que permiten monitorizar las diferentes aplicaciones usadas en nuestros terminales. Y, por si fuera poco, cada vez más aplicaciones de móvil recuperan datos de **geolocalización** del terminal como uno de los datos más preciados. Ello unido a que, salvo interés por nuestra parte en materia de privacidad, las apps se actualizarán en segundo plano lo que, en muchas ocasiones, va unido a la posibilidad de seguir recopilando datos personales de nuestra localización y uso del terminal.

Para retomar el control sobre nuestros datos es imprescindible entremos en la configuración de privacidad de cada *app* y del terminal, en general. Además, debemos saber que muchos navegadores ya permiten la **navegación en modo «privado»** lo que implica que le navegador no almacenará las cookies, el historial, búsquedas o archivos descargados (aunque no todos los modos de navegación

---

386 Las direcciones IP, tanto dinámicas como estáticas son un dato personal a los efectos del RGPD, toda vez que un proveedor de servicios de Internet es capaz de conectar la dirección IP con un usuario particular, *Vid.*, STJUE (Sala Tercera) de 24 de noviembre de 2011, asunto *Scarlet Extended* (C-70/10). Una dirección IP es un conjunto de números, agrupados en bloques, que se asignan a un dispositivo electrónico conectado a Internet a través del protocolo TCP/IP y que sirven como dirección para que unos dispositivos puedan comunicarse con otros a través de la Red (por ejemplo: *168.192.22.1*). Una dirección IP puede revelar quién es el Proveedor de Servicios de Internet y cual es la localización física del dispositivo, sin perjuicio de las particularidades respecto de las IP dinámicas o las cuestiones de localización de IP situadas virtualmente en otro lugar que donde realmente está el dispositivo (a través de servicios VPN y asimilados). Como recordar ese conjunto de número es complicado para los usuarios de Internet, lo que hace es convertir o traducir (mediante un servidor DNS) la dirección IP en un nombre de dominio o URL; así, cuando accedemos a https://medialaw.digital en realidad estamos accediendo a una dirección IP que es 46.231.127.15 (en la fecha que se hizo la consulta).

387 *Vid.*, U.S. Federal Trade Commission, Complaint number 152 3099, In the Matter of *Turn Inc., a corporation,* section 7.

privada funcionan de manera idéntica). En cualquier caso, las *cookies* empleadas durante la navegación privada también comunican ciertos datos del usuario por lo que no son un medio efectivo para salvaguardar eficazmente nuestra privacidad, sin olvidar la información de los sistemas complementarios como el *fingerprinting*.

Otra medida pasa por emplear las denominadas «***opt-out cookies***» que ciertos sites y plataformas de publicidad permiten almacenar para que tu navegador les indique no que no usen información de navegación de un usuario para ofrecerle publicidad, por ejemplo. Similar a éstas, están los sistemas «***Do Not Track***» que algunos navegadores facilitan para indicar a las *websites* que uno no quiere ser monitorizado. Por último, existen *plug-ins* que bloquean la monitorización de las *cookies* («*tracker blocker*», por ejemplo).

III. CONSENTIMIENTO Y COOKIES

A. *Confidencialidad y necesidad de consentimiento previo*

La Directiva 2002/58 parte del **principio de confidencialidad** y **necesidad del consentimiento previo** respecto de las comunicaciones, de tal forma que exige a los Estados miembros que garanticen, a través de la legislación nacional, la confidencialidad de las comunicaciones, y de los datos de tráfico asociados a ellas, realizadas a través de las redes públicas de comunicaciones y de los servicios de comunicaciones electrónicas disponibles al público.

Además, prohíbe, en particular, la escucha, la grabación, el almacenamiento u otros tipos de intervención o vigilancia de las comunicaciones y los datos de tráfico asociados a ellas por personas distintas de los usuarios, sin el consentimiento de los usuarios interesados, salvo cuando dichas personas estén autorizadas legalmente a hacerlo.

Para que se pueda recopilar y almacenar información a través de *cookies* de los terminales de los interesados es necesario que éstos hayan sido informados clara y completamente de los datos que se recopilan, fines del tratamiento y demás requisitos conforme al art. 22.2 LSSICE pero también en los términos del RGPD (en particular los arts. 7 y 9) y la LOPDGDD, esto es, que los interesados otorguen un consentimiento informado; así como que el responsable permita al interesado ejercitar sus derechos, en particular su derecho de oposición al tratamiento[388].

---

[388] *Vid.*, art. 5.3 de la Directiva 2002/58.

Si analizamos en detalle el artículo 22.2 LSSICE, éste está articulado en torno a tres puntos: (i) el primero, la regla general, que conlleva que pueden emplearse cookies siempre y cuando se haya obtenido el consentimiento libre e informado del usuario —primer párrafo—; (ii) el segundo, la excepción, la posibilidad —cuando sea técnicamente posible y eficaz— de obtener el consentimiento del interesado para el uso de cookies mediante el uso de los parámetros del navegador o de otras aplicaciones —segundo párrafo—; y (iii) la excepción de las cookies técnicas que no requieren de consentimiento —tercer párrafo—.

El consentimiento prestado para este fin debe ser libre y fruto de una acción proactiva —no ambigua— del usuario. El informe del CEPD a tal efecto[389] entendía que era necesario en todo caso «*una acción positiva u otro comportamiento activo*» del usuario, siempre y cuando hubiera sido correctamente informado de las implicaciones de ello; y, permitía, el consentimiento tanto (*i*) mediante la acción de hacer click en un botón, link o marcando una casilla, como (ii) mediante el cierre del pop-up ofrecido al acceder a la página web que contenía la información sobre cookies o, incluso, (iii) «mediante cualquier otro comportamiento activo por el que un operador de una página web pudiera de manera no ambigua concluir que ello significaba un consentimiento específico e informado»[390]. Esto se interpretó de tal forma que el hecho de que una vez el usuario accediera a una web y saltase el pop-up con la primera capa de información sobre cookies, el hecho de que el usuario continuara navegando, implicaba que prestaba su consentimiento específico e informado para el uso de cookies.

La actual guía de 2019 de la AEPD sobre el uso de las cookies, por su parte, ha venido a interpretar esta cuestión de tal forma que toda ella sea conforme tanto con el RGPD como con la LOPDGDD. En este sentido, permite que el consentimiento se obtenga (i) mediante fórmulas expresas; (ii) haciendo click en un apartado que indique «consiento», «acepto» u otros términos similares; o (iii) infiriéndolo de una acción inequívoca realizada por el usuario «en un contexto en que a éste se le haya facilitado información clara y accesible sobre las finalidades de las cookies y de si van a ser utilizadas por el mismo editor y/o por terceros, de forma que quepa entender que el usuario acepta que se instalen» y —añade— «en ningún caso la mera inactividad del usuario implica la prestación del consentimiento por sí misma»[391].

---

389 *Vid.*, GT29, «Working Document 02/2013 providing guidance on obtaining consent for cookies», Adopted on 2 October 2013 (1676/13/EN; WP 208), pág., 4.

390 *Ibíd.*, pág., 4.

391 *Vid.*, Agencia Española de Protección de Datos (AEPD), «Guía sobre el uso de las cookies», noviembre 2019, pág., 23, disponible en: https://www.aepd.es/media/guias/guia-cookies.pdf

En cuanto a la necesidad de que el consentimiento sea otorgado de manera libre e informada, la guía proporciona una serie de orientaciones —algunas con poco éxito puesto que confunden más que aclaran— sobre la obtención de dicho consentimiento, a saber[392]:

1. La forma en la que se preste el consentimiento puede variar de unos responsables a otros.

Por ejemplo, que el interesado haga click o conductas homologables. Ahora bien, precisa que la obtención del consentimiento mediante una conducta de los usuarios es admisible siempre que las circunstancias en las que ocurra otorguen suficiente certeza al responsable de que se están prestando un consentimiento inequívoco e informado (sin perjuicio de las dificultades probatorias de su obtención que tiene para el responsable, que es otra cuestión).

2. El interesado debe haber realizado algún tipo de acción proactiva por su parte en la prestación de tal consentimiento.
3. El usuario debe haber sido informado previamente y con claridad acerca de qué concreta acción suya conlleva la aceptación de las cookies (por ejemplo, «si continúa navegando por la página web, entiendo por tal que realiza un "scroll" hacia abajo» o «si hace click en uno de nuestros contenidos...».

Sin perjuicio de lo anterior, aquí es donde la guía —en nuestra opinión— confunde y al mismo tiempo aclara —si se lee entre líneas y se interpreta con el resto de normativa—. Y ello porque en este punto trata de aclarar la cuestión mediante un texto[393] que lejos de lograr su fin lo que sí pone de relieve son las series dudas que existen sobre la posibilidad de que continuar navegando o cualquier otra conducta del usuario que no sea expresa y activamente consentir el uso de las *cookies* (es decir, un consentimiento implícito) sea equiparable a la prestación del consentimiento en los términos del RGPD. Es más, en nuestra opinión, una interpretación conforme de la Directiva 2002/58 con el RGPD impide que el consentimiento para el uso de cookies se pueda prestar de manera implícita. En esta idea incide más adelante en relación con los «*modos de prestar el consentimiento*»[394].

---

392 *Ibíd.*, págs., 23 y 24.

393 «En cualquier caso, la consulta de la segunda capa informativa si la información se presenta por capas, así como la navegación necesaria para que el usuario gestione sus preferencias en relación con las cookies no es una conducta activa de la que pueda derivarse la aceptación de cookies». *Ibíd.*, pág. 23.

394 *Ibíd.*, págs., 25 y 26

En este sentido se ha posicionado la propia AEPD en su resolución en el asunto ***Vueling Airlines***[395]. A mayor abundamiento, la definición de consentimiento del RGPD[396] se sitúa lejos de consentimientos implícitos o tácitos y exige una «*declaración*» o una «*clara acción afirmativa*» lo que no casa con seguir navengando ya que esta acción no tiene por qué indicar de manera clara y afirmativa que se aceptan unas *cookies* —por mucha información que se le entregue al interesado— y simplemente ser el resultado del interés del usuario de continuar visitando la página, pero no al coste de ser monitorizado o analizado, por poner dos ejemplos.

Es curioso que la propia Agencia haya sacado una guía en estos términos «*validando*» en cierta manera un sistema de obtención del consentimiento para el uso de cookies que es continuista respecto de la anterior regulación, la previa al RGPD. Regulación que por una mera cuestión de primacía y jerarquía de fuentes de Derecho europeo implica que todo lo que no sea conforme al nuevo modelo de protección de datos personales —plasmado en el RGPD como norma fundamental y básica en la materia— no ha lugar.

4. El usuario, en todo caso, debe poder negarse a aceptar las cookies.
5. La información que se proporcione al interesado a los efectos de que pueda prestar su consentimiento para el uso de cookies debe estar separada de la información que se ofrezca sobre otras cuestiones.
6. La aceptación de la política de cookies debe ir separada de la aceptación del aviso legal, o los términos y condiciones de uso de la página web, plataforma o aplicación.
7. Que cuando las cookies se usen en un entorno en el que el RGPD exige el consentimiento explícito (es decir, en materia de datos sensibles del art. 9; en materia de elaboración de perfiles del art. 22.2.c); y en materia de transferencias internacionales —art. 49.1.a)— en ausencia de una decisión de adecuación o de garantías adecuadas) no cabe obtenerlo con sistemas tipo «seguir navegando».

En la línea de lo expuesto se manifiesta la autoridad de control inglesa en la materia —la *Information Commissioner's Office* («ICO»)—. En su guía sobre el uso de las *cookies*[397], no recoge, a diferencia de la guía de la AEPD, la posibilidad de

---

395 *Vid.*, Resolución de la AEPD número R/00499/2019 en el Procedimiento Sancionador número PS/00300/2019, asunto *Vueling Airlines*.

396 *Vid.*, art. 4.11 RGPD: «"consentimiento del interesado": toda manifestación de voluntad libre, específica, informada e inequívoca por la que el interesado acepta, ya sea mediante una declaración o una clara acción afirmativa, el tratamiento de datos personales que le conciernen».

397 *Cfr.*, Information Commissioner's Office («ICO»), «*Guidance on the use of cookies and similar technologies*», *ICO*, July 3rd, 2019 (versión 1.0.39), fecha de la última consulta 26.01.2020, dis-

entender otorgado en consentimiento para el empleo de *cookies* —conforme a la normativa— mediante el simple hecho de seguir navegando y haber informado al usuario en la primera capa de que esta acción «*equivale a prestar el consentimiento*». Es más, en el ejemplo que pone cuando trata el uso de casillas pre-marcadas para el uso de cookies, expresamente indica que es necesario el consentimiento o una acción positiva previa del usuario para entender que ha dado su consentimiento y que ello sea válido para entender prestado el consentimiento adecuadamente[398].

Las autoridades francesas —*Commission Nationale de l'Informatique et des Libertés* («CNIL»)— y alemanas[399], al igual que el ICO, enfatiza que el consentimiento libre y específico debe ser concedido libremente y de manera indubitada por el usuario de manera previa al uso de cookies. Además, estas autoridades también destacan que el hecho de que un usuario continúe navegando no es equivalente a la prestación del consentimiento preceptivo[400].

Todo ello deja en evidencia el criterio de la AEPD que se aparta del espíritu y letra del RGPD y lo regulado por sus homólogos a nivel europeo, intuyéndose que ello pueda ser debido a las diferentes presiones que algunos grupos de inte-

---

ponible en: https://ico.org.uk/for-organisations/guide-to-pecr/cookies-and-similar-technologies/

398 «Example: A website sets non-essential cookies on its landing page. Its cookie consent mechanism includes wording such as "By continuing to use our website, you consent to our use of cookies". This does not represent valid consent, even if the mechanism also includes an "OK" or "Accept" button»., *Ibíd.,* pág., 32.

399 Alemania no tiene una Autoridad central de protección de datos, sino varias Autoridades diferentes para cada uno de los diez y seis *Länder* que son responsables de garantizar que se cumplan las leyes y regulaciones de protección de datos. En cambio, si cuenta con una autoridad especializada para la protección de datos en materia de telecomunicaciones, la Autoridad de Protección de Datos para Proveedores de Servicios de Telecomunicaciones, denominada la «Comisión Federal alemana para la Protección de Datos y la Libertad de Información» (*Bundesbeauftragte für Datenschutz und Informationsfreiheit* «BfDI»), y representante aleman en el CEPD. Para garantizar que todas las autoridades tengan el mismo enfoque y coherencia, se ha creado un comité compuesto por miembros de todas las Autoridades: la «Conferencia de Protección de Datos» (*Datenschutzkonferenz* «DSK»).

400 «Le fait de continuer à naviguer sur un site web, d'utiliser une application mobile ou bien de faire défiler la page d'un site web ou d'une application mobile ne constituent pas des actions positives claires assimilables à un consentement valable». *Vid.,* Commission Nationale de l'Informatique et des Libertés («CNIL»), Délibération n° 2019-093 du 4 juillet 2019 *portant adoption de lignes directrices relatives à l'application de l'article 82 de la loi du 6 janvier 1978 modifiée aux opérations de lecture ou écriture dans le terminal d'un utilisateur (notamment aux cookies et autres traceurs) (rectificatif),* JORF n°0166 du 19 juillet 2019, texte n° 92, artículo 2, disponible en (fecha última consulta 26.01.2020): https://www.legifrance.gouv.fr/affichTexte.do?cidTexte=JORFTEXT000038783337

rés españoles han ejercido en este campo más que a una correcta aplicación de la normativa de protección de datos.

A continuación, recogemos algunas de las cuestiones más relevantes en materia de *cookies* y como se han abordado a nivel europeo por las diferentes autoridades de control de los principales países europeos, fundamentalmente a través de la publicación de sendas guías sobre *cookies*[401].

Cuestión	España	Francia	U.K.	Alemania
DIVERGENCIAS				
Consentimiento implícito	Permite entender otorgado el consentimiento si continúa navegando.	No lo permite.	No lo permite.	No lo permite.
Muros de *cookies*	Están permitidos, siempre que el usuario sea informado sobre ello y que su rechazo no implique que el usuario no pueda ejercer un derecho	No están permitidos. No son conformes con la normativa.	Entiende que el consentimiento que se concede de manera forzada mediante un muro de cookies no es probable que sea válido.	No están permitidos. No son conformes con la normativa.
¿Las *cookies* analíticas requieren consentimiento?	Sí	No siempre. Algunos tipos están exceptuados	Sí. Sin excepción.	No, salvo que lleven a una transferencia de datos a terceros.
¿Es necesaria una base legal para ulteriores tratamientos de datos personales?	No especifica nada.	CNIL no sugiere que el consentimiento sea la única base legal para ulteriores tratamientos.	ICO entiende que el interés legítimo es, en muchos casos, insuficiente para ulteriores tratamientos en relación a las cookies (en particular no lo es cuando se realice perfilado). Afirma que, como quiera que el consentimiento es la clave según las reglas de ePrivacy, el consentimiento debe ser también la única base legal en el marco del RGPD.	Igual que CNIL, sugiere que el consentimiento sea la única base legal para ulteriores tratamientos.

401 *Cfr.*, VV.AA., «ICO, CNIL, German and Spanish DPA revised cookies guidelines: Convergence and divergence», *International Association of Privacy Professsionals («IAPP»)*, págs., 1 a 6, disponible en (fecha última consulta 26.01.2020): https://iapp.org/resources/article/ico-and-cnil-revised-cookie-guidelines-convergence-and-divergence/

Cuestión	España	Francia	U.K.	Alemania
Duración de las *cookies* y períodos de retención	La caducidad de las cookies debe ser proporcional al fin y la AEPD indica que el consentimiento debe ser renovado, al menos, cada dos años.	Cookies analíticas excepcionadas no excederán de 13 meses de caducidad. El resto un máximo de 25 meses.	También alude a la proporcionalidad del fin y caducidad de la *cookie*. El máximo tiempo técnico de vida de una cookie no es proporcionado. Fuera de ello, no especifica nada.	No especifican duración de las cookies, pero se inclinan por una esperanza de vida de las *cookies* lo menor posible.
SIMILITUDES				
¿Regulan solo las cookies?	No. Las cuatro autoridades han emitido una guía sobre el uso de las cookies y las «*tecnologías* similares» (i.e. pixels, software en dispositivos móviles, tecnologías de huella digital, local shared objects, etc.).			
Consentimiento en aviso legal	Aunque la autoridad alemana no comentada nada al respecto, el resto de autoridades son claras en cuanto a que los términos y condiciones del servicio o el aviso legal no son un método válido para obtener el consentimiento en el uso de *cookies*.			
Consentimiento global	El consentimiento que se obtenga debe versar sobre todos los fines para los que se vayan a emplear las *cookies*. Nuevamente la autoridad alemana no comenta específicamente en esto.			
Consentimiento granular	En términos generales están de acuerdo. CNIL, por su parte, requiere una segunda capa que permita al usuario conceder su consentimiento específico para cada fin separadamente. La AEPD requiere que la primera capa incluya un *link* a una herramienta que permita a los usuarios conceder el consentimiento granular para cada categoría de *cookies*. ICO no se manifiesta expresamente en esto, aunque puede colegiarse de otras cuestiones que lo contempla como una buena práctica, y Alemania tampoco especifica.			
¿Quién debe dar el consentimiento?	El usuario debe tener claro quién es el responsable, encargado (en su caso) y los fines y tratamientos de sus datos.			

* CNIL: Comisión Nacional de Informática y de las Libertades en Francia («**Commission Nationale de l'Informatique et des Libertés**»).

B. Modalidades de obtención del consentimiento

A la hora de elegir el modo más adecuado para obtener el consentimiento del interesado debemos tener en cuenta tres variables —afirma la guía—: (*i*) el tipo de cookies; (*ii*) la finalidad de las cookies; y (*iii*) si son propias o de terceros. Algunos de los mecanismos de obtención del consentimiento son[402]:

1. Al darse de alta en un servicio.

[402] *Vid.*, Agencia Española de Protección de Datos (AEPD), «Guía sobre el uso de las cookies», noviembre 2019, págs., 24 a 26, disponible en: https://www.aepd.es/media/guias/guia-cookies.pdf

2. Al configurar una aplicación, un sistema operativo o una página web, tanto la primera vez que se configura el sistema como todas las veces que uno quiera acceder a los ajustes y configuraciones.
3. A través de plataformas de gestión del consentimiento («Consent Management Platform» o «CMP», en inglés).

Un CMP es una herramienta que se instala en la página web, plataforma o aplicación del responsable para cumplir con las obligaciones de información y recogida del consentimiento. Para que un CMP sea confome a la normativa de protección de datos deberá cumplir una serie de requisitos: (*i*) debe crearse en un entorno coordinado y coherente; (*ii*) deben existir acuerdos o marcos contractuales entre las partes que permitan que todos cumplan los requisitos de transparencia y consentimiento válido respecto de los usuarios; y respetar las decisiones de consentimiento de los usuarios y permitir que los usuarios gestionen sus consentimiento, incluyendo su revocación; y (*iii*) los CMP deben ser periódicamente auditados o revisados para validar el cumplimiento de los requisitos.

4. Antes del momento en el que se vaya a descargar un servicio, aplicación o software ofrecido en la página web, plataforma o aplicación.

Se tratará de cookies generalmente necesarias para el funcionamiento del servicio o la aplicación. Si el interesado quiere ejercitar un derecho —por ejemplo, darse de baja del servicio de electricidad que tiene contratado— y la aplicación es la única manera de hacerlo, no puede condicionarse el acceso a la aplicación a que el usuario acepte *cookies* que no son técnicas.

5. A través de la información por capas (que se analizará más adelante[403]).
6. A través de la configuración del navegador. Opción contemplada por la Directiva 2002/58 como por la LSSICE como vehículo de obtención del consentimiento.

Para que este sistema sea válido, la configuración del navegador debe cumplir una serie de requisitos y la conformidad del usuario con el uso de *cookies* debe ser conforme al RGPD a la luz de lo interpretado por el CEPD[404]. Este punto se analizará más en detalle a continuación[405].

---

403 *Vid.*, infra IV).

404 *Cfr., Article 29 Data Protection Working Party*, «*Working Document 02/2013 providing guidance on obtaining consent for cookies*», Adopted on 2 October 2013 (1676/13/EN; WP 208).

405 *Vid., infra* III.d).

C. Cookies y consentimiento de menores de 14 años

Cuando las cookies operan en páginas web, aplicaciones o plataformas cuyos servicios están destinados a menores, las cautelas se deben extremar. En consonancia con el RGPD, el Derecho español ha establecido la edad límite para tratar datos de menores de edad en catorce años. Como regla general, sólo pueden tratarse datos de menores de edad basados en el consentimiento y siempre que éstos tengan, en España, más de catorce años. Además, para que este consentimiento prestado por un menor se entienda válidamente recabado, debe haberse informado previamente a éste en un lenguaje claro y sencillo, adecuado a su edad[406].

Por debajo de esa edad requerirá el consentimiento del titular de la patria potestad o tutela y con el alcance que tales instituciones jurídicas determinan. El responsable está obligado a verificar —«hará esfuerzos razonables para verificar...» estipula el art. 8.2 RGPD— que el consentimiento otorgado proviene de aquél que ostenta la patria potestad o tutela, teniendo en cuenta la tecnología disponible. Por ello, a la hora de llevar a cabo estas tareas el responsable debe tener en cuenta el nivel de riesgo asociado a la actividad —que generalmente vendrá dado por el tipo de datos, tratamientos y fines que se realizan respecto del menor— y deberá observar los principios del RGPD, en particular aquél sobre minimización de datos respecto del menor.

Ahora bien, no debemos olvidar que nos encontramos en presencia de menores de edad y que cuantas más cautelas se tomen mejor y más correcta es la política[407]. Ello implica que el responsable debería implementar un sistema que sea capaz de cruzar datos e información con el objetivo de controlar eficazmente que no hay un menor detrás de la pantalla al que se están dirigiendo *cookies* y que si lo está, éste es mayor de catorce años o menor pero que cuenta con el consentimiento de su padre, madre o tutor. Por tanto, el principio de minimización de datos debe entenderse en este contexto en el sentido de permitir que junto con los datos que se obtienen, estrictamente necesarios para la finalidad indicada, también se recopilen otros a los efectos de evitar situaciones en las que se está interactuando con un menor sin saberlo y para evitar intentos de falsear la información, datos erróneos, suplantaciones de padres, madres o tutores, ataques, etc.

---

406 *Vid.*, entre otros, GT29 «*Dictamen 02/2013 sobre las aplicaciones de los dispositivos inteligentes*», adoptado el 27 de febrero de 2013 (00461/13/ES; WP 202), pág., 32.

407 *Vid.*, considerando 38º del RGPD.

Caso 1: solicitar información adicional sobre los padres o tutores.

Solicitando información adicional sobre los padres o tutores (nombre, apellidos, dirección de email, copia del D.N.I. o equivalente) o solicitar a éstos la suscripción de una declaración de consentimiento. También se pueden emplear preguntas adicionales de verificación o sistemas de verificación de humanos en la Red («Captcha»[408]). Cuando mayor riesgo exista, mayores controles deberán implementarse, por lo que no hay que olvidar que quizá sea oportuno realizar una EIPD. En términos de información a menores sobre el uso de *cookies,* lo recomendable es emplear un aviso claro y sencillo en la primera capa de *cookies* en donde se informe a los menores de catorce años que si es su caso, deben avisar a su padre, madre o tutor de manera previa a seguir navegando por la página, plataforma o usando la aplicación.

Caso 2: sistema de avisos por capas (más recomendable).

En este primer caso, el menor es mayor de catorce años. En tal caso, simplemente tiene que aceptar las *cookies* o configurarlas, aunque se permite que intervengan los padres para reforzar el consentimiento. Ahora bien, si el interesado fuera menor de catorce años, al pinchar los padres o tutores en el hipervínculo «aquí» se remitiría a éstos a una segunda capa, vinculada a un breve formulario en la que deberían rellenar sus datos y los del menor imprescindibles para controlar su edad, y, seguidamente, en el propio aviso bien aceptar o bien configurar las *cookies*. En este caso el control consistirá en no permitir que se acepten o configuren las *cookies* si no se ha rellenado satisfactoriamente el breve formulario.

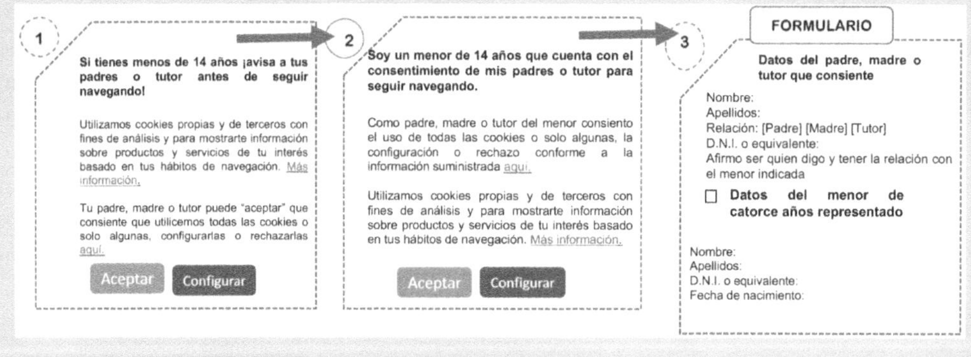

Las guías y recomendaciones de la AEPD sobre el uso de *cookies,* disponen de otros ejemplos de información sobre cookies en el caso de menores, si bien no nos parece que realmente se ajusten a la normativa toda vez que permite aceptar

[408] «Completely Automated Public Turing Test to tell Computers and Humans Apart», por sus siglas en inglés. Se trata de una prueba desafío-respuesta utilizada en computación para determinar cuándo el usuario es o no humano.

sin controlar que el interesado es mayor de catorce años y en caso contrario impedirle la aceptación sin la intermediación de los representantes legales.

En último lugar no debemos olvidar que el CEPD ya dictaminó que, en relación con los mejores, la política general de las organizaciones debe ser la de no elaborar perfiles sobre los menores en consonancia con el art. 22 del RGPD y el considerando 71°. El CEPD no considera que ello esté prohibido de manera absoluta pero si debe extremarse la cautela y prudencia y así, por ejemplo, no deben aplicarse las excepciones que el propio art. 22.2 RGPD contempla para la realización de perfilado —salvo que se trate de acciones que tengan como fin proteger su bienestar y estén acompañadas de garantías suficientes y adecuadas—[409]. También deben abstenerse de utilizar las *cookies* publicitarias comportamentales dirigidas a menores o en sites, plataformas o aplicaciones cuya audiencia sea mayoritariamente menores de edad, en particular aquellos mayores de catorce años que no requieren del complemento del consentimiento por parte de sus padres o tutores, por ser situaciones y colectivos especialmente sensibles y vulnerables[410].

En este sentido, ya el propio RGPD —art. 40.2.g)— recoge la posibilidad de crear códigos de conducta que incorporen garantías y sistemas de protección de los menores de edad, así como orientaciones y buenas prácticas a la hora de obtener el consentimiento de los padres o tutores de éstos para el tratamiento de sus datos.

D. Consentimiento a través de la configuración del navegador o la App

En ciertas ocasiones, cuando sea técnicamente posible y efectivo de conformidad con el RGPD y la normativa conexa, el consentimiento del interesado para el uso de *cookies* y tratamiento a través de ellas, puede concederse mediante el hecho de **configurar las opciones de navegación de un navegador, un *App***, etc.[411],

---

[409] *Cfr.*, GT29, «*Directrices sobre decisiones individuales automatizadas y elaboración de perfiles a los efectos del Reglamento 2016/679*», adoptadas el 3 de octubre de 2017 y revisadas por última vez y adoptadas el 6 de febrero de 2018 (17/ES; WP251rev.01), pág., 31.

[410] *Vid.*, GT29, «*Directrices sobre decisiones individuales automatizadas y elaboración de perfiles a los efectos del Reglamento 2016/679*», adoptadas el 3 de octubre de 2017 y revisadas por última vez y adoptadas el 6 de febrero de 2018 (17/ES; WP251rev.01), pág., 32 y GT29, «*Dictamen 02/2013 sobre las aplicaciones de los dispositivos inteligentes*», adoptado el 27 de febrero de 2013 (00461/13/ES; WP 202), pág., 32.

[411] *Vid.*, considerando 66° de la Directiva 2009/136/CE del Parlamento y del Consejo de 25 de noviembre de 2009 *por la que se modifican la Directiva 2002/22/CE relativa al servicio universal y los derechos de los usuarios en relación con las redes y los servicios de comunicaciones electrónicas, la Directiva 2002/58/CE relativa al tratamiento de los datos personales y a la protección de la intimidad en el sector de las comunicaciones electrónicas y el Reglamento (CE) no 2006/2004 sobre la cooperación en materia*

aunque esta forma de obtener el consentimiento no puede ser tácito —por defecto— sino que el interesado debe entrar en las opciones de configuración del navegador o la *App* y de manera activa aceptar y consentir. Y el responsable debe tener evidencia de ello para poder acreditarlo[412].

Esta es la razón por la que cada vez que los navegadores y aplicaciones cambian la configuración de privacidad, uso de *cookies*, tratamientos, fines, y cualquier otro parámetro que pueda afectar a la protección de datos, nos presentan una ventana emergente —*pop-up* en inglés— en donde debemos leer y aceptar expresamente para poder continuar utilizándolos y si no lo hacemos no podemos hacer uso de ellos —esta política de «obligarnos» o abocarnos a aceptar no viene impuesta por ley, en una cuestión de estrategia de los navegadores y aplicaciones—.

En opinión del GT29, la configuración del navegador respecto a la privacidad de los interesados puede basarse en la obtención del consentimiento del usuario si se cumplen ciertas **condiciones**:

1. Que la configuración de los navegadores no permita, *por defecto*, la inclusión de *cookies* de terceros;
2. Que, junto con otras fuentes, los navegadores proporcionen a los usuarios *información clara, completa*, de forma fácilmente visible sobre la recopilación y tratamiento que realizan las cookies y finalidades de las mismas y sobre futuros tratamientos que ocurren para permitir a los usuarios cuando están otorgando el consentimiento y sobre qué están consintiendo;
3. Que soliciten de los usuarios *acciones positivas* para aceptar tanto la configuración de las *cookies* como la recurrente recuperación de información y datos de dichas *cookies* de manera previa a la instalación de la *cookie* o el acceso a la información; y
4. Que no permitan que se *salten las decisiones* de configuración de privacidad del usuario en su navegador (por ejemplo, que no se usen *flash cookies*[413])

---

de protección de los consumidores, DOUE núm. L337/11 de 18 e diciembre de 2009 y art. 22.2), párrafo II de la LSSICE.

412 *Vid.*, GT29, «Opinion 2/2010 on Online Behavioural Advertising», de 22 de junio de 2010 (00909/10/EN; WP 171).

413 Una *cookie Flash*, también denominada *Local Shared Object* («LSO») (en español Objeto Local Compartido), es un fichero digital de texto que es enviado por un servidor web a un cliente (hasta aquí una cookie) cuando el navegador solicita algún contenido que está soportado por *Adobe Flash* (un popular *plug-in* para contenido en navegadores). Los datos se almacenan en el computador del usuario al visitar un sitio web que hace uso de Adobe Flash. Las *cookies Flash* se utilizan comúnmente en anuncios y videos de sitios web. Al igual que las cookies HTTP, las cookies Flash almacenan información en la computadora del usuario final, pero no son exactamente iguales. A diferencia de las cookies HTTP que se almacenan con los archivos del

En cualquier caso, la implementación del artículo 5.3 y el resto de las cuestiones de la Directiva 2002/58 han sido desarrolladas, sujeto a mínimo común denominador que impone la directiva, de manera diferente por los diferentes Estados miembros y autoridades de control.

E. Casos particulares en relación con el consentimiento

En este apartado analizamos sucintamente algunas cuestiones que se pueden presentar a la hora de obtener el consentimiento y que nos pueden plantear ciertas dudas.

1. Por ejemplo, ¿qué ocurre si el responsable dispone de varias páginas web en las que emplea cookies, tiene que obtener el consentimiento en cada una de estas páginas?

En estos casos, un responsable, editor de varias páginas web —cada una con su dominio—, que presta diferentes servicios a través de cada una de ellas pero cuyos contenidos o servicios sean similares, puede obtener el consentimiento para el uso de cookies de todas ellas a través de una única página web, siempre que informe, además de lo preceptivo en estos casos, de cuáles son las páginas web o dominios de su titularidad desde los que se le van a enviar cookies, el tipo de cookies y las finalidades para las que se tratan los datos y recaba el consentimiento. En caso de que los contenidos o servicios de las diferentes páginas web o dominios no sean similares, se deberán adoptar cautelas adicionales.

2. Otra cuestión relevante es cuándo se debe renovar el consentimiento obtenido para el uso de las cookies

La regla general es que si se ha obtenido válidamente conforme a la normativa no es necesario solicitarlo cada vez que el usuario accede a la página web, salvo que los fines de uso de las cookies o los terceros se modifiquen.

---

navegador, las cookies Flash se almacenan en un archivo separado de Adobe y es posible que deban administrarse y eliminarse por separado a través de la configuración del reproductor Adobe Flash. Muchos usuarios finales no saben que existen cookies de Flash y no tienen idea de que cuando eliminan las cookies HTTP de su navegador, las cookies de Flash no se verán afectadas y se utilizarán para recrear las cookies de HTTP eliminadas. El proceso de recreación, que se denomina *respawning*, es extremadamente controvertido porque facilita el rastreo en varios navegadores y plantea problemas de privacidad cuando el uso de cookies de Flash no se revela en la política de privacidad de un sitio web.

Ahora bien, tanto el GT29 como el CEPD recomiendan como buena práctica la renovación del consentimiento cada cierto tiempo. La AEPD considera una buena práctica que la validez del consentimiento prestado para el uso de una cookie no tenga una duración superior a veinticuatro meses.

3. El interesado debe poder retirar el consentimiento para el uso de cookies siempre que quiera y el sistema que le ofrezca para ello el responsable debe ser igual de sencillo que el empleado para recabarlo

Se entiende que un sistema de configuración o gestión de *cookies* cumple con este requisito.

4. Se puede denegar el acceso al servicio en caso de rechazo de cookies siempre que sean necesarias para la prestación total o parcial del servicio y se le informe al usuario de las consecuencias de no aceptarlas

Ahora bien, no se puede denegar en los supuestos que tal circunstancia impida al interesado ejercer un derecho legalmente reconocido (por ejemplo, por ser el acceso a la página web el único medio facilitado por el responsable para ejercitarlo).

IV. TRANSPARENCIA Y COOKIES: SISTEMAS DE INFORMACIÓN

Para que el consentimiento del empleo de *cookies* sea correcto, éste debe estar supeditado a la previa información al interesado, en concreto, sobre el uso de sistemas de almacenamiento y recuperación de datos y de los fines del tratamiento de dichos datos. Esta es la consecuencia directa de la obligación de transparencia, recogida, entre otros, en el art. 22.2) de la LSSICE. Si bien es cierto que no en todos los casos es obligatorio informar, lo que ocurre cuando estamos en presencia de *cookies* técnicas[414].

El CEPD[415] ya indicó que este consentimiento debía estar basado en cuatro elementos fundamentales, a saber: (*i*) información específica —el consentimiento válido debe basarse en información específica y adecuada—; (*ii*) momento —como regla general el consentimiento debe prestarse antes del tratamiento—;

---

414 *Vid.*, art. 5.3 in fine de la Directiva 2002/58.

415 *Vid.*, GT29, «Working Document 02/2013 providing guidance on obtaining consent for cookies», Adopted on 2 October 2013 (1676/13/EN; WP 208), págs., 2 y ss.

(*iii*) elección proactiva —el consentimiento debe ser no ambiguo, esto es, que no queden dudas de la intención del interesado—; y (*iv*) libre —el consentimiento tiene que ser fruto de la elección libre del interesado—. Estos requisitos y su interpretación por las diferentes autoridades de control han llevado a la implementación del «sistema de información de dos capas» empleado por la mayoría de las páginas web en la actualidad y que consiste, en resumen, en una primera capa, que se muestra a modo de *banner* o *pop-up* al usuario al acceder a la web informándole, de manera esquemática y resumida, del uso de *cookies*, fines y tipos y de la necesidad de contar con su aceptación o, de lo contrario, con su rechazo o, al menos, la posibilidad de configurar qué *cookies* desea aceptar y cuáles no; y una segunda capa o política de *cookies* a la que se remite la primera y en donde se contiene toda la información al respecto de manera detallada y extensiva. No obstante, el sistema de información por capas no es el único válido[416].

El CEPD expresamente recomienda abstenerse del uso de sistemas de información que solamente permiten la opción del usuario de aceptar las *cookies* y no ofrecen alternativas respecto de todas las *cookies* —rechazar— o algunas de ellas —configurar—. Esto último es lo que se denomina «granularidad» en las opciones disponibles para el usuario y que el CEPD recomienda encarecidamente[417]. Algunas recomendaciones para ello pasan por agrupar las cookies por su finalidad; identificar las cookies de terceros de manera sencilla y evitar el grado máximo de granularidad (selección *cookie* a *cookie*).

Para ayudar a la interpretación de cómo ha de informarse a los usuarios sobre el uso de *cookies*, la AEPD ha recogido información relevante en la guía de 2019 de la AEPD sobre el uso de las *cookies*. El sistema que recoge es el denominado de «información por capas», una primera que es lo que comúnmente se conoce como *pop-up* o ventana emergente con información sobre *cookies*, y una segunda capa correspondiente a la política de *cookies*. Respecto de la primera capa, ésta deberá identificarse bajo un término común y fácil de comprender por el usuario, por ejemplo, «cookies» o «aviso sobre cookies». El hecho de que el aviso de la primera capa pueda confundirse con el fondo de la página web (*look & feel*), por

---

416 Existen otros sistemas igualmente válidos para mostrar la información sobre *cookies*, como incluir la información sobre *cookies* en los «términos y condiciones», el «aviso legal» o la «política de privacidad» que recibe el usuario antes de descargar un servicio o aplicación, siempre que exista un enlace o acceso directo a la sección relativa a cookies dentro del correspondiente documento o el suministro de información y obtención del consentimiento a través de medios *off-line* (siempre y cuando se pueda tener constancia de la información suministrada y el consentimiento obtenido). En este sentido *Cfr.*, Resolución de la AEPD de fecha 21 de noviembre de 2019, en el Procedimiento Sancionador número PS/00161/2019, *asunto Freshly Cosmetics*, FDº 3º, párrafo V

417 *Vid.*, GT29, «Working Document 02/2013 providing guidance on obtaining consent for cookies», Adopted on 2 October 2013 (1676/13/EN; WP 208), pág., 5.

ejemplo, por compartir el mismo color uno y otro, lo que lleve al usuario a no localizar este aviso y no poder decidir cuál de las opciones que en él se muestran quiere elegir, continuando su navegación y entendiéndose que consiente el uso de cookies, no es suficiente para incumplir la normativa de protección de datos, tal y como entendió la Agencia en el ***asunto Freshly Cosmetics***[418].

El contenido mínimo que debe incluir la primera capa es el siguiente: (*i*) identificación del editor responsable del sitio web (no es necesaria la denominación social siempre que los datos identificativos figuren en otros lugares del *site* y la identidad pueda desprenderse de forma evidente del propio sitio web); (*ii*) identificación de las finalidades de las cookies que se utilizarán; (*iii*) información sobre si las cookies son propias o de terceros (no es necesario identificar a los terceros en la primera capa); (*iv*) información genérica sobre el tipo de datos que se van a recopilar y utilizar en caso de que se elaboren perfiles de usuarios; (*v*) modo en el que el interesado puede aceptar, configurar y rechazar el empleo de cookies (con la advertencia de que si el usuario realiza una determinada acción, se entenderá que acepta su uso); (*vi*) un enlace claro y visible dirigido a una segunda capa informativa (este mismo enlace vale también para conducir al usuario al panel de configuración de cookies siempre que sea directo).

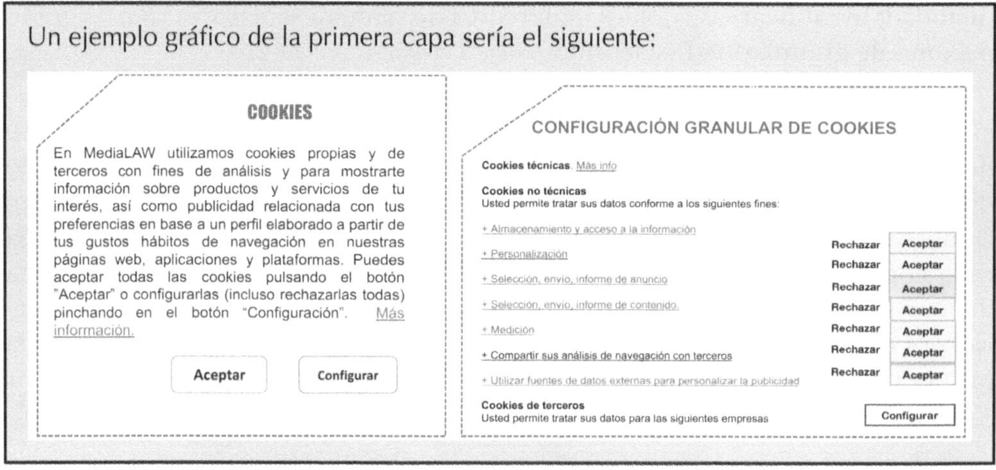

La guía expresamente habla de la «modalidad seguir navegando» y hasta presenta un ejemplo de cómo se implementaría este sistema en una primera capa. Incluso considera incompatible un aviso de cookies basado en «*seguir navegando*» que además incluye botones de «*aceptar*» o «*configurar*»; algo sorprendente, pues, de lo que se trata es de lograr un consentimiento activo del usuario. En cualquier

---

418 *Vid.*, Resolución de la AEPD de fecha 21 de noviembre de 2019, en el Procedimiento Sancionador número PS/00161/2019, *asunto Freshly Cosmetics.*

caso, nos parece un ejemplo más de que este sistema no es conforme con el RGPD y que responde al interés de permitirlo pero con poca convicción lo cual resulta en confusión y poca claridad[419].

La política de *cookies* —segunda capa— debe encontrarse disponible de forma permanente en todos los sites que disponga el responsable y deberá incluir cierta información que la guía entiende como la mínima imprescindible, a saber: (i) definición y función genérica de las *cookies*; (ii) información sobre el tipo de cookies que se utilizan y su finalidad; (iii) identificación de quién utiliza las cookies (ofreciendo más información sobre los terceros que emplean cookies, en su caso); (iv) información sobre la forma de aceptar, denegar, revocar el consentimiento o de eliminar las cookies; (v) en su caso, información sobre las transferencias de datos a terceros países realizadas por el responsable; (vi) en su caso, la lógica empleada para elaborar perfiles y las consecuencias de dicho tratamiento para el usuario; (vii) el período de conservación de los datos para los diferentes fines; (viii) y, bien ofrecer el resto de información del art. 13 RGPD o bien remitirse a la política de privacidad. En todo caso, la información, tanto en la primera como en la segunda capa ha de ser concisa, transparente e inteligible, adecuando el lenguaje y el contenido al nivel técnico del usuario medio al que se dirige el site. El lenguaje debe ser claro y sencillo, evitando el uso de frases que induzcan a confusión o desvirtúen la claridad del mensaje; y, por último, la información ha de ser de fácil acceso.

En relación con los sistemas de información sobre el uso de *cookies* destaca las resoluciones de la AEPD en el **asunto *Vueling Airlines***[420] y en el **asunto *IKEA***[421].

Caso 1: asunto Vueling Airlines[422].

En el **asunto *Vueling Airlines***[423] en la que la Agencia determina que el sistema de información de cookies por capas debe permitir al usuario oponerse —o, al menos, configurar— las cookies ya que, en caso contrario, estaríamos ante un consentimiento tácito y, por tanto, ilegal. En este caso, la Agencia concluye que el sistema de información

[419] *Vid.*, Agencia Española de Protección de Datos (AEPD), «Guía sobre el uso de las cookies», noviembre 2019, pág., 21, disponible en: https://www.aepd.es/media/guias/guia-cookies.pdf

[420] *Vid.*, Resolución de la AEPD número R/00499/2019 en el Procedimiento Sancionador número PS/00300/2019, asunto *Vueling Airlines*.

[421] *Vid.*, Resolución de la AEPD número 812-0419 en el Procedimiento Sancionador número PS/00127/2019, asunto *IKEA*.

[422] *Vid.*, Resolución de la AEPD número R/00499/2019 en el Procedimiento Sancionador número PS/00300/2019, asunto *Vueling Airlines*.

[423] *Vid.*, Resolución de la AEPD número R/00499/2019 en el Procedimiento Sancionador número PS/00300/2019, asunto *Vueling Airlines*.

sobre cookies de la compañía Vueling implica un consentimiento implícito para la cesión de datos a terceros toda vez que el aviso de primera capa no permite, en ningún momento, la opción al usuario de oponerse a la instalación de las cookies, sino que remite a la configuración de los navegadores para eliminarlas o bloquearlas, no ofreciendo la posibilidad de denegar el consentimiento o retirar el prestado, así como que no se facilita un sistema de gestión o panel de configuración de cookies que permita al usuario eliminarlas de forma granular[424]. La AEPD entiende que ello se opone al art. 22.2 LSSICE e impone a Vueling Airlines una sanción leve conforme a los arts. 38.4.g) de la anterior LOPD minorada conforme al art. 40 LSSICE, cuya cuantía resulta en treinta mil euros finalmente resuelta con el pago de diez y ocho mil euros por pago voluntario (reducción del 20% equivalente a seis mil euros) y otros seis mil euros por el reconocimiento de la culpabilidad. Esta resolución, en nuestra opinión, no es conforme con lo recogido en la Guía 2019 de la AEPD sobre el uso de las *cookies* en relación a los medios de obtención del consentimiento toda vez que la guía permite el mismo en base a inferencias de acciones inequívocas realizadas por un usuario en un contexto informado, incluso en el caso de ser usadas por terceros, cuando la resolución de la AEPD en el asunto vueling precisamente sanciona un consentimiento implícito de unos datos que eran cedidos a terceros.

***Caso 2: asunto IKEA*[425].**

La AEPD sanciona a la filial de la multinacional de venta de muebles sueca, **asunto *IKEA***[426], con diez mil euros por vulnerar la normativa de cookies, tanto por activar las cookies que se descargaban directamente en el ordenador del interesado sin mediar el consentimiento previo informado por parte de interesado como por defectos en la configuración de la primera capa —que no informaba e identificaba las finalidades ni permitía rechazar las cookies del usuario—.

V. RESPONSABILIDAD E INCUMPLIMIENTOS EN MATERIA DE COOKIES

Por sorprendente que parezca, la principal norma en materia de cookies en nuestro país, la LSSICE, no define quién es el responsable de la obligación de facilitar información sobre cookies y obtener el consentimiento.

---

424 *Ibíd.*, pág., 3

425 *Vid.*, Resolución de la AEPD número 812-0419 en el Procedimiento Sancionador número PS/00127/2019, asunto *IKEA*.

426 *Vid.*, Resolución de la AEPD número 812-0419 en el Procedimiento Sancionador número PS/00127/2019, asunto *IKEA*.

Sin embargo, si acudimos al RDPG es evidente que la responsabilidad tanto en la información como en la obtención del consentimiento es, en primer lugar del responsable del tratamiento, esto es, de aquél que define los datos, tratamientos y fines a los que se destinan que recopila, almacena y transmite la *cookie*.

Más dificultades se plantean cuando un mismo responsable dispone en su página web, plataforma o aplicación tanto de sus propias *cookies* como de *cookies* de terceros. Si se trata de cookies técnicas, poca relevancia práctica de cara al usuario tiene la cuestión. Simplemente el responsable deberá informar —si quiere— al usuario del uso de tales *cookies* y asegurarse —contractualmente— que los terceros cuyas cookies se colocan en sus *sites* no hagan usos diferentes a los anunciados por el responsable, es decir, usos que no sean técnicos.

Cuando de *cookies* no técnicas se trata, sobre todo publicitarias, la responsabilidad se comparte. Y así, tanto el responsable como los terceros deben encargarse de garantizar que los usuarios están correctamente informados y que el consentimiento se ha obtenido adecuadamente. En este sentido la Guía 2019 de la AEPD sobre el uso de *cookies* entiende que en aquellos casos en los que el responsable emplee un CMP y a través del cual los terceros que participan puedan cumplir sus obligaciones de información y obtención del consentimiento, tales terceros «serán individual y directamente responsables de su cumplimiento»[427].

Ello, sin perjuicio de la corresponsabilidad entre responsable y terceros en aquellos casos en los que los terceros serán verdaderos responsables, esto es, que participen en la determinación de los fines y medios del tratamiento —ex art. 26 RGPD—. Corresponsabilidad que no ha de ser equivalente en todo caso, sino que dependerá de las implicaciones que tenga el tratamiento concreto debiéndose evaluar caso por caso.

Por último, la responsabilidad del titular de las *cookies* propias y que permite las de terceros no se extiende a los tratamientos ulteriores que de los datos obtenidos con las *cookies* hagan los terceros —que serán responsabilidad suya exclusivamente—; ahora bien, el responsable que ofrezca información de *cookies* de terceros mediante un enlace a la página web de dicho tercero, al menos, debe cerciorarse de que los enlaces no están rotos. La responsabilidad administrativa exigible a los responsables y terceros ante las autoridades de control en relación con las cookies es personal e intransferible —no desplazable contractualmente—.

En relación con los incumplimientos de la regulación contenida en la Directiva 2002/58 pueden dar lugar a responsabilidad similar a la del RGPD.

---

427 *Vid.*, Agencia Española de Protección de Datos (AEPD), «Guía sobre el uso de las cookies», noviembre 2019, págs., 30 y 31 disponible en: https://www.aepd.es/media/guias/guia-cookies.pdf

El artículo 15.2 de la Directiva traslada a los Estados la obligación de aplicar el sistema de recursos judiciales, responsabilidad y sanciones de la Directiva 95/46 —en la actualidad recogido en el Capítulo VIII del RGPD— a los incumplimientos de la Directiva 2002/58. Sin embargo, como quiera que la *ePrivacy Directive* ha sido transpuesta a la normativa de los Estados miembros, este régimen varía de unos países a otros[428].

La Directiva 2002/58 —al igual que el RGPD— también concede al CEPD funciones de control y supervisión del cumplimiento de la misma, en concreto para proteger los derechos y las libertades fundamentales, así como los intereses legítimos de los ciudadanos en el sector de las comunicaciones electrónicas[429].

VI. PROPUESTA DE REGLAMENTO «EPRIVACY»

En el futuro más cercano, la Directiva 2002/58 será sustituida por el Reglamento «ePrivacy»[430], que en la actualidad está en fase de debate y tramitación legislativa en la UE[431] —aunque la idea original era que comenzara a aplicarse junto con el RGPD el pasado 25 de mayo de 2018, algo que no ha sido posible—.

El Reglamento «ePrivacy» es, tras el RGPD, un segundo paso en la armonización y regulación coherente de la privacidad en el campo de las comunicaciones electrónicas en Europa y que pretende ser la herramienta que permita a la UE blindar la privacidad de las comunicaciones digitales.

Dicho instrumento sigue todavía en proceso de debate y en la actualidad está pendiente de avanzar en el trámite legislativo para que pueda aprobarse, en su caso, y entrar en vigor.

---

428 Además, en algunos países, la labor de cumplimiento y respeto de la regulación de la Directiva 2002/58 se ha dejado en manos de las autoridades de defensa de los consumidores y usuarios en lugar de las autoridades de protección de datos. Tal es el caso de Holanda, por ejemplo.

429 *Vid.*, art. 15.3 de la Directiva 2002/58.

430 *Vid.*, Propuesta de Reglamento del Parlamento Europeo y del Consejo *sobre el respeto de la vida privada y la protección de los datos personales en el sector de las comunicaciones electrónicas y por el que se deroga la Directiva 2002/58/CE (Reglamento sobre la privacidad y las comunicaciones electrónicas)* {SWD(2017) 3 final} {SWD(2017) 4 final} {SWD(2017) 5 final} {SWD(2017) 6 final}, de 10 de enero de 2017 COM(2017) 10 final, 2017/0003 (COD).

431 Las últimas novedades puede consultarse en la página de la Comisión aquí: https://www.consilium.europa.eu/register/en/content/out?typ=SET&i=ADV&RESULTSET=1&DOC_TITLE=&CONTENTS=&DOC_ID=&DOS_INTERINST=2017%2F0003&DOC_SUBJECT=&DOC_SUBTYPE=&DOC_DATE=&document_date_from_date=&document_date_from_date_submit=&document_date_to_date=&document_date_to_date_submit=&MEET_DATE=&meeting_date_from_date=&meeting_date_from_date_submit=&meeting_date_to_date=&meeting_date_to_date_submit=&DOC_LANCD=EN&ROWSPP=25&NRROWS=500&ORDERBY=DOC_DATE+DESC

Capítulo 12

AUTORIDADES EN MATERIA DE PROTECCIÓN DE DATOS

I. AUTORIDADES DE CONTROL INDEPENDIENTES

La regulación de las autoridades de control de protección de datos está recogida en el Capítulo VI del RGPD. Cada Estado miembro establecerá que sea responsabilidad de una o varias autoridades públicas independientes **supervisar la aplicación del RGPD** con el fin de proteger los derechos y las libertades fundamentales de las personas físicas en lo que respecta al tratamiento y de facilitar la libre circulación de datos personales en la Unión[432].

Las autoridades de control deben contribuir a la **aplicación coherente** del RGPD en toda la UE, razón por lo que las autoridades de control de los estados miembros **deben cooperar** entre sí y a su vez con la comisión europea.

En nuestro Derecho, la autoridad de control independiente es la **Agencia Española de Protección de Datos Personales**, creada y regulada por la LOPD, título VI y el Estatuto de la Agencia de Protección de Datos[433], en donde se recoge su régimen jurídico, así como sus funciones y poderes. La AEPD es un ente de derecho público, con personalidad jurídica propia y plena capacidad pública y privada, que actúan con plena independencia de las Administraciones Públicas en el ejercicio de sus funciones[434]. Sin perjuicio de la regulación y facultades que la normativa nacional española otorga a nuestra autoridad de control, que será aplicable en todo aquello que no contradiga el RGPD, la AEPD también está sometida al régimen general del Reglamento, como cualquier otra autoridad de control de un Estado miembro, y que exponemos sucintamente a continuación:

A. El principio de independencia

Las autoridades de control deben actuar con total **independencia** en desempeño de sus funciones y en el ejercicio de sus poderes de conformidad con el RGPD[435]. Ello implica que sus miembros deben ser ajenos, en el desempeño de

---

432 *Vid.*, art. 51.1 RGPD.

433 *Vid.*, Real Decreto 389/2021, de 1 de junio, por el que se aprueba el Estatuto de la Agencia Española de Protección de Datos. «BOE» núm. 131, de 02/06/2021

434 *Vid.*, art. 35.1 de la LOPD.

435 *Ibíd.*, art. 52.1.

sus funciones y en el ejercicio de sus poderes de conformidad con el RGPD, a toda influencia externa, ya sea directa o indirecta, y no solicitar ni admitir ninguna instrucción y abstenerse de cualquier acción que sea incompatible con sus funciones, así como no participar, mientras dure su mandato, en ninguna actividad profesional que sea incompatible, remunerada o no[436].

Esta independencia no es posible si los Estados miembros no facilitan a las autoridades de control nacionales, en todo momento, los **recursos** humanos, técnicos y financieros, así como de los locales y las infraestructuras necesarios para el cumplimiento efectivo de sus funciones y el ejercicio de sus poderes, incluidos aquellos que haya de ejercer en el marco de la asistencia mutua, la cooperación y la participación en el Comité[437]. También deben garantizar que la autoridad de control elija su propio personal.

Por último, la independencia pasa por garantizar que cada autoridad de control esté sujeta a un **control financiero** que no afecte a su independencia y que disponga de un presupuesto anual, público e independiente, que podrá formar parte del presupuesto general del Estado o de otro ámbito nacional[438].

Los miembros de **dirección de la autoridad** nacional deben ser nombrados, a través de un procedimiento transparente, por alguno de sus órganos de gobierno democráticamente elegidos, en virtud de su experiencia, aptitud y capacitación en la materia[439]. Toda la regulación estatuaria de la autoridad de control debe ser establecida por ley por el Estado miembro[440].

B. Competencia[441]

Cada autoridad de control será competente para desempeñar las funciones que se le asignen y ejercer los poderes que se le confieran de conformidad con el RGPD en el territorio de su Estado miembro.

Cuando el tratamiento sea efectuado por autoridades públicas o por organismos privados que actúen con arreglo al interés legítimo o interés público, será competente la autoridad de control del Estado miembro de que se trate. No será aplicable en tales casos lo regulado para la autoridad de control principal.

---

436 *Ibíd.*, art. 52.2 y 3.

437 *Ibíd.*, art. 52.4.

438 *Ibíd.*, art. 526.

439 *Ibíd.*, art. 53.

440 *Ibíd.*, art. 54.

441 *Ibíd.*, art. 55.

Las autoridades de control no serán competentes para controlar las operaciones de tratamiento efectuadas por los tribunales en el ejercicio de su función judicial.

Como forma de **delimitar de manera coherente y cooperativa la competencia** en caso de que un asunto implique a varias autoridades de control, el RGPD regula un mecanismo que se basa en determinar cuál es la «***autoridad de control principal***», esto es, la que lidera a las demás frente a las autoridades de control «*interesadas*». La autoridad de control principal será el único interlocutor del responsable o del encargado en relación con el tratamiento transfronterizo realizado por dicho responsable o encargado[442].

La autoridad de control del establecimiento principal o del único establecimiento del responsable o del encargado del tratamiento será competente para actuar como autoridad de control principal para el tratamiento transfronterizo realizado por parte de dicho responsable o encargado con arreglo al procedimiento de cooperación[443]. No obstante, cada autoridad de control será competente para tratar una reclamación que le sea presentada o una posible infracción en caso de que se refiera únicamente a un establecimiento situado en su Estado miembro o únicamente afecte de manera sustancial a interesados en su Estado miembro.

En estos casos, la autoridad de control informará sin dilación al respecto a la autoridad de control principal. En el plazo de tres semanas después de haber sido informada, la autoridad de control principal decidirá si tratará o no el caso de conformidad con el procedimiento de cooperación, teniendo presente si existe un establecimiento del responsable o encargado del tratamiento en el Estado miembro de la autoridad de control que le haya informado[444]. Y si la autoridad de control principal decide tratar el caso, se aplicará el procedimiento de cooperación. En este supuesto, la autoridad de control que haya informado a la principal podrá presentarle un proyecto de decisión. La autoridad de control principal tendrá en cuenta en la mayor medida posible dicho proyecto al preparar el proyecto de decisión del mecanismo de cooperación.

En caso de que la autoridad de control principal decida no tratar el caso, la autoridad de control que le haya informado lo tratará, bien como una acción de asistencia mutua, o bien como una operación conjunta entre autoridades de control.

---

442 *Ibíd.*, art. 55.6

443 *Ibíd.*, art. 55.1

444 *Ibíd.*, art. 55.3.

C. Funciones

Las funciones de la autoridad de control están recogidas en el artículo 57 del RGPD. La función principal consiste en «**controlar la aplicación del RGPD y hacerlo aplicar**»[445].

TRONCOSO REIGADA[446] plantea la siguiente **clasificación y ordenación** de las funciones[447]:

---

445 *Ibíd.*, art. 57.1.

446 *Cfr.*, TRONCOSO REIGADA, Antonio, «Autoridades de Control Independientes», en *VV.AA., Reglamento General de Protección de Datos. Hacia un nuevo modelo europeo de privacidad,* REUS 2016, págs., 461 a 512, págs., 498 a 505.

447 *Ibíd.*, art. 57.1 apartados a) a v), del siguiente tenor:
«a) controlar la aplicación del presente Reglamento y hacerlo aplicar;
b) promover la sensibilización del público y su comprensión de los riesgos, normas, garantías y derechos en relación con el tratamiento. Las actividades dirigidas específicamente a los niños deberán ser objeto de especial atención;
c) asesorar, con arreglo al Derecho de los Estados miembros, al Parlamento nacional, al Gobierno y a otras instituciones y organismos sobre las medidas legislativas y administrativas relativas a la protección de los derechos y libertades de las personas físicas con respecto al tratamiento;
d) promover la sensibilización de los responsables y encargados del tratamiento acerca de las obligaciones que les incumben en virtud del presente Reglamento;
e) previa solicitud, facilitar información a cualquier interesado en relación con el ejercicio de sus derechos en virtud del presente Reglamento y, en su caso, cooperar a tal fin con las autoridades de control de otros Estados miembros;
f) tratar las reclamaciones presentadas por un interesado o por un organismo, organización o asociación de conformidad con el artículo 80, e investigar, en la medida oportuna, el motivo de la reclamación e informar al reclamante sobre el curso y el resultado de la investigación en un plazo razonable, en particular si fueran necesarias nuevas investigaciones o una coordinación más estrecha con otra autoridad de control;
g) cooperar, en particular compartiendo información, con otras autoridades de control y prestar asistencia mutua con el fin de garantizar la coherencia en la aplicación y ejecución del presente Reglamento;
h) llevar a cabo investigaciones sobre la aplicación del presente Reglamento, en particular basándose en información recibida de otra autoridad de control u otra autoridad pública;
i) hacer un seguimiento de cambios que sean de interés, en la medida en que tengan incidencia en la protección de datos personales, en particular el desarrollo de las tecnologías de la información y la comunicación y las prácticas comerciales;
j) adoptar las cláusulas contractuales tipo a que se refieren el artículo 28, apartado 8, y el artículo 46, apartado 2, letra d);
k) elaborar y mantener una lista relativa al requisito de la evaluación de impacto relativa a la protección de datos, en virtud del artículo 35, apartado 4;
l) ofrecer asesoramiento sobre las operaciones de tratamiento contempladas en el artículo 36, apartado 2;
m) alentar la elaboración de códigos de conducta con arreglo al artículo 40, apartado 1, y dictaminar y aprobar los códigos de conducta que den suficientes garantías con arreglo al artículo 40, apartado 5;
n) fomentar la creación de mecanismos de certificación de la protección de datos y de sellos y marcas de protección de datos con arreglo al artículo 42, apartado 1, y aprobar los criterios de certificación de conformidad con el artículo 42, apartado 5;

1. En un primer grupo se situarían las actividades puramente coercitivas o de «enforcement»

Éstas son funciones públicas o de soberanía que suponen el ejercicio de un poder público y que correspondería a toda autoridad administrativa.

En este grupo se situarían funciones como: *(i)* la investigación del cumplimiento de la legislación por parte de responsables y encargados. Algo que puede iniciarse bien a instancia de parte —reclamación del presunto agraviado— o bien de oficio —a instancia de la autoridad—; *(ii)* tratar, investigar, informar al reclamante en relación a las reclamaciones presentadas; *(iii)* facilitar la presentación de reclamaciones mediante formularios adecuados; *(iv)* llevar a cabo investigaciones sobre la aplicación del RGPD; (v) llevar a cabo registros internos por infracciones del RGPD y aplicar los poderes correctivos que estime oportunos al caso; *(vi)* elaborar y mantener una lista relativa al cumplimiento de una EIPD; *(vii)* ofrecer asesoramiento sobre las operaciones de tratamiento que requieren consulta previa; *(viii)* la aprobación de NCV y autorización de clausulas contractuales, en las transferencias internacionales de datos.

La autoridad de control cuenta con los poderes del art. 58.1 RGPD para realizar las anteriores funciones.

2. En segundo lugar, estarían las actividades de prestación y promoción del derecho a la protección de datos personales

Se situarían las actividades de prestación y promoción del derecho a la protección de datos personales. Esta actividad va dirigida a los responsables, encargados y DPOs.

En este bloque se sitúan funciones como: *(i)* promover la sensibilización de los responsables y encargados de tratamiento acerca de las obligaciones que les incumben en virtud del RGPD; *(ii)* alentar la elaboración de códigos de conducta,

---

o) llevar a cabo, si procede, una revisión periódica de las certificaciones expedidas en virtud del artículo 42, apartado 7; elaborar y publicar los criterios para la acreditación de organismos de supervisión de los códigos de conducta con arreglo al artículo 41 y de organismos de certificación con arreglo al artículo 43;

q) efectuar la acreditación de organismos de supervisión de los códigos de conducta con arreglo al artículo 41 y de organismos de certificación con arreglo al artículo 43;

r) autorizar las cláusulas contractuales y disposiciones a que se refiere el artículo 46, apartado 3;

s) aprobar normas corporativas vinculantes de conformidad con lo dispuesto en el artículo 47;

t) contribuir a las actividades del Comité;

u) llevar registros internos de las infracciones del presente Reglamento y de las medidas adoptadas de conformidad con el artículo 58, apartado 2, y

v) desempeñar cualquier otra función relacionada con la protección de los datos personales».

dictaminando y aprobándolos cuando tengan garantías suficientes; *(iii)* fomentar la creación de mecanismos de certificación y sellos en materia de protección de datos, aprobando los criterios de certificación y revisando periódicamente las certificaciones expedidas; *(iv)* elaborar y publicar los criterios para la acreditación de organismos de supervisión de los códigos de conducta y organismos de certificación; *(v)* efectuar la acreditación de los organismos de supervisión de los códigos y organismos certificadores; *(vi)* facilitar el cumplimiento de la legislación a responsables y encargados a través de la adopción de cláusulas contractuales tipo de encargo de tratamiento o la transferencia internacional de datos mediante garantías adecuadas; *(vii)* promover la sensibilización del público y comprensión de los riesgos y normas de protección de datos con especial atención a los niños; *(viii)* facilitar a información a cualquier interesado en relación con el ejercicio de sus derechos previa solicitud y cooperar con otras autoridades para ello; y *(ix)* hacer un seguimiento a los cambios de interés que incidan en la protección de datos, en particular respecto del desarrollo de nuevas tecnologías.

3. En tercer lugar, las actividades de cooperación con otras autoridades de control, Administraciones Públicas y otros poderes del Estado

Esta actividad tiene su razón de ser porque el RGPD obliga a las autoridades de control a cooperar, tanto en materia de inspección, como en elaboración de criterios comunes en relación con la vigencia del derecho fundamental a la protección de datos personales.

Algunas de las funciones que podemos encuadrar en este grupo son: *(i)* cooperar, en particular compartiendo información, con otras autoridades de control y prestar asistencia mutua; *(ii)* contribuir a las actividades del CEPD; *(iii)* cooperar con otras autoridades de control; y *(iv)* asesorar a las Instituciones correspondientes sobre las medidas legislativas y administrativas relativas a la protección de los derechos y libertades de las personas físicas respecto del tratamiento.

El desempeño de las funciones de las autoridades de control es **gratuito** para el interesado y en su caso para el DPO[448]. No obstante, cuando las solicitudes sean manifiestamente infundadas o excesivas —especialmente por repetitivas— la autoridad de control puede establecer una tasa razonable basada en los costes administrativos o negarse a atender la solicitud —la carga de la prueba de esto es suya—[449].

---

448 *Ibíd.*, art. 57.3.

449 *Ibíd.*, art. 57.4.

Además, cada autoridad de control elaborará un **informe anual** de sus actividades, que podrá incluir una lista de tipos de infracciones notificadas y de tipos de medidas adoptadas de conformidad con el artículo 58.2 RGPD. Los informes se transmitirán al Parlamento nacional, al Gobierno y a las demás autoridades designadas en virtud del Derecho de los Estados miembros. Se pondrán a disposición del público, de la Comisión y del Comité.

D. Poderes

Las autoridades de control tienen (i) poderes de investigación, (ii) poderes correctivos y (iii) poderes de autorización y consultivos.

1. Poderes de investigación

Este apartado recoge los poderes que las autoridades de control ostentan para poder **instruir los hechos** y verificar qué ha ocurrido y si concurre una infracción de la regulación de protección de datos, tomar las medidas oportunas conforme al RGPD.

Se sitúan aquí facultades como[450]: (i) investigar a través de auditorías; (ii) ordenar al responsable y encargado que remitan toda la información pertinente o que permitan acceder a los sistemas y los datos; o (iii) revisar certificaciones.

2. Poderes coercitivos

Son estos los poderes para **obligar a responsables o encargados** a reconducir su conducta infractora de tal forma que se cumpla con el RGPD.

---

[450] *Ibíd.*, art. 58.1, del siguiente tenor:
«*a) ordenar al responsable y al encargado del tratamiento y, en su caso, al representante del responsable o del encargado, que faciliten cualquier información que requiera para el desempeño de sus funciones;*
b) llevar a cabo investigaciones en forma de auditorías de protección de datos;
c) llevar a cabo una revisión de las certificaciones expedidas en virtud del artículo 42, apartado 7;
d) notificar al responsable o al encargado del tratamiento las presuntas infracciones del presente Reglamento;
e) obtener del responsable y del encargado del tratamiento el acceso a todos los datos personales y a toda la información necesaria para el ejercicio de sus funciones;
f) obtener el acceso a todos los locales del responsable y del encargado del tratamiento, incluidos cualesquiera equipos y medios de tratamiento de datos, de conformidad con el Derecho procesal de la Unión o de los Estados miembros».

Algunos de estos poderes son[451]: (i) imponer sanciones; (ii) ordenar que se atienda una solicitud de ejercicio de derechos; (iii) ordenar que las operaciones de tratamiento se reconduzcan para ajustarse al RGPD, en un plazo determinado; (vi) ordenar la comunicación al interesado de una vulneración de seguridad; (v) imponer una limitación temporal o definitiva del tratamiento; (vi) ordenar la rectificación, supresión o limitación del tratamiento; (vii) retirar una certificación ya concedida u ordenar que no se emita; (viii) imponer una multa administrativa; u (ix) ordenar la suspensión de los flujos de datos a un tercer país.

3. Poderes de autorización y consultivos

Por último, las autoridades de control disponen de una serie de facultades **consultivas o de autorización** que pasan por[452]: *(i)* asesorar al responsable; *(ii)* emitir dictámenes; *(iii)* autorizar tratamientos; *(iv)* aprobar códigos de conducta;

---

451 *Ibíd.*, art. 58.2 del siguiente tenor:
«*a) sancionar a todo responsable o encargado del tratamiento con una advertencia cuando las operaciones de tratamiento previstas puedan infringir lo dispuesto en el presente Reglamento;*
b) sancionar a todo responsable o encargado del tratamiento con apercibimiento cuando las operaciones de tratamiento hayan infringido lo dispuesto en el presente Reglamento;
c) ordenar al responsable o encargado del tratamiento que atiendan las solicitudes de ejercicio de los derechos del interesado en virtud del presente Reglamento;
d) ordenar al responsable o encargado del tratamiento que las operaciones de tratamiento se ajusten a las disposiciones del presente Reglamento, cuando proceda, de una determinada manera y dentro de un plazo especificado;
e) ordenar al responsable del tratamiento que comunique al interesado las violaciones de la seguridad de los datos personales;
f) imponer una limitación temporal o definitiva del tratamiento, incluida su prohibición;
g) ordenar la rectificación o supresión de datos personales o la limitación de tratamiento con arreglo a los artículos 16, 17 y 18 y la notificación de dichas medidas a los destinatarios a quienes se hayan comunicado datos personales con arreglo a al artículo 17, apartado 2, y al artículo 19;
h) retirar una certificación u ordenar al organismo de certificación que retire una certificación emitida con arreglo a los artículos 42 y 43, u ordenar al organismo de certificación que no se emita una certificación si no se cumplen o dejan de cumplirse los requisitos para la certificación;
i) imponer una multa administrativa con arreglo al artículo 83, además o en lugar de las medidas mencionadas en el presente apartado, según las circunstancias de cada caso particular;
j) ordenar la suspensión de los flujos de datos hacia un destinatario situado en un tercer país o hacia una organización internacional».

452 *Ibíd.*, art. 58.3, del siguiente tenor:
«a*) asesorar al responsable del tratamiento conforme al procedimiento de consulta previa contemplado en el artículo 36;*
b) emitir, por iniciativa propia o previa solicitud, dictámenes destinados al Parlamento nacional, al Gobierno del Estado miembro o, con arreglo al Derecho de los Estados miembros, a otras instituciones y organismos, así como al público, sobre cualquier asunto relacionado con la protección de los datos personales;
c) autorizar el tratamiento a que se refiere el artículo 36, apartado 5, si el Derecho del Estado miembro requiere tal autorización previa;

(v) acreditar a organismos de certificación; *(vi)* expedir certificación o los criterios para ello; (vii) adoptar cláusulas tipo; *(viii)* autorizar cláusulas contractuales o NCV; o *(ix)* autorizar acuerdos administrativos.

El ejercicio de los poderes por parte de la autoridad de control debe estar sujeto a garantías adecuadas, incluida la **tutela judicial efectiva** y respeto a las garantías procesales del Derecho de la UE y de los Estados miembros.

Por Ley los Estados miembros deben permitir que de oficio la autoridad de control pueda poner en conocimiento de las autoridades judiciales las infracciones del RGPD, así como iniciar acciones legales, si procede.

No obstante lo anterior, cada Estado miembro puede establecer mediante norma interna de rango legal que su autoridad de control tenga **otros poderes**, además de los indicados anteriormente —sin que ello sea un obstáculo para estos poderes que le otorga el RGPD—, razón por la que el RD de Medidas Urgentes de Protección de Datos ha regulado a mayor abundamiento, el alcance de la actividad de investigación de la AEPD[453].

II. LOS MECANISMOS DE COOPERACIÓN Y DE COHERENCIA

Regulados en el capítulo VII del RGPD, los mecanismos de cooperación y coherencia son el resultado de la búsqueda de **soluciones a las insuficiencias del**

---

d) emitir un dictamen y aprobar proyectos de códigos de conducta de conformidad con lo dispuesto en el artículo 40, apartado 5;

e) acreditar los organismos de certificación con arreglo al artículo 43;

f) expedir certificaciones y aprobar criterios de certificación con arreglo al artículo 42, apartado 5;

g) adoptar las cláusulas tipo de protección de datos contempladas en el artículo 28, apartado 8, y el artículo 46, apartado 2, letra d);

h) autorizar las cláusulas contractuales indicadas en el artículo 46, apartado 3, letra a);

i) autorizar los acuerdos administrativos contemplados en el artículo 46, apartado 3, letra b);

j) aprobar normas corporativas vinculantes de conformidad con lo dispuesto en el artículo 47».

453 *Vid.*, art. 2 del Real Decreto-ley 5/2018, de 27 de julio, *de medidas urgentes para la adaptación del Derecho español a la normativa de la Unión Europea en materia de protección de datos* (en lo sucesivo el «RD de Medidas urgentes Protección de Datos»), que reza: «*Quienes desarrollen la actividad de investigación podrán recabar las informaciones precisas para el cumplimiento de sus funciones, realizar inspecciones, requerir la exhibición o el envío de los documentos y datos necesarios, examinarlos en el lugar en que se encuentren depositados o en donde se lleven a cabo los tratamientos, obtener copia de ellos, inspeccionar los equipos físicos y lógicos y requerir la ejecución de tratamientos y programas o procedimientos de gestión y soporte del tratamiento sujetos a investigación. Los poderes de investigación en lo que se refiere a la entrada en domicilios deben ejercerse de conformidad con las normas procesales, en particular, en los casos en los que sea precisa la autorización judicial previa. Cuando se trate de órganos judiciales u Oficinas Judiciales el ejercicio de las facultades de inspección se efectuará a través y por mediación del Consejo General del Poder Judicial*».

sistema precedente[454], mediante una serie de instrumentos cuya misión es lograr que el RGPD se **aplique de forma coherente**. Insuficiencias que puso de manifiesto la Comisión en su trabajo relativo a la evaluación de impacto del proyecto de modificación de la Directiva 95/46[455].

A. El Mecanismo de Cooperación

El mecanismo de cooperación trata de impedir una actuación simultánea de dos o más autoridades de control de diferentes Estados miembros en un mismo asunto mediante la creación de sistema de relaciones y suministro recíproco de información[456] entre la denominada «***Autoridad de Control Principal***» y las «***Autoridades de Control Interesadas***». La determinación de las Autoridades de Control Interesadas ha sido tratada por el GT29 en sus Directrices[457].

Este mecanismo, regulado casi procesalmente y de manera quizá demasiado detallada para una norma como la que lo contiene, se encuentra en los artículos 60 a 62 del RGPD y obliga a la autoridad de control principal a cooperar con las demás autoridades de control interesadas, esforzándose, para llegar a un consenso, en base al intercambio de la información pertinente y en virtud de dos potestades o mecanismos, a saber: *(i)* la solicitud al resto de autoridades interesadas de *asistencia mutua* (art. 61 RGPD); y *(ii)* el desarrollo de *acciones conjuntas* (art. 62 RGPD)[458].

La autoridad de control principal es quien **dirige el procedimiento**, quien, además de informar a las demás autoridades de control interesadas, debe formu-

---

454 *Cfr.*, Comunicación de la Comisión al Parlamento Europeo, al Consejo, al Comité Económico y Social Europeo y al Comité de las Regiones, *denominada «La protección de la privacidad en un mundo interconectado. Un marco europeo de protección de datos para el siglo XXI»*, COM/2012/09 final, de 25 de enero de 2012.

455 En relación a la necesidad de implementar mecanismos de cooperación entre las diferentes autoridades de protección de datos, *Cfr.*, COMMISSION STAFF WORKING PAPER EXECUTIVE SUMMARY OF THE IMPACT ASSESSMENT, *Accompanying the document Regulation of the European Parliament and of the Council on the protection of individuals with regard to the processing of personal data and on the free movement of such data (General Data Protection Regulation) and Directive of the European Parliament and of the Council on the protection of individuals with regard to the processing of personal data by competent authorities for the purposes of prevention, investigation, detection or prosecution of criminal offences or the execution of criminal penalties, and the free movement of such data*, {COM(2012) 10 final} {COM(2012) 11 final} {SEC(2012) 72 final}, del 25 de enero de 2012, págs., 3 y 7.

456 *Vid.*, art. 61.12 RGPD.

457 *Vid.*, GT29, «Directrices para determinar la autoridad de control principal de un responsable o encargado del tratamiento», Adoptadas el 13 de diciembre de 2016 Revisadas por última vez y adoptadas el 5 de abril de 2017, (16/ES;WP 244 rev.01), pág., 13

458 *Ibíd.*, art. 60.1 y 2.

lar y tramitar un proyecto de decisión[459] que habrá de someter al dictamen de las demás autoridades para su valoración, por un **plazo** de cuatro semanas.

Las autoridades interesadas pueden formular una **objeción** —de manera motivada— al proyecto de decisión en ese plazo, en cuyo caso la autoridad de control principal, si la objeción no es pertinente o no está motivada, someterá el asunto al mecanismo de coherencia[460]. En cambio, si la autoridad principal considera que es acertado lo indicado en la objeción pertinente y motivada y que debe seguir este camino, presentará un proyecto de decisión revisado al resto de autoridades de control interesadas para su valoración y dictamen. El **plazo** para atenderlo por las autoridades de control interesadas es de dos semanas[461].

Si presentado el proyecto de decisión, ninguna otra autoridad de control interesada presenta objeciones al mismo en los plazos indicados, se considerará que la autoridad de control principal y las interesadas están de acuerdo con lo dicho en el proyecto de decisión y estarán vinculadas por este[462]. En definitiva, si no se oponen, se entiende que **tácitamente lo aceptan** y les vinculará.

Superado el trámite anterior, la autoridad de control principal **adoptará y notificará** la decisión al establecimiento principal o al establecimiento único del responsable o encargado, según proceda, e informará de la decisión a las autoridades de control interesadas y al CEPD —incluirán un resumen de los hechos y la motivación—[463].

No obstante, para el caso que se presente una **reclamación por un interesado** frente a un responsable o encargado, cuando ésta se desestime o rechace, es la autoridad de control ante la que se ha presentado la que adoptará la decisión y notificará e informará al responsable del tratamiento de ello. Si **varias autoridades** de control interesadas acuerdan desestimar o rechazar determinadas partes de una reclamación y/o atender otras partes de ésta, se adoptará una decisión separada para cada una de esas partes y será la autoridad de control principal la que adopte la decisión respecto a la parte referida a acciones en relación con el responsable del tratamiento, la notificará al establecimiento principal o único del responsable o encargado e informará de ello al reclamante; mientras que la autoridad de control del reclamante adoptará la decisión respecto de la parte relativa a la desestimación o rechazo de dicha reclamación (notificando e informando esto al reclamante, responsable y/o encargado)[464].

---

459 *Ibíd.*, art. 60.3.

460 *Ibíd.*, art. 60.4.

461 *Ibíd.*, 60.2

462 *Ibíd.*, art. 60.6.

463 *Ibíd.*, art. 60.7

464 *Ibid.*, art. 61.8 y 9.

Una vez reciba el responsable o encargado la decisión de la autoridad de control principal, debe adoptar las **medidas** necesarias para garantizar el cumplimiento de la decisión mediante la toma de medidas adecuadas que deberá notificar a la autoridad de control principal, quien a su vez informará a las autoridades de control interesadas[465].

Sin perjuicio del mecanismo explicado, la autoridad de control interesada puede, en circunstancias excepcionales y cuanto tenga motivos para considerar que es **urgente intervenir** para proteger a los interesados, actuar conforme al procedimiento de urgencia —que analizaremos más adelante—[466].

1. La asistencia mutua

Las autoridades de control deben colaborar y facilitarse, unas a otras, **información** útil y asistirse las unas a la otras de tal forma que el RGPD se aplique de manera coherente[467]. También deben tomar las **medidas efectivas** para asegurar que se produce esta cooperación eficazmente[468].

La asistencia mutua implica cuestiones como *(i)* solicitar información y medidas de control; *(ii)* solicitudes para llevar a cabo autorizaciones y consultas previas; *(iii)* investigaciones e inspecciones.

Cualquier **solicitud de asistencia** de una autoridad de control será atendida por la autoridad de control requerida —la receptora de la solicitud— sin dilación indebida y a más tardar en el plazo de un mes[469]. La autoridad de control deberá adoptar las medidas adecuadas para atender las solicitud, por ejemplo, mediante la transmisión de información pertinente sobre el desarrollo de una investigación. Estas medidas serán **sin coste** para el solicitante, sin perjuicio de que las autoridades de control lleguen a un acuerdo para atender recíprocamente los gastos específicos derivados de la prestación de asistencia mutua en circunstancias excepcionales, que se articulará como una indemnización[470].

---

465 *Ibíd.*, art. 61.10.

466 *Ibíd.*, art. 61.11.

467 La Comisión Europea puede adoptar actos de ejecución de ámbito general para especificar las modalidades de intercambio de información por medios electrónicos y formato normalizado, entre las autoridades de control, y entre dichas autoridades y la Comisión, necesario en los mecanismos de cooperación y coherencia y, en particular en los dictámenes no vinculantes. *Vid.*, art. 67 RGPD.

468 *Vid.*, art. 61.1 RGPD.

469 *Ibíd.*, art. 61.2.

470 *Ibíd.*, art. 61.7.

Si la autoridad de control requerida no facilita la información solicitada en el **plazo de un mes**, el RGPD otorga poder a la autoridad solicitante para adoptar una medida provisional en el territorio de su Estado miembro, entendiéndose que existe una necesidad urgente —de conformidad con el Procedimiento de Urgencia— que exige una decisión urgente y vinculante del CEPD[471].

La **solicitud de información** deberá contener toda la información necesaria para su debida gestión, en particular la finalidad y motivos, puesto que además serán el límite de la misma —no podrá utilizarse la información intercambiada para otros fines—[472].

La autoridad de control requerida **no podrá negarse** a responder a una solicitud, salvo si: *(i)* no es competente en relación con el objeto de solicitud o con las medidas de ejecución solicitadas; o *(ii)* responder a la solicitud infringiría el RGPD, el Derecho de la UE o de los Estados miembros aplicable a la autoridad de control requerida. En caso de negativa, ésta deberá ser motivada. La autoridad de control requerida debe informar a la autoridad solicitante de los resultados obtenidos o, en su caso, de los progresos registrados o de las medidas adoptadas para responder a la solicitud.

La regla general a la hora de facilitar la información solicitada es hacerlo a través de **medios electrónicos** y utilizando un formato normalizado, aprovechando el proceso de digitalización europeo.

Por último, la Comisión Europea puede, mediante actos de ejecución, especificar el formato y los procedimientos de asistencia mutua, así como las modalidades en que se lleve a cabo el intercambio de información por medios electrónicos entre las autoridades de control y entre éstas y el CEPD[473].

2. Operaciones conjuntas de las autoridades de control

Las autoridades de control pueden realizar **operaciones conjuntas**, por ejemplo investigaciones conjuntas o ejecución de medidas conjuntamente, mediante participación de miembros o personal de las autoridades de control de otros Estados miembros[474].

Estas operaciones están pensadas para casos en los que, por ejemplo, el responsable o encargado tienen **establecimiento en varios Estados de la UE**, así como también en aquellos casos en los que sea probable que un número signifi-

---

471 *Ibíd.*, art. 61.8.

472 *Ibíd.*, art. 61.3.

473 *Ibíd.*, art. 61.9.

474 *Ibíd.*, art. 62.1.

cativo de interesados situados en más de un Estado miembro se vean sustancialmente afectados por tratamientos[475].

El procedimiento se inicia por la autoridad de control principal que debe **invitar** a la autoridad de control de cada Estado miembro a participar en las operaciones conjuntas, debiendo éstas responder sin dilación indebida a esta solicitud[476] y, en todo caso, en el **plazo de un mes** que en caso de incumplimiento da derecho a las autoridades implicadas en la operación conjunta a adoptar una medida provisional en el territorio en cuestión conforme al procedimiento de urgencia[477].

Estas autoridades de control pueden conferir **poderes de investigación** a los miembros o personal de la autoridad de control de origen —con su autorización— que participen en las operaciones conjuntas o, si lo permite el Derecho nacional de acogida, permitir que el personal de la autoridad de control de origen ejerzan sus poderes de investigación de conformidad con el Derecho de su Estado —y sometidos al Derecho del país de acogida—. Los poderes de investigación solo podrán ejercerse bajo la orientación y en presencia de miembros o personal de la autoridad de control de acogida[478].

Cualquier actuación en el país de acogida, bien sea por personal de la autoridad de control de dicho país, o bien personal de la autoridad de control de origen, **será responsabilidad de la autoridad de acogida** —sin posibilidad de repetir contra el Estado de origen—[479], esto es, por los daños y perjuicios que puedan causar dicho personal en el trascurso de las operaciones[480]. Ahora bien, el Estado de acogida asumirá la responsabilidad y, automáticamente —sin necesidad de repetir— se generará un derecho *ex lege* en favor del Estado de acogida para que el Estado de origen pague por las responsabilidades que el de acogida tenga que atender —y desembolsar a los derechohabientes— por los daños y perjuicios causados por el personal de la autoridad de origen en el Estado de destino[481].

---

475 *Ibíd.,* art. 62.2.

476 *Ibíd.,* 62.2.II.

477 *Ibíd.*, art. 62.7.

478 *Ibíd.,* art. 62.3.

479 Sin perjuicio de la excepción en aquellos casos que sea el personal de la autoridad de control del Estado de origen la que cause los daños. *Ibíd.,* art. 62.6.

480 *Ibíd.,* art. 62.4.

481 *Ibid.,* art. 62.5.

B. El Mecanismo de Coherencia

Es el segundo elemento del sistema de supervisión y control de las distintas autoridades de control que ha implementado el RGPD para aquellos casos en los que actúan diferentes autoridades nacionales y pueden tener repercusión en más de un Estado miembro.

El mecanismo de coherencia trata de garantizar que la **aplicación del RGPD es uniforme** en toda la UE exhortando a las autoridades de control a cooperar entre sí y, cuando proceda, con el CEPD[482]. En el mecanismo de coherencia la **pieza fundamental es el CEPD** que interviene en el proceso adoptando bien *(i)* dictámenes o bien *(ii)* decisiones vinculantes.

1. Dictámenes del CEPD

Una vez la autoridad de control competente comunique el proyecto de decisión al CEPD, éste debe emitir un dictamen —si no ha emitido ya uno sobre el mismo asunto— siempre que una autoridad de control proyecte adoptar **alguna de las siguientes medidas**[483]**:**

a. Cuando la decisión tenga por objeto adoptar una lista de las operaciones de tratamiento supeditadas al requisito de la *EIPD*;

b. Cuando la decisión afecte a un asunto cuyo objeto sea determinar si un proyecto de *código de conducta*, o modificación o ampliación de este es conforme con el RGPD;

c. Cuando la decisión tenga por objeto aprobar los criterios aplicables a la acreditación de un organismo o un organismo de *certificación*;

d. Cuando la decisión tenga por objeto determinar las *cláusulas tipo* de protección de datos en las transferencias internacionales mediante garantías adecuadas;

e. Cuando la decisión tenga por objeto autorizar las *cláusulas contractuales* en las transferencias internacionales mediante garantías adecuadas; y

f. Cuando la decisión tenga por objeto la aprobación de *NCV*.

Todo miembro del Comité que haya recibido el proyecto de decisión objeto de dictamen y que no haya presentado **objeciones** en un plazo razonable indica-

---

482 *Ibíd.*, art. 63.

483 La autoridad de control debe comunicar al CEPD y éste debe emitir un dictamen en los casos enumerados en el art. 64.1 RGPD.

do por el presidente del CEPD, se entenderá que está conforme con el proyecto de decisión[484].

Además de en los casos anteriores, cualquier autoridad de control, la Comisión Europea o el propio Comité, pueden solicitar que un asunto de aplicación general o que surta efecto en más de un Estado, sea examinado por el CEPD a efectos de dictamen, en particular cuando una autoridad de control competente incumpla las obligaciones relativas a la asistencia mutua o a las operaciones conjuntas del mecanismo de cooperación[485]. Las autoridades de control y la Comisión deben comunicar, sin dilación, en formato normalizado y por vía electrónica al CEPD, indicando los motivos por los que es necesaria tal medida y las opiniones de otras autoridades de control interesadas[486].

El **plazo** para que el CEPD emita el dictamen es de ocho semanas, con posibilidad de prórroga de seis semanas más en función de la complejidad del asunto. La resolución por la que se adopta es por **mayoría simple** de los miembros del Comité[487]. La presidencia del Comité tiene **obligación de informar** sin dilación indebida y por medios electrónicos a *(i)* los miembros del Comité y a la Comisión de cualquier información pertinente que le haya sido comunicada, incluso traducida; *(ii)* así como a la autoridad de control que corresponda y a la Comisión del dictamen; y a continuación, *(iii)* publicará el dictamen[488].

La autoridad de control que presenta el proyecto de decisión sometido a dictamen **no pueden adoptar este proyecto de decisión hasta que finalice el plazo** para que el Comité emita dictamen[489].

El dictamen **no es vinculante**, sino que la autoridad de control debe tenerlo en cuenta «en la mayor medida posible» y en el plazo de dos semanas desde la recepción del mismo, debe comunicar por medios electrónicos al presidente del CEPD si va a mantener o modificar su proyecto de decisión (en cuyo caso comunicará el proyecto de decisión modificado)[490]. En los casos que la autoridad de control informe, motivadamente, al presidente del CEPD que **no seguirá el sentido del dictamen**, en todo o en parte, se deberá proceder conforme al procedimiento de resolución de conflictos (a continuación)[491].

---

484 *Ibíd.*, art. 64.3.II, *in fine.*

485 *Ibid.*, art. 64.2.

486 *Ibíd.*, art. 64.4.

487 *Ibíd.*, art. 64.3.

488 *Ibíd.*, art. 64.5.

489 *Ibíd.*, art. 64.6.

490 *Ibíd.*, art. 64.7.

491 *Ibíd.*, art. 64.8.

2. Resolución de conflictos por el cepd: decisiones vinculantes

Las decisiones vinculantes que adopta el CEPD en aquellos casos en los que debe entrar a resolver conflictos, con objeto de lograr una aplicación correcta y coherente del RGPD, están **tasadas en el Reglamento en el artículo 65.1**. Estos casos son:

a. Cuando una autoridad de control interesada formule una *objeción* pertinente y motivada acerca del proyecto de decisión de la autoridad principal, o que ésta haya rechazado dicha objeción por no ser pertinente o no estar motivada. En este caso la decisión vinculante afectará a todos los asuntos a que se refiera la objeción pertinente y motivada, en particular si hay infracción del RGPD.

b. Cuando haya *puntos de vista enfrentados* sobre cuál de las autoridades de control interesadas es competente para el establecimiento principal;

c. Cuando una autoridad de control competente no solicite el dictamen al CEPD en los *casos del art. 64* o se *aparte del dictamen no vinculante* emitido por el Comité, en cuyos casos cualquier autoridad de control interesada o la Comisión lo pondrán en conocimiento del CEPD.

Las decisiones vinculantes se deben adoptar en el **plazo de un mes** desde la remisión del asunto —prorrogable por un mes más en función de la complejidad[492]— y por mayoría de dos tercios de los miembros del CEPD. Deben ser motivadas y dirigidas a la autoridad de control principal y a todas las autoridades de control interesadas, pues **es vinculante** para todas ellas[493].

Al igual que en las decisiones no vinculantes, las autoridades de control interesadas **no pueden adoptar decisión alguna entre tanto se resuelve** el dictamen por el CEPD[494].

El presidente del **CEPD notificará sin dilación** indebida la decisión vinculante a las autoridades de control interesadas, a la Comisión, y la publicará en el sitio web del Comité sin demora una vez que la autoridad de control haya notificado la decisión definitiva[495].

---

492 Este plazo puede ampliarse otras dos semanas más, esto es, hasta un máximo de 2 meses y medio, y la decisión se podrá adoptar por mayoría simple de sus miembros con voto cualificado del presidente; algo que en la práctica llevará a agotar el plazo en la mayoría de los casos por las facilidades de aprobación y tiempo que se gana con esta no muy coherente prerrogativa. *Ibíd.*, art. 65.3.

493 *Ibíd.*, art. 65.2.

494 *Ibíd.*, art. 65.4.

495 *Ibíd.*, art. 65.5.

La autoridad de control principal o, en su caso, aquella ante la que se presentó la reclamación, deben **adoptar su decisión definitiva sobre la base de la decisión vinculante del Comité** —haciendo referencia expresa a la decisión vinculante e indicando que está publicada en el *site* del Comité; y adjuntándola—, sin dilación indebida y a más tardar en el plazo de un mes desde la notificación de la decisión. Además, la autoridad de control debe informar al Comité de la fecha de notificación de su decisión definitiva al responsable o encargado y al interesado, respectivamente. La decisión definitiva de la autoridad de control será comunicada al establecimiento principal o único del responsable o encargado y cuando se desestime o rechace, informando también al reclamando —con comunicación al responsable— en los mismos términos que lo regulado para el mecanismo de cooperación[496].

C. El Procedimiento de Urgencia

El Procedimiento de urgencia es una **excepción** a los mecanismos de cooperación y coherencia analizados. Su finalidad y razón de ser es la protección de los derechos y libertades de los interesados[497].

El procedimiento de urgencia permite a la autoridad de control interesada adoptar inmediatamente **medidas provisionales** destinadas a producir efectos jurídicos en su territorio, con un período de validez determinado que no podrá ser superior a **tres meses**. En tal caso, la autoridad de control comunicará sin dilación dichas medidas, junto con los motivos de su adopción, a las demás autoridades de control interesadas, al Comité y a la Comisión[498].

Estas medidas pueden transformarse en **definitivas**, a criterio de la autoridad de control, y para ello debe solicitar con carácter urgente un dictamen o una decisión vinculante urgente del CEPD, de manera motivada[499].

En general, cualquier autoridad de control puede solicitar, de manera motivada, sobre todo en relación con la urgencia de la intervención, un dictamen urgente o una decisión vinculante urgente, según el caso, del Comité, cuando una autoridad de control competente no haya tomado una medida apropiada en una situación en la que sea urgente intervenir a fin de proteger los derechos y las libertades de los interesados. En estos casos, los dictámenes urgentes, sin perjuicio de los plazos regulados para los dictámenes no vinculantes y las decisiones

---

496 *Ibíd.*, art. 65.6.

497 *Ibíd.*, art. 66.1.

498 *Ibíd.*, art, 66.1.II.

499 *Ibíd.*, art. 66.2.

vinculantes, se adoptarán en el plazo de dos semanas y por mayoría simple de los miembros del Comité[500].

III. COMITÉ EUROPEO DE PROTECCIÓN DE DATOS

El CEPD es un organismo de la UE que tiene personalidad jurídica propia, cuyas labores fundamentales pasan por emitir dictámenes, directrices, recomendaciones y buenas prácticas en materia de protección de datos personales. También puede elaborar informes sobre protección de datos personales. El CEPD es el heredero *ex lege* del GT29[501]. Los debates del Comité serán **confidenciales** cuando el mismo lo considere necesario, tal como establezca su reglamento interno[502].

A. Principio de Independencia

El CEPD actuará con total independencia en el desempeño de sus funciones o el ejercicio de sus competencias y no admitirá instrucciones de nadie en el desempeño de sus funciones o en el ejercicio de sus competencias[503].

B. Funciones

El CEPD tiene la misión de **garantizar la aplicación coherente del RGPD.** A tal efecto, bien a iniciativa propia o, bien, a instancia de la Comisión Europea, puede hacer uso de ciertas **funciones**[504] que CERVERA NAVAS clasifica en siete categorías[505]:

---

500 *Ibid.,* art. 66.4.

501 *Ibíd.,* considerando 139°, del siguiente tenor: «El Comité debe sustituir al Grupo de protección de las personas en lo que respecta al tratamiento de datos personales creado por la Directiva 95/46/CE», si bien, no para todas las funciones que tenía el GT29, *Cfr.*, VV.AA., *Reglamento General de Protección de Datos. Hacia un nuevo modelo europeo de privacidad,* Editorial REUS 2016, pág., 528

502 *Vid.,* art. 76. 1 RGPD.

503 *Ibíd.,* art. 69.

504 *Ibíd.,* art. 70, a saber:
«El Comité garantizará la aplicación coherente del presente Reglamento. A tal efecto, el Comité, a iniciativa propia o, en su caso, a instancia de la Comisión, en particular:
a) supervisará y garantizará la correcta aplicación del presente Reglamento en los casos contemplados en los artículos 64 y 65, sin perjuicio de las funciones de las autoridades de control nacionales;
b) asesorará a la Comisión sobre toda cuestión relativa a la protección de datos personales en la Unión, en particular sobre cualquier propuesta de modificación del presente Reglamento;

---

c) asesorará a la Comisión sobre el formato y los procedimientos para intercambiar información entre los responsables, los encargados y las autoridades de control en relación con las normas corporativas vinculantes;
d) emitirá directrices, recomendaciones y buenas prácticas relativas a los procedimientos para la supresión de vínculos, copias o réplicas de los datos personales procedentes de servicios de comunicación a disposición pública a que se refiere el artículo 17, apartado 2;
e) examinará, a iniciativa propia, a instancia de uno de sus miembros o de la Comisión, cualquier cuestión relativa a la aplicación del presente Reglamento, y emitirá directrices, recomendaciones y buenas prácticas a fin de promover la aplicación coherente del presente Reglamento;
f) emitirá directrices, recomendaciones y buenas prácticas de conformidad con la letra e) del presente apartado a fin de especificar más los criterios y requisitos de las decisiones basadas en perfiles en virtud del artículo 22, apartado 2;
g) emitirá directrices, recomendaciones y buenas prácticas con arreglo a la letra e) del presente apartado a fin de constatar las violaciones de la seguridad de los datos y determinar la dilación indebida a tenor del artículo 33, apartados 1 y 2, y con respecto a las circunstancias particulares en las que el responsable o el encargado del tratamiento debe notificar la violación de la seguridad de los datos personales;
h) emitirá directrices, recomendaciones y buenas prácticas con arreglo a la letra e) del presente apartado con respecto a las circunstancias en las que sea probable que la violación de la seguridad de los datos personales entrañe un alto riesgo para los derechos y libertades de las personas físicas a tenor del artículo 34, apartado 1;
i) emitirá directrices, recomendaciones y buenas prácticas con arreglo a la letra e) del presente apartado con el fin de especificar en mayor medida los criterios y requisitos para las transferencias de datos personales basadas en normas corporativas vinculantes a las que se hayan adherido los responsables del tratamiento y en normas corporativas vinculantes a las que se hayan adherido los encargados del tratamiento y en requisitos adicionales necesarios para garantizar la protección de los datos personales de los interesados a que se refiere el artículo 47;
j) emitirá directrices, recomendaciones y buenas prácticas con arreglo a la letra e) del presente apartado a fin de especificar en mayor medida los criterios y requisitos de las transferencias de datos personales sobre la base del artículo 49, apartado 1;
k) formulará directrices para las autoridades de control, relativas a la aplicación de las medidas a que se refiere el artículo 58, apartados 1, 2 y 3, y la fijación de multas administrativas de conformidad con el artículo 83;
l) examinará la aplicación práctica de las directrices, recomendaciones y buenas prácticas a que se refieren las letras e) y f);
m) emitirá directrices, recomendaciones y buenas prácticas con arreglo a la letra e) del presente apartado a fin de establecer procedimientos comunes de información procedente de personas físicas sobre infracciones del presente Reglamento en virtud del artículo 54, apartado 2;
n) alentará la elaboración de códigos de conducta y el establecimiento de mecanismos de certificación de la protección de datos y de sellos y marcas de protección de datos de conformidad con los artículos 40 y 42;
o) realizará la acreditación de los organismos de certificación y su revisión periódica en virtud del artículo 43, y llevará un registro público de los organismos acreditados en virtud del artículo 43, apartado 6, y de los responsables o los encargados del tratamiento acreditados establecidos en terceros países en virtud del artículo 42, apartado 7;
p) especificará los requisitos contemplados en el artículo 43, apartado 3, con miras a la acreditación de los organismos de certificación en virtud del artículo 42;
q) facilitará a la Comisión un dictamen sobre los requisitos de certificación contemplados en el artículo 43, apartado 8;
r) facilitará a la Comisión un dictamen sobre los iconos a que se refiere el artículo 12, apartado 7;

1. Funciones relacionadas con el *mecanismo de coherencia* (letras a) y t));
2. Función de asesoramiento[506] sobre *propuestas legislativas* en materia de protección de datos (letra b));
3. Funciones de asesoramiento en materia de *transferencias* de datos personales a terceros países (letras c), i), j) y s));
4. Funciones relativas a la *certificación*, acreditación y relativas a al aprobación de códigos de conducta (letras n), o), p), q), r) y x))
5. Funciones en materia de elaboración de *directrices sobre seguridad* (letras g) y h));
6. Funciones de *intercambio de información* entre autoridades de control (letras u), v), w) e y)); y
7. *Otras cuestiones* relacionadas con la aplicación del RGPD (letras d), e), f), k), l) y m)).

El CEDP transmitirá sus **dictámenes, directrices, recomendaciones y buenas prácticas** a la Comisión Europea y al CEPD y los hará públicos[507]. Además, el CE-

---

s) facilitará a la Comisión un dictamen para evaluar la adecuación del nivel de protección en un tercer país u organización internacional, en particular para evaluar si un tercer país, un territorio o uno o varios sectores específicos de ese tercer país, o una organización internacional, ya no garantizan un nivel de protección adecuado. A tal fin, la Comisión facilitará al Comité toda la documentación necesaria, incluida la correspondencia con el gobierno del tercer país, que se refiera a dicho tercer país, territorio o específico o a dicha organización internacional;
t) emitirá dictámenes sobre los proyectos de decisión de las autoridades de control en virtud del mecanismo de coherencia mencionado en el artículo 64, apartado 1, sobre los asuntos presentados en virtud del artículo 64, apartado 2, y sobre las decisiones vinculantes en virtud del artículo 65, incluidos los casos mencionados en el artículo 66;
u) promoverá la cooperación y los intercambios bilaterales y multilaterales efectivos de información y de buenas prácticas entre las autoridades de control;
v) promoverá programas de formación comunes y facilitará intercambios de personal entre las autoridades de control y, cuando proceda, con las autoridades de control de terceros países o con organizaciones internacionales;
w) promoverá el intercambio de conocimientos y documentación sobre legislación y prácticas en materia de protección de datos con las autoridades de control encargadas de la protección de datos a escala mundial;
x) emitirá dictámenes sobre los códigos de conducta elaborados a escala de la Unión de conformidad con el artículo 40, apartado 9, y
y) llevará un registro electrónico, de acceso público, de las decisiones adoptadas por las autoridades de control y los tribunales sobre los asuntos tratados en el marco del mecanismo de coherencia».

505 *Cfr.*, CERVERA NAVAS, Leonardo, «El Comité Europeo de Protección de Datos», *en VV.AA., Reglamento General de Protección de Datos. Hacia un nuevo modelo europeo de privacidad,* Editorial REUS 2016, págs., 513 a 538, págs., 531 y 532.

506 Cuando la Comisión solicite asesoramiento del CEPD, se puede fijar plazo en función de la urgencia del asunto. *Vid.*, art. 69.2 RGPD.

507 *Ibíd.*, art. 69.3.

PD, cuando proceda, **consultará** a las partes interesadas y les dará la oportunidad de presentar sus comentarios en un plazo razonable, publicando los resultados del procedimiento de consulta[508] —proceso de consulta pública tan habitual en el ámbito de la UE—.

Otra de las funciones del CEPD es la **elaboración de informes**, con una periodicidad anual, en materia de protección de las personas físicas en relación con los tratamientos dentro de la UE, y, si procede, en terceros países y organizaciones internacionales. El informe se hará público y se transmitirá al Parlamento Europeo, al Consejo y a la Comisión[509].

El **contenido mínimo** que debe recoger el informe consiste en un examen de la aplicación práctica de las directrices, recomendaciones y buenas prácticas indicadas, así como de las decisiones vinculantes[510].

C. Miembros

El CEPD está compuesto por el **director de la autoridad de control de cada Estado miembro** más el **Supervisor Europeo de Protección de Datos**, o sus representantes respectivos. Si un Estado miembro tuviera más de una autoridad de control, se deberá nombrar un representante[511]. Además de los anteriores, la **Comisión Europea** puede participar de las actividades y reuniones del CEPD, sin derecho a voto, mediante la designación de su representante[512].

El representante español es el Director de la AEPD tal y como recoge la Disposición Adicional Primera del RD de Medidas urgentes Protección de Datos[513]. En la actualidad la presidencia la ostenta Andrea Jelinek, en representación de Austria[514].

---

508 *Ibíd.,* art. 69.4.

509 *Ibíd.,* art. 71.1.

510 *Ibíd.,* art. 71.2.

511 *Ibíd.,* art. 68.1), 3) y 4).

512 *Ibíd.,* art. 68.5.

513 «*La Agencia Española de Protección de Datos tendrá la condición de representante común de las autoridades de protección de datos en el Comité Europeo de Protección de Datos. La Agencia Española de Protección de Datos informará a las autoridades autonómicas de protección de datos acerca de las decisiones adoptadas en el Comité Europeo de Protección de Datos y recabará su parecer cuando se trate de materias de su competencia*». *Vid.,* D.A.1ª del Real Decreto-ley 5/2018, de 27 de julio, *de medidas urgentes para la adaptación del Derecho español a la normativa de la Unión Europea en materia de protección de datos,* BOE núm. 183 de 30 de julio de 2018.

514 Nombrada por el GT29 en su reunión plenaria del 6 y 7 de febrero de 2018, disponible en: http://ec.europa.eu/newsroom/article29/item-detail.cfm?item_id=614823

D. El Presidente

El CEPD cuenta con **un Presidente y dos Vicepresidentes**, cuyo mandato es de cinco años con posibilidad de renovación en una única ocasión[515]. Las **distribución de funciones** entre el Presidente y los Vicepresidentes se debe recoger en el reglamento interno del Comité[516].

Las **funciones**[517] del Presidente son:

1. Convocar las *reuniones* del Comité y preparar su orden del día;
2. *Notificar las decisiones* adoptadas por el Comité con arreglo al artículo 65 a la autoridad de control principal y a las autoridades de control interesadas;
3. *Garantizar* el ejercicio puntual de las funciones del Comité, en particular en relación con el mecanismo de coherencia a que se refiere el artículo 63.

En el caso de **resolución de conflictos** por el CEPD, el Supervisor Europeo de Protección de Datos sólo tendrá derecho a voto en las decisiones relativas a los principios y normas aplicables a las instituciones, órganos y organismos de la Unión que correspondan en cuanto al fondo a las contempladas en RGPD[518].

En cuanto al procedimiento para la **toma de decisiones**, el Comité tomará sus decisiones por mayoría simple de sus miembros, salvo que el RGPD disponga otra cosa. De la misma manera, el CEPD debe adoptar un **reglamento interno** por mayoría de dos tercios de sus miembros y debe organizar sus disposiciones de funcionamiento[519].

E. La Secretaría

El CEPD también contará con una Secretaria, de la que se hará **cargo el Supervisor Europeo de Protección de Datos** y que ejercerá sus funciones siguiendo exclusivamente las instrucciones del presidente del Comité[520].

Las **funciones** de la Secretaría son prestar apoyo analítico, administrativo y logístico al Comité, así como encargarse de las siguientes cuestiones[521]:

1. Los asuntos *corrientes* del Comité;

---

515 *Vid.,* art. 73.1 y 2 del RGPD

516 *Ibíd.,* art. 74.2.

517 *Ibíd.,* art. 74.1.

518 *Vid.,* art. 68.6 RGPD.

519 *Ibíd.,* art. 72

520 *Ibíd.,* art. 75.1 y 2

521 *Ibíd.,* art. 75.5 y 6

2. La *comunicación* entre los miembros del Comité, su presidente y la Comisión;
3. La *comunicación* con otras instituciones y con el público;
4. La utilización de *medios electrónicos* para la comunicación interna y externa;
5. La *traducción* de la información pertinente;
6. La preparación y el seguimiento de las *reuniones* del Comité;
7. La preparación, redacción y publicación de *dictámenes, decisiones* relativas a solución de diferencias entre autoridades de control y otros textos adoptados por el Comité.

IV. EL SUPERVISOR EUROPEO DE PROTECCIÓN DE DATOS

El Supervisor Europeo de Protección de Datos («SEPD»), creado en 2004, no está definido en el RGPD, que simplemente se limita a mencionarlo en algunos considerandos y artículos de éste para indicar que forma parte del CEPD y que dirige la Secretaria de dicho Comité, entre otras cuestiones.

No obstante, el SEPD, con sede en Bruselas[522] se encarga de garantizar que en los tratamientos de datos personales las **instituciones y organismos de la UE** respeten el derecho a la intimidad, privacidad y protección de datos de los ciudadanos.

En este sentido, el SEPD *(i)* supervisa el tratamiento de los datos personales por parte de la administración de la UE, a fin de garantizar que se cumple la normativa; *(ii)* asesora a las instituciones y los organismos de la UE sobre todo lo relativo al tratamiento de los datos personales y las políticas y legislación; *(iii)* se encarga de las reclamaciones que le llegan y realizan las investigaciones pertinentes para ello; *(iv)* colabora con las autoridades de protección de datos nacionales; y *(v)* supervisa las nuevas tecnologías que surgen y pueden tener incidencia en la privacidad y protección de datos.

El actual SEPD es **Wojciech Wiewiórowski**[523], antiguo Supervisor Adjunto con su predecesor —Giovanni Buttarelli—. No obstante, con su llegada al cargo de

---

[522] *Vid.*, http://europa.eu/whoiswho/public/index.cfm?fuseaction=idea.hierarchy&nodeID=187826&lang=es

[523] *Vid.*, Decisión (UE) 2019/2071 del Parlamento Europeo y del Consejo de 5 de diciembre de 2019, *por la que se nombra al Supervisor Europeo de Protección de Datos*, DOUE núm. L 316 I/1 de 6 de diciembre de 2019. Más información sobre Wojciech Wiewiórowski aquí: https://edps.europa.eu/about-edps/members-mission/supervisors/wojciech-wiewiórowski_en. Hasta 2024 al menos.

supervisor, ha desaparecido su anterior puesto[524]. El Supervisor es elegido para un **mandato** renovable de 5 años, en el caso de Wiewiórowski, su mandato termina el 5 de diciembre de 2024.

Las **funciones** de SEPD se circunscriben a dos categorías fundamentalmente a: *(i)* la supervisión y aplicación (evaluaciones en materia de protección de datos); y *(ii)* la política y consulta (asesoramiento al legislador europeo sobre cuestiones de protección de datos).

Cualquiera que considera que una institución u organismo de la UE ha vulnerado un derecho a la privacidad o protección de datos, lo primero que debe hacer, como perjudicado, es ponerse en contacto con la institución u organismo de la UE donde presuntamente se cometió la infracción y, en caso de no quedar satisfecho de la respuesta o decisión que tomen éstos, el siguiente paso es contactar al DPO de dicha institución u organismo.

En último lugar y si lo anterior no funciona, el perjudicado puede presentar una **reclamación ante el SEPD**, cuya resolución es recurrible ante los tribunales de la UE.

V. AUTORIDADES ESPAÑOLAS DE PROTECCIÓN DE DATOS

A. La Agencia Española de Protección de Datos («AEPD»)

1. Naturaleza y régimen jurídicos

Es la máxima autoridad en materia de privacidad y protección de datos en nuestro país. Su denominación oficial es «Agencia Española de Protección de Datos, Autoridad Administrativa Independiente»[525]. Cuenta con personalidad jurídica y plena capacidad pública y privada, actuando con plena independencia de los poderes públicos en el ejercicio de sus funciones.

Se relaciona con el Gobierno a través del Ministerio de Justicia y es el representante español en la materia en el CEPD. La Agencia Española de Protección

---

[524] Ambos fueron designados como tal por el Parlamento Europeo y el Consejo, en su decisión del 4 de diciembre de 2014 y por un período de cinco años, *Vid.*, Decision of the European Parliament and of the Council of 4 December 2014 *appointing the European Data rotection Supervisor and the Assistant Supervisor* (2014/886/EU), DOUE, L 351/9 de 9 de diciembre de 2014.

[525] La Ley 40/2015 de 1 de octubre, *de Régimen Jurídico del Sector Público* no recoge la denominación completa de la AEPD, sino que exige —art. 109.3— que las autoridades administrativas independientes que tengan tal naturaleza jurídica deben incorporar a su denominación la indicación de «autoridad administrativa independiente o su abreviatura "A.A.I."». *Vid.*, «BOE» núm. 236, de 2 de octubre de 2015

de Datos, el Consejo General del Poder Judicial y en su caso, la Fiscalía General del Estado, colaborarán en aras del adecuado ejercicio de las respectivas competencias que la Ley Orgánica 6/1985, de 1 de julio, del Poder Judicial, les atribuye en materia de protección de datos personales en el ámbito de la Administración de Justicia.

Las normas que regulan la AEPD son: **(i)** el RGPD, la LOPDGDD (incluidas disposiciones de desarrollo) y su Estatuto[526]; y **(ii)** supletoriamente, siempre que sea compatible, por la Ley 40/2015 de 1 de octubre, *de Régimen Jurídico del Sector* (en adelante «LRJSP»), en particular lo dispuesto para organismos autónomos; por la Ley 39/2015, de 1 de octubre, del Procedimiento Administrativo Común de las Administraciones Públicas (en adelante la «LPAC»); por la Ley 47/2003, de 26 de noviembre, General Presupuestaria; por la Ley 9/2017, de 8 de noviembre, de Contratos del Sector Público, por la que se transponen al ordenamiento jurídico español las Directivas del Parlamento Europeo y del Consejo 2014/23/UE y 2014/24/UE, de 26 de febrero de 2014; por la Ley 33/2003, de 3 de noviembre, del Patrimonio de las Administraciones Públicas, así como el resto de las normas de derecho administrativo general y especial que le sea de aplicación; **(iii)** en defecto de norma administrativa, se aplicará el derecho común.

El reforzamiento que el RGPD opera respecto de las autoridades de control de los Estados miembros, sobre el pilar fundamental de la independencia[527], se materializa en la obligación de adoptar un régimen jurídico específico que deberá establecerse mediante ley respecto de las funciones y potestades de la Agencia (recogidas en el art. 54 LOPDGDD).

2. Financiación de la AEPD

La Agencia Española de Protección de Datos estará sujeta al **principio de sostenibilidad financiera** de acuerdo con lo previsto en la Ley Orgánica 2/2012, de 27 de abril, de Estabilidad Presupuestaria y Sostenibilidad Financiera.

La AEPD se financia con **cargo a los Presupuestos Generales del Estado**, así como a través de los bienes y valores que constituyan su patrimonio y los ingresos derivados de sus potestades sancionadoras. En caso de que el resultado económico de la agencia resulte positivo en un ejercicio, éstos ingresos deberán destinarse íntegramente a reservar con objeto de preservar su independencia.

---

526 *Vid.*, Real Decreto 389/2021, de 1 de junio, por el que se aprueba el Estatuto de la Agencia Española de Protección de Datos. «BOE» núm. 131, de 02/06/2021.

527 *Vid.*, considerando 117º del RGPD.

Las modificaciones presupuestarias de la AEPD que impliquen hasta un tres por ciento de la cifra inicial de su presupuesto total de gastos corresponden a su Presidente; las restantes que impliquen hasta un cinco por ciento de esa misma cifra, corresponde autorizarlas al Ministerio de Hacienda; por último, el resto —las iguales o superiores al cinco por ciento— atañen al Gobierno español.

El **control financiero y presupuestario** de la AEPD al Tribunal de Cuentas, así como a la Intervención General de la Administración del Estado.

3. Personal de la AEPD

La Agencia puede contar tanto con funcionarios públicos —la mayoría— sujetos a su normativa[528], como con personal laboral —sujetos a la normativa laboral común—. La Agencia dispone de una relación de puestos de trabajo en donde se identifican aquéllos que deben ser desempeñados exclusivamente por funcionarios —por implicar ejercicio de potestades públicas y la salvaguarda de los intereses generales del Estado y las Administraciones Públicas— y aquéllos que serán cubiertos con personal laboral. Esta lista se revisa y actualiza periódicamente, máxime en un entorno tan cambiante como es el sector en el que opera.

Ahora bien, son los funcionarios de la AEPD los que ejercen las actividades de investigación[529] para lo que están investidos de autoridad —se les considera agentes de la autoridad en el ejercicio de sus funciones— y respecto de la que deben guardar secreto sobre las informaciones a las que accedan.

4. Funciones y potestades: la actividad investigadora

Las funciones y potestades de la Agencia son variadas, si bien todas son gratuitas para el interesado y, en su caso, para el DPO[530]. Las **funciones y potestades** de la AEPD ya han sido estudiadas cuando se abordaron estas en relación con la Autoridad de Control Independiente del presente capítulo, al que nos remitimos

---

528 Fundamentalmente el Estatuto del Empleado Público, *Vid.*, Real Decreto Legislativo 5/2015, de 30 de octubre, *por el que se aprueba el texto refundido de la Ley del Estatuto Básico del Empleado Público.* «BOE» núm. 261, de 31/10/2015, pero también otras normas pertinentes.

529 Incluyendo aquellos funcionarios ajenos a la Agencia que estén habilitados expresamente para ello por la Presidencia o los funcionarios de otras autoridades de control (en actuaciones conjuntas). *Vid.*, art. 51, apartados 2) y 3) de la LOPDGDD.

530 Aunque si las que realicen interesados o DPO son manifiestamente infundadas o excesivas, especialmente por su «*character repetitive*», la AEPD puede establecer una tasa razonable en virtud de los costes administrativos o, en otro caso, negarse a efectuar lo solicitado (la carga de la prueba es suya). *Vid.*, art. 57 apartados 3) y 4) RGPD.

íntegramente. Sin perjuicio de lo anterior, la Agencia tiene encomendadas una serie de **funciones de gestión** reguladas en su Estatuto[531].

Una de las funciones de mayor relevancia es la **actividad investigadora**, por la importancia en su labor como autoridad y regulador y por la sensibilidad de la materia con la que trata —los Derechos Fundamentales—.

Esta facultad se traduce en la posibilidad que tiene la Agencia, a través de sus funcionarios, (*i*) para recabar informaciones; (*ii*) realizar inspecciones; (*iii*) requerir la exhibición o envío de los documentos y datos necesarios (o examinarlos en el lugar en el que se encuentren depositados o donde se lleven a cabo los tratamientos); (*iv*) obtener copia de ellos; (*v*) inspeccionar los equipos y programas (*hardware* y *software*); y (*vi*) requerir que se ejecuten los tratamientos y programas o procedimientos de gestión y soporte del tratamiento sujetos a investigación.

Una de las facultades más delicadas que conllevan la potestad inspectora de la AEPD consisten en la posibilidad de acceder a tal información y equipos cuando éstos estén situados en el domicilio —constitucionalmente protegido— del personal de la entidad investigada, en cuyo caso será necesario bien con el consentimiento de dicho personal para entrar o bien con una autorización judicial. Si la entidad inspeccionada pertenece al Poder Judicial habrá de realizar la inspección por mediación del Consejo General del Poder Judicial (en adelante el «CGPJ»).

Ante la potestad inspectora de la Agencia tanto particulares como entes públicos tienen la obligación de colaborar (art. 52 LOPDGDD), debiendo proporcionarle cualquier tipo de dato[532], informe, antecedentes y justificantes necesarios para su actividad. Cuando, de manera previa a iniciar la investigación, la Agencia

---

531 Entre las que destacan, sucintamente, (i) la supervisión de la aplicación de la normativa vigente en materia de protección de datos personales, protegiendo los derechos y libertades de las personas físicas (la gran mayoría de ellas recogidas en los artículos 57 y 58 del RGPD), (ii) la supervisión de la aplicación de la normativa vigente en materia de garantía de los derechos digitales; (iii) la colaboración con los órganos competentes en lo que respecta al desarrollo normativo y aplicación de las normas que incidan en el RGPD (informando sobre proyectos legislativos, anteproyectos, disposiciones generales desarrollo de leyes o emitiendo circulares que fijen criterios de actuación); (iv) el ejercicio del control de la observancia en materia de estadística estatal — Ley 12/1989, de 9 de mayo, de la Función Estadística Pública—); (v) la conjuntamente con el Consejo de Transparencia y Buen Gobierno, los criterios de aplicación, en su ámbito de actuación, de las reglas contenidas en el artículo 15 de la Ley 19/2013, de 9 de diciembre, de transparencia, acceso a la información pública y buen gobierno, en particular en lo que respecta a la ponderación del interés público en el acceso a la información y la garantía de los derechos de los interesados cuyos datos se contuviesen en la misma; y (vi) el desempeño de las funciones y potestades que le atribuyan otras leyes o normas de Derecho de la Unión Europea. *Vid.*, art. 5 del Estatuto de la AEPD.

532 Cuando se trae de datos personales, este tratamiento estará amparado en el art. 6.1.c) del RGPD.

no haya podido realizar la identificación de las partes implicadas, ésta puede recabar la ayuda de las Administraciones Públicas —incluida la Tributaria y la Seguridad Social— que deberán proporcionarle los datos imprescindibles para lograr la identificación de los presuntos responsables.

Si con tal información no se logra identificarlos, subsidiariamente, la AEPD podrá solicitar a los operadores de servicios de comunicaciones electrónicas y los prestadores de servicios de la sociedad de la información (en lo sucesivo «PSSI») los datos que obren en su poder y que resulten imprescindibles para la identificación de los presuntos responsables[533]. Datos que deberán ser cedidos por los operadores, previo requerimiento motivado de la Agencia y exclusivamente en el marco de un proceso de investigación consecuencia de denuncia presentada por un afectado (en el resto de los casos se requerirá autorización judicial). Entre los datos que pueden pedir a éstos, figuran: (*i*) los provenientes del uso de teléfonos fijos o móviles (número de teléfono de origen de la llamada; nombre, número, documento identificativo y dirección del abonado o registrado a quien corresponda el número; y la confirmación de la realización de una llamada entre dos número en una fecha y hora dadas); y (*ii*) los provenientes de un servicio de la sociedad de la información (identificación de la dirección IP desde la que se hubiera elevado la conducta, fecha y hora de realización; si la conducta se hubiera realizado mediante email, la identificación de la dirección IP desde la que se creó la cuenta de correo, fecha y hora de la creación; y el nombre, número de documento identificativo y dirección del abonado o usuario registrado al que se le hubiera asignado la dirección IP anterior).

Además de las anteriores, la Agencia cuenta con la facultad de acordar la realización de **planes de auditoría preventiva**[534] referidos a los tratamientos de un sector concreto de actividad cuyos resultados permitirán a la AEPD dictar las directrices generales o específicas para un concreto responsable o encargado de los tratamientos de tal forma que se asegure la plena adaptación del sector o responsable al RGPD, así como las funciones preceptivas relacionadas con la **acción exterior** (que incluye todo lo relativo al tratamiento de datos derivado de la aplicación de cualquier Convenio Internacional en el que sea parte España así como

---

533 Quedan excluidos de este deber de cesión los datos de tráfico y localización sobre personas físicas y jurídicas que los operadores estuviesen tratando con la exclusiva finalidad de dar cumplimiento a las obligaciones de conservación de datos de las comunicaciones electrónicas y redes públicas de conformidad con la Ley 25/2007, de 18 de octubre, *de conservación de datos relativos a las comunicaciones electrónicas y a las redes públicas de comunicaciones* («BOE» núm. 251, de 19 de octubre de 2007), cuya cesión solamente tendrá lugar de acuerdo con lo dispuesto en dicha ley y previo requerimiento a través de la correspondiente autorización judicial con fines de detección, investigación y enjuiciamiento de delitos graves contemplados en el Código Penal o en las leyes penales especiales.

534 *Vid.*, art. 54 LOPDGDD.

la participación en nombre y representación de España en reuniones, foros y organismos internacionales) del Estado en materia de protección de datos[535].

Y, por último, la Agencia puede dictar disposiciones para fijar criterios de actuación en relación con el RGPD y la LOPDGD. Son las **circulares de la Agencia Española de Protección de Datos** que serán obligatorias una vez publicadas en el BOE y se incluirán en la memoria anual de la AEPD.

5. Órganos de gobierno de la AEPD

Bajo este epígrafe podemos estudiar todos aquellos órganos de la AEPD que ocupan una posición directiva o de gobierno, aunque algunos de ellos sólo tengan mero carácter consultivo.

a. *Presidencia de la AEPD*

La Presidencia de la Agencia —alto cargo de la Administración Pública con rango de Secretario de Estado— conlleva su dirección y representación, así como la potestad de dictar las resoluciones, circulares y directrices[536]. Estas funciones han de ejercerse con plena independencia y objetividad, sin estar sujetos a instrucción alguna.

Su nombramiento se realiza por el Gobierno, a propuesta del Ministerio de Justicia, entre personas de reconocida competencia profesional, en particular, en materia de protección de datos[537], conforme a los requisitos y demás elementos que dispone el art. 12 del Estatuto, con las autoridades autonómicas de protección de datos[538] El Gobierno valora la idoneidad, competencia, capacidad y méritos de los candidatos y emite una propuesta de Presidente al Congreso de los Diputados —también de Adjunto— a la que acompaña de un informe justificativo. Posteriormente se celebra una audiencia de candidatos y la Comisión de Justicia del Congreso de los Diputados vota públicamente para el nombramiento de Presidente; es necesaria una mayoría de tres quintos de sus miembros en pri-

---

535 *Vid.*, art. 56 apartados 2) y 3) LOPDGDD.

536 Los actos y disposiciones dictados por la Presidencia de la Agencia ponen fin a la vía administrativa, por lo que pueden ser recurridos directamente ante la Sala de lo Contencioso-administrativo de la Audiencia Nacional —sin perjuicio de los recursos potestativos que pudieran caber—. *Vid.*, art. 48.6) LOPDGDD.

537 Dos meses antes de la expiración del mandato presidencial, el BOE publica la convocatoria pública de candidatos. *Vid.*, art. 48.3).II de la LOPDGDD.

538 *Vid.*, art. 12 del Estatuto de la AEPD.

mera votación o, en su defecto, mayoría absoluta en segunda votación[539] para su nombramiento. Seguidamente se procede a la formalización del nombramiento del Presidente de la AEPD por el Consejo de Ministros mediante Real Decreto.

El mandato del Presidente tiene una duración de cinco años pudiendo ser renovado una única vez por el mismo período de duración. El cese previo a la expiración de su mandato puede producirse, bien por voluntad propia, o bien por separación acordada por el Consejo de Ministros en atención a alguna de las siguientes causas: (*i*) incumplimiento grave de sus obligaciones; (*ii*) incapacidad sobrevenenida para el ejercicio de su función; (*iii*) incompatibilidad; o (*iv*) condena firme por delito doloso. Siendo necesaria ratificación parlamentaria del cese en los tres primeros casos anteriores para que ocurra definitivamente —en definitiva el Consejo de Ministros «*propone el cese*» pero es el Congreso quien lo acuerda—.

Las **funciones y facultades del Presidente** pasan por (i) la facultad de dirigir la AEPD y representarla; (ii) aprobar las circulares de la AEPD; (iii) dictar las resoluciones y directrices de la AEPD; (iv) acordar la realización de planes de auditoría preventiva; (v) convocar a las autoridades autonómicas de protección de datos (en todo caso cada 6 meses); (vi) solicitar y facilitar a las autoridades autonómicas de protección de datos la información necesaria para el cumplimiento de sus funciones, así como la función correctora y cesación respecto de éstas; (viii) participar en las actividades y reuniones del Comité europeo de protección de datos como representante común del Estado español; (ix) Informar al Consejo Consultivo de cuantos asuntos conciernan a los servicios a su cargo; (x) Y todas las propias de la gestión y financiación de la AEPD (formular y aprobar las cuentas anuales, autorizar la disposición de gastos, convocar y resolver sobre la provisión de puestos de trabajo, etc.). Y en el **ámbito de la cooperación institucional** con las autoridades autonómicas de protección de datos, la capacidad de accionar y ejercitar el mecanismos de coordinación, cooperación e intercambio de información entre autoridades (art. 58 LOPDGDD) y la potestad correctora sobre éstas (art. 59 LOPDGDD).

b. Adjunto a la Presidencia de la AEPD

Figura que, en la actualidad, está regulada en mayor detalle en el art. 16 del Estatuto de la AEPD. La razón de ser del Adjunto a la Presidencia de la Agencia es auxiliar a ésta, con la posibilidad de que se le deleguen sus funciones —a ex-

---

539 En segunda votación, la mayoría absoluta que vote el nombramiento del nuevo Presidente debe estar formada por, al menos, dos grupos parlamentarios diferentes. *Vid.*, art. 48.3) *in fine* de la LOPDGDD.

cepción de aquéllas inherentes al «*Procedimiento en caso de posible vulneración de la normativa de protección de datos*»—, con facultad para substituirle —en los supuestos de ausencia, vacante o enfermedad—.

Es sorprendente que existan dos figuras prácticamente idénticas en cuanto a funciones y competencias y, sin embargo, en diferente situación jerárquica en el escalafón de dirección de la Agencia. Entendemos que era intención del legislador, dada la dificultad y complejidad técnicas de la materia, que el Presidente —un cargo político al fin y al cabo— estuviera respaldado por un perfil eminentemente técnico que le apoyase en la función de dirección de la Agencia, liberando a este para desempeñar las funciones propias del cargo político que ostenta y, también, tan necesarias hoy en día en entornos tan globalizados.

La reforma del art. 48(2) de la LOPDGDD[540] ha venido a clarificar la función del adjunto como una especie de «vicepresidente», indicando que la presidencia de la AEPD «estará auxiliada por un Adjunto en el que podrá delegar sus funciones, a excepción de las relacionadas con los procedimientos regulados por el título VIII», pudiendo sustituir al presidente en el ejercicio de sus funciones en el marco del que la Estatuto Orgánico de la Agencia Española de Protección de Datos.

Aunque la figura del adjunto se asimile a un «vicepresidente», la relación entre presidente y adjunto es de iguales toda vez que «ambos ejercerán sus funciones con plena independencia y objetividad y no estarán sujetos a instrucción alguna en su desempeño».

Los requisitos relativos al *nombramiento* y cese, desempeño de funciones y duración del mandato del Adjunto son los mismos que los del Presidente, ya analizados. El adjunto también cuenta con rango alto cargo de la Administración General del Estado.

Las funciones del Adjunto pasan por: (i) ejercer las funciones de la presidencia cuando corresponda (en general por delegación), (ii) colaborar con la presidencia en materia e relación con otros poderes y organismos del Estado y en la gestión y administración de la AEPD; (iii) Impulsar el procedimiento de elaboración de circulares; (iv) preparar y proponer a la Presidencia de la Agencia el borrador del Plan estratégico y de la Memoria anual, así como el impulso y seguimiento de las actuaciones una vez aprobadas; (v) coordinar la formación

540 *Vid.*, disposición final 9(1) de la Ley 11/2023, de 8 de mayo, de trasposición de Directivas de la Unión Europea en materia de accesibilidad de determinados productos y servicios, migración de personas altamente cualificadas, tributaria y digitalización de actuaciones notariales y registrales; y por la que se modifica la Ley 12/2011, de 27 de mayo, sobre responsabilidad civil por daños nucleares o producidos por materiales radiactivos. «BOE» núm. 110, de 09/05/2023.

especializada de la Agencia; y (vi) asumir las restantes funciones que se le encomiendan en las leyes y disposiciones reglamentarias vigentes

El nombramiento del presidente y adjunto de la AEPD viene regulado en la sección 3ª del capítulo II del Estatuto (arts. 19 a 22). El procedimiento, basado en los principios de mérito y capacidad, competencia e idoneidad, está abierta a cualquier persona de reconocida competencia profesional, en particular en materia de protección de datos, independientes y cuya conducta sea intachable e integridad deben estar fuera de toda duda.

c. El Consejo Consultivo

Órgano de la Agencia cuyas decisiones carecen de carácter vinculante y cuya misión es asesorar a la Presidencia de la AEPD. Se reunirá cuantas veces lo solicite el Presidente, cuando lo soliciten la mayoría de sus miembros y, al menos, una vez al semestre.

Estará compuesto por diez y siete miembros, elegidos de entre los siguientes: (*i*) un Diputado; (*ii*) un Senador; (*iii*) un representante del CGPJ; (iv) un representante de la Administración General del Estado; (*v*) un representante de cada Comunidad Autónoma que haya creado una autoridad de protección de datos en su ámbito territorial; (*vi*) un experto de la Federación Española de Municipios y Provincias; (*vii*) un experto propuesto por el Consejo de Consumidores y Usuarios; (*viii*) dos expertos propuestos por las Organizaciones Empresariales —entendemos que la CEOE y CEPYME—; (*ix*) un representante de los profesionales de la protección de datos y de la privacidad, propuesto por la asociación de ámbito estatal con mayor número de asociados; (*x*) un representante de los organismos o entidades de supervisión y resolución extrajudicial de conflictos; (*xi*) un experto propuesto por la Conferencia de Rectores de las Universidades Españolas; (*xii*) un representante de las organizaciones que agrupan a los Consejos Generales, Superiores y Colegios Profesionales de ámbito estatal; (*xiii*) un representante de los profesionales de la seguridad de la información, propuesto por la asociación de ámbito estatal con mayor número de asociados; (*xiv*) un expeto en transparencia y acceso a la información pública propuesto por el Consejo de Transparencia y Buen Gobierno; y (*xv*) dos expertos propuestos por las organizaciones sindicales más representativas.

El mandato de los miembros del Consejo Consultivo es de cinco años y no perciben retribución alguna sin perjuicio del abono de los gastos, debidamente justificados, que les ocasione el ejercicio de su función, pudiendo cesar antes[541].

---

541 *Vid.*, art. 24 del Estatuto de la AEPD.

El Consejo Consultivo adopta sus acuerdos en sesión plenaria en donde actúa como Presidente del mismo el Presidente de la AEPD y como Secretario —con voz y sin voto— el Adjunto a la Presidencia (que será quien convoque las reuniones del Consejo). Se considera que se ha constituido válidamente en sesión cuando, en primera convocatoria, estén presentes el Presidente, el Adjunto a la Presidencia y la mitad de los miembros del Consejo; y, en segunda convocatoria, si están presentes el Presidente, el Adjunto a la Presidencia y la tercera parte de los miembros del Consejo.

La condición de miembro del Comité Consultivo termina por (*i*) nombramiento del Vocal asesor como Presidente o Adjunto de la AEPD; (*ii*) renuncia anticipada del Vocal; (*iii*) pérdida de las condiciones y circunstancias que le llevaron a ser nombrado como miembro del Consejo —cuando proceda—; o (*iv*) por cese del órgano o institución que le propuso para su nombramiento. La renovación de los miembros tiene lugar mediante solicitud del Gobierno —a través del Ministerio de Justicia— a las instituciones, órganos, corporaciones y organizaciones que proponen a sus miembros —ex art. 49 LOPDGDD—, previa a la expiración del mandato, para que propongan nuevos candidatos dentro del plazo de un mes desde que son requeridas. Transcurridos los plazos, el Gobierno nombrará como miembros del Consejo Consultivo a los propuestos, que tomarán posesión en la misma fecha en la que expire el mandato de los salientes.

d. Otras

Junto con la presidencia, la adjuntía y el consejo consultivo, el Estatuto de la AEPD también regula otros órganos, dependientes de la Presidencia, tales como **(i) la Subdirección General de Inspección de Datos** (órgano administrativo que realiza las funciones de inspección y de instrucción)[542]; **(ii) la Subdirección General de Promoción y Autorizaciones** (fundamentalmente destinada a la promoción de la sensibilización de la ciudadanía y los responsables y su comprensión de los riesgos, normas, garantías y derechos en relación con el tratamiento de datos, informar a los ciudadanos, llevar el registro y publicidad de DPO, alentar en la elaboración de códigos de conducta, elaborar criterios de acreditación de organismos para la supervisión y, en general, todo lo relativo a la acreditación y certificación, etc.)[543]; **(iii) la Secretaría General de la Agencia Española de Protección de Datos** (con potestades en materia de elaboración de informes solicitados por la presidencia, notificación de resoluciones a la presidencia, cumplir con el cargo de secretario del Consejo Consultivo, la colaboración en la preparación

[542] *Ibíd.*, art. 27.

[543] Ibid., art. 28

de conferencias, seminarios y cualesquiera otras actividades similares en las que participe la AEPD, la gestión y administración de recursos humanos incluida la elaboración de la relación de puestos de trabajo, la gestión de los procesos de selección del personal laboral, la gestión de la acción social y la formación de los recursos humanos, bajo la supervisión de la Presidencia, la planificación y ejecución de la política de prevención de riesgos laborales, el mantenimiento de las relaciones con los órganos de participación y representación del personal, la gestión de los recursos materiales de la Agencia Española de Protección de Datos, y en el ejercicio de las competencias en materia patrimonial correspondientes a la Agencia, la conservación y mantenimiento y seguridad de su patrimonio y llevar el inventario de los bienes y derechos que se integren en él, el régimen interior de los asuntos generales, la gestión económico-financiera y patrimonial, etc.)[544]; **(iv) la División de Relaciones Internacionales** (con funciones en materia de organización y coordinación de la actividad internacional de la Agencia, la participación en congresos o reuniones internacionales, la coordinación y negociación de la posición internacional de la AEPD, el asesoramiento de la AEDP en materia internacional, etc.)[545]; **(v) la División de Innovación Tecnológica** (en síntesis, con capacidad y funciones relativas a los temas tecnológicos que tienen relevancia en la protección de datos de carácter personal, y para ello, analizar las implicaciones y alternativas del estado de arte de la tecnología y generar el conocimiento necesario para anticiparse a los cambios de la misma, impulsar la protección de datos y medidas que garanticen la compatibilidad con el desarrollo tecnológico y la privacidad, la gestión del registro de brechas de seguridad, su análisis y clasificación, etc.)[546].

6. Resoluciones de la AEPD

Las resoluciones de la Agencia serán públicas (art. 50 LOPDGDD): (*i*) las que declaren haber lugar o no a un derecho de los reconocidos en los arts. 15 a 22 del RGPD; (*ii*) las que pongan fin a los procedimientos de reclamación, (*iii*) las que archiven las actuaciones previas de investigación; (*iv*) las que sancionen con apercibimiento a los responsables o encargados institucionales y organizaciones públicas; (*v*) las que impongan medidas cautelares; y (*vi*) las demás que disponga su estatuto.

---

544 Ibid., art. 29

545 Ibid. Art. 30.

546 Ibid., art. 31

Existe un repositorio público, clasificado y organizado de todas las resoluciones de la AEPD[547].

B. Autoridades autonómicas de protección de datos

Como quiera que España es un país altamente descentralizado —quizá el más descentralizado de todos los europeos, aunque en la opinión pública no se conozca o no se quiera reconocer— las Comunidades autónomas tienen competencias en materia de autoridades de protección de datos personales. Por ello las regiones españolas podrán crear autoridades autonómicas de protección de datos personales que tendrán funciones y potestades homólogas a las de la AEPD, si bien limitadas al ámbito territorial de la Comunidad.

Ahora bien, con objeto de repartir adecuadamente las competencias entre la autoridad estatal y las regionales de tal forma que no se produzca un solapamiento —total, porque parcial existe en cierta medida—, desde el punto de vista material, las autoridades autonómicas tendrán competencias solo en aquéllas referidas a: (*i*) tratamientos de los que sean responsables las entidades integrantes del sector público correspondiente a la Comunidad Autónoma o de las Entidades Locales incluidas en su ámbito territorial o quienes presten servicios a través de cualquier forma de gestión directa o indirecta; (*ii*) tratamientos llevados a cabo por las personas físicas o jurídicas para el ejercicio de las funciones públicas en materias que sean competencia de la correspondiente Administración Local; y (*iii*) tratamientos que se encuentren expresamente previstos, en su caso, en los respectivos Estatutos de Autonomía.

El deber de coordinación entre agencias autonómicas y estatal también implica reuniones periódicas —a solicitud de cualquiera de ellas— qué, en todo caso, se celebrarán semestralmente, así como el intercambio y flujo de información constantes, en particular relativa a la actividad del CEPD; y la posibilidad de crear grupos de trabajo para tratar asuntos específicos de interés común.

La coordinación también implica que cuando una autoridad autonómica quiera someter un proyecto de decisión al CEPD, se le solicte algo por parte de éste o necesite de una decisión vinculante del organismo europeo, todo ello se practicará por conducto de la AEPD[548].

Por último, evidenciando el altísimo nivel de autonomía de las regiones de nuestro Estado, las autoridades de protección de datos autonómicas pueden ostentar la condición de autoridad de control principal o interesada —en el pro-

---

547 *Vid.*, https://www.aepd.es/informes-y-resoluciones/resoluciones

548 *Vid.*, arts. 60 y 62 LOPDGDD.

cedimiento del art. 60 RGPD— cuando se refiera a tratamientos de su ámbito material y serán éstas quienes intervendrán en dicho procedimiento informando a la AEPD.

A pesar del fuerte nivel de autonomía que hemos descrito, las autoridades autonómicas de protección de datos están, en cierta medida, sometidas jerárquicamente a la AEPD ya que la Presidencia de esta última podrá, cuando considere que un tratamiento llevado a cabo por una autoridad autonómica, en las materias de su competencia, vulnera el RGPD, requerirlas para que adopten —en el plazo de un mes— las medidas necesarias para su cesación, sin perjuicio de cuantas otras acciones en vía contencioso-administrativa para el caso de que la autoridad autonómica no atendiese el requerimiento o las medidas adoptadas no lograsen la cesación del tratamiento ilícito[549].

En la actualidad existen en nuestro país tres autoridades autonómicas de protección de datos: la catalana —«Autoridad Catalana de Protección de Datos»—[550], la vasca —Agencia Vasca de Protección de Datos—[551]y la andaluza —«Consejo de Transparencia y Protección de Datos de Andalucía»—[552].

VI. AUTORREGULACIÓN

La autorregulación es una de las herramientas más eficaces de supervisión y cumplimiento de las normas de protección de datos personales por su agilidad y flexibilidad en su aplicación. La nueva regulación europea que encarna el RGPD quieren impulsar el desarrollo, implementación y uso de la autorregulación como una forma de regulación robusta pero al mismo tiempo flexible en una materia tan cambiante como es la protección de datos personales.

A mayor abundamiento, el principio de *Accountability* del RGPD es ya un primer guiño que hace la normativa europea hacia sistemas proactivos de cumplimiento como pueda ser la autorregulación de los responsables y encargados. La

549 *Vid.*, art. 59 LOPDGDD.

550 *Vid.*, Ley 32/2010, de 1 de octubre, *de la Autoridad Catalana de Protección de Datos.* «DOGC» núm. 5731, de 08/10/2010, «BOE» núm. 257, de 23/10/2010. Anteriormente denominada la «Agencia Catalana de Protección de Datos», *Vid.*, Ley 5/2002, de 19 de abril, *de la Agencia Catalana de Protección de Datos.* «BOE» núm. 115, de 14 de mayo de 2002, páginas 17379 a 17384 (6 págs.)

551 Creada por la Ley 2/2004, de 25 de febrero, *de Ficheros de Datos de Carácter Personal de Titularidad Pública y de Creación de la Agencia Vasca de Protección de Datos. Vid.*, «BOE» núm. 279, de 19 de noviembre de 2011 y «BOPV» núm. 44, de 4 de marzo de 2004.

552 Creado por el art. 43 de la Ley 1/2014, de 24 de junio, *de Transparencia Pública de Andalucía.* «BOE» núm. 172, de 16 de julio de 2014 y «BOJA» núm. 124, de 30 de junio de 2014.

remisión a los códigos de conducta y certificaciones, como una manera de demostrar esa observancia del principio de *Accountability* y la responsabilidad proactiva son otra forma más de autorregulación que permite, gracias a sellos y marcas, reforzar el cumplimiento del RGPD por parte de responsables y encargados.

A. Códigos de Conducta

1. Elaboración, modificación, aprobación y publicación de un código de conducta

Los códigos de conducta están recogidos dentro de la Sección Quinta del Capítulo IV del RGPD —arts. 40 y 41—. El RGPD anima a todas las autoridades de control de protección de datos —incluso a la Comisión Europea —a **promover la elaboración de códigos de conducta** destinados a contribuir a la correcta aplicación del RGPD[553], teniendo en cuenta las características específicas de los distintos sectores de tratamiento y las necesidades específicas de las microempresas y las PYMES[554]. A los códigos de conducta **se pueden adherir** tanto los responsables y/o encargados a los que se aplique el RGPD como a los responsables y/o encargados a los que no se aplique el Reglamento siempre que asuman por medio de instrumentos vinculantes ciertas garantías respecto de las transferencias internacionales de datos[555]. Ahora bien, los códigos son vinculantes para aquellos que se adhieran[556]. Esta tarea de **elaboración** de códigos de conducta —o su modificación o eventual ampliación— es una tarea que el RGPD encarga —aunque no de manera exclusiva y excluyente— a las asociaciones y otros organismos representativos de categorías de responsables o encargados del tratamiento.

---

553 Esta promoción puede realizarse también por las asociaciones y organismos, así como por empresas, grupos de empresas o responsables o encargados públicos; incluso por los organismos o entidades supervisores y de resolución extrajudicial. *Cfr.*, art. 38.2) LOPDGDD.

554 La Comisión Europea determina que una empresa es una «*microempresa*», una «pequeña empresa» o una «mediana empresa» conforme a los siguientes criterios:
«*1).- Las microempresas se definen como aquellas empresas que ocupan a menos de 10 personas y cuyo volumen de negocios anual o cuyo balance general anual no supera los 2 millones EUR; (2).- Las pequeñas empresas se definen como aquellas que ocupan a menos de 50 personas y cuyo volumen de negocios anual o cuyo balance general anual no supera los 10 millones EUR; y (3).- Por último, las medianas empresas se definen como aquellas que ocupan a menos de 250 personas y cuyo volumen de negocios anual no excede los 50 millones EUR o cuyo balance general anual no supera los 43 millones EUR*», *Vid.*, COMISIÓN EUROPEA, «Guía del usuario sobre la definición del concepto de pyme», Mercado Interior, Industria, Emprendimiento y Pymes del 24 de febrero de 2016, © Unión Europea 2015, Ref.: Ares(2016)956541 - 24/02/2016, pág., 11.

555 *Vid.*, art. 40.3 RGPD.

556 *Vid.*, Art. 38.1) LOPDGDD.

Las **cuestiones que pueden regular los códigos** de conducta son, entre otras, *(i)* el tratamiento leal y transparente; *(ii)* los intereses legítimos perseguidos por los responsables del tratamiento en contextos específicos; *(iii)* la recogida de datos personales; *(iv)* la seudonimización de datos personales; *(v)* la información proporcionada al público y a los interesados; *(vi)* el ejercicio de los derechos de los interesados; *(vii)* la información proporcionada a los niños y la protección de estos, así como la manera de obtener el consentimiento de los titulares de la patria potestad o tutela sobre el niño; *(viii)* las medidas y procedimientos técnicos y de seguridad del tratamiento; *(ix)* la notificación de violaciones de la seguridad de los datos personales a las autoridades de control y la comunicación de dichas violaciones a los interesados; *(x)* la transferencia de datos personales a terceros países u organizaciones internacionales; o *(xi)* los procedimientos extrajudiciales y otros procedimientos de resolución de conflictos que permitan resolver las controversias relativas al tratamiento entre los responsables del mismo y los interesados.

Estos códigos de conducta deben contener, al menos, **mecanismos** —incluidos los extrajudiciales de resolución de conflictos—[557]que permitan al organismo de supervisión de su cumplimiento efectuar el control obligatorio del cumplimiento de sus disposiciones por los responsables o encargados de tratamiento que se comprometan a aplicarlo, sin perjuicio de las funciones y los poderes de las autoridades de control que sean competentes.

El **procedimiento** para elaborar o modificar un código de conducta pasa por presentar un proyecto de código o la modificación o ampliación a la autoridad de control que sea competente. La autoridad de control dictaminará si el proyecto de código o la modificación o ampliación es conforme con el RGPD y aprobará dicho proyecto de código, modificación o ampliación si considera suficientes las garantías adecuadas ofrecidas.

Si el proyecto y el código de conducta de que se trate no se refiere a actividades de tratamiento en varios Estados miembros, la autoridad de control registrará y publicará el código. En cambio, si guarda relación con **actividades de tratamiento en varios Estados miembros**, la autoridad de control competente lo presentará por el procedimiento del mecanismo de coherencia —antes de su aprobación o de la modificación o ampliación— al CEPD, el cual dictaminará si dicho proyecto, modificación o ampliación es conforme con el RGPD o, si ofrece garantías adecuadas respecto de aquellos responsables o encargados del tratamiento a los que no se aplica el RPGD pero que se quieren adherir al código de conducta. Si todo es correcto a los ojos del CEPD, éste emitirá un dictamen favorable que presentará a la Comisión Europea que dará luz verde o no al código

---

557 *Ibíd.*, art. 38.1) *in fine.*

de conducta mediante un acto de ejecución —adoptado conforme a lo regulado en el RGPD— y lo publicará.

A nivel nacional, los códigos de conducta se someterán a la aprobación de la AEPD —o autoridad autonómica correspondiente—, que verificará que se adaptan a la normativa y, cumplido esto, los aprobará, sometiéndolos a continuación al mecanismo de coherencia[558] si el proyecto de código de conducta guarda relación con varios Estados miembros.

2. Supervisión de los códigos de conducta aprobados

Además de las facultades de las autoridades de control, también podrá **supervisar el cumplimiento del código** de conducta un organismo —diferente de una autoridad u organismo público— que tenga el nivel adecuado de pericia en relación con el objetivo del código, así como que haya sido acreditado para tal fin por la autoridad de control competente. Los responsables o encargados que se adhieran a un código de conducta se obligan a someter al organismo o entidad supervisora las reclamaciones que les lleguen en relación con los tratamientos incluidos en el ámbito de aplicación del código de conducta —siempre que no procedan directamente a atender lo solicitado en la reclamación—[559].

Los **requisitos**[560] para poder ser **acreditado como supervisor** son:

1. Que haya demostrado a la autoridad de control competente, su *independencia y pericia* en relación con el objeto del código;
2. Que haya establecido procedimientos que le permitan evaluar la *idoneidad de los responsables y encargados* correspondientes para aplicar el código, supervisar el cumplimiento de sus disposiciones y examinar periódicamente su aplicación;
3. Que haya establecido procedimientos y *estructuras para tratar las reclamaciones* relativas a infracciones del código o a la manera en que el código haya sido o esté siendo aplicado por un responsable o encargado del tratamiento, y para hacer dichos procedimientos y estructuras transparentes para los interesados y el público; y
4. Que haya demostrado a la autoridad de control competente que sus funciones y cometidos *no dan lugar a conflicto de intereses.*

---

558 *Ibíd.*, art. 38.2) in fine, 3) y 4).

559 *Ibíd.*, art. 38.2).III)

560 La autoridad de control debe someter al CEPD, con arreglo al mecanismo de coherencia, el proyecto que fije los criterios de acreditación de un organismo supervisor. *Vid.*, art. 41.3 del RGPD.

La autoridad de control competente **revocará la acreditación** de un organismo si las condiciones de la acreditación no se cumplen o han dejado de cumplirse, o si la actuación de dicho organismo infringe el RGPD. Sin perjuicio de las funciones y los poderes de la autoridad de control competente y de la potestad sancionadora recogida en el RGPD, un organismo artículo deberá **hacer cumplir los códigos de conducta**, por ello, debe tomar las medidas oportunas en caso de infracción del código por un responsable o encargado del tratamiento, incluida la suspensión o exclusión de este, así como informar de dichas medidas y de las razones de las mismas a la autoridad de control competente. La AEPD y las autoridades autonómicas llevarán un registro actualizado de los códigos de conducta aprobados por las mismas que estarán conectados entre sí y coordinados con el registro del CEPD. El registro será accesible a través de medios electrónicos[561].

B. Certificaciones

1. Expedición de certificaciones

Las certificaciones pueden ser de **varios tipos**, por ejemplo, signos o marcas que indiquen de manera clara y rápida que un responsable o encargado cumple con la normativa de protección de datos personales. Al igual que respecto de los códigos de conducta, las autoridades de control, el CEPD y la Comisión Europea **promoverán la creación** de mecanismos de certificación, sellos y marcas en materia de protección de datos a fin de demostrar el cumplimiento del RGPD, teniendo en cuenta las necesidades específicas de las microempresas y las PYMES[562]. Pueden adherirse a estas certificaciones los encargados y/o responsables sujetos al RGPD y los no sujetos siempre que presten determinadas garantías respecto de las transferencias internacionales de datos[563]. La certificación **es voluntaria** y no limitará la responsabilidad del responsable o encargado del tratamiento en cuanto al cumplimiento del RGPD. Los responsables o encargados que sometan su tratamiento al mecanismo de certificación deben entregar al organismo de certificación —o en su caso a la autoridad de control competente— toda la información y acceso a sus actividades de tratamiento que necesite para llevar a cabo el procedimiento de certificación.

Las certificaciones **las expedirá** por el organismo de certificación correspondiente o por la autoridad de control competente, pero en ambos casos sobre la base de los criterios[564] aprobados por la autoridad de control o por el CEPD

---

561 *Ibíd.*, art. 38.5).

562 *Vid.*, art. 42 del RGPD.

563 *Ibíd.*, art. 42.2.

564 La Comisión Europea puede dictar actos delegados conforme al RGPD con objeto de especificar las condiciones que deberán tenerse en cuenta para los mecanismos de certificación en

conforme al mecanismo de coherencia. Cuando los criterios sean aprobados por el CEPD, esto podrá dar lugar a una certificación común, el denominado «**Sello Europeo de Protección de Datos**».

La certificación se expedirá a un responsable o encargado de tratamiento por un **período máximo de tres años** y podrá ser **renovada** en las mismas condiciones, siempre y cuando se sigan cumpliendo los requisitos pertinentes. La certificación será **retirada**, cuando proceda, por los organismos de certificación, o en su caso, por la autoridad de control competente, cuando no se cumplan o se hayan dejado de cumplir los requisitos para la certificación. Todos los mecanismos de certificación, sellos y marcas de protección de datos deben ser registrados por el CEPD y hacerlos públicos por el medio que estimen oportuno.

2. Organismo de certificación

Además de las facultades de la autoridad de control competente, los organismos de certificación —adecuados— expedirán y renovarán las certificaciones una vez informada la autoridad de control. Los organismos de certificación deben **ser acreditados por la autoridad de control** por otro organismo[565], o por ambos. En nuestro país, la acreditación de las instituciones de certificación es competencia de la Entidad Nacional de Acreditación («ENAC») que informa a la AEPD y las autoridades autonómicas de las concesiones, denegaciones o revocaciones de las acreditaciones concedidas y los motivos de todo ello[566]. Son **requisitos**[567] para ser **designado como organismo** de certificación[568]:

---

materia de protección de datos. *Ibíd.*, art. 43.8. De la misma manera, la Comisión puede adoptar actos de ejecución que establezcan normas técnicas para los mecanismos de certificación y los sellos y marcas de protección de datos, así como mecanismos para promover y reconocer dichos mecanismos de certificación, sellos y marcas, todo ello conforme al procedimiento de examen recogido en art. 93.2 del RGPD. *Ibíd.*, art. 43.9.

565 También pueden acreditar al organismo de certificación el organismo nacional de acreditación designado de conformidad con el Reglamento (CE) nº 765/2008 del Parlamento Europeo y del Consejo con arreglo a la norma EN ISO/IEC 17065/2012 y a los requisitos adicionales establecidos por la autoridad de control que sea competente en virtud del artículo 55 o 56, *Vid.*, art. 43.1.b) del RGPD.

566 *Cfr.*, art. 39 LOPDGDD.

567 La autoridad de control hará públicos los requisitos y los criterios en que se basa la expedición de la certificación en una forma fácilmente accesible. Las autoridades de control comunicarán también dichos requisitos y criterios al CEPD, que archivará en un registro todos los mecanismos de certificación y sellos de protección de datos y los pondrá a disposición pública por cualquier medio apropiado. *Ibíd.*, art. 43.6.

568 *Vid.*, art. 43.2 del RGPD.

1. Haber demostrado ante la autoridad de control competente su *independencia y su pericia* en relación con el objeto de la certificación;
2. Haberse comprometido a *respetar los criterios* aprobados por la autoridad de control o el CEPD para expedir la certificación;
3. Haber establecido procedimientos para la *expedición, la revisión periódica y la retirada* de certificaciones, sellos y marcas de protección de datos;
4. Haber establecido procedimientos y estructuras para tratar las *reclamaciones* relativas a infracciones de la certificación —de conformidad con la manera en que la certificación haya sido o esté siendo aplicada por un responsable o encargado— y para hacer dichos procedimientos y estructuras transparentes para los interesados y el público; y
5. Haber demostrado ante la autoridad de control competente que sus funciones y cometidos *no dan lugar a conflicto de intereses.*

La acreditación de los organismos de certificación se realizará sobre la base de los criterios aprobados por la autoridad de control que sea competente o por el CEPD. Además, los organismos de certificación serán **responsables de la correcta evaluación** a efectos de certificación o retirada de la certificación, sin perjuicio de la responsabilidad del responsable o del encargado del tratamiento en cuanto al cumplimiento RGPD[569], en cuyo caso, comunicarán a las autoridades de control competentes las razones de la expedición de la certificación solicitada o de su retirada[570]. La acreditación se expedirá por un **período máximo de cinco años** y podrá ser **renovada** en las mismas condiciones, siempre y cuando el organismo de certificación cumpla los requisitos establecidos en el presente artículo[571]. Sin perjuicio del régimen sancionador del RGPD, la autoridad de control competente o el organismo nacional de acreditación **revocará** la acreditación a un organismo de certificación si las condiciones de la acreditación no se cumplen o han dejado de cumplirse, o si la actuación de dicho organismo de certificación infringe el RGPD[572].

569 *Ibíd.*, art. 43.3.

570 *Ibíd.*, art. 43.5.

571 *Ibíd.*, art. 43.4

572 *Ibíd.*, art. 43.7.

Capítulo 13

TRATAMIENTOS ESPECÍFICOS

Por la especial importancia que tienen ciertos tratamientos de datos, que podíamos denominar específicos, vamos a abordar a continuación éstos ya que, sin perjuicio de las normas generales ya expuestas, cuentan con ciertas particularidades de gran interés para el lector y cuyo abordaje más específico puede ayudar a su comprensión.

Se trata de materias que en la economía digital y sociedad de la información son cada vez más frecuentes y afectan a un número importante de interesados.

I. MARKETING DIRECTO

La aplicación de la regulación en materia de protección de datos personales en el contexto del marketing directo, especialmente a través de redes de comunicación electrónicas y sistemas digitales es probablemente una de las cuestiones más complejas y mayores retos en la protección de la privacidad y los datos personales en la actualidad.

El marketing directo implica, con frecuencia, el uso de datos recopilados a través del dispositivo del interesado, como por ejemplo los datos de localización del interesado o los datos recopilados a través de *cookies* a partir del *Smartphone*. Es fundamental, tanto para los responsables como para los interesados, conocer cómo funciona el marketing directo y cómo aplica a los datos.

A. Concepto de marketing directo

El GT29 ha tratado de concretar qué se entiende por «*marketing directo*» y cual es su alcance, considerando éste como **cualquier forma de venta o promoción**, incluyendo el marketing directo realizados por entidades sin fines de lucro y organizaciones políticas[573]. Para que se trate de marketing directo no es necesario que se oferte un producto para su venta, **es suficiente con una oferta gratuita o cualquier tipo de promoción**.

---

573 *Vid.*, Opinion 5/2004 on unsolicited communications for marketing purposes under Article 13 of Directive 2002/58/EC, Adopted on 27 February 2004 (11601/EN; WP 90).

Ahora bien, lo que si debe cumplir es estar **dirigido a los particulares individualmente**, de tal forma que la regulación en materia de protección de datos del marketing directo aplicará solo en aquellos casos en los que los datos personales del interesado sean tratados para enviarle mensajes de marketing dirigido a éstos. No sería, por tanto, marketing directo un SMS recibido en el que te informan del estado de un pedido realizado.

Con carácter general, el marketing directo está regulado en el RGPD y cuando se realiza a través de redes electrónicas de comunicación, además del RGPD, la Directiva 2002/58 también aplica.

B. Requisitos de marketing directo según el RGPD y la Directiva 2002/58

El tratamiento de datos de un interesado para fines de marketing directo requiere el cumplimiento de todos los requisitos, principios, normas, etc. del RGPD como si de cualquier otro tratamiento se tratara, como explicaremos a continuación en mayor detalle.

El elemento clave y que ha avalado este tipo de prácticas es el interés legítimo (at. 6[1][f] del RGPD). Ahora bien, dicho interés debe basarse en el **principio de transparencia y expectativa razonable del interesado,** y limita el uso del interés legítimo como base jurídica en entornos asociativos y publicitarios[574]. Ello lleva a que uno de los fundamentos de la regulación de la protección de datos consiste en la posibilidad, en todo momento del interesado de solicitar que se le excluya del tratamiento para fines de marketing directo, lo que en inglés se denomina el **derecho de «*opt-out*».**

---

574 *Vid.*, STJUE (Sala Novena) del 4 de octubre de 2024, en el asunto *Koninklijke Nederlandse Lawn Tennisbond contra Autoriteit Persoonsgegevens* (C-621/22). En donde la Real Asociación de Tenis de los Países Bajos (KNLTB) comunicó los datos personales de sus miembros (nombres, direcciones, teléfonos, correos) a dos patrocinadores comerciales a cambio de una contraprestación económica, sin contar con el consentimiento de los afectados. La Autoridad Neerlandesa de Protección de Datos le impuso una multa de 525.000 euros. La KNLTB alegó que actuaba en su interés legítimo de fomentar el tenis y ofrecer descuentos a sus socios mediante la colaboración con patrocinadores. La autoridad consideró que ese tratamiento carecía de base jurídica válida bajo el RGPD. El Tribunal resolvió que (i) el interés comercial puede constituir un interés legítimo, pero el tratamiento debe ser estrictamente necesario y proporcionado; (ii) el tratamiento debe superar una triple prueba acumulativa: interés legítimo lícito, necesidad del tratamiento y que los derechos de los interesados no prevalezcan; (iii) resulta relevante si el interesado podía razonablemente esperar que sus datos se comunicarían a terceros; (iv) que la entrega a título oneroso de datos a empresas de azar agrava el riesgo reputacional y ético del tratamiento y (v) que el hecho de que el tratamiento no esté determinado por ley no impide que sea lícito, siempre que sea compatible con el RGPD.

Esta posibilidad implica que el interesado puede *(i)* ejercitar su derecho de *opt-out* a través de cualquiera de los canales de marketing habitualmente empleados para comunicarse con él (correo, email, teléfono, etc.); *(ii)* el responsable debe informar siempre al interesado de su derecho de *opt-out*, en todas las comunicaciones y, en particular, en la primera comunicación de marketing directo; *(iii)* una vez ejercitado el derecho de *opt-out* por el interesado, el responsable debe acometerlo sin dilación y su ejercicio no debe costar al interesado; *(iv)* ejercitado por el interesado, sus datos serán suprimidos a no ser que sean estrictamente necesarios para fines como el ejercicio de acciones legales; y *(v)* si el interesado ejercita su derecho de *opt-out*, los datos del interesado deben retirarse de las eventuales actividades de perfilado que pueda estar llevando a cabo el responsable para realizar marketing directo.

Los Estados miembros han desarrollado registros públicos de *opt-out* —las **listas robinson** ya estudiadas— que permiten a los interesados ejercitar un derecho de *opt-out* global para todas las acciones de marketing directo realizadas a través de un canal —SMS, por ejemplo— sin importar quién es el responsable de la acción de marketing directo. Además del derecho de *opt-out*, existe su anverso, el denominado **derecho de «*opt-in*»**, o derecho de inclusión, que implica una obligación de informar al interesado y recabar su consentimiento previo para realizar ciertas actividades de marketing directo, en virtud de la Directiva 2002/58.

De esta manera, la **regla general** es que la mayoría de las acciones de marketing directo requieren un previo ejercicio del derecho de *opt-in* por parte del interesado, con algunas excepciones —que se entienden menos invasivas para la privacidad— que veremos a continuación.

C. Marketing a través de correo ordinario o postal

El marketing directo a través de correo postal no se considera marketing digital y, por tanto, no está sujeto a la Directiva 2002/58, lo que no implica que no deba cumplirse con el RGPD toda vez que los datos de los interesados son tratados.

En virtud de lo anterior, no hay obligación legal de recabar el consentimiento previo del interesado (*opt-in*) siempre que no estemos en presencia de datos sensibles o especiales[575]. Sin embargo, algunos Estados miembros han implementado una regulación que sí que lo exige para estas actividades, como es el caso de España, Grecia o Bélgica.

---

575 Aunque en nuestra opinión, una lectura sistemática de los artículos y considerandos del RGPD, en particular el principio de responsabilidad proactiva y la necesidad de un consentimiento expreso para datos sensibles, nos lleva a propugnar que el RGPD no permite consentimientos tácitos o en los que el interesado desarrolle una conducta pasiva.

En España, estando al RGPD y su normativa nacional vemos como la LOPD-GDD exige, como regla general —art. 6—, recabar el consentimiento inequívoco del afectado como regla general para tratar datos personales. Ahora bien, en su apartado segundo recoge una seria de excepciones a la necesidad de recabar el previo consentimiento entre las que no se encuentra el marketing por correo ordinario. Hasta aquí, sería evidente que es necesario el consentimiento para el uso de técnicas de marketing postal. Sin embargo, el RPDP —art. 14.2— permite recabar el consentimiento de forma tácita o por una especie de «silencio positivo», de tal suerte que si el interesado no manifiesta su negativa al tratamiento en el plazo de 30 días se entenderá que consiente[576]. Ello nos llevaría a concluir que en España es necesario el consentimiento —si bien tácito— para emplear comunicaciones por correo postal, lo que permitiría un pseudo derecho de *opt-out* para estos casos.

Ahora bien, como quiera que el RGPD no permite el consentimiento tácito, algo que se desprende, en nuestra opinión, de una lectura sistemática de sus artículos y principios, entre otros el de *accountability*, entendemos que lo regulado en el art. 14.2 del RPDP no es conforme con el RGPD y que, entre tanto se actualiza la normativa española que desarrolla la LOPD, deberemos estar al art. 6 de ésta siendo, por tanto, **necesario el consentimiento del interesado (*opt-in*) para realizar acciones de marketing directo por correo ordinario** en Derecho español; todo ello siempre que no concurra otra base de licitud del tratamiento para el envío de comunicaciones por correo postal, como el interés legítimo del responsable (basado en el envío de información sobre productos o servicios iguales o similares a los previamente contratados, por ejemplo). En aquellos países en los que no se haya regulado un derecho de *opt-in*, el responsable, al menos, debe facilitar al interesado el ejercicio del derecho de *opt-out.*

D. Marketing a través de teléfono

El marketing directo a través de teléfono si está regulado por la Directiva 2002/58, por lo que para poder desplegarlo será necesario recabar el previo consentimiento del interesado (*opt-in*). Las habituales llamadas con información comercial deben estar basadas en el consentimiento previo del interesado. Ahora bien, la Directiva 2002/58[577] permite a los Estados miembros elegir —en su

---

576 *Vid.*, art. 14.2 RPDP, del siguiente tenor: «*El responsable podrá dirigirse al afectado, informándole en los términos previstos en los artículos 5 de la Ley Orgánica 15/1999, de 13 de diciembre y 12.2 de este reglamento y deberá concederle un plazo de treinta días para manifestar su negativa al tratamiento, advirtiéndole de que en el caso de no pronunciarse a tal efecto se entenderá que consiente el tratamiento de sus datos de carácter personal*».

577 *Vid.*, art. 13 de la Directiva 2002/58.

legislación nacional— entre implementar un sistema basado en ***opt-in*** **o, en su defecto y como mínimo, un sistema basado en *opt-out*** cuando los datos de los interesados se hayan obtenido bajo ciertas circunstancias basado en bases de licitud como el interés legítimo[578].

En cambio, en los casos de **llamadas automáticas mediante sistemas automatizados** el consentimiento previo del interesado es un requisito insustituible[579].

Las restricciones relativas a las comunicaciones no solicitadas a través de teléfono vistas —art. 13 de la Directiva 2002/58— aplican tanto en las relaciones entre empresa y usuarios —B2C[580]— como en las relaciones entre empresas —B2B[581]—.

La normativa en materia de telecomunicaciones y marketing directo ha incorporado recientemente nuevas obligaciones para quienes realizan llamadas comerciales no solicitadas, especialmente en lo relativo al número de origen desde el que se efectúa la llamada.

Conforme a la Orden TDF/149/2025, de 12 de febrero[582] (en vigor desds el 5 de junio de 2025), se establece la prohibición de utilizar números móviles como remitentes de llamadas comerciales o de atención al cliente. En particular se prohíbe usar números móviles (prefijos 6 o 7) para realizar llamadas con fines comerciales no solicitados Y las entidades que realicen este tipo de contactos deberán utilizar números con prefijos 800 o 900, claramente identificables como números gratuitos o de atención comercial.

---

578 Cuando el responsable haya obtenido de sus clientes la dirección de correo electrónico, en el contexto de la venta de un producto o de un servicio de conformidad con la Directiva 95/46/CE, y utilice dichas señas electrónicas para la venta directa de sus propios productos o servicios de características similares, a condición de que se ofrezca con absoluta claridad a los clientes, sin cargo alguno y de manera sencilla, la posibilidad de oponerse a dicha utilización de las señas electrónicas en el momento en que se recojan las mismas y, en caso de que el cliente no haya rechazado inicialmente su utilización, cada vez que reciban un mensaje ulterior. *Vid.*, art. 13.2 Directiva 2002/58.

579 *Vid.*, art. 13.1 de la Directiva 2002/58 («*Solo se podrá autorizar la utilización de sistemas de llamada automática sin intervención humana –aparatos de llamada automática–, fax o correo electrónico con fines de venta directa respecto de aquellos abonados que hayan dado su consentimiento previo*»)

580 B2C o «business to consumer» es un acrónimo inglés que indica una relación entre empresa y consumidor.

581 B2B o «business to business» es un acrónimo inglés que indica una relación entre empresas.

582 *Vid.*, Orden TDF/149/2025, de 12 de febrero, por la que se establecen medidas para combatir las estafas de suplantación de identidad a través de llamadas telefónicas y mensajes de texto fraudulentos y para garantizar la identificación de la numeración utilizada para la prestación de servicios de atención al cliente y realización de llamadas comerciales no solicitadas. «BOE» núm. 40, de 15/02/2025.

El incumplimiento de esta prohibición constituye una infracción grave conforme al artículo 107.19 de la Ley 11/2022, General de Telecomunicaciones, con multas de hasta 2 millones de euros (art. 109.1.g).

Aunque la norma no introduce novedades sustanciales en materia de protección de datos personales, el uso de números identificativos en comunicaciones comerciales afecta al principio de transparencia e identificación del remitente (art. 5.1.a RGPD y art. 66 LGT); al derecho de oposición y revocación de consentimiento (art. 21 RGPD y art. 23 LSSI); y a la atribución de responsabilidad al responsable del tratamiento que encarga o ejecuta dichas llamadas.

E. Marketing por email, SMS y otros sistemas electrónicos de comunicación

El marketing directo realizado a través de email, SMS, etc., es un tipo de marketing digital o a través de medios electrónicos y, por tanto, las normas de la Directiva 2002/58 aplican a estas formas de comunicación, además de los requisitos del RGPD. La Directiva 2002/58 define el email o correo electrónico como «*todo mensaje de texto, voz, sonido o imagen enviado a través de una red de comunicaciones pública que pueda almacenarse en la red o en el equipo terminal del receptor hasta que éste acceda al mismo*»[583]. Una definición tan genérica que permite incluir bajo la misma otro tipo de sistemas de comunicación asimilables a los efectos del marketing directo como los SMS, MMS, etc.

La **regla general** es que el responsable debe recabar el previo consentimiento (***opt-in***) del interesado para enviarles acciones de marketing directo por email[584]. Un consentimiento que debe ser recabado conforme a los requisitos y estándares ya vistos del RGPD.

La **excepción**, como en el caso del marketing a través de teléfono, son aquellos casos en los que los datos personales del interesado se hayan obtenido en el contexto de la venta de un producto o servicio —sobre la base del interés legítimo— y sujeto a los requisitos del artículo 13.2 de la Directiva 2002/58, esto es:

1. Los datos del email del interesado se deben haber obtenido en el contexto de una *venta previa*;
2. La información que remita el responsable a través del email tiene que versar exclusivamente sobre productos o servicios con las *mismas características* que aquellos por los que ya entró en contacto con el interesado; y
3. El responsable tiene que ofrecer al interesado, en cada comunicación y de manera clara y fácilmente accesible, un *derecho de opt-out*.

---

583 *Vid.*, art. 2.h) de la Directiva 2002/58.

584 *Ibíd.*, art. 13.

Por estas especiales condiciones y características, algunos denominan a esta aceptación de recibir comunicaciones de marketing directo a través de email como un **derecho de «*soft opt-in*»** del interesado.

Por las particularidades de esta forma de aceptar el tratamiento de datos, la Directiva 2002/58 ha regulado las **condiciones y requisitos en los que se debe ejercitar este *soft opt-in*** o, al menos, el derecho de *opt-out*, exigiendo a los responsables que cuando remitan comunicaciones por email de marketing directo deben informar de manera sencilla y clara al interesado de la identidad del responsable, así como una indicación de una dirección (de correo o postal) del responsable donde el interesado pueda ejercitar su derecho de *opt-out*. En caso contrario, el marketing directo a través de email estará prohibido[585].

La forma de ejercitar el derecho de *opt-out* debe ser adecuada al medio a través del cual se realizó la comunicación de marketing directo.

Además, los responsables *(i)* no deben disfrazar u ocultar la identidad del remitente o por cuenta de quién se realiza la comunicación; *(ii)* deben asegurar que el mensaje es claramente identificable por el interesado como comunicación comercial, así como cualquier promoción, descuento, etc., y *(iii)* si la promoción consiste en un concurso o juego —y está permitido por la Ley— esta es claramente identificable y las bases del mismo están a disposición de manera íntegra y sencilla del interesado. Al igual que en el marketing directo mediante teléfono, la regulación aplica tanto en las relaciones B2C como en las B2B.

Nuestro Derecho ha traspuesto la Directiva 2002/58 en la LSSICE, en el Titulo III, en particular en los artículos 20 a 22, recogiendo que cualquier publicidad a través de medios electrónicos, como el email, deben contar con el previo consentimiento —«autorización» lo llama el art. 20.2 de la lssice—.

Esto se complementa con la «*prohibición del envío de comunicaciones publicitarias o promocionales por correo electrónico u otro medio de comunicación electrónica equivalente que previamente no hubieran sido solicitadas o expresamente autorizadas por los destinatarios de las mismas*» —art. 21.1 LSSICE— elevando el listón mínimo de la Directiva 2002/58 hasta el consentimiento «*expreso*» en nuestro Derecho, salvo que concurra otra base de licitud para ello, como el interés legítimo —en cuyo caso, siempre, debe darse al interesado la opción de accionar el *opt-out*— o más bien, *soft opt-in*[586]. La AEDP ha precisado que para los casos en que concurran el interés

---

585 *Vid.*, art. 13.4 de la Directiva 2002/58

586 *Ibíd.*, art. 21.2, del siguiente tenor: «*Lo dispuesto en el apartado anterior no será de aplicación cuando exista una relación contractual previa, siempre que el prestador hubiera obtenido de forma lícita los datos de contacto del destinatario y los empleara para el envío de comunicaciones comerciales referentes a productos o servicios de su propia empresa que sean similares a los que inicialmente fueron objeto de contratación con el cliente.*

legítimo como base de licitud para este tipo de prácticas, el artículo 21.2 de la LSSICE debe ponerse en relación con el considerando 47º del RGPD[587].

F. *Marketing por fax*

A pesar de que el fax sea un medio de comunicación cada vez más en desuso y que el uso de papel pueda hacer dudar sobre su naturaleza, este sistema de comunicación empleado para realizar acciones de marketing debe considerarse como marketing digital y, por tanto, sujeto a la Directiva 2002/58.

La regla general es la necesidad de *opt-in* para ejercitar estas acciones[588], con los requisitos de RGPD para la obtención del consentimiento. No obstante, en virtud del art. 13.3 de la Directiva, los Estados miembros podrán permitir un sistema de *opt-out* par estos casos con los requisitos ya vistos. Ahora bien, entendiendo que el **fax es un medio de comunicación electrónica «equivalente» al email** en los términos de la LSSICE, lo recogido para el email deberá aplicarse igualmente al fax y, por tanto, será necesario el consentimiento (***opt-in***) salvo que concurra otra base de licitud y sus requisitos, como el interés legítimo, en los términos y condiciones ya analizados.

G. *Marketing basado en la localización del interesado*

El marketing basado en los datos de localización del interesado es uno de los que cada vez más se emplean por los responsables para llevar a cabo estas acciones, ya que, con mayor frecuencia las aplicaciones de los móviles y dispositivos portátiles emplean estos datos para dar servicio a los usuarios y las tecnologías incipientes y que están por llegar, como el *IoT*, incrementarán exponencialmente este uso. El marketing directo se está perfeccionando hasta tal punto que la interacción de *smartphones* con ***beacons***[589] en las tiendas y la conjunción con los

---

En todo caso, el prestador deberá ofrecer al destinatario la posibilidad de oponerse al tratamiento de sus datos con fines promocionales mediante un procedimiento sencillo y gratuito, tanto en el momento de recogida de los datos como en cada una de las comunicaciones comerciales que le dirija.

Cuando las comunicaciones hubieran sido remitidas por correo electrónico, dicho medio deberá consistir necesariamente en la inclusión de una dirección de correo electrónico u otra dirección electrónica válida donde pueda ejercitarse este derecho, quedando prohibido el envío de comunicaciones que no incluyan dicha dirección».

587 *Vid.,* Agencia Española de Protección de Datos (Gabinete Jurídico), Informe Jurídico 195/2017, págs., 4 a 7

588 *Vid.,* art. 13.1 de la Directiva 2002/58.

589 Un *beacon* es un dispositivo que emite una señal con información y con un tamaño lo suficientemente pequeño como para permitir fijarlos a la pared, ropa o productos de venta al público. Utiliza conexión *bluetooth* de bajo consumo (BLE) para transmitir mensajes o avisos directa-

datos de localización del dispositivo permiten enviar acciones de marketing digital y directo en tiempo real al interesado. Tal es el caso de un consumidor que mientras está buscando un vestido de ceremonia recibe un mensaje en su teléfono con unos zapatos que combinan perfectamente con el mismo y que están de oferta solo ese día.

En los casos de marketing basado en la localización del interesado, el **RGPD aplica** siempre y cuando los datos de localización impliquen un tratamiento de datos personales, por lo que en la práctica totalidad de las ocasiones será de aplicación. También será de **aplicación la Directiva 2002/58,** entre otras razones por ser la que define qué se entiende por «*datos de localización*», a saber: «*cualquier dato tratado en una red de comunicaciones electrónicas que indique la posición geográfica del equipo terminal de un usuario de un servicio de comunicaciones electrónicas disponible para el público*»[590].

La regulación de protección de datos aplica a los **datos del interesado que revelen la posición geográfica de un individuo** —de su terminal, en principio—, pero no a la localización del individuo.

La Directiva 2002/58 exige, como no podía ser de otra forma, el **consentimiento de interesado** para tratar este tipo de datos con fines de marketing directo o para dar un servicio enriquecido o de valor añadido al interesado[591]. En la Directiva 2002/58, la regulación de los datos de localización del interesado está recogida en el artículo 9 de la Directiva 2002/58 y solo podrán ser tratados «*si se hacen anónimos, o previo consentimiento de los usuarios o abonados, en la medida y por el tiempo necesarios para la prestación de un servicio con valor añadido*».

El responsable deberá **informar a los interesados**, antes de obtener el consentimiento, *(i)* del tipo de datos de localización —distintos de los datos de tráfico— que serán tratados; *(ii)* de la finalidad del tratamiento; *(iii)* de la duración del tratamiento; y *(iv)* si los datos serán transmitidos a un tercero a efectos de prestación del servicio de valor añadido.

Se deberá ofrecer a los usuarios y abonados la posibilidad de **retirar en todo momento su consentimiento** para el tratamiento de los datos de localización dis-

---

mente a un dispositivo móvil sin necesidad de una sincronización de los aparatos, la señal es captada por estos dispositivos y se transmite a menudo a un servidor en la nube a través de internet. El servidor de la nube procesa la información y lleva a cabo análisis más detallados para guiar los comportamientos basados en la localización específica del dispositivo móvil. *Vid.*, BFONISCS, «*Low Energy Blue tooth|bfonics Smart Beacons|BLE*», www. bfonics.com. https://web.archive.org/web/20141108070354/http://bfonics.com/what_is_beacon.php.

590 *Vid.*, art. 2.c) de la Directiva 2002/58.

591 *Vid.*, Opinion 13/2011 on *Geolocation services on smart mobile devices*, Adopted on 16 May 2011 (881/11/EN; WP 185).

tintos de los datos de tráfico[592] mediante un procedimiento sencillo y gratuito, así como la posibilidad de rechazar temporalmente el tratamiento de tales datos para cada conexión a la red o para cada transmisión de una comunicación[593].

Por último, solo podrán tratar estos datos aquellos responsables que actúen bajo la autoridad del proveedor de las redes públicas de comunicaciones o de servicios de comunicaciones electrónicas disponibles al público o del tercero que preste el servicio con valor añadido, y dicho tratamiento deberá limitarse a lo necesario a efectos de la prestación del servicio con valor añadido[594].

H. Publicidad comportamental

La publicidad comportamental es un tipo de publicidad que se ofrece a través de Internet y cuyo fundamento es ofrecer unos productos y servicios concretos a un individuo en base a la **observación y análisis del comportamiento de este individuo** en Internet durante un período de tiempo. Es cada vez más popular la publicidad que aparece en los navegadores de nuestros dispositivos cuando navegamos y que «*casualmen*te» ofrece un coche cuando últimamente estamos pensando en cambiar de coche. l RGPD ha dejado claro que la publicidad comportamental puede considerarse datos personales al ampliar lo suficiente la definición compara que esta categoría pueda entrar, además de que el RGPD introduce como novedad la regulación del perfilado —o elaboración de perfiles de usuarios— cuya definición encaja perfectamente con la forma en la que opera la publicidad comportamental[595].

Además, el GT29 ha manifestado que la publicidad comportamental y sus métodos implican tratamiento de datos personales, ya que permite, entre otros, monitorizar a los usuarios de un determinado equipo, identificándolos —aunque se desconozcan sus nombres—, incluso cuando se usan IP dinámicas[596]. Ahora bien, la duda aquí es determinar **quiénes son los responsables** del tratamiento a efectos de cumplir con la regulación en materia de protección de datos personales. El GT29 considera que, *(i)* las plataformas *online* de publicidad en algunas ocasiones deben ser consideradas como responsables porque son los que determinan los fines y medios del tratamiento de los datos de los usuarios que las

---

592 *Vid.*, art. 9.1 de la Directiva 2002/58.

593 *Vid.*, art. 9.2 de la Directiva 2002/58.

594 *Vid.*, art. 9.3 de la Directiva 2002/58.

595 Además de que el CEPD está por publicar qué comportamientos se entienden como perfilado de datos. *Vid.*, considerando 72º del RGPD.

596 *Vid.*, Opinion 2/2010 on Online Behavioural Advertising del GT29, de 22 de junio de 2010 (00909/10/EN; WP 171).

visitan; *(ii)* un editor de una página web —un diario online por ejemplo— será corresponsable con la plataforma en algunas ocasiones y dependiendo de las condiciones de colaboración entre el editor y la plataforma de publicidad; y *(iii)* el anunciante será responsable del tratamiento en el caso de que el usuario pinche en una publicidad de una plataforma y el anunciante comience a monitorizar la actividad del usuario a partir de ese momento, así como combine datos que ya tiene del interesado con futuros comportamientos de navegación del usuario por Internet. En cualquier caso, para determinar correctamente quién o quiénes son los responsables del tratamiento de datos conectado con la publicidad comportamental, deberemos analizar caso por caso dadas las complejidades de ello.

La **Directiva 2002/58 aplica a la publicidad comportamental**. En su artículo 5.3, ésta regula el uso de *cookies* y otros dispositivos de almacenamiento de datos como ya se analizó.

Los responsables pueden utilizar *cookies* o dispositivos asimilados de recuperación de datos a partir de la navegación de los usuarios solamente en virtud de una previa obtención del consentimiento —en cumplimiento de los requisitos del RGPD— y sujeto a haber facilitado al interesado una información clara y completa —en particular sobre los fines y el tratamiento de los datos—. **Los sistemas de *opt-out* no son suficientes cuando de publicidad comportamental se trata**.

I. «Fingerprinting» o huella digital

La huella digital o *fingerprinting* es una técnica cada vez más utilizada de identificación de personas físicas, generalmente mediante dispositivos de lectura fijos o incorporados a terminales móviles (smartphone), con diversos fines: pago por sistemas NFC, registro de la jornada laboral, acceso a equipos de procesamiento de datos (log-in de usuario), etc.

Desde el punto de vista de la protección de datos, consiste en una recopilación sistemática y a través de cookies fundamentalmente, de información sobre un determinado dispositivo remoto con el objetivo de identificarlo, singularizarlo y, de esa forma, poder hacer un seguimiento de la actividad del usuario del mismo con el propósito de perfilarlo.

La AEPD ha emitido un estudio con recomendaciones para la industrial que quieran emplear esta técnica con objeto de tutelar el derecho fundamental a la privacidad y protección de datos.

Como puntos más destacados, la autoridad concluye que, general, (i) en el uso de esta técnica por parte de los responsables del tratamiento no se cumple con la obligación de obtener el consentimiento informado (y, en particular, respecto a la finalidad para la que se recaban los datos), ya que dichas técnicas se utilizan generalmente para realizar perfilado del usuario (entre las cuales cabe la toma de decisiones con consecuencias sobre el servicio) y analizar su actividad en internet. Además, (ii) el usuario no dispone de medios para ejercer los derechos establecidos en el RGPD cuando se recogen o asocian a datos personales.

Y, para combatir lo anterior, recomienda incluir en los productos que incorporen sistemas de lectura de huella digital todas las opciones necesarias para que el usuario de los mismos disponga de capacidades para denegar o aceptar, de forma total o parcial, el uso de estas tecnologías; (ii) así como proporcionar al consumidor dichos equipos con las máximas opciones de privacidad activadas de forma predeterminada o por defecto para que sea el usuario quien modifique tal nivel, en su caso (un ejemplo de lo anterior sería que, como buena práctica, los navegadores podrían tener la opción DNT activada por defecto)[597].

II. INTERNET, COMUNICACIONES Y LA «NUBE»

A estas alturas de esta obra poco se puede decir ya de cómo Internet ha revolucionado la forma en la que se transmite información y, por extensión, las nuevas fronteras y límites de los derechos y libertades de los individuos. Por la importancia de Internet en el tratamiento y transmisión de los datos, vamos a analizar a continuación de manera sucinta algunas tecnologías «*conectadas*» en relación con la protección de datos personales.

A. La «Nube» («Cloud Computing»)

Según el Instituto de Ingeniería Eléctrica y Electrónica (conocido por sus siglas en inglés «IEEE»), el *Cloud Computing* es un paradigma en el que la información se almacena de manera permanente en servidores de Internet y se envía a *cachés*[598].

La «Nube», en realidad, no son más que un **conjunto de servidores** —una «granja» de servidores— conectados todos ellos a Internet y que ofrecen servicios a los usuarios **24 horas al día, los 7 días de la semana** como si el servicio o información solicitado por éste estuviera siempre disponible en una nube —virtual—. Para poder hacer uso del *Cloud* es necesaria una conexión a Internet

597 *Vid.*, AEDP, «Fingerprinting o Huella digital del dispositivo», págs., 20-22, disponible aquí. https://www.aepd.es/guias/estudio-fingerprinting-huella-digital.pdf

598 En informática, una (memoria) caché es un componente de *hardware* o *software* que almacena datos de navegación y conexiones a Internet realizadas por un usuario para que las solicitudes futuras de esos datos se puedan atender con mayor rapidez.

con cierta capacidad. El *Cloud Computing* permite que los productos informáticos hasta ahora contratados —tales como alojamiento, plataforma de comunicación, *software*, etc.— sean prestados como un servicio y no como un producto final[599].

Las ventajas de ahorro de costes, la inmediatez de la información, ahorro de espacio, etc., son tales que este paradigma va ganando terreno en todos aquellos productos y servicios cuyo uso pueden mejorar gracias a Internet.

Esto permite que muchos responsables bien tengan los datos de los interesados alojados en servicios de *Cloud* o bien contraten el encargo de tratamiento con compañías que prestan sus servicios a través de *Cloud Computing*.

Una de las cuestiones mas relevantes del uso de sistema de *Cloud Computing* y cumplimiento de la normativa de protección de datos es determinar si ésta aplica o no a las plataformas y los datos, toda vez que la deslocalización y globalización frecuente en estos servicios complica aún más las cosas.

En virtud del **art. 3 del RGPD**, éste se aplica *(i)* si establecimiento del responsable o encargado está dentro de la UE; *(ii)* si los datos personales son de interesados que residen en la UE —aunque el responsable o encargado no esté establecido en la UE— cuando el tratamiento verse sobre la oferta de bienes o servicios a dichos interesados de la UE o se controle su comportamiento—; y *(iii)* si conforme al Derecho Internacional Publico las normas de un Estado miembro son de aplicación al tratamiento de datos personales por parte de un responsable que no está establecido en la UE.

Por tanto, todos aquellos servicios de *Cloud Computing* en los que se cumplan los requisitos anteriores están sometidos al RGPD, de tal forma que si *Facebook US* —establecida en California— recopila y trata datos de los ciudadanos europeos para controlar su comportamiento y el tratamiento se lo encarga a una empresa de *Cloud Computing* establecida en la India, el RGPD aplicará a estos tratamientos.

Es fundamental que los responsables y los encargados del tratamiento vinculados por razón de prestación servicios de *Cloud Computing* suscriban el correspondiente **contrato** de encargo del tratamiento conforme a los requisitos del RGPD ya vistos.

---

599 Esto es lo que se conoce como *Internet as a Service* («IaaS»), *Software as a Service* («SaaS»), etc., donde, por ejemplo, programas de ofimática, como Microsoft Office, ya no se venden como un producto con licencia que se adquiere para su uso indeterminado, sino que ahora es un servicio que se renueva todos los años por una tarifa anual que varía en función de las opciones y prestaciones contratadas.

B. Motores de búsqueda

Los motores de búsqueda, como *Google*, son **servicios de búsqueda de información en Internet a través del «indexado» de datos** y posterior ofrecimiento al usuario en forma de resultados en base a un algoritmo.

Los motores de búsqueda procesan cantidades ingentes de información y datos, como, por ejemplo; *(i)* datos de la IP del usuario; *(ii) cookies* y la información que contienen; *(iii)* archivos de registro del usuario (*log files*); o *(iv)* contenidos de páginas para indexarlas (los motores de búsqueda están constantemente rastreando mediante sus robots (*spiders*) nuevas páginas y cambios en las páginas para tener todo indexado y actualizado.

Los motores de búsqueda **tratan datos** y, por consiguiente, éstos son responsables del tratamiento a los efectos del RGPD, tal y como quedó claro en la **STJUE en el asunto *Costeja v. Google.***

Además de los requisitos del RGPD, el GT29 ha publicado una serie de **cuestiones** que se deben tener en cuenta en relación con los motores de búsqueda y la protección de datos personales[600]:

1. *En relación con la conservación de datos,* los motores de búsqueda deben conservar los datos el tiempo imprescindible para los fines del tratamiento y una vez extinguidos estos se deben suprimir los datos o anonimizar de manera de forma irreversible.
2. *Procesamiento para nuevos fines:* los motores de búsqueda adquieren datos de los usuarios a partir no solo del motor si no de los múltiples servicios correlacionados que ofrecen (servicio de email, mapas, fotos, *shopping*, etc.); incluso para lanzar al mercado nuevos servicios. Todos y cada uno de los usos requieren de previa información sobre los fines del tratamiento al interesado, incluyendo aquellas finalidades cuya correlación no es homogénea, así como una base de licitud conforme al RGPD, generalmente el consentimiento.
3. *Cumplimiento de los derechos de los interesados*: los motores de búsqueda deben cumplir con los derechos de los interesados tanto si están registrados en su base de datos como si son usuarios no registrados. En particular son un elemento esencial y estratégico en el ejercicio del derecho al olvido que por primera vez se reconoce a nivel legal en la UE (en el RGPD).

---

600 *Vid.*, Opinion 1/2008 *on data protection issues related to search engines*, Adopted on 4 April 2008, (00737/EN; WP 148).

C. Redes sociales

Una red social —digital— o una plataforma de servicios de red social, es un **sitio de Internet organizado en base a grupos sociales** formados por un conjunto de actores (tales como individuos u organizaciones) que están relacionados de acuerdo a algún criterio en base a sus gustos e intereses, tales como intereses profesionales, amistad, actividades sociales, etc.

En su función de proporcionar servicios de comunicación y sociales entre los miembros de la red, los proveedores de servicios de *social networking* («PSSN») **son considerados como responsables del tratamiento,** toda vez que deciden los fines y medios del tratamiento de los datos personales.

En aquellos casos en los que se introduzcan dentro de las redes sociales aplicaciones de terceros que también traten datos además del tratamiento por parte del PSSN, los responsables de las aplicaciones también serán responsables del tratamiento[601], sin perjuicio de la obligación que tienen los PSSN de verificar que las aplicaciones de terceros que se ofrezcan a través de su red social cumplen con la normativa de protección de datos. Sin embargo, en aquellos casos en los que los usuarios de una red social alojen información —datos personales— en la red social solo para fines personales o domésticos, **el RGPG no aplicará** en virtud de la excepción del art. 2.2.c) RGPD[602].

No obstante, hay una serie de **circunstancias en las que excepción** de fines privados y domésticos no aplica, como *(i)* cuando la red social se usa como una plataforma por una organización y el interesado utiliza los servicios de la red social en representación de la organización (por ejemplo una red social de periodistas de una cadena de televisión y un periodista que publica información en ella); *(ii)* cuando un usuario, a sabiendas, permite el acceso a sus datos personales más allá de los sus amigos o grupo de contactos (esto es a «todos» los miembros de la red), en tales casos ese individuo podría considerarse un responsable a los efectos de RGPD.

De todas formas, los usuarios de una red que no puedan verse amparados en la excepción de los fines personales o domésticos también pueden barajar la posibilidad de que el uso de los datos en la red social esté amparado por la **excepción del uso de datos para fines periodísticos, artísticos o literarios**[603].

---

601 *Cfr.*, Opinion 5/2009 *on online social networking*, Adopted on 12 June 2009 (01189/09/EN; WP 163).

602 Y sin perjuicio de que los usuarios puedan verse compelidos a responsabilidad de otro tipo por la información alojada, como vulneraciones de derechos de autor o difamación.

603 *Vid.*, art. 85 del RGPD.

Por lo demás, los requisitos del RGPD se deben cumplir, en particular los deberes de información a los usuarios y el **preceptivo consentimiento** explícito para recopilar y tratar datos sensibles[604]. Y, en relación con los menores, además de implementar controles parentales efectivos y robustos, los PSSN deben, por defecto, habilitar sistemas *friendly* de gestión de privacidad para que sea sencillo para los padres, así como evitar que los menores no sean blanco del marketing directo que permiten las redes sociales y que, en todo caso, el previo consentimiento de los padres ha sido obtenido o, en su defecto, impedirles el acceso.

Las redes sociales se han convertido en un problema y reto al mismo tiempo no solo en materia de garantía de la privacidad y protección de datos (sino también a nivel social y educativo respecto de los menores). En este sentido destaca la guía que el CEPD ha elaborado sobre posibles diseños engañosos y como reconocerlos[605].

D. Apps

Las **aplicaciones de los móviles** («Apps» en inglés y comúnmente denominadas) ha abierto un nuevo canal de transmisión y tratamiento de datos personales, sobre todo porque el móvil se ha convertido en el principal dispositivo de acceso a Internet y a través del que puede recopilar información sobre un individuo como antes nunca nada había permitido.

Las aplicaciones de los móviles permiten recopilar una cantidad y variedad de datos inigualable: datos de localización, de audio, de velocidad, de salud, de video, de familia, fotografías, amigos, email, uso de internet, …y así hasta un número inmenso de datos de un interesado. Además, todo ello se puede poner en común con la IP del dispositivo y los datos de registro de dispositivo del usuario. Las *eSIM*, huellas digitales y reconocimiento facial son un paso más en este ADN digital en que se están convirtiendo los *smartphones.*

Un desarrollador, programador o titular de una *App*, en tanto en cuanto recopila datos y los trata, decidiendo los fines y los medios del tratamiento, es un responsable a los efectos del RGPD, siempre y cuando los datos los transmita a un servidor fuera del teléfono para su tratamiento. Ahora bien, si los datos son

---

604 El GT29 ha manifestado que las fotografías no son datos sensibles en el sentido del art. 9 del RGPD a menos que la misma tenga como fin revelar un dato sensible, algo cuanto menos discutible, toda vez que una fotografía puede, con intención o no, revelar datos más que sensibles. *Cfr.,* Opinion 5/2009 on online social networking, Adopted on 12 June 2009 (01189/09/EN; WP 163), pag. 8.

605 *Vid.*, CEPD «Guidelines 03/2022 on deceptive design patterns in social media platform interfaces: how to recognise and avoid them» February 14th, 2023.

tratados por la *App* dentro del móvil y no son transmitidos algunas autoridades de control entienden que el desarrollador de la *App* no sería responsable[606]. El **GT29 no lo tiene tan claro**[607].

Si una aplicación emplea *cookies* o tecnología similares, se deberá **recabar el previo consentimiento** del interesado conforme al RGPD para ello. Aunque los desarrolladores y anunciantes a través de *Apps* cada vez **usan menos** los sistemas como **las *cookies*** para recopilar información de los usuarios por las dificultades que entraña tener que solicitar el consentimiento en cada una y otras cuestiones asociadas —no como en los navegadores que el consentimiento para usarlo permite a muchos responsables y anunciantes de diferentes *sites* recopilar y tratar datos de los usuarios con un único consentimiento—.

Esto está llevando a los desarrolladores y titulares de las *Apps* a desarrollar **nuevos métodos de monitorización**, seguimiento y recopilación de datos personales de los interesados a través de las *Apps*. Algunos ejemplos de estas tecnologías son las **identidades únicas** de dispositivos en una red —las direcciones MAC[608]—, los sistemas de lectura de huella o los sistemas de reconocimiento facial.

El uso de estas tecnologías de acceso para acceder a información alojada en el dispositivo o *App* **requieren del previo consentimiento** del usuario conforme al RGPD, así como aquellas funciones de la *App* como acceder a los contactos del teléfono, las fotos, o cualquier otro dato del *Smartphone*. Un consentimiento que deberá estar en función de cada finalidad, esto es, un consentimiento para cada finalidad sin éstas no son homogéneas y siendo válido un consentimiento único y genérico para «todo lo que la *App* permita hacer».

Debido a lo reducido del dispositivo, el GT29 recomienda que el cumplimiento de la obligación de información del interesado de manera minuciosa y adecuada, en particular ayudándose de **iconos** o cualquier otro sistema visual que atraiga la atención del usuario para informarle. La información deberá facilitarse al interesado bien en el momento de su descarga, bien en el primer uso que éste

---

606 La autoridad de control británica, la Information Commissioner's Office («*ICO*») ha manifestado que el titular de la *App* no es el responsable porque los datos se mantienen dentro del dispositivo del interesado bajo su control. *Cfr.*, ICO, «*Privacy in mobile apps. Guidance for app developers*», pág., 5, disponible en https://ico.org.uk/media/for-organisations/documents/1596/privacy-in-mobile-apps-dp-guidance.pdf.

607 Y simplemente se posiciona hacia un tratamiento de limitación de la responsabilidad del desarrollador de la App. *Cfr.*, GT29, «*Opinion 02/2013 on apps on smart devices*», Adopted on 27 February 2013, (00461/13/EN; WP 202).

608 Una dirección MAC (acrónimo inglés de Media Access Control) es un identificador de 48 bits que corresponde de forma única a una tarjeta o dispositivo de red. Se la conoce también como dirección física, y es única para cada dispositivo. Está determinada y configurada por el IEEE (los últimos 24 bits) y el fabricante (primeros 24 bits) utilizando un identificador único.

haga de la misma. Por último y de conformidad con el principio de minimización del tratamiento, dada la gran capacidad de acceso a datos del usuario de las App, estas deberán observar tal principio y solo recopilar y tratar los **datos estrictamente necesarios** para el fin o fines.

E. *Internet of Thing («IoT»)*

Internet of Things («IoT») o Internet de las Cosas es un concepto que a la capacidad de interconexión digital de objetos cotidianos (cosas) con Internet. El concepto fue propuesto por Kevin Ashton en el MIT[609] en 1999. Para poder conectarse unos con otros, los objetos están equipados con unos sensores que permiten recopilar información acerca de su entorno y transmitirla. Lógicamente, la **información que recopilan incluye datos personales** que permiten individualizar a un sujeto y, por tanto, están sometidos al RGPD.

> Un buen ejemplo de estas tecnologías son los ***wearables***[610] que permiten acceder a información como la talla de una persona o la localización de ésta. Pero el *IoT* aglutina numerosos dispositivos como sistemas de voz, electrodomésticos inteligentes, *SmatTV*, etc.

En la medida en la que los sistemas de *IoT* conectados recopilen datos y los transmitan fuera de dichos dispositivos, por ejemplo a los servidores del fabricante y vendedor del dispositivo (la marca), y que los fines y medidas del tratamiento sean decididos por la marca, estaremos ante un responsable del tratamiento y cualquier recopilación y tratamiento deberá contar con el consentimiento del interesado, sobre todo en caso de que se traten datos sensibles, que deberá ser un consentimiento explícito.

III. EMPLEADOS Y RELACIONES LABORALES

Cuando se trata de datos personales de los empleados, debemos tener en cuenta siempre la **normativa en materia laboral española**. Por tanto, partiendo del respeto a lo regulado por el RGPD, la normativa española puede regular a nivel nacional sobre datos y empleados más específicamente. En aquellos casos

---

609 *Massachusetts Institute of Technology*.

610 Un *wearable* —llevar puesto— es un dispositivo electrónico que se lleva junto con un individuo adherido o incrustado a algún dispositivo, prenda de vestir o, incluso, en el propio cuerpo, tales como un S*martWhatch*, una camiseta o un chip subcutáneo.

en los que un Estado miembro considere la oportunidad y necesidad de regular a nivel estatal, se debe dar cuenta a la Comisión Europea de las leyes que se implementen.

A. Base legal para tratar datos personales de empleados

Los empresarios generalmente deberán contar con una base legal que sustente la recopilación y tratamiento de datos personales. Esta fundamentación pasa por las siguientes cuestiones legales:

1. Consentimiento

Las dificultades en la obtención del consentimiento libre, específico, informado y cierto del empleado son evidentes cuando estamos en una **situación entre desiguales**, donde el empleado depende del empresario y una negativa a dar su consentimiento puede hacerle temer por la pérdida de su trabajo, lo que en muchas ocasiones llevará a situaciones de coacción tácita. También puede suceder que el empresario solicite más datos y realice más tratamientos de los necesarios, recabando un consentimiento excesivo. Por estas razones, el consentimiento, como base de licitud del tratamiento, debe considerarse como un **último recurso** para el tratamiento de los datos personales del empleado y solo solicitarse en caso de que sea absolutamente necesario.

2. Tratamiento necesario para cumplir una obligación contractual

El tratamiento de los datos será necesario para cumplir con el contrato de trabajo, involucrando actividades como el pago de la nómina o remuneración, realización de la transferencia de pago al banco del empleado, etc.

3. Tratamiento necesario para cumplir con una obligación legal

La obligación legal debe estar basada en el Derecho de la UE o de un Estado miembro. Por ejemplo, suelen ser habituales los requerimientos de información sobre empleados para facilitárselos a las autoridades tributarias, como los rendimientos del trabajo, retenciones practicadas, etc.

4. Tratamiento basado en intereses legítimos

El empleador, en varias ocasiones, se basará en los intereses legítimos del tratamiento para tratar datos personales del empleado. Casos típicos son, por ejemplo, para trasladar datos de los empleados de un sistema de pago antiguo a un sistema de pago nuevo. Las autoridades públicas no pueden basarse en intereses legítimos para tratar los datos personales de sus empleados —funcionarios y trabajadores públicos—.

B. Tratamiento de datos sensibles

El tratamiento de datos sensibles de los empleados debe cumplir los requisitos analizados para este tipo de datos en el Capítulo Tercero.

La base fundamental para tratar datos sensibles de empleados debe ser el consentimiento, pero en virtud de lo analizado, esto debe ser igualmente un **último recurso**.

El RGPD específicamente permite «el tratamiento es necesario para el cumplimiento de obligaciones y el ejercicio de derechos específicos del responsable del tratamiento o del interesado en el ámbito del Derecho laboral y de la seguridad y protección social, en la medida en que así lo autorice el Derecho de la Unión de los Estados miembros o un convenio colectivo con arreglo al Derecho de los Estados miembros que establezca garantías adecuadas del respeto de los derechos fundamentales y de los intereses del interesado»[611]. Esta base de licitud abre una opción previa al consentimiento para el tratamiento de datos personales de los empleados.

C. Notificación

Sin perjuicio de la necesidad de basarse en un fundamento legal lícito para el tratamiento de los datos, los empresarios deben, en todo caso, suministrar una **notificación adecuada a los empleados informándoles** de que *(i)* sus datos están siendo recopilados y tratados, *(ii)* con qué fines se está realizando este tratamiento, *(iii)* a quién pueden contactar en caso de preguntas o ejercicio de sus derechos, y *(iv)* cuáles son sus derechos respecto de sus datos.

Los empresarios pueden realizar esta comunicación, bien a través de un manual, una política o una directriz interna de la empresa, o, bien, a través de una notificación específica por escrito y documentada, que se entregue a cada uno de los nuevos empleados en el momento de su incorporación (esta notificación por escrito debe estar disponible para su acceso por el empleado en todo momento en la intranet de la compañía).

---

[611] *Vid.*, art. 9.2.b) RGPD.

La notificación debe contener un **nivel mínimo de información** detallando el tratamiento y emitida en un lenguaje claro de tal forma que el empleado conozca con claridad que sus datos se están tratando, cómo y para qué fines, así como cuál es la base legítima para dicho tratamiento, los destinatarios de los datos (incluyendo si se transferirán fuera de la UE) y por cuanto tiempo el empresario los conservará.

D. Almacenamiento de registros de datos personales

Habitualmente los empresarios comienzan a recopilar datos de los futuros empleado en el momento que éstos solicitan un puesto de trabajo dentro de la compañía.

El principio fundamental es que los datos deben almacenarse por el **tiempo estrictamente necesario** para llevar a cabo los procesos de selección y contratación. Esto implica que una vez terminado el proceso de selección y contratado el candidato definitivo, el resto de los datos correspondientes a los candidatos no seleccionados deben **suprimirse**, puesto que ya no son necesarios, salvo que medie otra base legal para conservarlos, como el consentimiento del interesado, por ejemplo. Esta práctica de suprimir los datos que ya no son necesarios —o solicitar un consentimiento para mantenerlos de cara a futuros procesos— era poco frecuente y cada vez más responsables observan esta obligación.

Los datos de los trabajadores finalmente contratados también deben ser los **pertinentes** para llevar a cabo el trabajo, ni más ni menos; sin embargo, ciertos datos que *a priori* puedan parecer excesivos en un primer momento, como los datos de salud o seguridad social, son necesarios —y están amparados por una base legal— para cumplir con las normativas de prevención de riesgos (y realizar reconocimientos de salud periódicamente conforme a la normativa) o para cumplir con la normativa tributaria y de la Seguridad Social.

E. Vigilancia y Monitorización del lugar de trabajo

Entrar a trabajar en una empresa no supone una pérdida de la privacidad y derecho a la protección de datos de los empleados. El derecho a la privacidad de los empleados en el trabajo debe equilibrarse con los legítimos derechos del empresario a la hora de conducir su negocio. Antes de realizar cualquier monitorización o vigilancia sobre empleados, para que ésta sea legítima y lícita, deberá **ser comunicada**, previamente, a los empleados.

Las **cuestiones más relevantes** en materia de vigilancia y monitorización del lugar del trabajo son:

1. Listas negras

Es frecuente que los empresarios hagan comprobaciones acerca de las personas que van a incorporar a su empresa, sobre todo, cuando sus empleados van a tratar con clientes. Estas comprobaciones se pueden realizar a diferentes niveles, desde una revisión sucinta de la actividad del empleado en las redes sociales, hasta sus datos bancarios, fiscales o de la seguridad social.

No se deben confeccionar listas negras de empleados ya que son consideradas una intromisión alta en la privacidad de las personas y son, por lo general, ilegales.

2. Monitorización de empleados

Si un empresario quiere realizar una monitorización de su empresa, incluyendo sus empleados, debe comprobar que la **monitorización cumple con los requisitos** de la normativa de protección de datos para que ésta sea lícita. En este sentido, debe garantizar que la monitorización es *(i)* necesaria[612] (algo que debe demostrar el empresario); *(ii)* legítima (debe estar basada en la legalidad para recopilar y tratar los datos); *(iii)* debe ser proporcional (al fin que busca el empresario con el tratamiento); y *(iv)* transparente (el empresario debe informar al empleado).

Cualquier información proveniente de la monitorización de los empleados debe almacenarse de forma segura y solo por aquellos miembros de la organización que tenga legitimidad para acceder a ello y consultarla. La información deberá eliminarse cuando ya no sea necesaria.

3. Información que el empresario debe suministrar el empleado

El GT29 ha emitido unas **guías o directrices** acerca de la información que los empresarios deben suministrar a los empleados que trabajan para ellos. Así, los empresarios deben:

1. Una política de empresa de uso del *correo electrónico, Internet* y las *Redes sociales*;
2. *Motivos y finalidades* por las que se realiza la vigilancia y monitorización y si se está llevando a cabo alguna de éstas;

---

612 La necesidad también implica que el empresario deberá emplear aquellos métodos que sean menos intrusivos dentro de todos los que hay a su alcance.

3. Detalles de las *medidas* que la empresa ha tomado para llevar a cabo la vigilancia y/o monitorización;
4. Detalles de la política de empresa por la que se regula cómo y cuándo los empleados serán notificados de las *violaciones de las políticas* de empresas y como oponerse a ellas.

En relación con el **uso del email**, como herramienta de especial relevancia en lo que respecta a los empleados de una organización y su privacidad y protección de datos, los empresarios deben tomar en consideración algunas cuestiones importantes:

1. Indicar a los empleados si pueden tener una cuenta de email de la empresa solo para *asuntos personales* o si la cuenta de email es solo para asuntos profesionales relacionados con la empresa (en cuyo caso debería recomendar el uso de cuentas de email privadas para asuntos personales y fuera del horario de oficina preferiblemente);
2. Las medidas que el empresario ha tomado *para acceder al correo* del empleado en ciertos casos excepcionales, por ejemplo, por una baja de larga duración o si éste falta al trabajo inesperadamente y sin comunicarlo, así como los fines de dicho acceso (para revisar emails importantes de la AEAT, por ejemplo);
3. El período de *conservación* de los emails y si se realizan copias de seguridad de los emails y cada cuanto tiempo. También deberá indicarle si los emails se eliminan definitivamente del servidor y cuándo (periodicidad); y
4. La posibilidad de que los representantes de los empleados en la organización —el *comité de empresa*— pueda participar en la redacción de las normas internas de uso del correo electrónico.

El **uso de Internet** dentro de una organización también es una cuestión relevante. Algunas pautas para su uso son:

1. Clara delimitación de las condiciones bajo las cuales Internet *puede usarse* dentro de la empresa o a través de dispositivos de empresa y, en particular, indicando qué contenidos no pueden accederse, copiarse, etc.;
2. Información acerca del empleo de sistemas de la empresa para prevenir el acceso a ciertos sitios —como *firewalls*— o el mal uso de la Red. Todo aquello relacionado con el monitoreo y supervisión de Internet; y
3. Los miembros del *comité de empresa* deberán formar parte en la implementación de políticas de uso de Internet.

4. Derecho de explicación de los empleados

Cualquier empleado que se vea en una situación en la que la empresa tome represalias por la vulneración de las políticas de uso de sistemas de la compañía y monitorización de individuos deberán tener derecho a explicar su comportamiento y, en su caso, deberá ser amparado por el comité de empresa.

En este sentido, resulta de interés que la AEPD ya ha resuelto que, en ocasiones, la instalación de cámaras de videovigilancia con fines de control laboral vulnera el principio de proporcionalidad y los derechos de los trabajadores (asunto GRUPO TRANSAHER, S.L[613].).

F. Sindicatos de trabajadores

En la defensa de su derecho a la privacidad y protección de datos es fundamental que los empleados no estén solos. Los **comités de empresa**, órganos de representación sindical de los empleados dentro de las organizaciones, son herramientas fundamentales para llevar a cabo esta labor.

Dependiendo del país y la organización, los empleados podrán notificar o consultar a los comités de empresa cualquier recopilación o tratamiento que el empresario haga de sus datos o, en otras ocasiones, esta consulta o notificación previa al comité de empresa será un **requisito previo** para que el tratamiento de datos pueda llevarse a cabo; incluso, en algunos Estados miembros, se exige previa aprobación del comité de empresa para que un empleado pueda aceptar o rechazar una política de protección de datos del empresario.

---

[613] En este caso, la empresa había colocado cámaras orientadas de forma continua a los puestos de trabajo de varios empleados, sin aportar evidencias de necesidad real, ni informar adecuadamente sobre el sistema. Además, no existía indicio alguno de comportamientos irregulares o situaciones de riesgo que justificaran una medida tan invasiva. La instalación no se limitaba a controlar accesos o prevenir incidentes de seguridad, sino que afectaba directamente al desarrollo cotidiano de la actividad laboral y al espacio personal de los trabajadores. La AEPD consideró vulnerados los siguientes principios y obligaciones del RGPD y la LOPDGDD: (i) el principio de licitud y proporcionalidad (art. 6 RGPD): no existía base jurídica suficiente para mantener una vigilancia constante sobre los trabajadores sin causa específica; (ii) el principio de minimización de datos (art. 5.1.c RGPD): se recogían más imágenes de las necesarias para la finalidad declarada; (iii) el deber de información (art. 13 RGPD y art. 22 LOPDGDD): no se cumplía adecuadamente con la obligación de informar a los trabajadores, ni mediante cartelería visible ni a través de medios complementarios; y (iv) el derecho a la intimidad (art. 18 CE y jurisprudencia del TC): se reconoció la afectación ilegítima del espacio personal de los empleados. La Agencia ordenó la cesación del tratamiento ilícito, la retirada de los dispositivos indebidos y la imposición de una sanción económica proporcional.
Vid., EXP202206735, disponible en https://www.aepd.es/documento/reposicion-ps-00445-2022.pdf

G. Canales y sistemas de denuncia

Algunas organizaciones, aprovechando la coyuntura actual en relación a las políticas de *compliance* —cumplimiento normativo— están aprovechando para desarrollar canales de denuncia —o *whistleblowing channels*— que suponen potentes herramientas para detectar fraudes e irregularidades dentro de las organizaciones, pero que también conllevan una importante revisión y supervisión de la política de tratamiento de datos, sobre todo por las implicaciones que estos canales tienen para la privacidad de los empleados.

El desarrollo de un **canal de denuncia** dentro de las organizaciones pasa por delimitar correctamente las siguientes cuestiones:

1. *Limitación de la legitimación para denunciar*: se debe valorar si todos los empleados de la organización deben tener legitimación para denunciar conductas irregulares y en qué condiciones.
2. *Limitación de los denunciados:* se debe valorar si todos los miembros de la organización pueden ser objeto de denuncia y en qué condiciones (por ejemplo, un compañero del mismo departamento, misma función y con las mismas potenciales aspiraciones dentro del departamento podría querer denunciar a su compañero por motivos puramente personales y de competencia profesional);
3. *Confidencialidad o anonimidad:* las denuncias deben ser confidenciales siempre y a lo largo de toda la cadena y el proceso. Ahora bien, no deben ser anónimas.
4. *Alcance de las denuncias*: se debe considerar si las cuestiones que se pueden denunciar deben ser todas o deben estar tasadas por la empresa;
5. *Gestión de las denuncias:* todo el proceso de recepción de la denuncia, investigación y eventual sanción debe estar inspirado en criterios de objetividad, confidencialidad, imparcialidad y protección de la intimidad y protección de datos;
6. *Conservación de los datos:* se debe conservar los datos por un período estrictamente necesario para investigar la denuncia (por ejemplo 6 meses). Una vez investigado el hecho y tomadas las medidas o en caso de no iniciada la investigación por denuncia infundada, se debe suprimir todos los datos de manera segura;
7. *Información de uso*: todos los empleados deben tener completa y congruente información acerca de la forma en la que funciona el canal de denuncias y como sus derechos son respetados en todo momento;
8. *Limitación de los derechos:* cualquier derecho de un interesado de conformidad con el RGPD podrá ser limitado o suspendido, temporalmente y para

llevar a cabo la investigación, informando previamente a los implicados por escrito y conforme a la política de la empresa.

9. *Seguridad:* la seguridad del tratamiento de la información durante todo el proceso de denuncia es esencial. La política de seguridad debe ser robusta y suficientemente testada;

10. *Transferencias fuera de la EU:* cualquier transferencia de información con motivo del canal de denuncias fuera de la UE debe cumplir con el RGPD.

La LOPDGDD permite la creación por parte de las organizaciones privadas[614] de los denominados «canales de denuncia» o «canales éticos» cuya misión fundamental es la transmisión de información a las corporaciones —a la dirección y administración— de la existencia de unos hechos susceptibles de investigación penal o administrativa, según corresponda, y de la que pueden derivar consecuencia en la materia para las organizaciones a raíz de la reforma del Código Penal español (en lo sucesivo el «CP») de 2010[615] y por la que las personas jurídicas pueden ser penalmente responsables —arts. 31 bis y ss. del CP)—.

Pese a que prácticamente todas las recomendaciones a nivel europeo optaban por la no anonimización de las denuncias en este campo, nuestra ley permite que la información transmitida por el canal de denuncias pueda ser anónima[616]. Algo sorprendente porque de ser así, quedaría fuera del ámbito objetivo del RGPD y la propia ley. En todo caso, la confidencialidad de la información y los sujetos es fundamental y deben tomarse medidas apropiadas para garantizarlo, y asi lo recoge expresamente el artículo 24 de la LOPDGDD tras la modificación operada en 2023[617].

La implantación de tales sistemas en las organizaciones debe ser comunicada tanto al personal como a terceros y el acceso a los datos incorporados en la denuncia y expediente corresponde sólo a los responsables de control interno y cumplimiento —auditoría interna— o a los encargados eventualmente involucrados. Ello sin perjuicio de la intervención o comunicación de terceros para la adopción de medidas disciplinarias, a la comunicación a la autoridad penal

---

614 Todo lo que se analice aquí respecto de los canales de denuncia para las organizaciones privadas es extrapolable a las Administraciones Públicas. *Vid.*, art. 24.5 LOPDGDD.

615 *Vid.*, Ley Orgánica 5/2010, de 22 de junio, *por la que se modifica la Ley Orgánica 10/1995, de 23 de noviembre, del Código Penal.* «BOE» núm. 152, de 23 de junio de 2010, páginas 54811 a 54883 (73 págs.)

616 *Víd.*, art. 24.1) LOPDGDD.

617 Art. 24 modificado por la disposición final séptima de la Ley 2/2023, de 20 de febrero, reguladora de la protección de las personas que informen sobre infracciones normativas y de lucha contra la corrupción. «BOE» núm. 44, de 21/02/2023.

o administrativa o al departamento de recursos humanos —para aquellos casos que se deban tomar medidas disciplinarias contra un trabajador—.

Los datos del denunciante, de los empleados y de los terceros se conservarán en el sistema de denuncias únicamente durante «el tiempo imprescindible para decidir sobre la procedencia de iniciar una investigación» o no; y, en todo caso, transcurridos tres meses desde la incorporación de los datos, deberá procederse a su supervisión de sistema de denuncias «salvo que la finalidad de la conservación sea dejar evidencia del funcionamiento del modelo de prevención de la comisión de delitos por la persona jurídica». Las denuncias inadmitidas o no tramitadas solo pueden conservarse si están anonimizadas, sin que quepa el bloqueo de los datos[618].

Transcurridos tres meses, bien hayan sido suprimidos, bien se hayan trasladado al departamento de auditoría interna de la organización —desapareciendo del sistema de denuncias—; pero no pueden estar en ambos lugares al mismo tiempo[619].

H. Política de usos de dispositivos personales

Cada vez es más frecuente que los empleados pongan a disposición de su trabajo **dispositivos propios pero para realizar el trabajo por cuenta del empresario** y accediendo a información de la empresa, clientes, mediante las redes de comunicación de la organización.

En estos casos, además, conviven emails personales con profesionales en el mismo dispositivo —*Smartphone*—, así como fotos personales, teléfonos personales, etc., todo un dispositivo que en relación al tratamiento de la información profesional sigue siendo responsabilidad del empresario.

Para poder cumplir con la normativa en materia de protección de datos en estos casos, el **empresario debe observar** las siguientes cuestiones:

1. Implementar una *política* de uso de dispositivos personales en las que se regule como los empleados pueden utilizar sus propios terminales y cuales son sus responsabilidades en caso de usarlos para ambos fines;
2. *Informar* claramente al empleado acerca de cómo la información procesada a través de sus terminales es almacenada y qué medidas se deben tomar para que esté segura;

---

618 *Ibíd.*, art. 24.4)

619 *Ibíd.*, art. 24.4) *in fine*.

3. *Asegurar* que las transferencias de datos desde el dispositivo personal y hasta los servidores de la organización es segura para evitar interceptaciones maliciosas; y
4. Considerar cómo gestionar los datos personales almacenados en el dispositivo una vez que el empleado deja la organización o en caso de que el dispositivo se *pierda* o sea robado.

Sin perjuicio de lo anterior, lo habitual sigue siendo que los dispositivos digitales —ordenadores, móviles, tablets, etc.— que el empleado use para realizar su trabajo vengan **suministrados por el empleador**. Nuestra normativa de protección de datos, parte, como regla general, del derecho de todos los empleados —sean privados o públicos— a la protección de su intimidad en el uso de los dispositivos digitales puestos a su disposición por el empleador[620].

Ello le concede ciertas facultades de control y seguimiento pero siempre dentro de la normativa de privacidad y protección de datos. Así, el empleador podrá acceder a los contenidos derivados del uso de tales dispositivos digitales suministrados a los «solos efectos de controlar el cumplimiento de las obligaciones laborales o estatutarias y de garantizar la integridad de tales dispositivos»[621]. Para ello, deben establecer protocolos, políticas o procedimientos de uso de los mismos, en los que se respeten los derechos de protección de datos de los empleados y en cuya elaboración participarán los representantes legales de los trabajadores[622].

Si el empleador hubiera permitido que el empleado haga uso de los dispositivos para fines privados, debe especificar al trabajador claramente —por escrito preferentemente— de cuáles son esos usos privados que le autoriza y, en todo caso, preservar la intimidad de los trabajadores[623].

IV. VIGILANCIA Y ACTIVIDADES DE CONTROL

Vigilar a los individuos es cada vez más fácil y frecuente. El aumento exponencial de las capacidades de la tecnología para fotografiar, grabar video y audio, almacenar información y datos y las interminables posibilidades de compartir esta información con otros o públicamente, así como el acceso a la misma a un coste cada vez más reducido, ha permitido que la práctica totalidad de la población disponga de una capacidad ilimitada de vigilar a otros individuos. No solo

620 *Vid.*, art. 87.1) LOPDGDD.

621 *Ibíd.*, art. 87.2)

622 *Ibid.*, art. 87.3)

623 *Ibíd.*, art. 87.3), III) y IV).

los individuos, también las empresas y las organizaciones e instituciones públicas tienen una capacidad incalculable para vigilar a los individuos. Nos encontramos en una época del «Gran Hermano» en donde los resquicios para la privacidad e intimidad individuales son cada vez menores.

Algunos ejemplos no exhaustivos de las **tecnologías** disponibles que permiten desarrollar una **vigilancia** de las personas son: *(i)* las redes sociales y los análisis y cruces de información que permite la información de los individuos que circula por ellas desarrollando verdaderos mapas o autopistas de los datos; *(ii)* la minería de datos; *(iii)* el perfilado de datos; *(iv)* la vigilancia aérea con sistemas auto tripulados (drones); *(v)* control satelital; *(vi)* la publicidad basada en el comportamiento del individuo; *(vii)* la monitorización de las telecomunicaciones; *(viii)* los sistemas de video de circuito cerrado; *(ix)* la monitorización de la ubicación de las personas a través de móvil y GPS; *(x)* el control biométrico para la lucha y prevención de la delincuencia; *(xi)* el control mediante muestras biológicas, etc. El uso de todas estas tecnologías será lícito y legítimo o no en función de que éste sea **necesario, proporcionado, legal, justo, y equilibrado** respecto de los derechos y libertades de los individuos.

La vigilancia se puede realizar a nivel público, por el Estado —las fuerzas y cuerpos de seguridad del Estado— o las agencias estatales para la seguridad nacional —como el Centro Nacional de Inteligencia— o por entidades privadas, para cuestiones de seguridad, como la grabación de video que se producen en centros comerciales, en estadios de futbol, etc.

A. Vigilancia de las comunicaciones

La vigilancia de las comunicaciones electrónicas es la versión moderna del clásico derecho fundamental de la no intervención de las comunicaciones —cartas postales, teléfono, telegramas, etc.—. Los datos que incluyen las comunicaciones electrónicas pueden ser **datos primarios** o esenciales o **medatados** o datos secundarios o derivados.

Algunos ejemplos de los datos primarios serían, en una conversación de *WhatsApp*, por ejemplo, el contenido del texto, el mensaje, que se emite y recibe por los usuarios. Los metadados serían la ubicación o localización de los teléfonos que intervienen en la conversación, los datos de tráfico (tipo, formato, duración, protocolo usado, tiempo de respuesta, cifrado, etc.) y los datos de los individuos (nombre, datos de contacto, datos de pago, etc.).

Como quiera que los **metadatos también** sirven para identificar a un individuo, se los debe considerar también **datos personales** y tratar con las garantías y requisitos del RGPD.

B. Videovigilancia

La video vigilancia de un individuo puede tomar diversas formas, la más frecuente e importante es el circuito **cerrado de vídeo**. Para que la video vigilancia sea conforme con el RGPD, esta debe cumplir con ciertos requisitos:

1. Legalidad del tratamiento

Será poco frecuente que el responsable obtenga el consentimiento del interesado, por lo que el tratamiento y los fines deberán estar basado en un una **base de licitud adecuada**, como el interés público de controlar un área en concreto (los alrededores de un ministerio, por ejemplo) o el ejercicio de una autoridad pública (como por ejemplo el control mediante cámaras del tráfico).

2. EIPD

El responsable deberá **llevar a cabo una EIPD** en aquellos casos en los que la vigilancia mediante vídeo implique:

a. La videovigilancia suponga un *alto riesgo para los derechos* de los interesados;
b. Implique *monitorización sistemática* y a gran escala de un área accesible públicamente;
c. La vigilancia por video ha sido *listada como una de las actividades* que requieren de una EIPD por la autoridad de control.

Si aplicadas las medidas estimadas en la EIPD, la video vigilancia continúa implicando un alto riesgo para la privacidad y protección de datos de los individuos, se deberá **consultar** con la AEPD.

La **proporcionalidad** de la medida de video vigilancia es fundamental, por lo que los sistemas de video vigilancia cerrados deberán emplearse solo si no existe otros sistemas menos invasivos que no implique la grabación de la imagen para el fin perseguido (por ejemplo, el uso de alarmas, de puertas acorazadas, etc., para un fin de asegurar un inmueble) o si se han probado como claramente inadecuado o inaplicables para el fin legítimo.

La proporcionalidad también conlleva que en la elección del sistema de video vigilancia se tengan en cuenta factores como las posibilidades del sistema de hacer *zoom*, del uso de sistemas de reconocimiento facial, reconocimiento de voz, grabación del sonido, etc., Para vigilar una zona concreta no será, en principio necesario el uso de grabación del sonido, por lo que usar cámaras de video que graban el sonido será desproporcionado a no ser que se pruebe que ello es necesario.

Por último, la proporcionalidad del uso de sistemas de video vigilancia también pasa **por analizar si los elementos** esenciales del sistema de grabación de video son proporcionados o no, analizando entre otras cuestiones, *(i)* el almacenamiento y archivo de las grabaciones de video que deberá ser el *tiempo mínimo* e imprescindible para el fin (generalmente períodos de tiempo corto); *(ii)* la necesidad de *revelar las grabaciones a terceros,* como la policía por ejemplo; *(iii)* si las grabaciones se *cruzaran con otros datos,* como por ejemplo, las identidades de los individuos; *(iv)* si la grabación es en *áreas en la que la privacidad es alta,* como baños o probadores; y *(v)* la determinación de *aspectos técnicos de la grabación* como si serán sistemas fijos o móviles, la posición de las cámaras, el ángulo, el tiempo de grabación, la calidad de la imagen, etc.

En este sentido resulta clave la resolución de la AEPD, R/0048/2023, donde la Agencia sancionó a una entidad que exigía de forma sistemática la captura del DNI completo de todas las personas que accedían a sus instalaciones, sin valorar alternativas menos intrusivas ni acreditar base legal suficiente para dicho tratamiento. La empresa demandada solicitaba la presentación del DNI en el control de acceso físico y, además, realizaba una fotografía del documento completo, incluyendo imagen facial, número de documento, firma manuscrita, y demás datos identificativos sensibles. Este procedimiento se aplicaba de forma general, sin diferenciación entre visitantes, clientes o proveedores.

La entidad no acreditó haber realizado un análisis previo de proporcionalidad, ni disponer de una evaluación de impacto relativa a la protección de datos (EIPD), a pesar del volumen y naturaleza de los datos recogidos.

La AEPD consideró que esta práctica vulneraba los principios de: (i) limitación de la finalidad (art. 5.1.b RGPD), al tratar más datos de los necesarios para un simple control de acceso; (ii) minimización de datos (art. 5.1.c RGPD), al capturar el DNI completo sin justificación adecuada; (iii) licitud del tratamiento (art. 6 RGPD), al no existir base jurídica clara ni consentimiento válido; y (iv) adicionalmente, el deber de información al interesado (arts. 13 y 14 RGPD), que no se cumplía de forma adecuada.

Se impuso una sanción económica junto con la orden de cese inmediato del tratamiento y eliminación de las copias de DNI recogidas.

3. Derechos de los individuos

Para proteger a los interesados afectados por los sistemas de video vigilancia se pueden adoptar varias **medidas**, por ejemplo, *(i)* el desarrollo e implementación de *políticas* de uso de sistemas de video vigilancia en las organizaciones empresariales, indicando todos los aspectos esenciales analizados anteriormente; *(ii) revisiones periódicas* de los sistemas para garantizar que cumplen los requisitos establecidos y la normativa de protección de datos; *(iii)* la *formación* del personal encargado del uso y acceso a la información grabada con los sistemas de video vigilancia para que estén familiarizados con el cumplimento de la protección de datos.

El principio de **transparencia** también implica que los afectados por la grabación deben ser informados previa o simultáneamente de que pueden estar siendo grabados por un sistema de video vigilancia y como ejercitar sus derechos ante el responsable del sistema.

Generalmente la manera de ejercitar esta obligación será mediante el uso de símbolos o iconos adecuados, colocados en un lugar que permita su fácil visibilidad por los individuos, con la información del responsable, sus datos de contacto, la finalidad de la video vigilancia o los datos del DPO en su caso; todo ello de tal forma que el interesado pueda ejercitar sus derechos ante el responsable adecuadamente.

La AEPD ofrece un **cartel** que se puede autocompletar con los datos oportunos e imprimir para colocar en los sistemas de video vigilancia y cumplir los requisitos de información y transparencia.

Fuente: AEPD[624]

[624] Disponible aquí: https://www.aepd.es/media/fichas/cartel-videovigilancia.pdf.

En el ámbito laboral, nuestra **normativa nacional,** permite a los empleadores tratar imágenes obtenidas a través de sistemas de cámaras o videocámaras para ejercer sus funciones de control de los trabajadores o empleados públicos, dentro del marco legal laboral. Pero además, para que este tratamiento sea conforme con la normativa de protección de datos, éstos deben informar a los empleados, con carácter previo, y de forma expresa, clara y concisa, y, en su caso a sus representantes sindicales, del uso de estas medidas[625].

En ningún caso se admitirá la instalación de estos sistemas en lugares destinados al descanso o esparcimiento de los empleados, tales como vestuarios, aseos, comedores o análogos[626]. Y la grabación del sonido deberá producirse sólo cuando resulte estrictamente relevante para abordar los riesgos para la seguridad, respetando siempre el principio de proporcionalidad[627] y el de minimización de datos.

En aquellos casos en los que mediante estos sistemas de grabación se capte la comisión flagrante de un ilícito por los empleados, se entienden cumplido el deber de información hacia éstos por el mero hecho de contar con los carteles analizados anteriormente en la organización[628].

C. Datos biométricos

Biométrico puede referirse al uso de varias tecnologías que coinciden en que todas ellas emplean datos únicos sobre **atributos personales** para identificar y autenticar a usuarios en herramientas informáticas.

Los datos biométricos, según el artículo 4 del RGPD, «*son datos personales obtenidos a partir de un tratamiento técnico específico, relativos a las características físicas, fisiológicas o conductuales de una persona física que permitan o confirmen la identificación única de dicha persona, como imágenes faciales o datos dactiloscópicos*».

Los datos biométricos son las huellas dactilares, la imagen de la cara, la imagen del iris y el globo ocular y, en general, **cualquier detalle biológico externo y de forma** —a diferencia de los datos genéticos o de salud— que permite identificar o autenticar al individuo. La identificación implica determinar quién es una persona y la autenticación supone la comprobación de que la persona que dice ser que es, es la misma que intenta acceder y tiene derecho para ello.

---

625 *Vid.*, art. 89 LOPDGDD.

626 *Ibíd.*, art. 89.2).

627 *Ibid.*, art. 89.3).

628 *Ibíd.*, art. 89.1).II).

Para que los datos biométricos se consideren datos especiales del art. 9 RGPD, la finalidad para la que se procesan los datos biométricos debe ser exclusivamente identificar a una persona natural. Si los datos biométricos no se usan para esto exclusivamente, la protección del art. 9 RPGD no aplicará, pero si el resto toda vez que son datos personales.

En Reino Unido ya llevan cierto tiempo empleado sistemas de control y vigilancia por imagen que se han mejorado con el tiempo con la inteligencia artificial y las técnicas de reconocimiento facial. La autoridad inglesa de protección de datos, tras expresar su preocupación por el uso de estas técnicas en relación con la privacidad, inició una investigación en agosto de 2019[629] sobre los sistemas de reconocimiento facial que se estaban empleando en Londres (en concreto en «King's Cross»)[630].

La obligación en prácticamente todos los países de usar sistemas de protección individual como las mascarillas frente a la COVID-19 ha llegado a la policía de Londres a plantearse una suspensión en el uso del sistema de reconocimiento facial.

D. Datos de localización

Muchas aplicaciones y sistemas móviles, como aplicaciones de vehículos compartidos, se basan en la información de localización del terminal y la tecnología GPS.

La información sobre la localización del individuo es un dato personal con un potencial tal que los desarrolladores y programadores de aplicaciones deben valorar la necesidad de que sus aplicaciones se basen en geolocalización y realizar las pertinentes operaciones de **EIDP** así como privacidad por defecto y en el diseño.

Los **usos más habituales** de la geolocalización pueden ser: *(i)* los datos de geolocalización como el GPS o en el futuro el sistema europeo GALILEO; *(ii)* los datos de redes móviles basados en la identificación del ID del teléfono (sistemas WIFI, *Bluetooth*, NFC, RFID, etc.); *(iii)* información generada por el chip del teléfono (aquella que nace del uso de medios de pago con el teléfono, entrada en servicios públicos como el metro a través del teléfono, etc.).

---

629 *Vid.*, «Statement: Live facial recognition technology in King's Cross», ICO, 15 august 2019 [22 de mayo de 2020], disponible en https://ico.org.uk/about-the-ico/news-and-events/news-and-blogs/2019/08/statement-live-facial-recognition-technology-in-kings-cross/

630 Cfr., murgia, Madhumita, «London's King's Cross uses facial recognition in security cameras», *Financial Times*, Agugust 12th, 2019, [22 de mayo de 2020], disponible en https://www.ft.com/content/8cbcb3ae-babd-11e9-8a88-aa6628ac896c

Google, uno de los que más y mejor trata la información, **clasifica** en tres categorías los servicios de localización:

1. *Información de localización implícita*: Google infiere que el usuario está interesado bien en el lugar o bien que estará localizado en el sitio a través de los datos del móvil por los datos que introduce el individuo en el motor de búsquedas;
2. *Información de tráfico por Internet*: como por ejemplo la dirección IP, que al estar conectada con el país puede indicar donde se encuentra un usuario y una vez *Google* lo sabe, le suministra información en el idioma del país.
3. *Servicios basados en la localización del dispositivo:* servicios como *Google Maps* para móvil requiere información precisa de la localización para funcionar correctamente, por lo que se debe permitir a la *App* acceder a los datos de localización si se quiere que funcione. Esto también suministra información a *Google*.

En el ámbito laboral, **nuestra norma**, permite a los empleadores tratar los datos de sus empleados obtenidos a través de sistemas de geolocalización para el control de los empleados dentro del marco legal laboral. Ahora bien, con carácter previo a dicho tratamiento, deben informar «*de forma expresa, clara e inequívoca a los trabajadores o los empleados públicos y, en su caso, a los representantes, acerca de la existencia y características de estos dispositivos*» así como del ejercicio de sus derechos frente a éstos[631].

V. SANIDAD DIGITAL (EHEALH) Y PROTECCIÓN DE DATOS

La transformación digital en el ámbito sanitario ha traído consigo avances extraordinarios en la prestación de servicios de salud, el diagnóstico y la investigación biomédica. No obstante, este nuevo ecosistema digital plantea importantes desafíos desde el punto de vista de la protección de datos personales, especialmente por el carácter sensible de la información tratada y el impacto directo en los derechos fundamentales de los interesados.

Este capítulo analiza el marco jurídico aplicable a las soluciones de salud digital (eHealth), las obligaciones de cumplimiento derivadas del Reglamento General de Protección de Datos (RGPD), y las implicaciones del futuro Espacio Europeo de Datos Sanitarios (EHDS) y del Reglamento de Inteligencia Artificial (AI Act) en el tratamiento de datos en el sector salud.

---

631 *Vid.*, art. 90 LOPDGDD.

A. *Datos de salud: concepto y régimen jurídico*

El artículo 4 del RGPD define los datos relativos a la salud como «los datos personales relativos a la salud física o mental de una persona física, incluida la prestación de servicios de atención sanitaria, que revelen información sobre su estado de salud». Se trata de una categoría especial de datos (art. 9 RGPD), cuyo tratamiento está, en principio, prohibido salvo que concurra alguna de las excepciones previstas en el artículo 9.2 (consentimiento explícito, razones de interés público en el ámbito de la salud, medicina preventiva, etc.).

La normativa exige que el tratamiento de datos de salud esté respaldado por una base jurídica clara, que cuente con medidas reforzadas de seguridad (art. 32 RGPD); que incorpore la privacidad desde el diseño y por defecto; y que esté sometido a evaluación de impacto (EIPD), especialmente si implica tecnología novedosa, decisiones automatizadas o tratamiento a gran escala.

B. *Soluciones eHealth y cumplimiento del RGPD*

Las soluciones médicas basadas en datos y su tratamiento masivo crecen de manera imparable y su horizonte está todavía por definir. Las hay de todo tipo, entre las tecnologías y servicios más relevantes en el ecosistema eHealth se encuentran: (i) las Apps de salud y dispositivos portables (los denominados *wearables*); (ii) la historia clínica electrónica y plataformas interoperables; (iii) la telemedicina y consulta remota; (iv) la inteligencia artificial aplicada a diagnósticos, pronósticos o soporte clínico; (v) los sensores biométricos, implantes inteligentes y plataformas de gestión hospitalaria.

En relación con la historia clínica, la Agencia[632] se ha posicionado en relación con el **tratamiento de datos de salud y el consentimiento**. En especial respecto de la historia clínica de los pacientes. Podemos definir la «historia clínica» como «el conjunto de documentos que contienen los datos, valoraciones e informaciones de cualquier índole sobre la situación y la evolución clínica de un paciente a lo largo del proceso asistencial». A efectos de la protección de datos personales, el responsable del tratamiento de los datos de la historia clínica es el médico o el centro sanitario.

En la **historia clínica** existen dos tipos de datos en una historia clínica: (*i*) los que identifican a la persona (nombre, apellidos, teléfono...) y (*ii*) los datos «de salud» (pruebas diagnósticas, cirugías, medicamentos, antecedentes, etc.).

---

632 *Vid.*, «Guía para paciente y usuarios de la Sanidad», *Agencia Española de Protección de Datos*, noviembre 2019, disponible en https://www.aepd.es/sites/default/files/2019-12/guia-pacientes-usuarios-sanidad.pdf

El paciente puede acceder en cualquier momento a su historia clínica (tanto en papel como electrónicamente), así como el conocimiento de qué datos está tratando y para qué. Entre otras cuestiones, este derecho conlleva que el paciente pueda: (*i*) obtener una copia de los datos personales objeto de tratamiento; (*ii*) conocer los fines y categorías de datos que se tratan; (*iii*) conocer quiénes son los destinatarios de sus datos, en caso de que se comuniquen; (*iv*) saber durante qué plazo se conservarán; (*v*) y, en fin, el resto de derechos generales de la normativa (supresión, acceso, presentar una reclamación ante la AEPD, etc.).

Muy importante en este sentido es que el acceso a la historia clínica no puede realizarse en perjuicio del derecho a la confidencialidad que terceras personas tiene sobre los datos que puedan constar en la historia clínica. Esto conlleva que los profesionales pueden oponerse a que se acceda a sus anotaciones subjetivas en la historia del paciente. Salvo que una ley lo permita expresamente, el derecho de acceso no incluye la identificación de los profesionales sanitarios que acceden a la historia clínica.

En el caso de **personas fallecidas,** solo se facilitará el acceso a la historia clínica a personas vinculadas por lazos familiares cercanos, acreditados, y salvo que el fallecido lo hubiese prohibido. No se facilitará información que afecte a la intimidad del fallecido o a las anotaciones subjetivas de los profesionales, ni aquellos que perjudiquen a terceros.

El **consentimiento del paciente para el tratamiento de datos personales, esto es, para acceder a la historia clínica es necesario.** Esto lo tiene que recabar el responsable del tratamiento. Ahora bien, hay una serie de casos que eximen al médico y/o centro médico de solicitar y, aún así, pueden tratar los datos. Estos son: (*i*) si los datos personales se van a utilizar para fines de medicina preventiva/laboral, o evaluación de la capacidad laboral del trabajador, diagnóstico médico, prestación de asistencia o tratamiento de tipo sanitario o social, o gestión de los sistemas y servicios de asistencia sanitaria y social. La base de licitud la encontramos en los arts. 6.1.b) y 6.1.c) RGPD; (*ii*) cuando los datos deban ser tratados por razones de interés público en el ámbito de la salud pública. Por ejemplo, para actuar frente a amenazas como el COVID-19. O para garantizar niveles de seguridad y calidad de la asistencia sanitaria y de los medicamentos. Esto está permitido en virtud del art. 6.1.e) RGPD; (iii) y para la protección de intereses vitales del interesado o de otra persona física (si el interesado no está capacitado). Por ejemplo, en aquellos casos en los que llega un paciente inconsciente y con un cuadro clínico que requiere intervención inmediata, se puede acceder a la historia clínica (tras consultar sus datos identificativos en su cartera de mano, si hace falta) en virtud del art. 6.1.d) RGPD.

En todos estos casos se entiende que quien accede es un profesional medico y que, por tanto, está sujeto al deber de secreto profesional. En defecto de esto, lo anterior no operaria tal cual. El facultativo que accede ilícitamente a datos de salud puede incurrir en un delito de descubrimiento y revelación de secretos (penado con uno a cuatro años de prisión).

C. El papel del Delegado de Protección de Datos (DPO) en centros sanitarios

La designación de un DPO es obligatoria para hospitales, clínicas y entidades que traten datos de salud a gran escala (art. 37 RGPD).

El DPO debe, entre otras cuestiones, supervisar el cumplimiento normativo del RGPD y de la legislación sanitaria; acctuar como punto de contacto con la AEPD y los interesados; participar en las evaluaciones de impacto de nuevas tecnologías médicas; y velar por la legitimidad de los tratamientos en investigación, IA y salud conectada.

D. Ensayos clínicos, genómica y medicina personalizada

El tratamiento de datos personales en ensayos clínicos y proyectos de genómica o medicina personalizada está sujeto a condiciones especialmente estrictas, tales como el consentimiento informado y explícito, tanto para el tratamiento como para su reutilización; la pseudonimización o anonimización robusta; el cumplimiento de los principios del artículo 89 RGPD sobre investigación científica; y la coordinación con las autoridades sanitarias y comités de ética.

E. El Espacio Europeo de Datos Sanitarios (EHDS)

El Reglamento europeo del Espacio Europeo de Datos Sanitarios[633] («EHDS»), actualmente en fase final de aprobación, regulará el acceso, reutilización y compartición de datos sanitarios electrónicos en la UE.

El EHDS trata sobre derechos reforzados para pacientes sobre su historia clínica digital; acceso transfronterizo seguro a datos de salud para investigación e innovación; requisitos técnicos y legales de interoperabilidad y ciberseguridad; y obligaciones para entidades públicas y privadas que gestionen estos datos.

---

633 *Vid.*, Reglamento (UE) 2025/327 del Parlamento Europeo y del Consejo, de 11 de febrero de 2025, relativo al Espacio Europeo de Datos de Salud, y por el que se modifican la Directiva 2011/24/UE y el Reglamento (UE) 2024/2847. «DOUE» núm. 327, de 5 de marzo de 2025.

VI. LA ENSEÑANZA ONLINE

Otro de los campos que están sufriendo las consecuencias —indirectas— del coronavirus es el trabajo y la enseñanza, que prácticamente han migrado al mundo a distancia a través de las videollamadas o sistemas de transmisión de la imagen, video y audio. En este caso vamos a analizar brevemente el campo de la enseñanza online puesto que es especialmente sensible al ser menores de edad los que están al otro lado de las videoconferencias.

El principal problema de la enseñanza online, más allá de las problemas de seguridad de aplicaciones para estos menesteres como *Zoom*[634], es el hecho de que **las herramientas de *proctoring* —como RESPONDUS**, entre otros— y las plataformas de videollamada, que se suelen emplear para las pruebas y exámenes online, puede desplegar sistemas de reconocimiento facial del alumnado como medida de garantía de la identidad del examinando (cosa que exigen los centros para garantizar la autenticidad y veracidad de la prueba y, por ende, del título o certificado).

En su **informe «sobre Procedimientos de Evaluación no Presencial. Estudio del Impacto de su Implantación en las Universidades Españolas y Recomendaciones»**[635], de la Conferencia de Rectores de Universiades Españoles («CRUE»), se recogen hasta once sistemas de evaluación no presencial diferentes.

El uso de técnicas de reconocimiento facial[636] en los colegios no es nuevo. En Suecia la Autoridad de Protección de Datos («DPA») ya impuso una sanción de 200,000 SEK (aproximadamente veinte mil euros) a un colegio del norte del país por el uso de tecnologías de reconocimiento facial para monitorizar la asistencia

---

634 *Vid.*, «Vulnerabilidad descubierta en el sistema de videoconferencia Zoom», *Instituto Nacional de Ciberseguridad (INCIBE)*, 6 de abril de 2020 [10 de mayo de 2020], disponible en https://www.incibe.es/protege-tu-empresa/avisos-seguridad/vulnerabilidad-descubierta-el-sistema-videoconferencia-zoom

635 *Vid.*, vv.aa., «Informe sobre Procedimientos de Evaluación no Presencial. Estudio del Impacto de su Implantación en las Universidades Españolas y Recomendaciones», *Grupo de Trabajo Intersectorial de Crue Universidades Españolas CRUE Docencia, CRUE Secretarías Generales, CRUE TIC y CRUE Asuntos Estudiantiles,* versión 1.0, 16 de abril de 2020, disponible en http://www.crue.org/Documentos%20compartidos/Informes%20y%20Posicionamientos/Informe%20procedimientos%20evaluacion%20no%20presencial.pdf

636 El reconocimiento facial como técnica empleada para la detección de casos de coronavirus también se están empleando junto con técnicas de Inteligencia Artificial. *Vid.*, west, Sarah Myers, «AI and the Far Right: A History We Can't Ignore», *Medium* [10 de mayo de 2020], disponible en https://medium.com/@AINowInstitute/ai-and-the-far-right-a-history-we-cant-ignore-f81375c3cc57

de los alumnos al centro para testar esta tecnología. El centro basada el tratamiento en el consentimiento.

La DPA resolvió que el test violaba varios artículos del RGPD por procesar datos biométricos sensibles de manera ilegítima y, además, no realizó una EIPD —previamente— ni consultó con la DPA. **El consentimiento recabado por el centro —según la DPA— no es una base legal válida para el tratamiento de datos** dato el desequilibrio de poder que existía entre el responsable del tratamiento y los interesados. Por tanto, sancionó al ayuntamiento —como responsable del tratamiento—[637].

La AEPD, a raíz de una consulta formulada por la CRUE sobre el uso de sistemas de reconocimiento facial en la realización de pruebas y la normativa de protección de datos, ha emitido un **informe**[638] sobre esta cuestión, ha estimado que, partiendo de que cualquier sistema que se emplee debe respetar el derecho fundamental a la protección de datos, determinando que los «sistemas de reconocimiento facial objeto de la consulta implican el tratamiento de categorías especiales de datos»[639]. Ello conlleva que los tratamientos deben ampararse en la suma del art. 6 más el art. 9.2) RGPD[640]. Y aquí se plantean dos bases de licitud para ello: (i) por un lado el consentimiento y, por otro, (ii) el interés público.

Con respecto a la primera, como quiera que debe ser expreso y explícito, para que ello se cumpliera, «requeriría que a los mismos [los alumnos] se les ofreciera la posibilidad de realizar dichas evaluaciones en una situación equiparable en la que no fuera necesario su tratamiento»[641], lo cual es complicado que tenga lugar en la práctica. Respecto al segundo, el interés público ha de venir recogido en una norma de Derecho de la UE o de Derecho interno de los Estados miembros —con rango de ley—. Ello requiere, además, que la norma esté inspirada en la proporcionalidad del tratamiento respecto del fin perseguido, así como el respeto de la proporcionalidad entre los derechos fundamentales en juego[642].

---

637 Cfr., «Sanktionsavgift för ansiktsigenkänning i skola», *Datainspektionen*, 21 de Agosto de 2019 [10 de mayo de 2020], disponible en https://www.datainspektionen.se/nyheter/2019/sanktionsavgift-for-ansiktsigenkanning-i-skola/?utm_source=POLITICO.EU&utm_campaign=360ade166e-EMAIL_CAMPAIGN_2019_08_22_04_59&utm_medium=email&utm_term=0_10959edeb5-360ade166e-190359285

638 Cfr., Informe núm. 0036/2020 del Gabinete Jurídico de la aedp, de fecha 8 de mayo de 2020, disponible en https://www.aepd.es/es/documento/2020-0036.pdf

639 *Ibíd.*, FJº III (pág., 21).

640 *Ibíd.*, FJº II (pág., 17).

641 Situación que corresponde apreciar y determinar a las universidades. *Ibíd.*, FJº IV (pág., 25).

642 *Ibíd.*, FJº V, (págs., 30 y 34)

Todo ello, en la implementación de las garantías correspondientes para que los riesgos inherentes a la protección de datos se mitiguen convenientemente, a partir de la EIPD que se realice[643].

Como consecuencia de todo ello, la incertidumbre y falta de seguridad en el cumplimiento de la exigente normativa de protección de datos (cuando se usan sistemas de reconocimiento facial), se ha apoderado de muchas universidades que en un principio tenían pensado emplear esta herramienta en las pruebas finales del curso académico. La mayoría han optado por una actitud prudente y han ordenado no emplear este tipo de herramientas por el momento.

---

643 *Ibíd.*, FJº VI (pág., 38)

Capítulo 14

RECURSOS, RESPONSABILIDAD Y SANCIONES

I. INTRODUCCIÓN

El cumplimiento de la normativa en materia de privacidad y protección de datos es fundamental para cualquier compañía, organización, institución o responsable que se precie.

En primer lugar porque la falta de cumplimiento de un derecho fundamental de los individuos como es la privacidad y la protección de datos tiene un **impacto muy negativo** en términos de negocio, imagen y reputación para las organizaciones, ya que los clientes sentirán no solo que sus derechos no son respetados, sino que entregan su información personal y más sensible —en ocasiones— a un tercero que no la cuida ni la protege conforme a la ley, razón más que suficiente para no querer permitir el tratamiento de sus datos aunque ello suponga dejar de relacionarse comercialmente. Basta echar un vistazo a los escándalos ocurridos con los datos en compañías como *Faceebook* y el enorme impacto mediático que estos sucesos tienen a lo largo de todo el planeta. Y es que este tipo de sucesos afectan a muchísimos países y ciudadanos de estos países, más aún en una «economía de los datos» en la que nos encontramos inmersos y entrar de lleno. En segundo lugar, porque los **bienes jurídicos protegidos** por la regulación de protección de datos son tan sensibles e importantes en una sociedad democrática que las sanciones que ha asociado el RGPD a las infracciones de sus disposiciones son cuantiosas y potencialmente muy gravosas para los responsables. **Sanciones** que pueden suponer la continuidad o no de un determinado negocio. Por último, porque la eventual responsabilidad de una organización o responsable puede iniciarse por el simple hecho de que **un individuo cualquiera** cuyos datos estén siendo tratados en contra de la regulación o cuyos derechos se vulneren, reclame y **desencadene** todo el proceso, generando los impactos reputaciones y económicos descritos con una simple comunicación a la autoridad de datos competente. Por todo ello, las organizaciones, empresas y, en general, responsables y encargados del tratamiento, deben ser minuciosos y escrupulosos en el respeto de la normativa de protección de datos para poder competir en la economía de la Cuarta Revolución Industrial[644]. La regulación de los recursos, responsabilidad y sanciones están recogidos en el capítulo VIII del RGPD.

---

644 *Cfr.*, ORTEGO RUIZ, Miguel, «El Concepto de Autor en la Era de los Robots», *Anuario de Propiedad Intelectual*, Editorial REUS 2018, págs., 409 a 412.

La novedad más relevante del RGPD en esta materia —además del aumento considerable de las multas— es la introducción de un régimen de sanciones administrativas. Al RGPD hay que añadir, en materia de cumplimiento de sus normas, la **Directiva 2016/680** que regula las actividades de cumplimiento de la normativa respecto del sector público. El régimen es prácticamente similar al del RGPD, si bien ésta no recoge la institución de la autoridad principal, ni los mecanismos de cooperación y coherencia correlativos, ni sanciones financieras.

II. RECURSOS Y ACCIONES LEGALES

A. Derecho a presentar una reclamación ante la autoridad de control

Como **norma general** y sin perjuicio de la posibilidad de presentar cualquier otro recurso administrativo o una acción en vía judicial, el artículo 77 del RGPD permite que «todo interesado tendrá derecho a presentar una reclamación ante una autoridad de control, en particular en el Estado miembro en el que tenga su residencia habitual, lugar de trabajo o lugar de la supuesta infracción, si considera que el tratamiento de datos personales que le conciernen infringe el Reglamento». Ello implica que las reclamaciones no se tienen por qué poner exclusivamente ante la AEPD, si no que **puede interponerse ante cualquier otra autoridad de control de un Estado** miembro en virtud de otro criterio de conexión —lugar de trabajo, lugar de la infracción, etc. En nuestro país la AEPD permite, a través de su sede electrónica[645], presentar una reclamación íntegramente de forma electrónica si uno posee un certificado electrónico o está registrado en el sistema de identificación *Cl@ve.*

Desde 2023, ha habilitado nuevos modelos de presentación de reclamaciones ante la misma[646], con el objetivo de facilitar esta tarea a los ciudadanos/as a la hora de ejercer sus derechos. Dichos modelos sólo cursan a través de la sede electrónica de la AEPD[647] y son de uso obligatorio para los interesados con independencia de que estén obligados o no a relacionarse electrónicamente con las

645 Las reclamaciones se pueden acceder a través de la siguiente URL: https://sedeagpd.gob.es/sede-electronica-web/vistas/formNuevaReclamacion/nuevaReclamacion.jsf

646 *Vid.*, Resolución de 29 de junio de 2023, de la Dirección de la Agencia Española de Protección de Datos, por la que se aprueban los modelos de presentación de reclamaciones. «BOE» núm. 163, de 10 de julio de 2023

647 *Vid.*, https://sedeagpd.gob.es/sede-electronica-web/vistas/infoSede/tramitesCiudadanoReclamaciones.jsf

administraciones públicas en virtud de lo dispuesto en la Disposición adicional vigésima tercera de la LOPDGDD, añadida en 2023[648].

En la actualidad existen siete modelos de reclamación: un modelo general de reclamación y seis modelos específicos referidos a distintos tratamientos de datos personales. El modelo general solo está pensado para aquellos casos en los que no exista un modelo específico. Entre los modelos específicos destaca el «Canal prioritario» que atañe a la publicación en internet de fotografías, vídeos o audios de contenido sexual o violento cuya difusión ilícita pone en grave riesgo los derechos y libertades o la salud física y/o mental de las personas afectadas[649].

Aunque la AEPD ha reforzado y priorizado el uso de sistemas digitales para la denuncia y reclamación de infracciones de la normativa de protección de datos, las reclamaciones todavía pueden presentarse en papel (y no sólo ante la AEPD) para aquellos ciudadanos que no estén obligados a relacionarse electrónicamente con las Administraciones Públicas de acuerdo con la Ley 39/2015, de 1 de octubre (arts. 14 y 16[4]).

B. *Procedimiento en caso de posible vulneración de la normativa de protección de datos*

En aquellos casos en los que, bien el interesado considere que se han vulnerados sus derechos o bien, la propia autoridad de control entienda que se debe sancionar un incumplimiento, en nuestro Derecho, la AEPD actuará conforme a lo regulado en el RGPD, la LOPDGDD, las disposiciones reglamentarias o de desarrollo, y, supletoriamente, en cuanto no contradigan los anteriores, las normas de procedimiento administrativo[650] (esto es, la Leyes 39/2015 y 40/2015, fundamentalmente).

El procedimiento **puede incoarse de diversa manera** en función de las circunstancias en las que se desenvuelva:

1. En aquellos casos en los que el procedimiento se refiera a la *falta de atención de una solicitud de los derechos de los interesados* (arts. 15 a 22 RGPD). En este caso el plazo para resolver será de seis meses desde la fecha en que se haya

---

648 *Vid.*, Disposición final 9(1) de la y 11/2023, de 8 de mayo, de trasposición de Directivas de la Unión Europea en materia de accesibilidad de determinados productos y servicios, migración de personas altamente cualificadas, tributaria y digitalización de actuaciones notariales y registrales; y por la que se modifica la Ley 12/2011, de 27 de mayo, sobre responsabilidad civil por daños nucleares o producidos por materiales radiactivos

649 *Vid.*, https://www.aepd.es/canalprioritario

650 *Vid.*, art. 63 LOPDGDD.

notificado el acuerdo de admisión a trámite. El silencio administrativo en este caso será positivo[651].

2. En aquellos casos que el procedimiento verse sobre la determinación por parte de la autoridad de una posible *infracción de la normativa de protección de datos (del RGPD diferente del punto anterior y o la LOPDGDD)*, se iniciará mediante acuerdo de inicio, adoptado por propia iniciativa o como consecuencia de reclamación, que le será notificado al interesado. Si el procedimiento se fundase en una reclamación formulada ante la AEPD, con carácter previo, esta decidirá sobre su admisión a trámite (conforme al art. 65 LOPDGDD)[652].
3. En los procedimientos que siga la AEPD *contra las administraciones públicas* y que puedan resultar en sanción administrativa —apercibimiento— contra éstas (art. 83[2] RGPD), la AEPD puede tomar medidas tales como ordenar al responsable o encargado del tratamiento que adopten las medidas correctivas encaminadas a poner fin al posible incumplimiento de la legislación de protección de datos de una determinada manera y dentro del plazo especificado. En estos procedimientos también será necesaria la admisión a trámite por parte de la AEPD si se fundase en una reclamación de parte y es viable también una fase de investigación previa. El procedimiento tendrá una duración máxima de seis meses de caducidad a contar desde la fecha del acuerdo de inicio.
4. Si el procedimiento es consecuencia del *mecanismo de cooperación* entre autoridades europeas, el procedimiento se iniciará mediante la adopción del proyecto de acuerdo de inicio de procedimiento sancionador, informando al interesado. Iniciado como consecuencia de la comunicación a la AEPD por parte de una autoridad de control de otro Estado miembro de la reclamación formulada ante esta última y cuando la AEPD tenga la condición de autoridad de control principal[653].

En términos generales o, dicho de otro modo, el procedimiento general, comporta que, con carácter previo a cualquier actuación —salvo en los supuestos de que el procedimiento provenga del mecanismo de cooperación solicitado por otra autoridad— la AEPD debe **examinar su competencia** y determinar el carácter nacional o transfronterizo del procedimiento a seguir. En caso de considerar que no tiene la condición de autoridad principal, remitirá —mediante acuerdo que implicará el archivo provisional del procedimiento—, sin más trámite, la

---

651 *Ibíd.*, art. 64.1).

652 *Ibíd.*, art. 64.2).

653 *Ibid.*, Art. 64.3)

reclamación formulada a la autoridad de control principal que considere competente, notificando esta circunstancia al reclamante[654].

La **admisión a trámite** (que se adoptará conforme al art. 65 LOPDGDD) procede cuando la AEPD reciba una reclamación, que debe evaluar. Antes de ello, la autoridad puede remitir la reclamación al DPO del responsable o encargado, o al organismo de supervisión establecido en los códigos de conducta; incluso se le puede remitir a éstos aunque no hubieran designado un DPO o no se hubieran adherido a un código de conducta —en cuyo caso dispondrán de un mes para responder a la reclamación— y a resultas de ello podrán inadmitir la reclamación si por los responsables se acredita que se han adoptado medidas para el cumplimiento de la normativa aplicable[655]. El archivo del procedimiento cabe incluso tras la admisión si el responsable o encargado del tratamiento demuestran haber adoptado medidas para el cumplimiento de la normativa aplicable, cuando AEPD estime que, en el caso concreto, concurren circunstancias que aconsejen la adopción de otras soluciones más moderadas o alternativas a la acción correctiva y siempre que no se hayan iniciado actuaciones previas de investigación o alguno de los procedimientos regulados en la LOPDGD[656].

Se **inadmitirá** la reclamación cuando (*i*) no versen sobre cuestiones de protección de datos personales; (*ii*) carezcan manifiestamente de fundamento; (*iii*) sean abusivas; o (*iv*) no aporten indicios racionales de la existencia de una infracción. También se inadmitirán las reclamaciones que, comunicadas al responsable o encargado, se hayan observado por estos tomando las medidas correctivas indicadas, y siempre que concurra alguna de las siguientes circunstancias: (i) que no se haya causado perjuicio al interesado en caso de infracciones leves; o (ii) que el derecho del interesado quede plenamente garantizado con las medidas correctivas indicadas[657]. La decisión sobre la admisión o inadmisión a trámite **deberá notificarse** al reclamante en el plazo de tres meses, entendiéndose que prosigue la tramitación de la reclamación en caso de no producirse tal notificación transcurrido dicho plazo[658].

En todo caso, una vez admitida a trámite la reclamación —en los procedimientos iniciados a instancia de parte— podrá existir una **fase previa de actuaciones de investigación**, que tendrá lugar de manera previa al acuerdo de incoación y una vez admitida a trámite ésta. Esta fase previa de investigación se rige por el art. 67 LOPDGDD y tiene por objeto lograr un mejor conocimiento y determinación

654 *Ibíd.*, art. 66.
655 *Ibíd.*, art. 65.4).
656 *Vid.*, art. 65(6) LOPDGDD.
657 *Ibíd.*, art. 65.3).
658 *Ibíd.*, art. 65.5).

de los hechos y circunstancias por las que se tramita el procedimiento. Su duración será de dieciocho meses desde la fecha de acuerdo de admisión a trámite o la fecha en la que se decida su iniciación cuando la AEPD actúe por propia iniciativa o como consecuencia de la comunicación remitida por otra autoridad europea[659]. Desde 2023 cabe que la investigación se realice mediante sistemas digitales (*v. gr.*, videoconferencia u otro sistema similar, permitan la comunicación bidireccional y simultánea de imagen y sonido, la interacción visual, auditiva y verbal)[660].

El **acuerdo de incoación** para el ejercicio de la potestad sancionadora viene dictado por la Presidencia de la AEPD. En dicha resolución deben concretarse «los hechos, la identificación de la persona o entidad contra la que se dirija el procedimiento, la infracción que hubiera podido cometerse y su posible sanción»[661]. En cualquier momento, tanto durante las investigaciones previas como una vez incoado el procedimiento para el ejercicio de la potestad sancionadora, la AEPD puede acordar —motivadamente— las **medidas cautelares** que sean necesarias y proporcionadas para salvaguardar el derecho fundamental del art. 18.4 CE, en particular, el bloqueo cautelar de los datos y la obligación inmediata de atender el derecho solicitado por el interesado[662]. Si la AEPD considera que la continuación del tratamiento, su comunicación o transferencia internacional comportara un menoscabo grave para el derecho a la protección de datos personales, ésta puede «ordenar a los responsables o encargados el bloqueo de los datos y la cesación de su tratamiento y, en caso de incumplirse por estos dichos mandatos, proceder a su inmovilización»[663]. La reclamación ante la AEPD de una falta de atención de los derechos de los interesados en plazo, puede acordar —en cualquier momento, antes o después de incoado el procedimiento—, mediante resolución motivada y previa audiencia del responsable, la obligación de atender el derecho en cuestión, prosiguiendo el procedimiento respecto al resto de cuestiones de la reclamación[664].

El **procedimiento** tendrá una **duración máxima de doce meses** (Art. 64[2] [iv] LOPDGDD) a contar desde la fecha del acuerdo de inicio o, en su caso, del proyecto de acuerdo de inicio. Transcurrido tal plazo, el procedimiento caduca y se archivan las actuaciones. Los plazos quedan suspendidos cuando deba «recabarse información, consulta, solicitud de asistencia o pronunciamiento precep-

659 *Ibíd.*, art. 67.

660 *Vid.*, art. 53 bis LOPDGDD.

661 *Ibíd.*, art. 68.

662 *Ibíd.*, art. 69.1).

663 *Ibíd.*, art. 69.2).

664 *Ibíd.*, art. 69.3).

tivo de un órgano u organismo de la UE o varias autoridades de control de los Estados miembros»[665].

El procedimiento puede **suspenderse** por resolución motivada, cuando resulte indispensable recabar información de un órgano jurisdiccional (art. 64[6] LOPDGDD) o cuando deba recabarse información, consulta, solicitud de asistencia o pronunciamiento preceptivo de un órgano u organismo de la Unión Europea o de una o varias autoridades de control de los Estados miembros conforme con lo establecido en el RGPD, por el tiempo que medie entre la solicitud y la notificación del pronunciamiento a la AEPD[666].

C. Derecho a la tutela judicial efectiva contra la autoridad de control

El RGPD también permite que, sin perjuicio de los recursos administrativos o acciones extrajudiciales, cualquiera pueda interponer una **acción judicial** contra una decisión jurídicamente vinculante de una autoridad de control[667] —la AEPD—. La vía judicial se puede iniciar también en aquellos casos en los que la AEPD no dé curso a una reclamación o no informe al interesado en el plazo de tres meses sobre el curso o el resultado de la reclamación presentada. Los Tribunales competentes para conocer de las acciones judiciales que emprenda el individuo serán los del Estado miembro en que esté establecida la autoridad de control. Una particularidad son las acciones judiciales que se ejercitan contra una decisión de una autoridad de control que ha sido precedida de un dictamen o una decisión del CEPD en el marco del mecanismo de coherencia, en cuyo caso la autoridad de control debe remitir al tribunal dicho dictamen o decisión.

D. Derecho a la tutela judicial efectiva contra un responsable o encargado del tratamiento

El RGPD también permite que, sin perjuicio de los recursos administrativos o acciones extrajudiciales, así como el derecho a presentar una reclamación ante la autoridad de control, **todo interesado tiene derecho a acudir a los tribunales** cuando considere que sus derechos en virtud del presente Reglamento han sido vulnerados como consecuencia de un tratamiento de sus datos personales[668].

---

665 *Ibíd.*, art. 64, apartados 2) *IV)*

666 *Vid.*, art. 64 LOPDGDD apartados 5 y 6.

667 *Vid.*, art. 78 del RGPD.

668 *Ibíd.*, art. 79.

Las acciones contra un responsable o encargado del tratamiento deberán ejercitarse ante los tribunales del Estado miembro en el que el responsable o encargado tenga un establecimiento. Alternativamente, tales acciones podrán ejercitarse ante los tribunales del Estado miembro en que el interesado tenga su residencia habitual, a menos que el responsable o el encargado sea una autoridad pública de un Estado miembro que actúe en ejercicio de sus poderes públicos. Para estos últimos existe un régimen específico regulado en el art. 77 de la LOPDGDD[669] y que pasa por una mera resolución que declare la infracción cometida y que establezca, en su caso, las medidas que proceda adoptar para que cese la conducta o se corrijan los efectos de la infracción que se hubiese cometido (excepcionando expresamente la posibilidad de imponerles una sanción administrativa). La resolución se notificará al responsable o encargado del tratamiento, al órgano del que dependa jerárquicamente, en su caso, y a los afectados que tuvieran la condición de interesado, en su caso[670].

E. *Organizaciones y asociaciones en defensa de los interesados*

El artículo 80 RGPD permite que los intereses de los afectados por las infracciones del RGPD conceder un mandado para ser representados por organizaciones, entidades o asociaciones sin ánimo de lucro, debidamente constituida conforme a Derecho y cuyos objetivos estatutarios sean de interés público y que actúe en el ámbito de la protección de los derechos y libertades de los interesados en materia de protección de sus datos personales, para que presente en su nombre la reclamación y ejerza las acciones legales permitidas por el RGPD, así como el derecho a ser indemnizado —si así lo establece el Derecho del Estado miembro—[671]. Además de lo anterior, los Estados miembros pueden disponer que estas entidades, organizaciones o asociaciones puedan, al margen de la representación de los interesados, ostentar legitimación para presentar en ese Es-

---

669 Entre los órganos e instituciones acogidos a este régimen específico están los «(i) los órganos constitucionales o con relevancia constitucional y las instituciones de las comunidades autónomas análogas a los mismos; (ii) los órganos jurisdiccionales; (iii) la Administración General del Estado, las Administraciones de las comunidades autónomas y las entidades que integran la Administración Local; (iv) los organismos públicos y entidades de Derecho público vinculadas o dependientes de las Administraciones Públicas; (v) las autoridades administrativas independientes; (vi) el Banco de España; (vii) las corporaciones de Derecho público cuando las finalidades del tratamiento se relacionen con el ejercicio de potestades de derecho público; (viii) las fundaciones del sector público; (ix) las Universidades Públicas; (x) los consorcios; y (xi) los grupos parlamentarios de las Cortes Generales y las Asambleas Legislativas autonómicas, así como los grupos políticos de las Corporaciones Locales. *Vid.*, art. 77 LOPDGDD

670 Ibid. art. 77(2) LOPDGDD y 82(2)(i) RGPD.

671 *Ibíd.*, art. 80.1.

tado una reclamación ante la autoridad de control, así como acciones legales, en aquellos casos que considere que los derechos del interesado con arreglo al RGPD han sido vulnerados como consecuencia de un tratamiento[672].

F. Suspensión de procedimientos

Cuando un tribunal competente de un Estado miembro tenga información de que **se está tramitando un procedimiento** relativo a un mismo asunto en relación con el tratamiento por el mismo responsable o encargado ante un tribunal de otro Estado miembro, el tribunal se pondrá en contacto con el tribunal del otro Estado miembro para confirmar la existencia de dicho procedimiento[673]. De la misma manera, cuando un procedimiento relativo a un mismo asunto en relación con el tratamiento por el mismo responsable o encargado **esté pendiente** ante un tribunal de otro Estado miembro, cualquier tribunal competente distinto de aquel ante el que se ejercitó la acción en primer lugar podrá suspender su procedimiento. En todo caso, cuando dicho procedimiento **esté pendiente en primera instancia**, cualquier tribunal distinto de aquél ante el que se ejercitó la acción en primer lugar podrá también, a instancia de una de las partes, inhibirse en caso de que el primer tribunal sea competente para su conocimiento y su acumulación sea conforme a Derecho.

III. RESPONSABILIDAD E INDEMNIZACIÓN

Toda persona que haya sufrido daños y perjuicios materiales o inmateriales como consecuencia de una infracción del presente Reglamento tendrá derecho a recibir del responsable o el encargado del tratamiento una **indemnización** por los daños y perjuicios sufridos[674]. Cualquier responsable que participe en el tratamiento de datos responderá de los daños y perjuicios causados en caso de que el tratamiento no cumpla con lo dispuesto por el RGPD. En cambio, un **encargado únicamente responderá** de los daños y perjuicios causados por el tratamiento cuando no haya cumplido con las obligaciones del RGPD dirigidas específicamente a los encargados o haya actuado al margen o en contra de las instrucciones legales del responsable por contrato. Responsable y encargado estarán **exentos de responsabilidad** si demuestran que no son ni directa ni indirectamente, responsables del hecho que haya causado los daños y perjuicios.

---

[672] *Ibíd.*, art. 80.2.

[673] *Ibíd.*, art. 81.

[674] *Ibíd.*, art. 82.

En caso de **pluralidad de partes** la responsabilidad es **solidaria** con derecho a repetir frente al resto, esto es, cuando más de un responsable o encargado del tratamiento, o un responsable y un encargado hayan participado en la misma operación de tratamiento y sean responsables de cualquier daño o perjuicio causado por dicho tratamiento, cada responsable o encargado será considerado responsable de todos los daños y perjuicios, a fin de garantizar la indemnización efectiva del interesado[675]. En estos casos, cuando un responsable o encargado del tratamiento haya pagado una indemnización total por el perjuicio ocasionado, dicho responsable o encargado tendrá derecho a reclamar a los demás responsables o encargados que hayan participado en esa misma operación de tratamiento la parte de la indemnización correspondiente a su parte de responsabilidad por los daños y perjuicios causados[676]. Las acciones judiciales en ejercicio del derecho a indemnización se presentarán ante los tribunales competentes con arreglo al Derecho del Estado miembro.

IV. SANCIONES

Todas las sanciones deben ser **efectivas, proporcionadas y disuasivas**[677] y deben poderse imponer junto con los poderes de investigación y correctivos de las autoridades de control[678]. Esto supone que violaciones graves del RGPD se enfrentarán con una **responsabilidad múltiple,** aunque en caso de vulneración múltiples del RGPD, la cantidad total de la sanción no podrá superar la cuantía de la vulneración más grave[679] —lo que implica una valoración de las infracciones del RGPD—. El régimen sancionador del RGPD está recogido en el **artículo 83**, como sigue:

a.- Cada autoridad de control garantizará que la imposición de las multas administrativas con arreglo al presente artículo por las infracciones del presente Reglamento indicadas en los apartados 4, 5 y 6 sean en cada caso individual *efectivas, proporcionadas y disuasorias.*

b.- Las multas administrativas se impondrán, en función de las circunstancias de cada *caso individual,* a título adicional o sustitutivo de las medidas que

675 *Ibíd.*, art. 82.4.

676 *Ibíd.*, art. 82.5.

677 *Ibíd.*, arts. 83.1 y 84.1 *in fine.*

678 *Ibíd.*, art. 58.

679 *Ibíd.*, art. 83.3.

puede imponer la autoridad de control[680]. A la hora de decidir la imposición de una multa administrativa y su cuantía, en cada caso individual, se tendrá en cuenta:

a. La *naturaleza, gravedad y duración de la infracción*, teniendo en cuenta la naturaleza, alcance o propósito de la operación de tratamiento de que se trate, así como el número de interesados afectados y el nivel de los daños y perjuicios que hayan sufrido;

b. La *intencionalidad o negligencia* en la infracción;

c. Cualquier *medida* tomada por el responsable o encargado del tratamiento para *paliar los daños y perjuicios* sufridos por los interesados;

d. El *grado de responsabilidad* del responsable o del encargado del tratamiento, habida cuenta de las medidas técnicas u organizativas que hayan aplicado;

e. Toda *infracción anterior* cometida por el responsable o el encargado del tratamiento;

f. El *grado de cooperación* con la autoridad de control con el fin de poner remedio a la infracción y mitigar los posibles efectos adversos de la infracción;

g. Las *categorías de los datos* de carácter personal afectados por la infracción;

h. La forma en que la autoridad de control *tuvo conocimiento* de la infracción, en particular si el responsable o el encargado notificó la infracción y, en tal caso, en qué medida;

i. Cuando las medidas adoptadas por la autoridad de control hayan sido ordenadas previamente contra el responsable o el encargado de que se trate en relación con el mismo asunto, el cumplimiento de dichas medidas (la *reincidencia*);

j. La adhesión a *códigos de conducta* o a *mecanismos de certificación* aprobados; y

k. *Cualquier otro factor* agravante o atenuante aplicable a las circunstancias del caso, como los beneficios financieros obtenidos o las pérdidas evitadas, directa o indirectamente, a través de la infracción.

c.- Si un responsable o un encargado del tratamiento incumpliera de forma intencionada o negligente, para las mismas operaciones de tratamiento u

---

680 En concreto la advertencia, la retirada de una certificación, la ordenación al organismo de certificación que la retire o no emita, y la suspensión de flujos de datos hacia un destinatario situado en un tercer país. *Ibíd.*, art. 58.2.a), h) y j).

operaciones vinculadas, diversas disposiciones del presente Reglamento, la cuantía total de la multa administrativa *no será superior a la cuantía prevista para las infracciones más graves.*

d.- Las infracciones de las disposiciones siguientes se sancionarán, de acuerdo con el apartado b) de este artículo, con multas administrativas de **10.000.000 €** como máximo o, tratándose de una empresa, de una cuantía equivalente al **2% como máximo del volumen de negocio total anual global del ejercicio financiero anterior**, optándose por la de mayor cuantía:

i. Las obligaciones del responsable y del encargado a tenor de los artículos 8, 11, 25 a 39, 42 y 43;

ii. Las obligaciones de los organismos de certificación a tenor de los artículos 42 y 43;

iii. Las obligaciones de la autoridad de control a tenor del artículo 41, apartado 4.

e.- Las infracciones de las disposiciones siguientes se sancionarán, de acuerdo con el apartado b) de este artículo, con multas administrativas de **20.000.000 €** como máximo o, tratándose de una empresa, de una cuantía equivalente al **4% como máximo del volumen de negocio total anual global del ejercicio financiero anterior, optándose por la de mayor cuantía**:

i. Los principios básicos para el tratamiento, incluidas las condiciones para el consentimiento a tenor de los *artículos 5, 6, 7 y 9*;

ii. Los derechos de los interesados a tenor de los *artículos 12 a 22*;

iii. Las transferencias de datos personales a un destinatario en un tercer país o una organización internacional a tenor de los *artículos 44 a 49*;

iv. Toda obligación en virtud del Derecho de los Estados miembros que se adopte con arreglo al *capítulo IX*;

v. El incumplimiento de una *resolución o de una limitación temporal o definitiva* del tratamiento o la suspensión de los flujos de datos por parte de la autoridad de control con arreglo a los poderes de la misma, o el no facilitar acceso en incumplimiento de la actividad inspectora.

f.- El **incumplimiento de las resoluciones de la autoridad de control** se sancionará de acuerdo con el apartado b) de este artículo con multas administrativas de **20.000.000 €** como máximo o, tratándose de una empresa, de una cuantía equivalente al **4% como máximo del volumen de negocio total anual global del ejercicio financiero anterior, optándose por la de mayor cuantía**.

g.- Sin perjuicio de los poderes correctivos de las autoridades de control, cada **Estado miembro podrá establecer normas** sobre si se puede, y en qué medida, imponer multas administrativas a autoridades y organismos públicos establecidos en dicho Estado miembro.

h.- El **ejercicio por una autoridad de control de sus poderes** en virtud del presente artículo estará sujeto a garantías procesales adecuadas de conformidad con el Derecho de la Unión y de los Estados miembros, entre ellas la tutela judicial efectiva y el respeto de las garantías procesales.

i.- Cuando el ordenamiento jurídico de un **Estado miembro no establezca multas administrativas**, el presente artículo podrá aplicarse de tal modo que la incoación de la multa corresponda a la autoridad de control competente y su imposición a los tribunales nacionales competentes, garantizando al mismo tiempo que estas vías de derecho sean efectivas y tengan un efecto equivalente a las multas administrativas impuestas por las autoridades de control. En cualquier caso, las multas impuestas serán efectivas, proporcionadas y disuasorias. Los Estados miembros de que se trate notificarán a la Comisión las disposiciones legislativas que adopten en virtud del presente apartado a más tardar el 25 de mayo de 2018 y, sin dilación, cualquier ley de modificación o modificación posterior que les sea aplicable.

A. Sanciones máximas para todos

El artículo 83 del RGPD permite a las autoridades de control imponer sanciones de *(i)* hasta 10 millones de euros o, cuando se trate de empresas, el 2% de la facturación anual mundial —tomado en consideración las cifras del ejercicio contable inmediatamente anterior a la imposición de la sanción—, lo que sea más alto[681]; o bien, *(ii)* una sanción de hasta 20 millones de euros o, cuando se trate de empresas, el 4% de la facturación anual mundial, lo que resulte más alto, en las mismas condiciones que el caso anterior[682]. Por tanto, es fundamental para conocer la responsabilidad máxima de un responsable o encargado determinar si éste es una empresa o no. El Derecho europeo concibe la «empresa» como «toda entidad, independientemente de su forma jurídica, que ejerza una actividad económica»[683]. El Derecho español define una empresa como un conjunto organizado de capital y de trabajo destinado a la producción o a la mediación de

---

681 *Ibíd.*, art. 83.4 RGPD.

682 *Ibíd.*, art. 83.5 RGPD.

683 El factor determinante es la actividad económica, no la forma jurídica, entendiéndose por actividad económica «la venta de productos o servicios a un precio dado o en un mercado directo o determinado». *Vid.*, COMISIÓN EUROPEA, «Guía del usuario sobre la definición del concepto de pyme», *Mercado Interior, Industria, Emprendimiento y Pymes del 24 de febrero de 2016, © Unión Europea 2015*, Ref.: Ares(2016)956541 - 24/02/2016, pág., 9

bienes o servicios para el mercado[684]; razón por la que los empresarios individuales, autoridades públicas o asociaciones o entidades sin ánimo de lucro no son empresas e irán por la vía de la sanción de la cuantía fija y no porcentual.

B. Sanciones máximas para las empresas dentro de un grupo de empresas

A pesar de que el régimen del artículo 83 del RGPD no dice nada de los grupos de empresas —solo habla de «empresa»—, las NCV si que hacen mención a éstos —es más, las NCV están pensadas precisamente para ello— y el propio reglamento define grupo empresarial en su artículo 4[685]. Valorando todo en conjunto, concluimos que una empresa que es parte de un grupo de empresa solo puede ser sancionada hasta un porcentaje máximo de su facturación anual en lugar de con un porcentaje de la facturación anual del grupo de empresas al que pertenece —siempre y cuando el resultado del porcentaje supera el umbral de los 10 o 20 millones de euros, en cada caso—.

Cuadro resumen de sanciones:

INFRACCIÓN	ARTS	SANCIÓN —la mayor cuantía—	
		EMPRESA	NO EMPRESA
Las obligaciones del responsable y/o el encargado en relación con las condiciones para recabar el consentimiento de los menores con los servicios de la sociedad de la información	8	Hasta el 2% facturación total anual global ejercicio inmediatamente anterior.	Hasta 10.000.000 €
Las obligaciones del responsable y/o el encargado en relación con el tratamiento que no requiere información	11	Hasta el 2% facturación total anual global ejercicio inmediatamente anterior.	Hasta 10.000.000 €
Las obligaciones del responsable y/o el encargado en relación con la protección de datos desde el diseño y por defecto	25	Hasta el 2% facturación total anual global ejercicio inmediatamente anterior.	Hasta 10.000.000 €
Las obligaciones del responsable y/o el encargado en relación con las funciones del DPO	39	Hasta el 2% facturación total anual global ejercicio inmediatamente anterior.	Hasta 10.000.000 €

---

684 *Vid.*, BROSETA PONT, Manuel y MARTÍNEZ SANZ, Fernando, *Manual de Derecho Mercantil. Volumen I. Introducción y Estatuto del Empresario. Derecho de la Competencia y de la Propiedad Industrial. Derecho de Sociedades*, Editorial TECNOS (Grupo ANAYA), 2016, 23ª Edición, págs., 145 y 146.

685 «Grupo constituido por una empresa que ejerce el control y sus empresas controladas». *Vid.*, art. 4 RGPD.

INFRACCIÓN	ARTS	SANCIÓN —la mayor cuantía—	
		EMPRESA	NO EMPRESA
Las obligaciones del responsable y/o el encargado en relación con la certificación y acreditación.	42 y 43	Hasta el 2% facturación total anual global ejercicio inmediatamente anterior.	Hasta 10.000.000 €
Las obligaciones de los organismos de certificación en relación con la certificación y acreditación	42 y 43	Hasta el 2% facturación total anual global ejercicio inmediatamente anterior.	Hasta 10.000.000 €
Las obligaciones de la autoridad de control en relación con las medidas que tome en los casos de infracción de los códigos de conducta por parte de los responsables y/o encargados del tratamiento.	41.4	Hasta el 2% facturación total anual global ejercicio inmediatamente anterior.	Hasta 10.000.000 €
Incumplir los principios básicos del tratamiento	5	Hasta el 4% facturación total anual global ejercicio inmediatamente anterior.	Hasta 20.000.000 €
Incumplir las bases de licitud del tratamiento	6	Hasta el 4% facturación total anual global ejercicio inmediatamente anterior.	Hasta 20.000.000 €
Incumplir las condiciones para el consentimiento	7	Hasta el 4% facturación total anual global ejercicio inmediatamente anterior.	Hasta 20.000.000 €
Incumplir las condiciones para tratar datos sensibles	9	Hasta el 4% facturación total anual global ejercicio inmediatamente anterior.	Hasta 20.000.000 €
La infracción de los derechos de los interesados	12 a 22	Hasta el 4% facturación total anual global ejercicio inmediatamente anterior.	Hasta 20.000.000 €
Incumplir la regulación de las transferencias internacionales de datos personales a un destinatario situado en un tercer país	44 a 49	Hasta el 4% facturación total anual global ejercicio inmediatamente anterior.	Hasta 20.000.000 €
Incumplir el régimen específico para situaciones específicas de tratamiento (libertad de expresión e información; acceso público a documentos oficiales; DNI; en el ámbito laboral; fines de archivo en interés público, de investigación científica, histórica o estadística; obligaciones de secreto; y iglesias y asociaciones religiosas)	85 a 91	Hasta el 4% facturación total anual global ejercicio inmediatamente anterior.	Hasta 20.000.000 €

INFRACCIÓN	ARTS	SANCIÓN —la mayor cuantía—	
		EMPRESA	NO EMPRESA
Incumplimiento de una resolución o de una limitación temporal o definitiva del tratamiento o la suspensión de los flujos de datos por parte de la autoridad de control o no facilitar el acceso a la autoridad de control dimanante de sus poderes de investigación	58.1 y 58.2	Hasta el 4% facturación total anual global ejercicio inmediatamente anterior.	Hasta 20.000.000 €
El incumplimiento de las resoluciones de la autoridad de control dimanantes de sus poderes correctivos	58.2	Hasta el 4% facturación total anual global ejercicio inmediatamente anterior.	Hasta 20.000.000 €

C. Implementación del régimen sancionador a nivel nacional

El RGPD permite que los **Estados miembros desarrollen normas en materia de otras sanciones** aplicables a las infracciones del RGPD —en particular las infracciones que no se sancionen con multas administrativas de conformidad con el art. 83— y adoptarán todas las medidas necesarias para garantizar su observancia[686]. España ha desarrollado esta potestad en el Título IX de la LOPDGDD que puede resumirse como sigue:

1. Responsables

Los sujetos responsables por las infracciones de la normativa de protección de datos serán, conjunta o alternativamente, los responsables, los encargados, los representantes de los anteriores, las entidades de certificación y/o las entidades acreditadas de supervisión de los códigos de conducta. El régimen sancionador **no se aplicará al DPO**[687].

2. Infracciones

La normativa española regula las infracciones en tres categorías, muy graves; graves y leves. Se consideran *infracciones* **muy graves** las siguientes[688]: (*i*) las que vulneren lo establecido en los arts. 83.5) y 83.6) del RGPD; (*ii*) el tratamiento vulnerando los principios (art. 5 RGPD); (*iii*) el tratamiento sin que concurran

686 *Vid.*, art. 84 RGPD.

687 *Vid.*, art. 70 LOPDGDD.

688 *Ibíd.*, art. 72.

las causas de licitud (art. 6 RGPD); (*v*) el incumplimiento de los requisitos para la validez del consentimiento (art. 7 RGPD); (*vi*) el uso de los datos para fines que no sean compatibles con las finalidades para los que fueron recogidos, sin contar con el consentimiento del interesado o una base legal para ello; (*vii*) el tratamiento de los datos sensibles sin que concurra lo estipulado en el art. 9 del RGPD; (*viii*) el tratamiento de los datos sobre condenas e infracciones penales sin que concurran los requisitos del art. 10 RGPD; (*ix*) el tratamiento de datos relacionados con infracciones o sanciones administrativas sin observar lo regulado en el art. 27 LOPDGDD; (*x*) el incumplimiento de las obligaciones de información de los arts. 13 y 14 del RGPD y art. 12 LOPDGDD; (*xi*) la vulneración del deber de confidencialidad del art. 5 LOPDGDD; (*xii*) la exigencia del pago de un canon para facilitar la información al afectado (arts. 13 y 14 RGPD) o el ejercicio de derechos de los interesados, fuera de los supuestos del art. 12.5 LOPDGDD; (*xiii*) el impedimento o la obstaculización o no sanción reiterada del ejercicio de los derechos de los interesados; (*xiv*) la transferencia internacional de datos personales a un destinatario que se encuentre en un tercer país u organización internacional, cuando no concurran garantías, requisitos o excepciones preceptivos; (*xv*) el incumplimiento de las resoluciones dictadas por la autoridad de protección de datos competente; (*xvi*) el incumplimiento de la obligación de bloqueo cuando sea exigible; (*xvii*) no facilitar el acceso del personal de la autoridad de protección de datos a los datos, información, locales, equipos y medios requeridos por la autoridad; (*xviii*) la resistencia u obstrucción del ejercicio de la autoridad inspectora por la autoridad; y (*xix*) la reversión deliberada de un procedimiento de anonimización para permitir volver a identificar a los interesados.

Se consideran **infracciones graves,** las siguientes[689]:

(i) las vulneraciones recogidas en el art. 83.4) RGPD;

(ii) el tratamiento de datos de un menor de edad sin recabar su consentimiento, o de sus padres o tutores cuando sea menor de catorce años;

(iii) no acreditar la realización de esfuerzos razonables para verificar la validez del consentimiento prestado por un menor de edad o por el titular de su patria potestad o tutela del mismo;

(iv) el impedimento o la obstaculización o la no atención reiterada de los derechos del interesado en los que no se requiere la identificación del afectado, cuando éste, para el ejercicio de estos derechos haya facilitado información adicional para su identificación;

---

[689] *Ibíd.,* Art. 73

(v) la falta de aquellas medidas técnicas y organizativas apropiadas para cumplir con la protección desde el diseño, así como la no integración de las garantías necesarias en el tratamiento del art. 25 RGPD;

(vi) la falta de adopción de medidas técnicas y organizativas apropiadas para garantizar que por defecto solo se tratarán datos personales necesarios para cada uno de los fines conforme al 25.2) RGPD;

(vii) la falta de adopción de aquellas medidas técnicas y organizativas que resulten apropiadas para garantizar un nivel de seguridad adecuado al riesgo del tratamiento, en los términos del art. 31.2 RGPD;

(viii) el quebrantamiento, por la falta de la debida diligencia, de las medidas técnicas y organizativas implantadas conforme al art. 32.1 RGPD;

(*ix*) el incumplimiento de designar un representante del responsable o encargado no establecido en el territorio de la UE;

(x) la falta de atención por el representante de las solicitudes efectuadas por una autoridad de protección de datos;

(xi) la contratación por el responsable de un encargado que no ofrezca las garantías suficientes para aplicar las medidas técnicas y organizativas apropiadas;

(xii) encargar el tratamiento de datos a un tercero sin la previa formalización de un contrato o acto jurídico escrito con el contenido preceptivo;

(*xiii*) la contratación de un subencargado sin contar con la autorización previa del responsable o sin haberle informado sobre los cambios producidos en la subcontratación;

(*xiv*) la infracción por un encargado de los preceptuados sobre la determinación de los fines y los medios del tratamiento;

(*xv*) no disponer de un registro de actividades del tratamiento cuando sea preceptivo;

(*xvi*) no poner a disposición de la autoridad de control los datos que haya solicitado;

(*xvii*) no cooperar con las autoridades de control en los supuestos no previstos en caso de infracciones muy graves;

(*xviii*) el incumplimiento del deber del encargado de notificar al responsable las violaciones de seguridad;

(*xix*) el incumplimiento del deber de comunicación al afectado de una violación de seguridad de los datos al interesado;

(*xx*) el tratamiento de datos sin haber llevado a cabo una EIPD cuando sea obligatoria;

(*xxi*) el tratamiento de datos personales sin haber consultado a la autoridad de control cuando sea preceptivo;

(*xxii*) el incumplimiento de la obligación de designar un DPO cuando sea exigible;

(*xxiii*) no posibilitar la efectiva participación del DPO en todas las cuestiones a la protección de datos, no respaldarlo o interferir en el desempeño de sus funciones;

(*xxiv*) el uso de un sello o certificación en materia de protección de datos que no haya sido otorgado por una entidad de certificación debidamente acreditada o en caso de que la vigencia del mismo hubiese expirado;

(*xxv*) obtener la acreditación como organismo de certificación presentando información inexacta sobre el cumplimiento de los requisitos;

(*xxvi*) ejercitar funciones que el RGPD reserva a los organismos de certificación sin haberse acreditado como tal;

(*xxvii*) el incumplimiento por parte de un organismo de certificación de los principios y deberes a los que está sometido;

(*xxviii*) el desempeño de funciones que el RGPD reserva a los organismos de supervisión de los códigos de conducta sin haber sido previamente acreditado como tal; y

(*xxix*) la falta de adopción por parte de los organismos acreditados de supervisión de un código de conducta de las medidas que resulten oportunas en caso de que se hubiera producido una infracción del código.

Se consideran **infracciones leves**[690]**:**

(i) las restantes infracciones de carácter meramente formal de los arts. 83.4) y 5);

(ii) el incumplimiento del principio de transparencia e información o el derecho de información del afectado por no facilitar toda la información de los arts. 13 y 14;

(iii) la exigencia del pago de un canon para facilitar al afectado la información exigida por los arts. 13 y 14 o por atender las solicitudes del ejercicio de derechos si su cuantía excediese el importe de los costes afrontados para afrontarlo;

(iv) no atender las solicitudes de ejercicio de los derechos salvo que se considere muy grave;

---

690 *Ibid.*, art. 74.

(v) no atender los derechos en los que no se requiere identificación del afectado cuando éste para el ejercicio de aquéllos, haya facilitado información adicional y no se trata de una infracción grave;

(vi) el incumplimiento de la obligación de notificación relativa a la rectificación o supresión de datos personales o la limitación del tratamiento exigida por el art. 19 RGPD;

(vii) el incumplimiento de la obligación de informar al interesado, cuando así lo haya solicitado, de los destinatarios a los que se hayan comunicado los datos personales rectificados, suprimidos o respecto de los que se ha limitado el tratamiento;

(viii) el incumplimiento de la obligación de suprimir los datos referidos a una persona fallecida cuando ello fuera exigible;

(ix) la falta de formalización por los corresponsables del tratamiento del acuerdo que determine sus obligaciones, funciones y responsabilidades respecto al tratamiento de datos;

(x) no poner a disposición de los afectados los aspectos esenciales del acuerdo formalizado entre los corresponsables;

(*xi*) la falta del cumplimiento de la obligación del encargado del tratamiento de informar al responsable del tratamiento acerca de la posible infracción por una instrucción recibida de éste de las disposiciones de la normativa de protección de datos;

(xii) el incumplimiento por el encargado de las estipulaciones impuestas por el contrato o acto jurídico que regula el tratamiento o las instrucciones del responsable del tratamiento, salvo que esté legalmente obligado a ello;

(xiii) disponer de un registro de actividades de tratamiento que no incorpore toda la información exigida en el art. 30 RGPD;

(xiv) la notificación incompleta, tardía o defectuosa a la autoridad de protección de datos de la información relacionada con una violación de protección de datos;

(xv) el incumplimiento de la obligación de documentar cualquier violación de seguridad exigida por RGPD;

(xvi) el incumplimiento del deber de comunicación al afectado de una violación de la seguridad de los datos que entrañe un alto riesgo para los derechos y libertades de los afectados, salvo que resulte una infracción muy grave;

(xvii) facilitar información inexacta a la autoridad de protección de datos en los supuestos en los que el responsable deba elevarla a una consulta pública;

(xviii) no publicar los datos de contacto del DPO o no comunicárselo a la autoridad de protección de datos;

(xix) el incumplimiento por los organismos de certificación de la obligación de informar a la autoridad de protección de datos de la expedición, renovación o retirada de una certificación; y

(xx) el incumplimiento por parte de los organismos acreditados de supervisión de un código de conducta de la obligación de informar a las autoridades de protección de datos acerca de las medidas que resulten oportunas en el caso de una infracción del código.

3. Sanciones

Las sanciones previstas en el art. 83 del RGPD se aplica en consonancia con los criterios que el propio artículo establece para su graduación. Nuestra normativa, por su parte, permite que también se tengan en cuenta los siguientes factores para imponer las sanciones[691]: *(i)* el carácter continuado de la infracción; *(ii)* la vinculación de la actividad del infractor con la realización de tratamientos de datos; *(iii)* los beneficios obtenidos con la infracción; *(iv)* la posibilidad de que la conducta del interesado hubiera podido inducir a la comisión de la infracción; *(v)* la existencia de una fusión por absorción posterior a la comisión de la infracción, no imputable a la absorbente; *(vi)* la afectación a los derechos de los menores; *(vii)* disponer, cuando no fuere obligatorio, de un DPO; *(viii)* el sometimiento por parte del responsable o encargado, con carácter voluntario, a mecanismos de resolución alternativa de conflictos, en aquellos supuestos en los que existan controversias entre aquellos y cualquier interesado.

Cuando la autoridad competente sea la AEPD, la sanción fuese superior a un millón de euros y el infractor sea una persona jurídica, se publicará en el BOE la información que identifique al infractor, la infracción cometida y el importe de la sanción impuesta[692].

4. Prescripción

Novedad respecto al RGPD de la normativa española es la regulación de la prescripción tanto de las infracciones como de las sanciones, y que se recogen en la siguiente tabla:

---

691 *Ibíd.*, art. 76.

692 *Ibíd.*, art. 76.4).

PRESCRIPCIÓN DE INFRACCIONES	
INFRACCIÓN	PLAZO
Infracciones de los artículos 83.5 y 83.6 del RGPD	A los 3 años desde su comisión
Las infracciones del artículo 83.4 del RGPD	A los 2 años desde su comisión
PRESCRIPCIÓN DE SANCIONES	
SANCIÓN	PLAZO
Sanciones por un importe igual o inferior a 40.000€	Al año desde sea ejecutable
Sanciones por un importe comprendido entre 40.001€ y 300.000€	A los 2 años desde sea ejecutable
Sanciones por un importe superior a 300.000€	A los 3 años desde sea ejecutable

El plazo de prescripción de las sanciones **comenzará** a contarse desde el día siguiente a aquel en que sea ejecutable la resolución por la que se impone la sanción o haya transcurrido el plazo para recurrirla[693].

Interrumpirá la prescripción la iniciación, con conocimiento del interesado, del procedimiento sancionador, reiniciándose el plazo de prescripción si el expediente sancionador estuviere paralizado durante más de seis meses por causas no imputables al presunto infractor[694]. De la misma manera, la prescripción se interrumpirá por la iniciación, con conocimiento del interesado, del procedimiento de ejecución, volviendo a transcurrir el plazo si el mismo está paralizado durante más de seis meses por causa no imputable al infractor.

Cuando la AEPD ostente la condición de autoridad de control principal y deba seguirse el procedimiento previsto en el mecanismo de cooperación, interrumpirá la prescripción el conocimiento formal por el interesado del proyecto de acuerdo de inicio que sea sometido a las autoridades interesadas[695].

---

693 *Ibíd.*, art. 78.

694 *Ibíd.*, art. 75.1). Las infracciones muy graves prescriben a los tres años, las graves a los dos y las leves al año.

695 *Vid.*, art. 75.II) LOPDGDD.

Capítulo 15

DERECHOS DIGITALES

I. INTRODUCCIÓN

Por primera vez en nuestro ordenamiento jurídico, se incluye en una norma con rango de Ley —orgánica, además— un título específico de los que se ha denominado «Garantía de los derechos digitales» y en donde se citan y reconocen, derechos peculiares, novedosos y actuales o se reformulan cuestiones ya reguladas tanto por el RGPD y la LOPDGDD en materia de protección de datos personales como si de un novísimo derecho se tratase.

En nuestra opinión quizá este título tenga más que ver con la necesidad de justificar un esfuerzo legislativo nacional en una materia ya de por sí suficientemente regulada por el reglamento europeo, así como un intento de afrontar la nueva realidad social —la digital— que pone una primera piedra en el camino que parece va a continuar con la intención de implementar normativas adecuadas a la realidad digital actual y futura. Es un tarea compleja pero, más allá de la eficacia de este título y los derechos en él regulados, por algún sitio se empieza. En lo que a protección de datos respecta, hemos decidido abordarlo, de manera sucinta, por las implicaciones que tiene en la materia puesto que muchas cuestiones relativas a tratamientos y datos se han desarrollado en nuestra legislación nacional como un derecho —digital— en este título.

II. MEDIOS DE COMUNICACIÓN Y PROTECCIÓN DE DATOS: DERECHO DE RECTIFICACIÓN

El RGPD habilita a los Estados miembros para regular una cuestión esencial en materia de protección de datos personales y medios de comunicación cual es la relación —fundamentalmente los límites— entre el derecho a la protección de datos personales, por un lado, y el derecho a la libertad de expresión e información, por otro[696].

La norma europea exhorta a los Estados miembros a regular por Ley la conciliación entre uno y otro derecho, con especial hincapié en los tratamientos de datos con fines periodísticos y fines de expresión académica, artística o literaria. Esta cuestión no es menor, toda vez que muchos de los medios de comunicación

---

[696] *Vid.*, art. 85.1) RGPD.

con los que hemos trabajado a la hora de realizar la adaptación a la norma europea de protección de datos, tiene, como una de sus principales preocupaciones, la necesidad de contar con una cierta seguridad jurídica y certeza a la hora de informar y publicar en base a su libertad de expresión. Con este propósito, el RGPD orienta a los Estados sobre cómo deben implementar estas cuestiones a nivel nacional, entre otros mecanismos, mediante la inclusión de exenciones o excepciones a los principios, derechos del interesado, obligaciones del responsable o encargado, deberes en materia de transferencias internacionales, regulación de las autoridades competentes y mecanismos de coherencia o situaciones específicas de tratamiento de datos, en aquellos casos en los que el tratamiento se realice con fines periodísticos o fines de expresión, académica, artística o literaria. Estas excepciones se han de notificar a la Comisión[697]. Partiendo de lo anterior, la LOPDGDD ha implementado una regulación —en el ámbito digital— de un derecho esencial y clásico en la materia, cual es el Derecho de rectificación con el mismo propósito que el clásico de los medios en el mundo tradicional *offline*: limitar el derecho fundamental a la libertad de expresión y, de esta manera, conjugar el derecho a la protección de datos personales, por un lado, y el derecho a la libertad de expresión e información, por otro.

El denominado «*Derecho de rectificación en Internet*» se regula en el art. 85 de la LOPDGDD. Tras reconocer que «*todos tienen derecho a la libertad de expresión en Internet*»[698], exige a los responsables de redes sociales y servicios equivalentes la adopción de protocolos adecuados para posibilitar el ejercicio del derecho de rectificación respecto de los usuarios que difundan contenidos que «atentan contra el derecho al honor, la intimidad personal y familiar en Internet y el derecho a comunicar o recibir libremente información veraz». Este derecho se ejercitará, mutatis mutandis, conforme a la Ley Orgánica 2/1984, de 26 de marzo, *reguladora del derecho de rectificación*[699]. Si el medio viniera obligado a atender la solicitud de rectificación que se les ha formulado, deben proceder «*a la publicación en sus archivos digitales de un aviso aclaratorio que ponga de manifiesto que la noticia original no refleja la situación actual del individuo*». Tal aviso debe figurar en un lugar visible junto con la información original[700]. Por tanto, el medio, no tiene que eliminar

---

697 *Ibíd.*, art. 85.2) y 3).

698 *Vid.*, art. 85.1) LOPDGDD.

699 Que, entre otras cuestiones, exige que, para ejercer el derecho de rectificación, el perjudicado se dirija por escrito al medio (al Director) en el plazo de siete días desde la comunicación de la información a rectificar. Recibida la solicitud, el medio cuenta con tres días para atender o no la rectificación. En caso de no atenderla, el interesado dispone de otros siete días para iniciar acciones en vía judicial (que solo podrá iniciarlas una vez agotada la vía «*amistosa*» ante el medio. *Cfr.*, Ley Orgánica 2/1984, de 26 de marzo, *reguladora del derecho de rectificación*. «BOE» núm. 74, de 27 de marzo de 1984.

700 *Ibíd.*, Art. 85.2). *in fine*.

la página digital del diario en la que figura la información rectificada, ni tiene que dejar de indexar estos contenidos en la Red, simplemente tiene que modificar el texto de la página en cuestión en la que aparece la información (portada y página, en su caso) mediante la incorporación en un lugar visible, al lado de la noticia —del titular, por ejemplo— de un aviso que indique que «*la noticia original no refleja la situación actual del individuo*» o mensaje análogo que deje claro al lector que la noticia está enmendada.

Por ejemplo, si se publica que un personaje concreto, por ejemplo, un futbolista conocido, está siendo investigado por defraudar a Hacienda y esta información es incorrecta, habría que publicar junto a la noticia y un aviso indicando que esta información se rectifica por ser incorrecta.

Como complemento del derecho de rectificación en el mundo *online*, nuestra ley ha incorporado, también, un «*Derecho a la actualización de informaciones en medios de comunicación digitales*» —art. 86 LOPDGDD—. Básicamente, este derecho consiste en la facultad de «*solicitar motivadamente de los medios de comunicación digitales que incluyan un aviso de actualización suficientemente visible junto a las noticias que le conciernan cuando la información contenida en la noticia original no refleje la situación actual como consecuencia de circunstancias que hubieren tenido lugar después de la publicación, causándole un perjuicio*»[701]. En particular se debe prestar especial atención al cumplimiento de esta obligación cuando se trate de informaciones originales que se refieran a actuaciones policiales o judiciales que se hayan visto afectadas como consecuencia de actuaciones judiciales posteriores —debiendo hacer referencia a la decisión judicial posterior—[702].

Por ejemplo, si un diario publica en portada que un personaje público es un presunto asesino por estar investigado en un presunto delito de homicidio con ensañamiento en una fecha dada («El alcalde de Ávila, Pepe Pérez, presunto asesino de su mujer»). Si transcurrida la instrucción se demuestra que tal personaje nada tenía que ver con el crimen y es finalmente absuelto de todo, no es necesario retirar la página y portadas, sino que habría que incluir un mensaje suficientemente claro y en lugar más que visible que indicara: «esta información ya no refleja la situación actual de Pepe Pérez, Alcalde de Ávila, que fue puesto en libertad sin cargos por el Juzgado de Instrucción número 3 de Ávila, absolviéndole por completo de toda implicación en el crimen de su mujer».

---

701 *Ibid.*, art. 86.1).

702 *Ibid.*, art. 86.2).

Más recientemente, el **Tribunal Constitucional** abordó los **límites entre la libertad de información y el derecho a la propia imagen y a la presunción de inocencia, al analizar un caso de difusión mediática de imágenes policiales de una persona detenida en fase de investigación.** En esta resolución el TC sentó un precedente relevante en el ámbito de los derechos digitales, al recordar que el derecho a la libertad de información no es absoluto, y debe ponderarse con otros derechos fundamentales, como la imagen, el honor y la privacidad. Y que, por tanto, los medios de comunicación deben extremar la diligencia cuando difunden imágenes de personas en procedimientos abiertos, especialmente en redes sociales, así como que las fuerzas de seguridad y las autoridades públicas deben evitar proporcionar imágenes de detenidos sin salvaguardias que garanticen sus derechos constitucionales[703].

En resumen, en la rectificación se enmienda la información mediante un aviso junto con la noticia original como consecuencia del ejercicio por parte del interesado de su derecho de rectificación. En la actualización de informaciones es el propio medio el que, por su cuenta, debe actualizar las informaciones que se hayan modificado por el mero transcurso del tiempo y el acceso a más información (derecho a la actualización de informaciones) debiendo igualmente, publicar un aviso aclaratorio junto a la noticia original.

---

703 Se trataba de un asunto una persona fue grabada y fotografiada por varios medios de comunicación en el momento de su detención por parte de la Policía Nacional. Las imágenes fueron difundidas ampliamente en televisión y redes sociales, mostrando su rostro sin pixelar, junto a información personal no confirmada judicialmente. El afectado no había sido condenado ni existía sentencia firme. El afectado interpuso recurso de amparo por considerar vulnerados su derecho a la propia imagen (art. 18.1 CE) y su derecho a la presunción de inocencia (art. 24.2 CE), así como su intimidad. El TC estimó parcialmente el recurso y declaró que la difusión pública de imágenes identificativas de una persona detenida en fase preprocesal, sin pixelado ni consentimiento, vulnera su derecho a la propia imagen cuando no concurre un interés informativo prevalente suficiente. Igualmente dispuso que aunque la detención era un hecho noticiable, la forma en que se difundieron las imágenes carecía de proporcionalidad y de justificación, en tanto que no aportaban valor añadido a la información transmitida. Además, la exposición mediática masiva y descontextualizada agravó el riesgo de estigmatización pública, contraviniendo el principio de presunción de inocencia. *Vid.*, STC de Pleno núm. 33/2023, de 18 de abril de 2023. Recurso de amparo 1307-2018. Promovido por don Roger Sabà Riera en relación con las sentencias de la Sala de lo Civil del Tribunal Supremo y de la Audiencia Provincial de Barcelona que desestimaron su demanda de protección jurisdiccional civil del derecho a la intimidad y a la propia imagen en la que controvertía la publicación de su fotografía en la página web de la policía autonómica solicitando la colaboración ciudadana contra la violencia urbana. Alegada vulneración de los derechos a la presunción de inocencia, intimidad, al honor y a la propia imagen: inadmisión del recurso de amparo extemporáneamente interpuesto. «BOE» núm. 121, de 22 de mayo de 2023.

III. LOS LLAMADOS «DERECHOS DIGITALES»

La LOPDGDD ha implementado una serie de «nuevos derechos digitales», que nada tienen que ver con el RGPD, salvo algunas precisiones. Son lo que la norma define como «*Derechos en la Era digital*» y cuya garantía es una exigencia para los prestadores de servicios de Internet[704]. Estos derechos, además de los ya analizados en sus respectivos ámbitos de aplicación —laboral, medios de comunicación, etc.— son:

A. *Derecho a la neutralidad en la Red*

Regulado en el art. 80 de la LOPDGDD, «*todos los usuarios tienen derecho a la neutralidad de Internet*»; lo que implica que los proveedores de servicios de Internet deben proporcionar una oferta transparente de servicios sin discriminación por motivos técnicos o económicos.

B. *Derecho de acceso universal a Internet*

Internet es universal y así debe ser con independencia de la condición personal, social, económica o geográfica. Esto lo que protege este derecho, regulado en el art. 81 LOPDGDD, que exhorta a garantizar el acceso universal, asequible, de calidad y no discriminatorio a Internet para toda la población. El acceso universal debe garantizarse respecto a personas con necesidades especiales[705]. Asimismo, propugna la eliminación de la «*brecha de género*» tanto en el ámbito personal como laboral —lo que no dice es cómo—, y la ruptura de la «*brecha generacional*», mediante acciones formativas a las personas mayores y el acceso a Internet —que no define—; con especial atención a este acceso en los entornos rurales[706].

C. *Derecho a la seguridad digital*

Regulado en el art. 82 de la LOPDGDD. Otorga a todos los usuarios el derecho a la seguridad en las comunicaciones que se transmitan y reciban a través de Internet. Los proveedores de servicios de Internet deben informar a los usuarios de sus derechos.

---

704 «*Consagrados en la Constitución y en los Tratados y Convenios internacionales en que España sea parte*». *Ibíd.*, art, 79.

705 *Ibíd.*, art. 81.6).

706 *Ibid.*, art. 81, apartados 4) y 5).

D. Derecho a la educación digital

El sistema educativo español debe garantizar la plena inserción del alumnado en la sociedad digital y el aprendizaje de un uso de los medios digitales que sea seguro y respetuoso con la dignidad humana, los valores constitucionales, los derechos fundamentales y la garantía de la intimidad personal y familiar y la protección de datos personales[707]. Con este fin, las Administraciones Públicas debe diseñar los currícula educativos —incluida la formación no obligatoria, como la universitaria— de tal forma que se incorporen las competencias digitales así como el desempeño asociado a las tecnologías de la información y la comunicación («TIC»), dedicando especial atención al control de la violencia en la Red, así como materias específicas relacionadas con el mundo digital. De la misma manera, el profesorado debe formarse en competencias digitales y valores asociados a esta función[708].

E. Protección de los menores en Internet

Los responsables de los menores (padres, tutores, curadores o representantes legales) deben procurar que éstos hagan un uso equilibrado y responsable de los dispositivos digitales y de los servicios de la sociedad de la información, de tal forma que se garantice que los niños desarrollan su personalidad adecuadamente y que se preservan sus derechos fundamentales[709]. Cualquier difusión de imágenes o información de los menores en redes sociales o servicios de la sociedad de la información implica la intervención del Ministerio Fiscal en la defensa de sus legítimos intereses[710]. Los centros educativos y cualesquiera personas que participen en actividades en las que estén involucrados menores, deberán observar el principio del interés superior del menor, protegiéndolo, y sus derechos fundamentales, especialmente «*el derecho a la protección de datos personales, en la publicación o difusión de sus datos personales a través de servicios de la sociedad de la información*»[711]; difusión o publicación que deberá contar con el consentimiento del menor o sus representantes legales, cuando tengan lugar a través de redes sociales o servicios equivalentes[712].

---

707 *Cfr.*, art. 83 LOPDGDD.

708 *Ibíd,* art. 82, apartados 2), 3) y 4).

709 *Ibíd.*, art. 84.1).

710 *Ibíd.*, art. 84.2).

711 *Ibid.*, art. 92.1).

712 *Ibíd.*, art. 92.2).

F. Derecho a la desconexión digital en el ámbito laboral

Otra de las novedades en la materia, de origen francés, es el denominado «*derecho a la desconexión digital en el ámbito laboral*», regulado en el art. 88 de la LOPDGDD. Sin mucha especificación de que se trata, su objeto es que los trabajadores no vivan constantemente pegados a un dispositivo digital que les haga estar constantemente trabajando las veinticuatro horas del día, los siete días de la semana. Y, de esta manera, recoge el derecho de los trabajadores a que se respete su tiempo de descanso, permisos y vacaciones, así como su intimidad personal y familiar[713]. Las modalidades de ejercicio de este derecho quedan a libertad de empresa y empleado, de tal forma que lo pueden pactar individualmente, a través de los representantes de los trabajadores —mediante una política de empresa— o por convenio colectivo, pero siempre con la intención de potenciar la conciliación laboral y familiar, teniendo especial cuidado con los trabajos a distancia y prestados a través de herramientas tecnológicas[714].

IV. DSA Y DMA: DERECHOS DIGITALES FRENTE A PLATAFORMAS Y TRANSPARENCIA ALGORÍTMICA

En el marco del proceso de consolidación de los derechos digitales en la Unión Europea, la entrada en vigor del Reglamento de Servicios Digitales (DSA) y del Reglamento de Mercados Digitales (DMA) en 2022 y 2023 ha supuesto un cambio sustancial en la gobernanza de plataformas digitales y en la forma en que se protegen los derechos de los usuarios en línea.

A. La Digital Services Act

La mal llamada *Digital Services Act* («DSA»)[715] regula los servicios intermediarios en línea, especialmente las plataformas de gran tamaño como Google, Meta, X (Twitter), Amazon o TikTok, y establece obligaciones orientadas a garantizar un entorno digital seguro, transparente y respetuoso con los derechos fundamentales.

Entre sus puntos clave, destacan los siguientes:

---

713 *Ibid.*, art. 88.1)

714 *Ibid.*, art. 88, apartados 2) y 3).

715 *Vid.*, Reglamento (UE) 2022/2065 del Parlamento Europeo y del Consejo de 19 de octubre de 2022 relativo a un mercado único de servicios digitales y por el que se modifica la Directiva 2000/31/CE (Reglamento de Servicios Digitales). «DOUE» núm. 277, de 27 de octubre de 2022,

i. Derecho a recibir información clara sobre los algoritmos de recomendación y su funcionamiento (art. 27 DSA).
ii. Obligación de permitir a los usuarios modificar o rechazar la personalización algorítmica de los contenidos.
iii. Transparencia en la moderación de contenidos y decisiones automatizadas.
iv. Reforzamiento del derecho de recurso frente a decisiones de bloqueo o suspensión de cuentas o contenidos.
v. Obligación de disponer de mecanismos accesibles de denuncia, incluso ante contenidos ilícitos o desinformación.

Estas obligaciones son complementarias al RGPD, pero su enfoque es más amplio, ya que no se limitan al tratamiento de datos personales, sino a los riesgos sistémicos derivados del diseño y gobernanza de plataformas.

B La Digital Markets Act

La mal llamada *Digital Markets Act* («DMA»)[716] tiene como objetivo limitar el poder de mercado de los llamados gatekeepers (plataformas que actúan como guardianes del acceso digital), imponiéndoles obligaciones específicas de interoperabilidad, neutralidad, no discriminación y limitación del uso cruzado de datos entre servicios.

Aunque su naturaleza es predominantemente económico-regulatoria (defensa de la competencia), también guarda relación con el principio de minimización del RGPD y con la autonomía digital del usuario, al facilitar el cambio de proveedor, la portabilidad de datos y la reducción del *lock-in* digital.

C. Relevancia en materia de derechos digitales

Tanto el DSA como el DMA refuerzan los principios recogidos en la Carta de Derechos Digitales española (2021), especialmente en cuanto a la transparencia algorítmica, los derechos frente a decisiones automatizadas, la gobernanza responsable de plataformas, y la protección frente a contenidos ilícitos y prácticas opacas.

---

716 *Vid.*, Reglamento (UE) 2022/1925 del Parlamento Europeo y del Consejo de 14 de septiembre de 2022 sobre mercados disputables y equitativos en el sector digital y por el que se modifican las Directivas (UE) 2019/1937 y (UE) 2020/1828 (Reglamento de Mercados Digitales). «DOUE» núm. 265, de 12 de octubre de 2022

Para los delegados de protección de datos, equipos de cumplimiento normativo y diseñadores de sistemas digitales, estas normas exigen una coordinación estrecha con el RGPD, especialmente en cuanto al uso de algoritmos de personalización, moderación automatizada, publicidad segmentada y perfiles de usuario.

Capítulo 16

INFANCIA, VERIFICACIÓN DE EDAD E INTERNET SEGURO POR DEFECTO

La protección de niños, niñas y adolescentes en el entorno digital es una prioridad creciente en la legislación europea y nacional sobre protección de datos, contenidos digitales y servicios de la sociedad de la información. El debate sobre el gravísimo problema que supone el uso de dispositivos móviles por parte de menores de edad, a edades cada vez más tempranas, así como el tratamiento de los datos que realizan las grandes corporaciones, está llevando a las autoridades de control y a los gobiernos a tomar medidas en este sentido.

Además, tal y como indica la AEPD en su guía, hay un riesgo actual de soluciones mal diseñadas de verificación de edad que pueden llevar a una vigilancia masiva de menores, una exclusión digital o barreras de acceso, una concentración de poder en plataformas privadas y/o a una externalización de la garantía de derechos a actores no supervisado.

Este capítulo abre un asunto que, con el tiempo, tendrá cada vez mayor peso y relevancia en materia de protección de datos y privacidad y que, por ahora, se ha abierto con los principios y recomendaciones formulados por la Agencia Española de Protección de Datos (AEPD) en su Nota Técnica «Internet seguro por defecto para la infancia y el papel de la verificación de edad» de octubre de 2024, así como el marco legal aplicable.

I. ENFOQUE PROACTIVO: SEGURIDAD POR DEFECTO Y DESDE EL DISEÑO

La AEPD propone un cambio de paradigma: sustituir el enfoque reactivo (basado en el consentimiento, el control parental o la denuncia) por uno preventivo y estructural, centrado en diseñar entornos que sean seguros por defecto, sin requerir que el menor se identifique para estar protegido.

Este enfoque parte de los principios del artículo 25 del RGPD (privacidad desde el diseño y por defecto), aplicados específicamente al entorno digital infantil. Supone evitar tratamientos innecesarios de datos personales, restringir la exposición a contenidos o servicios nocivos y asegurar que los derechos de los menores no dependan de su capacidad de consentimiento.

Para abordar este asunto, la AEPD también propone la implementación y adopción de un decálogo, a saber:

i. No identificación del menor.
ii. Minimización estricta de datos.
iii. Diseño universal seguro por defecto.
iv. Gobernanza desde el diseño.
v. Interoperabilidad de soluciones de verificación.
vi. Transparencia y control.
vii. Revisión y rendición de cuentas.
viii. Proporcionalidad y privacidad.
ix. Supervisión pública y cooperación multilateral.
x. Reforzamiento de la educación digital crítica.

II. VERIFICACIÓN DE EDAD: HERRAMIENTA HABILITADORA, NO INTRUSIVA

La verificación de edad debe entenderse como un mecanismo que habilita la protección de derechos sin necesidad de identificación individualizada del menor. El objetivo no debe ser demostrar que un usuario es menor, sino que supera un umbral de edad que habilita el acceso a ciertos contenidos o servicios.

Siguiendo lo que propone la guía de la AEPD, las soluciones de verificación deben ser (i) respetuosas con la privacidad, esto es, no exigir documentos de identidad; (ii) aplicar el principio de minimización de datos, por tanto, no generar trazabilidad innecesaria; (iii) proporcionadas y transparentes; e (iv) interoperables y auditables, es decir, evitando concentrar poder en manos de actores privados.

III. RIESGOS PARA LA INFANCIA EN EL ENTORNO DIGITAL (MODELO OCDE – 5CS)

La AEPD incorpora en su guía el modelo de clasificación de riesgos de la OCDE (5Cs):

i. Contenido: exposición a pornografía, violencia, desinformación, odio, etc.
ii. Conducta: acoso, retos peligrosos, sexting, adicción al juego o pantalla.
iii. Contacto: grooming, captación por adultos, manipulación psicológica.

iv. Contrato/consumo: publicidad manipulativa, microtransacciones, uso de datos sin control.

v. Corte transversal: *sharenting*, uso de neurodatos, herramientas de IA, salud mental.

Estos riesgos pueden darse simultáneamente y deben abordarse desde el diseño, la regulación y la supervisión técnica y jurídica.

IV. CASOS DE USO ANALIZADOS POR LA AEPD

La nota técnica examina cuatro escenarios concretos en los que se plantea el uso o no uso de verificación de edad:

A. Acceso a contenidos inadecuados

No es necesario identificar al menor, sino impedir el acceso al contenido sin tratamiento de datos y se deben emplear barreras técnicas (verificación de edad pasiva, restricciones por diseño).

B. Entornos seguros por defecto

Las configuraciones deben adaptarse por defecto a usuarios menores. Así por ejemplo, por defecto sin geolocalización activa, sin publicación abierta, sin recomendaciones personalizadas basadas en perfiles.

C. Consentimiento para el tratamiento de datos

El art. 8 del RGPD establece que, en España, el consentimiento válido en el entorno digital puede prestarse a partir de los 14 años (LOPDGDD, art. 7). Por otro lado, la verificación de edad debe permitir cumplir esta exigencia sin generar trazabilidad o exponer al menor.

D. Diseño adaptado a la edad

Se debe usar un *interfaz*, lenguaje, iconografía y decisiones predeterminadas deben estar alineadas con la capacidad de comprensión del menor. Para ello la guía sugiere una auditoría ética y técnica del diseño de plataformas y apps dirigidas a menores.

PARTE II

CIBERSEGURIDAD Y GESTIÓN DE RIESGOS DIGITALES

Capítulo 17

FUNDAMENTOS JURÍDICOS Y TÉCNICOS DE LA CIBERSEGURIDAD

La «**ciberseguridad**» —«**Cybersecurity**» en inglés— es una disciplina relativamente reciente que nace directamente conectada a Internet, una vez que ésta alcanza su madurez y se convierte en el centro de la vida moderna. No existe un concepto único y consolidado de ciberseguridad si bien está plenamente asentado que se trata de mucho más que la mera seguridad informática de los sistemas y cuyo objetivo primordial y general es la lucha y prevención de los ciberataques, sin perjuicio de otros objetivos más pormenorizados. La ciberseguridad ha emergido como un pilar esencial del ecosistema digital contemporáneo, como resultado directo de la expansión del big data, la economía de los datos y la sociedad de la información. En un entorno en el que el volumen y el valor de los datos personales y corporativos crecen exponencialmente, también lo hacen los riesgos asociados a su tratamiento, acceso no autorizado y pérdida.

El mercado de los datos digitales no solo se ha consolidado, sino que experimenta crecimientos anuales a doble dígito, lo que ha provocado que los delincuentes desplacen su actividad del mundo físico al digital. Así lo confirman los datos del Ministerio del Interior: en España, en 2021, el 15,9% de los delitos registrados fueron informáticos (305.477), y en 2022 esta cifra subió al 22,7% (374.737)[717]. El tipo delictivo más frecuente es el fraude informático. La Fiscalía especializada advierte además de una **ciberdelincuencia oculta** que podría alcanzar el 90%, no reportada ni investigada. Asimismo, el 93,7% de los ciberataques a empresas e instituciones españolas resultan exitosos, lo que refleja la vulnerabilidad estructural del entorno digital.

Estos ataques afectan de forma directa a la privacidad y protección de datos. Desde el phishing hasta el *ransomware*, pasando por el *malware* bancario o los accesos indebidos mediante suplantación de identidad, los ciberincidentes suelen tener como fin la captación ilícita de datos personales o confidenciales. Por ello, el estudio jurídico y técnico de la ciberseguridad se vuelve inseparable del análisis de la normativa de protección de datos.

---

717 *Vid.*, VV.AA., «Informe sobre la cibercriminalidad en España 2022», *Ministerio del Interior*, Gobierno de España, 2022, pág. 28.

I. CONCEPTO Y PRINCIPIOS DE LA CIBERSEGURIDAD

La ciberseguridad puede definirse como el **conjunto de políticas, medidas técnicas, organizativas y jurídicas** dirigidas a proteger los sistemas de información, redes, servicios digitales y los datos que contienen, frente a amenazas internas o externas, intencionadas o accidentales.

Su marco técnico se apoya en la llamada **triada de la seguridad de la información (CIA)**:

1. **Confidencialidad**: asegurar que la información solo sea accesible a personas autorizadas.
2. **Integridad**: garantizar que la información no sea alterada de forma indebida o sin control.
3. **Disponibilidad**: asegurar que la información esté accesible y utilizable cuando se necesite.

Estos principios se completan con otros como la trazabilidad, la autenticación, el no repudio o la resiliencia operativa.

II. AMENAZAS Y ACTORES EN EL ECOSISTEMA DIGITAL

Las amenazas más comunes en materia de ciberseguridad incluyen **diversos tipos de ataques y malware**, enfocados tanto a la comisión de delitos a través de la tecnología como a la generación de daños en los sistemas en sí mismos. Por su frecuencia y relevancia destacamos los siguientes:

i. *Ransomware:* software malicioso que cifra datos y exige un rescate para su recuperación.

ii. *Phishing:* técnicas de suplantación que buscan obtener credenciales o datos sensibles.

iii. *Malware bancario*: software que se introduce en dispositivos para robar datos financieros.

iv. *Insider threats*: amenazas provenientes de usuarios internos (empleados, exempleados) que acceden, alteran o filtran información.

v. *Ataques a la cadena de suministro:* introducción de vulnerabilidades en proveedores o terceros interconectados.

vi. *Denegación de servicio (DDoS):* ataques que saturan servidores para hacerlos inaccesibles.

Estos vectores de ataque afectan especialmente a empresas, administraciones públicas y sistemas críticos. Los datos de ciudadanos y clientes suelen ser los primeros objetivos. Por ello, la respuesta normativa y organizativa debe ser inmediata y robusta.

III. RELACIÓN ENTRE CIBERSEGURIDAD Y PROTECCIÓN DE DATOS PERSONALES

La ciberseguridad y la protección de datos son disciplinas complementarias. El **artículo 32 del RGPD** obliga a los responsables y encargados del tratamiento a aplicar **medidas técnicas y organizativas apropiadas para garantizar un nivel de seguridad adecuado al riesgo**, incluyendo:

i. Pseudonimización y cifrado de los datos;

ii. Garantía de confidencialidad, integridad y disponibilidad permanente;

iii. Capacidad de restaurar la disponibilidad y acceso tras un incidente;

iv. Procesos de verificación, evaluación y valoración periódicos.

Estas obligaciones se refuerzan en sectores especialmente sensibles, como el sanitario, financiero o público. El incumplimiento puede dar lugar a sanciones administrativas graves (art. 83 RGPD) y responsabilidades civiles.

En el ámbito nacional, la **Ley de Medidas de Eficiencia Digital y Procesal del Servicio Público de Justicia** ha impulsado una política de ciberseguridad avanzada en el sector público. Entre otras medidas, destaca:

i. La creación del Comité técnico estatal de la Administración judicial electrónica (art. 93);

ii. La existencia de un subcomité de seguridad permanente (art. 95);

iii. El principio de mejora continua de la seguridad (art. 94);

iv. La creación del Centro de Operaciones de Ciberseguridad de la Administración de Justicia (art. 96), que actúa como órgano encargado de la vigilancia, protección, detección y respuesta ante incidentes, con una estrategia centralizada para mayor eficacia.

En suma, la ciberseguridad no solo es un requisito técnico, sino un imperativo jurídico, ético y social. Su adecuada integración con el marco de protección de datos es la única vía para garantizar que el progreso digital no se produzca a costa de la privacidad y los derechos fundamentales.

Capítulo 18

MARCO NORMATIVO EN CIBERSEGURIDAD

La normativa fundamental en materia de ciberseguridad se articula en múltiples niveles: internacional, europeo y nacional. Este sistema jurídico-político busca garantizar un entorno digital seguro, resiliente y coherente con la protección de los derechos fundamentales, entre ellos el derecho a la protección de datos personales.

I. CONVENIOS Y NORMAS INTERNACIONALES

A nivel internacional, destaca el **Convenio sobre Ciberdelincuencia del Consejo de Europa,** conocido como «**Convenio de Budapest**», en vigor desde 2004 y del que España es parte[718]. Este instrumento establece estándares mínimos comunes para la tipificación de delitos informáticos y la cooperación penal internacional.

Junto a él, el borrador del nuevo **Convenio de las Naciones Unidas contra el Cibercrimen**, adoptado en 2024, constituye el primer instrumento legal vinculante de carácter global en esta materia. Los estados miembros de la ONU en el Comité Ad Hoc (AHC) han adoptado el borrador del **primer instrumento legal vinculante a nivel mundial sobre cibercrimen**[719]. Esta convención se presentará ahora a la Asamblea General de las Naciones Unidas para su adopción formal a finales de este año.

Aunque centrado en el derecho penal, contiene disposiciones que afectan a la protección de datos en el contexto de la investigación y persecución de delitos informáticos, incluyendo obligaciones de conservación, acceso y revelación de datos almacenados y en tiempo real. Se trata de un instrumento legal de justicia penal y el objetivo es, por lo tanto, combatir el cibercrimen prohibiendo ciertos comportamientos por parte de personas físicas, en lugar de regular el comportamiento de los Estados miembros. El tratado ahora entrará **en vigor una vez**

---

718 *Vid.*, Instrumento de Ratificación del Convenio sobre la Ciberdelincuencia, hecho en Budapest el 23 de noviembre de 2001. «BOE» núm. 226, de 17 de septiembre de 2010.

719 *Vid.*, Draft United Nations convention against cybercrime, Strengthening international cooperation for combating certain crimes committed by means of information and communications technology systems and for the sharing of evidence in electronic form of serious crimes. Ad Hoc Committee to Elaborate a Comprehensive International Convention on Countering the Use of Information and Communications Technologies for Criminal Purposes Reconvened concluding session New York, 29 July 9 August 2024 [A/AC.291/L.15]

que lo ratifiquen 40 países miembros y establece una **política global de justicia** penal para proteger a la sociedad contra el cibercrimen "fomentando la cooperación internacional. La adopción de la convención se llevó a cabo a pesar de la importante oposición —sin procedentes— de grupos de derechos humanos, la sociedad civil y empresas de tecnología, quienes han expresado su preocupación por los riesgos potenciales de una mayor vigilancia.

No obstante, el convenio supone un paso más en la lucha contra los principales delitos de ciberdelincuencia, fortalecido por salvaguardias sólidas y requisitos. Desde este punto de vista debe considerarse en éxito toda vez que era difícil imaginar que los Estados hubieran podido llegar a un consenso dada la cantidad de cuestiones con las que no estaban de acuerdo anteriormente.

En lo que a la protección de datos se refiere de manera estricta, destaca el compromiso de los Estados para tipificar como delitos las acciones dolosas que supongan «el daño, supresión, deterioro, alteración o supresión de datos electrónicos», pudiendo castigar tales conductas sólo cuando suponga un serio daño (art. 9).

A efectos de persecución de ciberdelitos, las autoridades de los Estados firmantes podrán emitir normas con miras a preservar determinados datos relevantes para la investigación, entre otros, datos de tráfico, contenido datos e información del abonado, que han sido almacenados mediante un sistema de información y sistema de tecnología de las comunicaciones (art. 25), así como la obligación de revelación de tales datos (art. 26).

En la misma línea, también podrán los Estados parte de la convención adoptar medidas para **(i)** buscar e incautarse —en tiempo real— de datos electrónicos almacenados, siempre que ocurran dentro del territorio del Estado parte (art. 28), **(ii)** con miras a empoderar a sus autoridades nacionales competentes**,** «recopilar o registrar, mediante la aplicación de medios técnicos en el territorio de ese Estado Parte; obligar a un proveedor de servicios, dentro de su capacidad técnica existente a (a) recopilar o registrar, mediante la aplicación de medios técnicos en el territorio de ese Estado Parte; o (b) cooperar y asistir a las autoridades competentes en la recolección o grabación de datos de tráfico, en tiempo real, asociados con comunicaciones específicas en su territorio transmitidos mediante un sistema de tecnología de la información y las comunicaciones» (art. 29); **(iii)** adoptar «las medidas legislativas y de otra índole que sean necesarias en relación con una serie de delitos penales graves que serán determinados por derecho interno, para facultar a sus autoridades competentes para: (a) recopilar o registrar, mediante la aplicación de medios técnicos en el territorio de ese Estado parte; y (b) obligar a un proveedor de servicios, dentro de su capacidad técnica existente, recopilar o registrar, mediante la aplicación de medios técnicos en el territorio de ese Estado Parte; cooperar y asistir a las autoridades competentes en la recolección o grabación de» (art. 30).

II. NORMATIVA EUROPEA: DIRECTIVA NIS, NIS2 Y REGLAMENTO SOBRE CIBERSEGURIDAD

A. Las Directivas NIS

La **Directiva (UE) 2016/1148 (Directiva «NIS»)** fue la primera norma europea destinada a establecer un nivel común de ciberseguridad en la UE, obligando a los Estados miembros a identificar operadores de servicios esenciales y a imponerles medidas de seguridad y notificación. En España se transpuso mediante el Real Decreto-ley 12/2018, que reguló la seguridad de redes y sistemas de información, definió operadores de servicios esenciales y servicios digitales, y conectó esta regulación con la Ley 8/2011 sobre infraestructuras críticas.

Tres conceptos devienen fundamentales en todo el sistema de ciberseguridad nacional y europeo: los «**servicios esenciales**», los «**servicios digitales**» y las «**infraestructuras críticas**». En el primer caso, la Directiva NIS no define «servicios esenciales» como tales sino el concepto de «operador de servicios esenciales» —art. 4.4— como aquella entidad pública o privada que opera en uno de los sectores identificados como esenciales o estratégicos y que reúne una serie de requisitos, entre otros el «efecto perturbador».

La **Directiva (UE) 2022/2555 («NIS2»)**[720] sustituye a la anterior, reforzando y ampliando su contenido. Entre sus principales novedades destacan las siguientes:

i. La obligación de estrategias nacionales de ciberseguridad y designación de autoridades competentes, puntos de contacto únicos, y CSIRTs;

ii. La implementación de medidas de gestión de riesgos incluyendo cadena de suministro, cifrado, tratamiento de vulnerabilidades;

iii. La obligación de notificación de incidentes y divulgación responsable;

iv. La implementación de sanciones administrativas reforzadas (hasta el 2% del volumen de negocio o 10 millones de euros para entidades esenciales, y hasta el 1,4% o 7 millones para entidades importantes)[721];

---

720 *Vid.*, Directiva (UE) 2022/2555 del Parlamento Europeo y del Consejo de 14 de diciembre de 2022 relativa a las medidas destinadas a garantizar un elevado nivel común de ciberseguridad en toda la Unión, por la que se modifican el Reglamento (UE) nº 910/2014 y la Directiva (UE) 2018/1972 y por la que se deroga la Directiva (UE) 2016/1148 (Directiva SRI 2). «DOUE» núm. 333, de 27 de diciembre de 2022

721 La Directiva NIS2 distingue entre entidades esenciales e importantes. Con respecto a las primeras, exige que los Estados miembros establezcan un determinado nivel de multas administrativas, en particular un máximo de al menos 10.000.000 de euros o el 2% del volumen de negocios anual total mundial del ejercicio financiero anterior, lo que sea mayor. Con respecto a las entidades importantes, NIS2 exige que los Estados miembros establezcan una multa máxima de al menos 7.000.000 EUR o al menos el 1,4% del volumen de negocios anual total

v. La introducción de la responsabilidad específica de la alta dirección.

La Directiva NIS2 está en **proceso de transposición** a través del Anteproyecto de Ley de Ciberseguridad, que se coordinará con otras normas ya vigentes. Además, la Comisión Europea ha aprobado normas de ejecución que refuerzan esta Directiva.

La Directiva NIS2 es una norma que está llamada a resultar clave en la gestión de los incidentes en materia de ciberseguridad. Entre otras cuestiones, incluye una lista de 10 elementos clave que todas las empresas deben abordar o implementar como parte de las medidas que toman, incluido el manejo de incidentes, la seguridad de la cadena de suministro, el manejo y divulgación de vulnerabilidades, el uso de criptografía y, cuando corresponda, el cifrado. También introduce disposiciones sobre la responsabilidad de las personas físicas que ocupan puestos de alta dirección en las entidades que entran dentro del ámbito de aplicación de la nueva Directiva NIS2.

La Directiva NIS2 ha sido desarrollada mediante la adopción por parte de la Comisión europea de normas de ejecución sobre ciberseguridad de las entidades y redes críticas[722].

B. El Reglamento sobre Ciberseguridad

En paralelo, el Reglamento (UE) 2019/881, también conocido como Reglamento sobre Ciberseguridad, otorga a ENISA (Agencia Europea para la Ciberseguridad) un papel clave en el ecosistema europeo. Establece un marco de cer-

mundial del ejercicio financiero anterior, lo que sea mayorDesde el 18 de octubre de 2024, todos los Estados miembros deben aplicar las medidas necesarias para cumplir con las normas de ciberseguridad recogidas en la Directiva NIS2, incluidas medidas de supervisión y aplicación. Los Estados miembros debían transponer dicha directiva en su legislación nacional antes del 17 de octubre de 2024. Aunque no se haya acometido en muchos Estados miembros, el Derecho de la UE permite la aplicación directa y vertical

722 *Vid.*, Reglamento de Ejecución (UE) 2024/2690 de la Comisión, de 17 de octubre de 2024, por el que se establecen las disposiciones de aplicación de la Directiva (UE) 2022/2555 en lo que respecta a los requisitos técnicos y metodológicos de las medidas para la gestión de riesgos de ciberseguridad y en el que se detallan los casos en que un incidente se considera significativo con respecto a los proveedores de servicios de DNS, los registros de nombres de dominio de primer nivel, los proveedores de servicios de computación en nube, los proveedores de servicios de centro de datos, los proveedores de redes de distribución de contenidos, los proveedores de servicios gestionados, los proveedores de servicios de seguridad gestionados, los proveedores de mercados en línea, motores de búsqueda en línea y plataformas de servicios de redes sociales, y los proveedores de servicios de confianza. «DOUE» L núm. 2690, de 18 de octubre de 2024 y su anexo.

tificación de productos y servicios TIC a nivel europeo y promueve una cultura común de ciberseguridad en toda la UE.

Además, de los anteriores, especial relevancia tiene el Reglamento (UE) 2019/881 («**Reglamento sobre Ciberseguridad**») como punto de anclaje de todo el sistema europeo de ciberseguridad a través del empoderamiento de la Agencia de la Unión Europea para la Ciberseguridad («ENISA» por sus siglas en inglés)[723], junto con otras propuestas en reglamentarias en este ámbito (fundamentalmente en cuanto a la «ciberresiliencia» y la «cibersolidaridad»[724]).

C. El Reglamento sobre Ciberresiliencia

El Consejo ha adoptado una nueva ley sobre requisitos de seguridad para productos digitales. Es la mal llamada —de nuevo— «Ley de Ciberresiliencia» y que no es otra cosa que la **propuesta de Reglamento** del Parlamento europeo y del Consejo relativo a los requisitos horizontales de ciberseguridad para los productos con elementos digitales y por el que se modifica el Reglamento (UE) 2019/1020[725].

El Reglamento de Ciberresiliencia, en fase final de adopción, establece requisitos horizontales de seguridad para todos los productos con elementos digitales (IoT, hardware, software), incluyendo:

i. Obligaciones desde el diseño y a lo largo del ciclo de vida;

---

723 Cuyo objeto es «garantizar el correcto funcionamiento del mercado interior, aspirando al mismo tiempo a alcanzar un nivel elevado de ciberseguridad, ciberresiliencia y confianza dentro de la Unión», estableciendo los objetivos, tareas y aspectos organizativos relativos a ENISA (Agencia de la Unión Europea para la Ciberseguridad), así como un marco para la creación de esquemas europeos de certificación de la ciberseguridad, a efectos de garantizar un nivel adecuado de ciberseguridad de los productos, servicios y procesos de TIC en la Unión, así como de evitar la fragmentación del mercado interior respecto a los esquemas de certificación de la ciberseguridad en la UE.

724 *Vid.*, Proposal for a Regulation of the European Parliament and of the Council laying down measures to strengthen solidarity and capacities in the Union to detect, prepare for and respond to cybersecurity threats and incidents. Strasbourg, 18.4.2023 COM(2023) 209 final 2023/0109 (COD) y la propuesta de Reglamento del Parlamento Europeo y del Consejo relativo a los requisitos horizontales de ciberseguridad para los productos con elementos digitales y por el que se modifica el Reglamento (UE) 2019/1020. Bruselas, 15.9.2022 COM(2022) 454 final2022/0272(COD)

725 *Vid.*, Bruselas, 15.9.2022 COM(2022) 454 final.
Junto con los Anexos que recogen los requisitos de ciberseguridad a cumplir por los productos de hardware y software. *Vid.*, ANEXOS de la propuesta de Reglamento del Parlamento europeo y del Consejo relativo a los requisitos horizontales de ciberseguridad para los productos con elementos digitales y por el que se modifica el Reglamento (UE) 2019/1020. Bruselas, 15.9.2022 COM(2022) 454 final

ii. Requisitos de actualización, mantenimiento y marcado CE;
iii. Aplicabilidad general salvo productos ya regulados (dispositivos médicos, automoción, aeronáutica);
iv. Aplicación plena 36 meses tras su entrada en vigor.

En síntesis, su objetivo es cubrir lagunas actuales y dotar de coherencia al marco de seguridad de productos digitales en el mercado interior europeo y, así, aborda cuestiones relativas a los **requisitos de ciberseguridad para productos con elementos digitales** con el objetivo de garantizar que productos como cámaras domésticas conectadas, frigoríficos, televisores y juguetes sean seguros antes de su comercialización. Para ello, buscará cubrir las lagunas legales que hasta la fecha existían en esta materia, así como reforzar el marco legislativo de ciberseguridad existente, dotándolo de mayor coherencia para garantizar que los productos «Internet de las cosas» (IoT), sean seguros en toda la cadena de suministro y a lo largo de su ciclo de vida.

La norma introduce requisitos de ciberseguridad en toda la UE en materia de diseño, desarrollo, producción y puesta a disposición en el mercado de productos de hardware y software con miras alcanzar una cierta homogeneidad y uniformidad entre los Estados miembros de la UE, en lugar de la amalgama de normas nacionales actuales. De esta manera, se disponen medidas tales como que el software y hardware lleven el marcado «CE» para indicar que cumplen con los requisitos del reglamento.

El reglamento se aplicará a todos los productos que estén conectados directa o indirectamente a otro dispositivo o a una red. No obstante, existen algunas **excepciones para productos para los cuales los requisitos de ciberseguridad ya están establecidos** en las normas vigentes de la UE, por ejemplo, dispositivos médicos, productos aeronáuticos y automóviles.

En último lugar, el futuro reglamento permitirá a los **consumidores tener en cuenta la ciberseguridad** al seleccionar y utilizar productos que contengan elementos digitales, facilitándoles la identificación de productos de hardware y software con las características adecuadas de ciberseguridad.

Tras la adopción, el reglamento deberá ser firmado por los presidentes del Consejo y del Parlamento Europeo y publicado en el diario oficial de la UE para su completa entrada en vigor. El nuevo reglamento entrará en vigor veinte días después de esta publicación, si bien será **de aplicación los 36 meses** después de su entrada en vigor, con algunas salvedades que entrarán en vigor antes.

D. El Reglamento europeo de identidad digital (RID)

El Reglamento (UE) 2024/1183 del Parlamento Europeo y del Consejo de 11 de abril de 2024 por el que se modifica el Reglamento (UE) No. 910/2014 en lo que respecta al establecimiento del marco europeo de identidad digital[726] (en adelante el «RID») tiene como misión llevar a un «segundo nivel» la identificación única electrónica que ya implementara su predecesor, unificando —aun más si cabe— los sistemas de identificación digital en el seno de la UE. Así, su objeto consiste en «garantizar el correcto funcionamiento del mercado interior y la existencia de un nivel de seguridad adecuado de los medios de identificación electrónica y los servicios de confianza utilizados en toda la Unión, a fin de permitir y facilitar que las personas físicas y jurídicas ejerzan el derecho a participar en la sociedad digital de forma segura y a acceder a los servicios públicos y privados en línea en toda la Unión» (art. 1).

Para ello pivota sobre la denominada «**cartera europea de identidad digital**», un «medio de identificación electrónica que permite al usuario almacenar, gestionar y validar de forma segura datos de identificación de la persona y declaraciones electrónicas de atributos con el fin de proporcionarlos a las partes usuarias y a otros usuarios de carteras europeas de identidad digital, así como firmar por medio de firmas electrónicas cualificadas o sellar por medio de sellos electrónicos cualificados». Carteras que deberán estar implementadas en los Estados miembros en los veinticuatro meses siguientes a la entrada en vigor de los actos de ejecución (art. 5 bis) que la Comisión debe implementar no más tarde del 21 de noviembre de 2024.

III. NORMATIVA NACIONAL: ENS, LMPIC Y RD 12/2018

A nivel nacional, las necesidades de transponer de manera coherente y sistemática la Directiva a nuestro Derecho han llevado el legislador español a ir más allá de la norma europea (en una transposición farragosa), conectando los servicios esenciales con la estrategia nacional de seguridad en las redes informáticas y, entre otros, con el concepto y regulación de las infraestructuras críticas (**Ley 8/2011, de 28 de abril**, por la que se establecen medidas para la protección de las infraestructuras críticas —en lo sucesivo «LMPIC»—). Así, un operador de servicios esenciales tendrá tal condición si «un incidente sufrido por el operador puede llegar a tener efectos perturbadores significativos en la prestación del servicio» (art. 6.1 de la RD 12/2018).

Los operadores de servicios digitales tienen la obligación de notificar sin dilación indebida a la autoridad competente o al CSIRT los incidentes que tengan efectos significativos en la continuidad de los servicios esenciales que prestan,

---

[726] *Vid.*, DOUE de 30 de abril de 2024

incluyendo información suficiente para que la autoridad determine el alcance transfronterizo de éste (arts. 14.3 de la Directiva y 19 del RD 12/2018).

Ahora bien, más allá de los aspectos puramente delictivos sobre las infraestructuras, los operadores digitales y los dispositivos tecnológicos, como quiera que los anteriores todos son contenedores de datos de Interesados, tales ataques podrían afectar a derechos como la intimidad, la privacidad y, en general, a la protección de datos o al derecho a la seguridad del individuo. Y aquí es donde confluyen la ciberseguridad y la protección de datos personales.

A. El Esquema Nacional de Seguridad (ENS)

El Esquema Nacional de Seguridad (ENS), actualizado mediante el Real Decreto 311/2022, de 3 de mayo, por el que se regula el Esquema Nacional de Seguridad[727], es el pilar normativo español para la protección de la información en el sector público y sus proveedores. Establece niveles de seguridad (básico, medio, alto), obligaciones de análisis de riesgos, certificación, continuidad de negocio y medidas alineadas con el RGPD (art. 32) y Directiva NIS2.

B. La Ley 8/2011, de protección de infraestructuras críticas (LMPIC)

La Ley 8/2011, de 28 de abril, por la que se establecen medidas para la protección de las infraestructuras críticas («LMPIC»[728]), establece medidas de protección frente a riesgos intencionados sobre infraestructuras estratégicas, coordinadas a través del Centro Nacional de Protección de Infraestructuras Críticas (CNPIC).

C. El Real Decreto-ley 12/2018, de 7 de septiembre, de seguridad de las redes y sistemas de información

El Real Decreto-ley 12/2018, de 7 de septiembre, de seguridad de las redes y sistemas de información[729] articula la **transposición de la Directiva NIS**, regula operadores de servicios esenciales y digitales, notificación de incidentes y coordinación con CSIRTs. Introduce criterios como el «efecto perturbador» en la prestación de servicios esenciales para determinar la obligación de notificación.

---

727 *Vid.*, «BOE» núm. 106, de 04/05/2022

728 *Vid.*, «BOE» núm. 102, de 29/04/2011.

729 *Vid.*, Real Decreto-ley 12/2018, de 7 de septiembre, de seguridad de las redes y sistemas de información. «BOE» núm. 218, de 08 de septiembre de 2018

IV. REQUISITOS SECTORIALES: DORA, 5G, SANIDAD, ENERGÍA, TRANSPORTE

A. El Reglamento DORA

En el mercado financiero, destaca el «Reglamento DORA»[730], aplicable desde el 17 de enero de 2025, cuya finalidad es «lograr un elevado nivel común de **resiliencia operativa digital**» en el ámbito de las transacciones financieras. Este reglamento ha establecido un marco regulatorio mínimo y uniforme relativo a la seguridad de las redes y los sistemas de información que sustentan los procesos empresariales de las entidades financieras» (art. 1), aplicable a bancos, aseguradoras, fondos de inversión, plataformas de negociación y proveedores de servicios TIC críticos.

DORA impone obligaciones exigentes en materia de:

i. Gestión de riesgos de tecnologías de la información y la comunicación (TIC);
ii. Pruebas periódicas de resiliencia operativa digital;
iii. Notificación obligatoria de incidentes significativos;
iv. Supervisión de terceros proveedores TIC esenciales;
v. Políticas de continuidad de negocio y recuperación ante desastres.

Su implementación representa una transformación profunda en la gobernanza de la ciberseguridad financiera en la UE, con impacto directo sobre la protección de datos, el principio de responsabilidad proactiva y el deber de informar a autoridades y afectados en caso de brechas.

B. La Ley 11/2022 de 28 de junio, General de Telecomunicaciones

En materia de redes y, en concreto, de tecnología 5G, destaca la Ley 11/2022, de 28 de junio, General de Telecomunicaciones[731], que **transpone parcialmente el Código Europeo de las Comunicaciones Electrónicas**. Esta norma refuerza los principios de seguridad e integridad de las redes de comunicaciones electrónicas, prestando especial atención a las infraestructuras críticas como las redes móviles de nueva generación.

---

730 *Vid.*, Reglamento (UE) 2022/2554 del Parlamento Europeo y del Consejo de 14 de diciembre de 2022 sobre la resiliencia operativa digital del sector financiero y por el que se modifican los Reglamentos (CE) No. 1060/2009, (UE) No. 648/2012, (UE) No. 600/2014, (UE) No. 909/2014 y (UE) 2016/1011. DOUE L 331/1 de 27 de diciembre de 2022.

731 *Vid.*, «BOE» núm. 155, de 29/06/2022

La ley establece que los operadores deberán implementar medidas técnicas y organizativas adecuadas para gestionar los riesgos que afecten a la seguridad de sus redes y servicios, incluyendo los derivados de accesos no autorizados, fallos o ataques dirigidos a componentes de red, especialmente en los elementos clave del núcleo de red, virtualización y gestión de tráfico.

Estas obligaciones se alinean con las recomendaciones de la Comisión Europea sobre la seguridad de las redes 5G, particularmente el «5G Toolbox» de enero de 2020, que insta a los Estados miembros a aplicar una combinación de medidas estratégicas, técnicas y de soporte para garantizar la resiliencia y soberanía tecnológica de las redes móviles.

Entre las principales medidas propuestas en dicho marco destacan:

i. La evaluación reforzada de riesgos de los proveedores de equipos 5G, con criterios técnicos y no técnicos (por ejemplo, control estatal sobre el proveedor, ausencia de legislación democrática sobre ciberseguridad, etc.);
ii. La limitación o exclusión de proveedores considerados de alto riesgo para funciones críticas como el núcleo de red o la gestión remota;
iii. El impulso a la diversificación del ecosistema de proveedores para evitar dependencias tecnológicas excesivas;
iv. El refuerzo de los requisitos de seguridad a lo largo de toda la cadena de suministro.

A nivel nacional, estas directrices se han plasmado en el **Plan Nacional 5G** y en los proyectos de legislación secundaria asociados a la Ley 11/2022, mediante los que se atribuyen funciones de supervisión al Centro Criptológico Nacional (CCN-CERT) y al INCIBE, especialmente en lo que respecta a la protección frente a ciberamenazas avanzadas que puedan afectar a las infraestructuras de telecomunicaciones.

La tecnología 5G, por su carácter transformador y su potencial para habilitar el internet de las cosas («IoT»), la automatización industrial y las ciudades inteligentes, incrementa de manera significativa la superficie de exposición a ciberataques, por lo que su regulación adquiere una dimensión estratégica de primer orden en el marco de la ciberseguridad nacional y europea.

C. Sanidad, energía y transporte: sectores esenciales y normativa específica

Por su parte, sectores como sanidad, energía y transporte, considerados servicios esenciales en virtud de la Directiva NIS2, disponen de normativas técnicas y de ciberseguridad específicas, alineadas con el Esquema Nacional de Seguridad (ENS) y los marcos europeos sectoriales. En ellos se exige, por ejemplo:

En sanidad: garantizar la continuidad asistencial mediante planes de contingencia y respaldo, y protección reforzada de los sistemas que almacenan datos de salud (considerados especialmente sensibles conforme al RGPD).

En energía: cumplimiento de los estándares de ciberseguridad definidos por ENTSO-E y ENISA, y obligaciones de notificación de incidentes en redes eléctricas inteligentes (*smart grids*).

En transporte: medidas técnicas para sistemas de gestión del tráfico aéreo, ferroviario o marítimo, incluyendo planes de recuperación ante incidentes, test de intrusión y colaboración con CSIRTs sectoriales.

Estas exigencias están orientadas a preservar tanto la resiliencia operativa de los servicios esenciales como la confidencialidad, integridad y disponibilidad de los datos que dichos servicios manejan, en plena coherencia con el principio de seguridad del tratamiento del artículo 32 del RGPD.

V. CIBERSEGURIDAD Y PROTECCIÓN DE DATOS PERSONALES

Todos los instrumentos anteriores convergen con la protección de datos personales, especialmente en situaciones de brechas de seguridad. El artículo 32 del RGPD obliga a responsables y encargados a aplicar medidas técnicas y organizativas adecuadas, incluyendo cifrado, control de accesos, y capacidad de recuperación ante incidentes.

Además, la normativa sobre ciberseguridad extiende sus efectos a derechos como la privacidad, la intimidad, el secreto de las comunicaciones y la integridad digital del individuo. La ciberseguridad ya no es solo una cuestión de infraestructura: es una dimensión esencial del Estado de Derecho digital.

Capítulo 19

GESTIÓN DE INCIDENTES Y BRECHAS DE SEGURIDAD

I. LAS «BRECHAS DE SEGURIDAD» Y LAS «BRECHAS DE PROTECCIÓN DE DATOS»

Por su esencial relación con la privacidad y protección de datos, de todos los ciberataques, el más relevante es la brecha de seguridad («data breach»). Es por ello que, materia de protección de datos, tanto el RGPD como la LOPDGDD, abordan los cibertataques bajo la denominación de las «brechas de seguridad» por la acción y resultado que sobre los datos éstos tienen.

Sin embargo, una brecha de seguridad puede no comportar una «brecha de protección» de datos y viceversa (una brecha de protección de datos puede no suponer una brecha en la seguridad de los sistemas).

Una **brecha de datos personales** puede **definirse** como un incidente de seguridad que ocasiona la destrucción, pérdida o alteración accidental o ilícita de los datos personales tratados por un responsable, o bien la comunicación o acceso no autorizados a los mismos. Como tal, una brecha puede tener una serie de efectos adversos de gran envergadura para los Interesados, tales como daños y perjuicios físicos, materiales o inmateriales. Una **brecha de seguridad**, en cambio, es todo aquel incidente o riesgo materializado que supone un compromiso de los sistemas informáticos y que, en su caso, puede también comprometer —no siempre— la privacidad y los datos personales, en cuyo caso será también una brecha de protección de datos.

Como regla general, el objetivo de todo responsable del tratamiento es evitarlas¾todas, pero fundamentalmente las brechas de protección de datos personales —y, en caso de que sucedan, gestionarlas adecuadamente, especialmente cuando puedan poner en riesgo los derechos y libertades de las personas físicas[732].

El responsable tiene **obligación de comunicar** (art. 33 RGPD) una violación de la seguridad de los datos personales que ocurra a la autoridad de control competente —la AEPD—.

---

732 Con el objetivo de ayudar en la toma de decisiones, la AEPD ofrece la herramienta «ASESORA BRECHA», disponible aquí: https://servicios.aepd.es/AEPD/view/form/MDAwMDAwMDAwMDAwMDUxMjM0NTcxNzI0MjQ5Nzk1MDM1?updated=true

El **plazo** para notificarla es el más breve posible («*sin la dilación indebida*» dice el RGPD) y, de ser posible, a más tardar 72 horas después de que haya tenido constancia de ella[733], **salvo** en aquellos casos en los que sea improbable que dicha violación de la seguridad constituya un riesgo para los derechos y las libertades de las personas físicas. Ahora bien, si la notificación a la AEPD no tiene lugar dentro del plazo de 72 horas, se debe acompañar ésta de un escrito indicando los motivos del retraso. Así, el **encargado** del tratamiento debe notificar, también sin dilación indebida, al responsable las violaciones de la seguridad de los datos personales de las que tenga conocimiento.

El **contenido mínimo de la notificación** que comunica la violación de seguridad es el siguiente[734]:

a.- Una descripción de la *naturaleza de la violación* de la seguridad de los datos personales, inclusive, cuando sea posible, las categorías y el número aproximado de interesados afectados, y las categorías y el número aproximado de registros de datos personales afectados;

b.- Una comunicación con el nombre y datos de *contacto del DPO* o de cualquier otro contacto en el que pueda obtenerse información;

c.- Una descripción de las *posibles consecuencias* de la violación de la seguridad de los datos personales;

d.- Una descripción de las *medidas adoptadas o propuestas* por el responsable del tratamiento para poner remedio a la violación de la seguridad de los datos personales, incluyendo, si procede, las medidas adoptadas para mitigar los posibles efectos negativos.

La información puede facilitarse a la AEPD de manera simultánea —toda en el mismo acto—. Sin embargo, en aquellos casos en los que esto no sea posible, se puede facilitar de manera gradual sin que por ello deje de cumplirse la diligencia de comunicar sin dilación indebida.

El responsable debe **documentar** cualquier violación de la seguridad de los datos personales, incluidos los hechos relacionados con ella, sus efectos y las medidas correctivas adoptadas; todo ello a efectos de que la AEPD pueda verificar el cumplimiento del plan de actuación mínimo ante violaciones de seguridad recogido en el artículo 33 del RGPD. Además de a la autoridad de control,

---

[733] Este plazo empieza a calcularse desde el instante en que el responsable de tratamiento tenga constancia de que el incidente de seguridad ha afectado a datos personales, incluyendo las horas trascurridas durante fines de semana y días festivos.

[734] Para profundizar en el contenido y estructura de las notificaciones de violaciones de seguridad es recomendable consultar las Directrices sobre la notificación de las violaciones de la seguridad de los datos personales de acuerdo con el Reglamento 2016/679 (WP 250 rev.01, de 6 de febrero de 2018), p. 14- 15

las violaciones de seguridad de los datos personales se deben **comunicar al interesado**, cuando sea probable que la violación de la seguridad de los datos personales entrañe un alto riesgo para los derechos y libertades de las personas físicas.

El responsable **debe comunicar** la violación al interesado también sin dilación indebida, en un lenguaje claro y sencillo, describiendo la naturaleza de la violación de la seguridad. Esta comunicación contendrá, **como mínimo**, lo siguiente:

a.- Una comunicación con el nombre y datos de *contacto del DPO* o de cualquier otro contacto en el que pueda obtenerse información;

b.- Una descripción de las *posibles consecuencias* de la violación de la seguridad de los datos personales;

c.- Una descripción de las *medidas adoptadas o propuestas* por el responsable del tratamiento para poner remedio a la violación de la seguridad de los datos personales, incluyendo, si procede, las medidas adoptadas para mitigar los posibles efectos negativos.

La comunicación a los interesados debe contemplar las implicaciones transfronterizas de la brecha de datos personales en caso de haberse producido. Se debe indicar si hay afectados en otros estados miembro de la Unión Europea, el número aproximado de afectados en cada Estado miembro, utilizando los criterios ya expuestos en el apartado E de la Guía de la AEPD, y si el responsable ha notificado o tiene previsto notificar a la Autoridad de Control de algún otro Estado miembro.

En cambio, **no será necesaria la comunicación** al interesado si se cumple alguna de las siguientes condiciones:

a.- Que el responsable haya adoptado medidas de protección técnicas y organizativas apropiadas y estas medidas se hayan aplicado a los datos personales afectados por la violación de la seguridad de los datos personales, en particular aquellas que hagan ininteligibles los datos personales para cualquier persona que no esté autorizada a acceder a ellos, como el cifrado, como, por ejemplo, medidas de *cifrado* o *encriptado*;

b.- Que el responsable del tratamiento haya tomado *medidas* tras la ocurrencia de la brecha de seguridad que garanticen que ya no existe probabilidad de que concurra un alto riesgo para los derechos y libertades del interesado;

c.- Que suponga un esfuerzo *desproporcionado*. En este caso, se optará en su lugar por una comunicación pública o una medida semejante por la que se informe de manera igualmente efectiva a los interesados.

La no comunicación no exime de la documentación del incidente. Así, en aquellos casos en los que el responsable considere que **no existieran riesgos para los derechos y libertades de las personas físicas,** el responsable tiene la obligación de documentar cualquier violación de la seguridad de los datos personales, incluidos los hechos relacionados con ella, sus efectos y las medidas correctivas adoptadas, dicha documentación permitirá a la autoridad de control verificar el cumplimiento de lo dispuesto en el artículo 33 del RGPD[735].

Para poder conocer si debe o no notificar, el responsable, con la ayuda de su delegado de protección de datos, en su caso, debe analizar el impacto de la violación de datos en las libertades y derechos de las personas (muy alta, alta, baja, improbable) y a partir de ahí valorar si debe comunicar a los afectados (si es alta o significativa o muy alta hay obligación de comunicar)

Comunicada la violación de seguridad a la AEPD pero no al interesado, la autoridad de control puede entender que es probable que brecha de seguridad entrañe un alto riesgo y, por tanto, **puede exigir al responsable que se lo comunique al interesado**, salvo que concurra una de las excepciones anteriores que eximen al responsable de informar al interesado.

La brecha de privacidad comporta una sanción conforme a la normativa de protección de datos personales; ahora bien, ya hay sentencias del Tribunal del Justicia de la Unión Europea (TJUE) que aclaran que una autoridad de control no está obligada a ejercer una facultad correctiva en todos los casos de incumplimiento y, en particular, imponer una multa, cuando de una brecha de seguridad se trata, básicamente si se han adoptado las medidas necesarias para mitigar y controlar los efectos y el impacto para los derechos y libertades de los interesados es bajo. En particular, cuando el responsable del tratamiento ya haya adoptado por su cuenta las medidas necesarias a su iniciativa[736].

---

735 Con el objetivo de ayudar en la obligación de notificar las brechas de datos personales a la autoridad de control, la AEPD ofrece indicaciones en la «Guía para la notificación de brechas de datos personales» (disponible aquí: https://www.aepd.es/guias/guia-brechas-seguridad.pdf) así como otros recursos en el apartado de innovación y tecnología (disponible aquí: https://www.aepd.es/areas-de-actuacion/innovacion-y-tecnologia#Brechas)

736 *Vid.*, STJUE (Sala Primera) de 26 de septiembre de 2024 (C-768/21) en el asunto *TR c. Land Hessen* [ECLI:EU:C:2024:785] («Los artículos 57, apartado 1, letras a) y f), 58, apartado 2, y 77, apartado 1, del Reglamento (UE) 2016/679 del Parlamento Europeo y del Consejo, de 27 de abril de 2016, relativo a la protección de las personas físicas en lo que respecta al tratamiento de datos personales y a la libre circulación de estos datos y por el que se deroga la Directiva 95/46/CE (Reglamento general de protección de datos), deben interpretarse en el sentido de que, en caso de que se constate una violación de la seguridad de datos personales, la autoridad de control no está obligada a adoptar una medida correctora, en particular una multa administrativa, en virtud del citado artículo 58, apartado 2, cuando tal intervención no sea adecuada, necesaria o proporcionada para subsanar la deficiencia constatada y garantizar el pleno respeto de dicho Reglamento»)

Al final de esta obra, como Anexo III, se recoge una guía de buenas prácticas para gestionar las brechas de protección datos y, en general, las brechas de seguridad.

II. TIPOLOGÍA DE BRECHAS DE SEGURIDAD MÁS COMUNES

Los tipos de brechas de seguridad más comunes y fáciles de identificar y clasificar son:

A. Violación de la confidencialidad

Se produce cuando partes no autorizadas, o que no tienen motivos legales para acceder a la información terminan accediendo a ésta. La gravedad de la pérdida de confidencialidad varía en función del alcance de la divulgación, es decir, el número y el tipo de partes que podrían haber accedido ilegalmente a la información.

B. Violación de la integridad

Ocurre cuando se altera la información original y los datos modificados podrían ser perjudiciales para el individuo. La situación más grave es cuando existe una seria posibilidad de que los datos alterados se hayan utilizado de manera que puedan perjudicar al individuo.

C. Violación de la disponibilidad

La consecuencia es que no se puede acceder a los datos originales cuando es necesario. Esto puede ser temporal (los datos son recuperables pero llevará tiempo, lo que podría ser perjudicial para el individuo), o permanente (los datos no pueden ser recuperados).

A continuación se recoge una tabla resumen:

Tipo de brecha	Descripción resumida	Ejemplos prácticos
Confidencialidad	Acceso o divulgación no autorizada de datos personales	Envío erróneo de un correo con datos personales a un destinatario no autorizado. Publicación de un listado de empleados con datos sensibles en una intranet pública. Acceso no autorizado de un empleado a historiales médicos

Tipo de brecha	Descripción resumida	Ejemplos prácticos
Integridad	Alteración no autorizada de los datos, comprometiendo su exactitud o fiabilidad	Manipulación accidental de registros de pagos Modificación por malware de información clínica Edición no registrada de datos contractuales en una aplicación de gestión
Disponibilidad	Imposibilidad de acceder a los datos cuando es necesario	Ataque de ransomware que bloquea el acceso a los datos. Fallo del servidor sin respaldo, con pérdida de información. Inaccesibilidad del sistema de gestión de citas sanitarias durante varios días

III. BREVE RECOPILACIÓN Y ESTUDIO DE CASO RELEVANTES

Los siguientes incidentes públicos ejemplifican la diversidad de impactos y respuestas ante incidentes de seguridad:

Caso *Radio Televisión Española*

La AEPD impuso a RTVE una multa de sesenta mil (70.000) euros por una infracción del art. 32 del RPGD en relación con los arts. 71 y 73 de la LOPDGDD. Los hechos que lo motivaron fueron el extravío de seis pendrives que contenía datos de unas once mil personas con datos personales de éstas, entre otros, de afiliación sindical, salud, infracciones penales o condenas[737].

Caso *Meta c. Irlanda.*

La Comisión de Protección de Datos de Irlanda (DPC) multa a Meta Ireland con 91 millones de euros por violaciones de (i) el artículo 33(1) del RGPD (ya que no notificó a la DPC una violación de datos personales relativa al almacenamiento de contraseñas de usuario en texto sin formato); (ii) el artículo 33(5) del RGPD (ya que no documentó las violaciones de datos personales relativas al almacenamiento de contraseñas de usuario en texto sin formato; (iii) el artículo 5(1)(f) del RGPD (ya que no utilizó medidas técnicas u organizativas adecuadas para garantizar la seguridad adecuada de las contraseñas de los usuarios contra el tratamiento no autorizado); y (iv) el artículo

---

737 *Cfr.*, Resolución de la AEPD de fecha 19 de noviembre de 2019, en el Procedimiento Sancionador número PS/00305/2019, asunto *RTVE*

32(1) del RGPD (porque no implementó medidas técnicas y organizativas apropiadas para garantizar un nivel de seguridad apropiado al riesgo, incluida la capacidad de garantizar la confidencialidad continua de las contraseñas de los usuarios).

Este asunto trae su origen en una brecha de seguridad con fuga de datos en 2019. En dicha fecha, Meta Ireland, notificó a la DPC que había almacenado inadvertidamente ciertas contraseñas de usuarios de redes sociales en «texto simple» en sus sistemas internos (es decir, sin protección criptográfica ni cifrado). La compañía también publicó información sobre este incidente en marzo de 2019. Y ello pese a que, según la compañía, estas contraseñas no se pusieron a disposición de terceros.

Con esta decisión la autoridad de protección de datos irlandesa refuerza la necesidad de adoptar dichas medidas cuando se almacenen las contraseñas de los usuarios.

Caso *Hospital Clínic de Barcelona* (marzo de 2023).

Un ransomware perpetrado por ciberdelincuentes colapsó los sistemas del mayor hospital catalán, bloqueando historias clínicas y servicios médicos durante días, lo que obligó a posponer cirugías y consultas. Se filtraron datos sanitarios sensibles de miles de pacientes. Este caso evidencia las devastadoras consecuencias de un ciberataque sobre infraestructuras críticas (en este caso, la salud) y plantea cuestiones de cumplimiento de la normativa de protección de datos (los hospitales son responsables del tratamiento de datos de salud bajo RGPD, debiendo notificar la brecha a la autoridad y a los afectados). La lección aquí es la necesidad de robustecer la seguridad en el sector sanitario, cumplir con estándares como el ENS o NIS2, y tener planes de contingencia para garantizar la continuidad de servicios esenciales.

Asunto *UI v Natsionalna agentsia za prihodite*.

El Tribunal de Justicia de la Unión Europea, en su sentencia de 14 de diciembre de 2023 (asunto C-340/21, *UI v Natsionalna agentsia za prihodite*), resolvió una cuestión prejudicial planteada por el Tribunal Administrativo Supremo de Bulgaria en relación con el alcance del derecho a obtener una indemnización por daño moral conforme al artículo 82 del RGPD.

La autoridad tributaria búlgara («NAP») sufrió en 2019 una brecha de seguridad que expuso datos personales de más de seis millones de ciudadanos. A raíz de ello, un afectado demandó a la agencia reclamando una indemnización por el mero temor subjetivo a un uso indebido futuro de sus datos personales, sin que se hubiera producido un perjuicio material concreto.

El Tribunal declaró que la mera infracción del RGPD no genera automáticamente un derecho a indemnización. Ahora bien, se puede reconocer la existencia de daño moral indemnizable cuando el afectado haya sufrido una angustia o temor razonables ante la posibilidad de uso indebido de sus datos, incluso si dicho uso no se ha materializado todavía. Corresponde a los tribunales nacionales valorar la prueba del daño y su gravedad, sin exigir un umbral mínimo.

Lo más relevante del caso es que a través de ella, el TJUE refuerza la importancia de la gestión proactiva de brechas de seguridad, especialmente en términos de notificación, comunicación y mitigación, ya que el riesgo de responsabilidad civil por daños morales se amplía notablemente. Es también un aviso a autoridades públicas y grandes responsables de tratamiento que gestionan datos en volumen o de alta sensibilidad.

Para delegados de protección de datos, responsables y encargados del tratamiento, esta sentencia exige revisar: (i) los procedimientos de respuesta y documentación de brechas (art. 33 RGPD); (ii) los modelos de análisis de impacto jurídico tras incidentes; y (iii) las estrategias de comunicación transparente con los afectados para limitar la exposición reputacional y legal.

Caso *Telefónica* (enero de 2025).

La multinacional española de telecomunicaciones sufrió el robo de 2.3 GB de datos internos en enero de 2025, si bien afirmó que no se vieron afectados datos de clientes . Este incidente, aunque de menor impacto al no implicar información de clientes, demuestra que las grandes empresas siguen siendo objetivo permanente de atacantes sofisticados. Telefónica, tras el famoso ataque WannaCry de 2017, ha reforzado enormemente su ciberseguridad; sin embargo, la recurrente materialización de incidentes destaca la importancia de la actualización continua de medidas de seguridad, la formación en ciberhigiene para empleados (para prevenir phishing u otras brechas originadas en el factor humano) y la necesidad de ciber-resiliencia corporativa. Para la monografía, este caso permite discutir la responsabilidad proactiva de las compañías en proteger los datos que manejan (principio "accountability" del RGPD y deberes de seguridad del art. 32 RGPD), así como la gestión de incidentes siguiendo estándares (comunicación temprana, investigación forense, medidas de contención y remediación)

Caso *Ministerio de Defensa* (enero de 2025).

En un incidente sin precedentes, se expusieron datos personales de 180.000 miembros de las Fuerzas Armadas y Guardia Civil debido a una brecha en sistemas del Ministerio. La información comprometida incluía identidades y destinos del personal, con potencial riesgo para la seguridad nacional. Este caso subraya que incluso organismos estatales altamente sensibles pueden ser vulnerables, y refuerza la exigencia de la nueva Ley de Ciberseguridad de proteger mejor las administraciones públicas. También pone de relieve la importancia de cifrar y segmentar los datos críticos, y de gestionar accesos de forma estricta (principio de mínimo privilegio).

Estos casos muestran que ninguna entidad está exenta de riesgos y que la gestión eficaz de incidentes exige una preparación técnica, organizativa y jurídica integral, capaz de conjugar la resiliencia operativa con la protección de derechos fundamentales.

Capítulo 20

CIBERDELINCUENCIA Y DELITOS TECNOLÓGICOS

La ciberdelincuencia representa uno de los principales desafíos jurídicos de la sociedad digital contemporánea. Su expansión ha sido paralela al crecimiento del uso de datos personales, los servicios en la nube, el comercio electrónico y la interconectividad generalizada. Los delitos tecnológicos, que inicialmente se limitaban al ámbito del fraude y la intrusión, abarcan hoy conductas altamente sofisticadas, cometidas por redes criminales transnacionales, con graves consecuencias para los derechos fundamentales, la economía y la seguridad nacional.

I. LOS «CIBERDELITOS»

La ciberseguridad se basa, en síntesis, en la prevención y contención de los ciberataques, así como la mitigación de sus consecuencias una vez ocurridos éstos. Un «**ciberataque**» es una acción criminal tanto directamente sobre un sistema informático cuanto un ilícito cometido a través de la tecnología. Es decir, la tecnología puede ser no sólo el bien jurídico protegido por el Derecho, como objetivo de la acción antijurídica, sino que también concurre como elemento esencial —medio— para el logro del objetivo de un objetivo antijurídico que afecta derechos civiles, administrativos o penales (y que con frecuencia se denomina para cualquier ámbito como «ciberdelito»). Para que la ciberseguridad tenga éxito, es pues, esencial identificar los posibles ataques y riesgos asociados a ellos de cara a prevenirlos y, una vez ocurridos, mitigarlos.

La acción antijurídica puede afectar a cualquier ámbito del Derecho (e.g. atentados contra el honor, la imagen o la intimidad —datos personales—, etc.). En los casos que se trate de crímenes o delitos —Derecho penal— típicamente se denominará rigurosamente «**ciberdelito**» (delito cometido a través de redes informáticas), no debiendo, así, aplicarse para una vulneración de derechos civiles o administrativos. Sin embargo, el uso de este término se ha extendido para nombrar de manera genérica cualquier acción antijurídica cometida a través de internet y sin perjuicio de la calificación jurídica que luego merezca ésta en la eventual investigación o reprobación que se desencadene.

La identificación y descripción de todos los ciberataques que en la práctica pueden tener lugar es una tarea altamente compleja, fundamentalmente porque los «ciberdelincuentes» trabajan constantemente en desarrollar nuevos programas y vías de acceso a los sistemas informáticos, superando las medidas de seguridad, en la continua lucha que desde siempre ha existido entre criminales y fuerzas de seguridad.

No obstante, seleccionando los más frecuentes, éstos se pueden reunir en torno a **dos grupos: (i) aquéllos cuyo objetivo es el sistema informático** (es el bien jurídico protegido), como el «Ransomware»[738], el «Advanced Persistent Threat» («APT» por sus siglas en inglés[739]), el «Distributed Denial of Service» («DDOS» por sus siglas en inglés[740]) o el «Defacement»[741] y **(ii) aquéllos que responden a conductas antijurídicas, de sobra ya conocidas, que se cometen empleando la**

---

738 El ransomware es un término que proviene de la conjunción de dos términos ingleses: «ransom» (rescate) y «software» (programa de ordenador) es un malware (que proviene a su vez de la unión de los vocablos «malicious» —malo— y software —programa de ordenador—). Describe aquel ciberataque en el que un programa malicioso cuyo objetivo es infiltrarse en un sistema informático de una compañía para dañarlos, cifrarlos, bloquearlos y/o capturarlos, para luego solicitar un rescate (generalmente pagadero a través de criptomonedas) por ellos. Existen diferentes tipos de ransomware en función de la manera de actuar y los activos e infraestructura sobre los que opera, así se puede hablar de aquéllos que cifran los archivos en el sistema, en red, en la nuble, etc. (criptoware) o aquellos que secuestran el ordenador (que queda en manos del ciberdelincuente). Este malware se camufla dentro de otros programas o aplicaciones usadas frecuentemente (archivos adjuntos en emails, links, videos, actualizaciones, etc.) con intención de que la víctima haga clic para, mediante programas autoejecutables que incorporan, infecten el sistema. El ransomware es probablemente el ciberdelito por excelencia fruto del «éxito» que ha tenido los últimos años lo que le ha llevado a desarrollarse y mejorarse continuamente, diseñando este tipo de malware para infectar dispositivos conectados a Internet (denominado «Ransomware of Thing»s-«RoT»).

739 En español, «amenaza avanzada persistente». Se trata de un ataque dirigido contra una entidad concreta (la víctima) por pare de un atacante altamente capacitado (a nivel técnico, económico y de capital humano), a través de una combinación de diferentes sistemas de ataque (cibernético, físico y de ingeniería social), con el objetivo de infiltrarse y expandirse en el sistema de la víctima y sustraer información sensible o perjudicar los procesos críticos de la organización de forma continuada en el tiempo. En este tipo de ataques se emplean técnicas muy sofisticadas y complejas (incluso vulnerabilidades desconocidas —denominadas «día 0»—) de tal forma que los protocolos de seguridad habituales no responden ante tal ataque y los sistemas de protección (cortafuegos, ids/ips, antivirus, etc.) resultan insuficientes para detectar y repeler un apt.

740 «Ataque de Denegación de Servicio» en español, consiste básicamente en lograr que un sistema informático de una organización «caiga» mediante su colapso a través un ingente y continuo uso de estos (por parte de una red de equipos informáticos fantasma, previamente capturados) que satura el sistema sin que pueda disponerse de éste. El ciberdelincuente busca extorsionar a la víctima con ello.

741 También denominado «suplantación o modificación web», consiste en la alteración de una página web mediante la alteración del código fuente de una página web para reflejar algún mensaje de protesta en la web (asaltándola), instalar un *malware* en el navegador de un equipo o usarlo como tapadera de un negocio criminal.

tecnología como medio, como, por ejemplo, el «Phising»[742], el «Data Breach»[743], la «suplantación de identidad»[744] o el «Whaling Attack» («Fraude del CEO»[745]) y que no son más que delitos (e.g. de estafa —art. 248 y ss. CP—) cometidos a través de la tecnología.

Gran parte de los ciberataques a los dispositivos electrónicos se producen en virtud de técnicas de ***hacking,*** como aquéllas que tratan de «craquear» —***cracking***— la contraseña de un dispositivo para acceder a la información que contiene mediante fuerza bruta —*exhaustive key search*—. Junto con éstos, también son especialmente relevantes en los ciberataques basado en el uso de «virus informáticos», un *malware* (creado a partir de «herramientas maliciosas») que coadyuva a la comisión de ciberdelitos de todo tipo y clase (e.g. el *ransomware*).

Siguiendo a la compañía KASPERSKY, podemos clasificar los **virus** en **(i)** aquéllos capaces de **auto-replicarse** en los sistemas a través de redes de computadoras

---

742 El *Phising* («pescando») es, junto con el *Ransomware*, los dos ciberataques más frecuentes. Consiste en suplantar la identidad de un sitio web o una compañía con objeto de lograr que la victima, en la confianza que tiene a tal sitio web o compañía, entregue información suya crítica (como los datos de la tarjeta bancaria o las contraseñas de portales y páginas web). El ejemplo clásico por excelencia es aquél en el que nos llega un mensaje de una compañía de transportes en la que se nos solicita hacer clic en una url adjunta al mensaje para abonar unas supuestas tasas aduaneras para que llegue el paquete que hemos comprado (cuando realmente no hemos comprado nada). Si se logra que la víctima haga clic, automáticamente se le redirige a una plataforma de pago en donde introducir los datos de la tarjeta de crédito. Como este hay otros muchos ejemplos en los que se «pesca» información del usuario (médica, contraseñas, etc.) mediante la remisión de un email con un archivo adjunto autoejecutable (generalmente una factura).

743 La «fuga de información» consiste en una filtración de información deliberada —*data leak*— o involuntaria —*data breach*— a un tercero que no debería acceder a ella y que tiene capacidad para explotarla (v. gr., un medio de comunicación). Puede ocurrir tanto porque los administradores y/o empleados no observen las normas de la organización y la filtren o porque, observándola, caigan en la trampa de ese tercero o los sistemas no sean robustos frente a un ataque.

744 Existe múltiples variantes. En términos generales consiste en una persona que se hace pasar por otra en el marco de un sistema de información, engañando al elemento (personal o tecnológico) encargado de verificar la identidad de esta persona. Ello se logra bien mediante la aportación de información personal y relevante del suplantado (como el dni, datos familiares, fecha de nacimiento, etc.) o bien mediante alteración de sistemas biométricos (huella, reconocimiento facial, etc.).

745 También conocido como «bec Attack» (*Business Email Compromise*). Es una variante cualificada de la suplantación de identidad en donde se combinan el email y la ingeniería social para incitar a un empleado —victima— a realizar algún tipo de operación sensible en interés de los atacantes de tal forma que activos y/o recursos (financieros, económicos, información, etc.) queden en poder del ciberdelincuente. La víctima al recibir el email del ceo (en el que le pide unos datos sensibles o una transacción financiera —como el pago de una factura—) se sugestiona y auto presiona por el rango de la persona que le solicita la transacción.

sin conocimiento del usuario («virus» y «gusanos»[746]), **(ii)** aquellos programas que infectan los equipos bajo las órdenes de quien los dirige (**«troyanos»**[747]), **(iii)** los «empaquetadores sospechosos» —**«Packers»**[748], **(iv)** **«Adware»**[749], **(v)**

---

746 Un gusano hace múltiples copias de sí mismo que luego se propagan por la red o a través de una conexión a Internet. Estas copias infectarán todos los ordenadores y servidores no protegidos adecuadamente que se conecten (a través de la red o Internet) al dispositivo infectado originalmente. La principal diferencia entre un virus y un gusano es que los virus deben ser desencadenados por la interacción del host/víctima con el archivo infectado. En cambio, los gusanos son programas maliciosos autónomos que pueden autorreplicarse y propagarse de forma independiente en cuanto irrumpen en el sistema. En resumen, los gusanos no requieren activación (ni intervención humana alguna) para ejecutarse o propagar su código por el sistema. La diferencia entre un software malicioso y un virus es que software malicioso es el término oficial utilizado para describir cualquier fragmento de código malicioso (como un gusano o un virus) diseñado para infectar y hacer daño en el sistema informático de otra persona, independientemente de cómo ataque a los archivos de la víctima o de cómo se infiltre en el sistema. *Vid.*, KASPERSKY, « ¿Cuál es la diferencia entre un virus y un gusano?», disponible en https://www.kaspersky.es/resource-center/threats/computer-viruses-vs-worms# [13 de septiembre de 2024]

747 Los troyanos son programas maliciosos que realizan acciones no autorizadas por el usuario: eliminan, bloquean, modifican o copian datos, y alteran el funcionamiento de los equipos y las redes de computadoras. A diferencia de los virus y los gusanos, las amenazas que entran en esta categoría son incapaces de auto-replicarse. Los troyanos se clasifican según el tipo de acción que realizan en un equipo infectado. Las subclases incluyen los siguientes comportamientos: Backdoor, Exploit, Rootkit, Troyano, Trojan-ArcBomb, Trojan-Banker, Trojan-Clicker, Trojan-DDoS, Trojan-Downloader, Trojan-Dropper, Trojan-FakeAV, Trojan-GameThief, Trojan-IM, Trojan-Mailfinder, Trojan-Notifier, Trojan-Proxy, Trojan-PSW, Trojan-Ransom, Trojan-SMS, Trojan-Spy. *Vid.*, «Encyclopedia by Karspersky», disponible en https://encyclopedia.kaspersky.es

748 Son programas maliciosos frecuentemente son comprimidos —o empaquetados— usando una variedad de métodos, que se combinan con el cifrado de archivos a fin de evitar las técnicas de ingeniería inversa y dificultar los análisis de comportamiento mediante los métodos proactivos y heurísticos. Las principales características que diferencian las subclases de "Packers" son el tipo y el número de empaquetadores utilizados en el proceso de compresión de archivos. Estas subclases de malware incluyen las siguientes categorias: MultiPacked, RarePacker, Suspicious Packer. Ibídem.

749 El adware, también conocido como software publicitario, genera ingresos para sus desarrolladores mostrando anuncios en tu pantalla de forma automática, en general, dentro de un navegador web. El adware suele crearse para computadoras, pero también puede encontrarse en dispositivos móviles. Algunas formas de adware son muy manipuladoras y habilitan una puerta abierta para los programas maliciosos. Indicios de que una computadora está infectada con adware: (i) cambio inesperado en la página de inicio de tu navegador web, (ii) las páginas web que visitas no se muestran correctamente, (iii) sensación abrumadora debido a anuncios emergentes, a veces incluso cuando no se navega por Internet, (iv) problemas de rendimiento, (v) fallas en el dispositivo, (vi) reducción de la velocidad de Internet, (vii) búsquedas en Internet redirigidas, (viii) aparición aleatoria de una nueva barra de herramientas o complemento del navegador. *Vid.*, KASPERSKY, «¿Qué es el adware? Definición y explicación», disponible en https://latam.kaspersky.com/resource-center/threats/adware# [13 de septiembre de 2024]

«Riskware»[750], **(vi) «Pornware»**[751] o **(vii) «Jokes»**[752]. Los troyanos son probablemente los virus más peligrosos y dañinos ya que permiten espiar y controlar el equipo —«Spyware»[753], «Backdoors»[754], «Exploits»[755]—, secuestrar equipos y datos —«Ransomware»—, ocultar ciertos objetos o actividades del sistema

---

750 Riskware es el nombre que se asigna a programas legítimos que pueden causar daño si son aprovechados por usuarios maliciosos para eliminar, bloquear, modificar o copiar datos, así como para alterar el rendimiento de computadoras o redes. El riskware puede incluir cualquiera de los siguientes comportamientos: IRC de cliente, P2P de cliente, SMTP de cliente, Marcador, Descargador, Herramienta de fraude, Monitor, NetTool, PSWTool, RemoteAdmin, RiskTool, FTP de servidor, Proxy de servidor, Telnet de servidor, Web de servidor, WebToolbar. *Vid.*, KASPERSKY, «¿Qué es el riskware?», disponible en https://latam.kaspersky.com/resource-center/threats/riskware [13-9-24]

751 Pornware es el nombre con el que se conoce una clase de programas que muestran material pornográfico en un dispositivo. Además de los programas que algunos usuarios puedan instalar deliberadamente en sus computadoras y dispositivos móviles (para buscar y mostrar material pornográfico), el pornware también incluye programas que se instalan maliciosamente sin que el usuario tenga conocimiento de su presencia. A menudo, el propósito del pornware no solicitado es publicitar sitios web y servicios pornográficos basados en tarifas. *Vid.*, KASPERSKY, «¿Qué es el pornware?», disponible en https://latam.kaspersky.com/resource-center/threats/pornware# [13-9-24]

752 Que no son realmente un malware o un tipo de virus. Los Jokes son programas, en principio inofensivos, que simula el comportamiento de un virus informático en nuestro ordenador para hacernos creer que estamos infectado. Su objetivo no es atacar, sino gastar una broma a los usuarios, haciéndoles creer que están infectados por un virus y que se están poniendo de manifiesto sus efectos. Aunque su actividad llega a ser molesta, no producen realmente efectos perjudiciales o dañinos como un verdadero virus.

753 Aunque no está absolutamente claro cómo se puede definir, el spyware es un software diseñado para recopilar datos de un ordenador u otro dispositivo y reenviarlos a un tercero sin el conocimiento o consentimiento del usuario. Esto a menudo incluye la recopilación de datos confidenciales (como contraseñas, números PIN y números de tarjetas de crédito), la supervisión de las pulsaciones de teclas, el rastreo de los hábitos de navegación y la recopilación de direcciones de correo electrónico. Además de todo esto, estas actividades también afectan el rendimiento de la red, al ralentizar el sistema y afectar a todo el proceso empresarial. Generalmente se clasifican en cuatro categorías principales: troyanos, adware, cookies de rastreo y supervisores de sistema. *Vid.*, KASPERSKY, «Spyware: ¿Qué es y cómo protegerse?», disponible en https://latam.kaspersky.com/resource-center/threats/spyware# [13-9-24]

754 Un troyano backdoor (de puerta trasera) proporciona el control remoto del ordenador infectado a los ciberdelincuentes. Estos troyanos permiten al ciberdelincuente hacer todo lo que desee en el ordenador infectado, como enviar, recibir, iniciar y eliminar archivos, mostrar datos y reiniciar el ordenador. *Vid.*, «Encyclopedia by Karspersky», disponible en https://encyclopedia.kaspersky.es

755 Los exploits son un tipo de malware. Se trata de programas maliciosos que contienen datos o códigos ejecutables, que se aprovechan de las vulnerabilidades del software ejecutado en un equipo local o remoto. *Vid.*, KASPERSKY, «¿Qué son los exploits y por qué son una amenaza?», disponible en https://www.kaspersky.es/blog/exploits-problem-explanation/6520/#:~:text=Los%20exploits%20son%20un%20tipo,un%20equipo%20local%20o%20remoto. [13-9-24]

—«Rootkits»—[756]. Aunque hay muchos tipos de ciberdelitos y cada vez surgen más[757].

II. PERSECUCIÓN TRANSNACIONAL: EL CONVENIO DE BUDAPEST

La dimensión global de internet hace que muchos delitos tecnológicos tengan carácter transnacional. La mayoría de los ciberataques son planificados o ejecutados desde jurisdicciones distintas a las de sus víctimas, lo que genera graves problemas de competencia, obtención de pruebas y cooperación.

El Convenio sobre la Ciberdelincuencia del Consejo de Europa (Convenio de Budapest, 2001), ratificado por España, constituye el primer y más relevante tratado internacional en esta materia. Entre sus principales aportaciones destacan (i) la tipificación mínima de delitos (acceso ilícito, interferencia en sistemas y datos, abuso de dispositivos, falsedad y fraude informático, contenidos ilegales, entre otros); (ii) la aplicación de medidas procesales: (conservación rápida de datos, producción de registros, incautación de equipos y acceso remoto a datos almacenados); y (iii) la cooperación internacional (establece procedimientos de asistencia judicial recíproca y redes de puntos de contacto 24/7 para emergencias).

Este tratado ha sido complementado por Protocolos Adicionales, como el relativo a la xenofobia y racismo en línea. Actualmente se estudian nuevos convenios multilaterales como el de Naciones Unidas sobre cibercrimen.

---

756 Un rootkit es un tipo de software malicioso diseñado para darle a un hacker la capacidad de introducirse en un dispositivo y hacerse con el control del mismo. Por lo general, los rootkits afectan el software o el sistema operativo del dispositivo que infectan, pero algunos pueden actuar sobre su hardware o firmware. Los rootkits operan en segundo plano, sin dar muestras de que están activos. *Vid.*, KASPERSKY, «Qué es un rootkit: definición y explicación», disponible en https://latam.kaspersky.com/resource-center/definitions/what-is-rootkit# [13-9-24]

757 Otros ciberdelitos son: fraude por correo electrónico e Internet; fraude de identidad (en caso de robo y uso de información personal); robo de datos financieros o de pagos con tarjetas; robo y venta de datos corporativos; ciberextorsión (exigir dinero para evitar un ataque bajo amenaza).
Ataques de ransomware (un tipo de ciberextorsión); cryptojacking (por medio del cual los hackers realizan la minería de criptomonedas usando recursos que no son propios); ciberespionaje (en el que los hackers acceden a los datos gubernamentales o empresariales); interferir con los sistemas de forma que pueda poner en peligro la red; infracción de copyright; apuestas ilegales.
Venta online de artículos ilegales; o solicitar, producir o poseer pornografía infantil.

III. PROBLEMÁTICA PROBATORIA Y JURISDICCIÓN

La persecución penal de la ciberdelincuencia enfrenta retos técnicos y jurídicos específicos. Entre ellos, destacamos los siguientes:

A. Prueba digital

Las pruebas en este ámbito se caracterizan por su volatilidad, y su facilidad de manipulación así como por su dispersión. Su obtención debe respetar la cadena de custodia, los derechos fundamentales y la legislación sobre protección de datos.

B. Pruebas transfronterizas

Muchas veces los servidores, dispositivos o registros están en terceros países. Se requiere auxilio judicial internacional o mecanismos como la Orden Europea de Investigación (OEI), tratados de asistencia mutua o marcos de cooperación con proveedores (MLAT, Cloud Act).

C. Jurisdicción múltiple

Un mismo hecho puede ser perseguido en varios países o en ninguno, generando problemas de *forum shopping* o impunidad. Es necesario aplicar principios de territorialidad, nacionalidad activa/pasiva y afectación a intereses esenciales.

D. Autoría

Existe en este campo una evidente dificultad en la atribución de la autoría. Un facto relevante que lo complica todo es la anonimización; así como el uso de técnicas como las VPNs, la suplantación de identidad o el cifrado dificultan la identificación del autor. A menudo, las investigaciones dependen de metadatos o colaboración con proveedores de servicios.

E. Conflicto normativo

En ocasiones, la obtención o tratamiento de la prueba puede entrar en conflicto con normas de privacidad (por ejemplo, la doctrina del Tribunal de Justicia de la UE en casos como *Digital Rights Ireland*[758], *Schrems II*[759], o el asunto *La Quadrature du Net*[760]).

En definitiva, la respuesta penal a la ciberdelincuencia requiere no solo herramientas jurídicas modernas, sino una sólida cooperación internacional, el refuerzo de capacidades técnicas y una interpretación respetuosa con los derechos fundamentales en juego, especialmente la protección de datos personales.

758 *Vid.*, *Digital Rights Ireland Ltd v Minister for Communications, Marine and Natural Resources* (C-293/12 y C-594/12), sentencia del Tribunal de Justicia de la Unión Europea (Gran Sala) de 8 de abril de 2014. Versó sobre dos organizaciones —Digital Rights Ireland y un grupo de ciudadanos austríacos— que impugnaron la Directiva 2006/24/CE de retención de datos por presuponer una conservación indiscriminada y generalizada del tráfico y localización de comunicaciones electrónicas de todos los ciudadanos, sin limitación ni control judicial previo. El TJUE declaró inválida la Directiva. Consideró que vulneraba los derechos fundamentales a la privacidad y la protección de datos (artículos 7 y 8 de la Carta de Derechos de la UE), especialmente por la duración excesiva (6-24 meses) y la falta de salvaguardas y garantías proporcionadas frente a abusos. La relevancia de esta resolución pasa por sentar jurisprudencia sobre los límites de la conservación masiva de datos y reforzó los estándares mínimos de proporcionalidad y control judicial en materia de privacidad electrónica.

759 *Vid.*, *Data Protection Commissioner v Facebook Ireland and Maximillian* Schrems (C-311/18 «Schrems II»), TJUE, 16 de julio de 2020. El Sr. Schrems solicitó la invalidación del «Privacy Shield», el acuerdo marco que permitía la transferencia de datos personales entre la UE y Estados Unidos, debido a las carencias en protecciones frente al acceso masivo por parte de agencias de inteligencia estadounidenses. La ONG La *Quadrature du Net* amplió el litigio también en Francia. El TJUE anuló el Privacy Shield por no garantizar protección jurídica efectiva frente a la vigilancia de EE. UU. No obstante, mantuvo válidas las Cláusulas Contractuales Tipo (SCC), aunque exigió evaluaciones caso por caso sobre si el destino ofrecía un nivel adecuado de protección. La clave de esta resolución es que se reforzó la responsabilidad de los responsables de transferencias internacionales de datos y estableció exigencias de análisis y documentación exhaustivos para su legitimidad

760 *Vid.*, *La Quadrature du Net and Others v Conseil d'État* (C-511/18), TJUE, septiembre de 2020. La ONG francesa La *Quadrature du Net* impugnó normas nacionales que obligaban a los proveedores de comunicaciones a conservar grandes cantidades de datos para permitir la detección de actividades terroristas, alegando que vulneraban la Directiva e-Privacy 2002/58/CE. El TJUE reafirmó que la retención de datos indiscriminada infringía la privacidad (art. 7) y la protección de datos (art. 8) de la Carta, así como la libertad de expresión (art. 11). Se exigió proporcionalidad estricta, limitación precisa del alcance y control judicial previo para salvaguardar derechos fundamentales. Con esta sentencia el TJUE amplió los límites al uso de datos cautivos sin un propósito específico, consolidando criterios sobre proporcionalidad y control judicial para salvaguardar derechos fundamentales.

Capítulo 21

GOBERNANZA DE LA CIBERSEGURIDAD Y RESILIENCIA ORGANIZACIONAL

La ciberseguridad eficaz no depende únicamente de la tecnología, sino de la existencia de una estructura organizativa sólida, una cultura interna de seguridad y una capacidad operativa para anticipar, responder y recuperarse ante incidentes. La gobernanza de la ciberseguridad implica la definición clara de responsabilidades, la asignación de recursos, la supervisión continua y el compromiso estratégico de la dirección. Por su parte, la resiliencia organizacional exige que las entidades sean capaces no solo de resistir ciberincidentes, sino de recuperarse de ellos con rapidez y preservar la continuidad de sus funciones esenciales.

I. CSIRTS, CISO Y CULTURA DE SEGURIDAD

En el centro de la gobernanza operativa se encuentran tres pilares fundamentales:

i. **CSIRT (*Computer Security Incident Response Team*):** equipos especializados en la detección, análisis, contención, mitigación y recuperación ante incidentes de ciberseguridad. Pueden ser internos o externos, sectoriales o nacionales (como el CCN-CERT o INCIBE-CERT). Su rol es clave para responder de forma coordinada y rápida ante cualquier violación de seguridad.

ii. **CISO (*Chief Information Security Officer*):** figura directiva responsable de la estrategia, planificación y supervisión de la seguridad de la información en la organización. Debe coordinarse con el Delegado de Protección de Datos (DPO) cuando se trate de incidentes que afecten a datos personales. El CISO lidera la implementación de políticas, auditorías, pruebas de penetración y el seguimiento de indicadores de seguridad.

iii. **Cultura de seguridad**: una organización resiliente es aquella que ha interiorizado la ciberseguridad como valor compartido. Esto exige una implicación activa de la alta dirección, protocolos claros y formación continua. La concienciación del personal es el primer muro de defensa ante ataques como el phishing o los errores operativos.

II. GESTIÓN DE RIESGOS Y CONTINUIDAD DE NEGOCIO

La gobernanza no es efectiva sin una adecuada gestión de riesgos. Esta comienza con la identificación de los activos críticos, la evaluación de amenazas y vulnerabilidades, y el análisis del impacto potencial. A partir de ahí, se diseñan planes de mitigación, controles técnicos y organizativos, y protocolos de respuesta.

La continuidad de negocio (BCP) y los planes de recuperación ante desastres (DRP) son esenciales para asegurar que los servicios críticos puedan mantenerse o restablecerse tras un ciberincidente.

Estos planes deben:

i. Definir funciones esenciales y tiempos máximos de recuperación (RTO);

ii. Establecer backups actualizados y sistemas redundantes;

iii. Incorporar simulacros periódicos y revisión continua;

iv. Estar alineados con las obligaciones de notificación y responsabilidad proactiva del RGPD.

La ciberresiliencia no solo busca evitar fallos, sino también absorber, adaptarse y recuperarse con rapidez y eficacia cuando los fallos se materializan.

III. CIBERSEGUROS, FORMACIÓN Y POLÍTICAS INTERNAS

Un enfoque integral de la gobernanza debe incluir:

i. **Ciberseguros:** pólizas específicas que cubren los costes derivados de ciberincidentes (peritajes, asistencia técnica, notificaciones, demandas, etc.). Aunque no sustituyen a las medidas preventivas, pueden resultar fundamentales para gestionar el impacto financiero de una brecha. Es clave revisar sus coberturas, exclusiones y obligaciones de notificación temprana.

ii. **Formación y sensibilización:** todos los empleados deben recibir formación adecuada y actualizada sobre buenas prácticas, amenazas comunes y su papel en la protección de la información. Esta formación debe adaptarse a los distintos roles y repetirse periódicamente. Una plantilla formada reduce el riesgo de incidentes por negligencia o ingeniería social.

iii. **Políticas internas de seguridad:** deben incluir protocolos de acceso, uso aceptable de dispositivos y redes, gestión de contraseñas, tratamiento de soportes físicos y digitales, uso de dispositivos móviles, y respuesta ante incidentes. Estas políticas deben estar escritas, aprobadas, comunicadas y monitorizadas regularmente. Deben alinearse con el RGPD, el ENS y, si procede, con DORA o NIS2.

Una organización que define claramente su estructura de gobernanza, invierte en formación y dispone de mecanismos de continuidad y respuesta está en mejores condiciones para cumplir con su deber de diligencia, preservar la confianza de sus usuarios y proteger los datos que gestiona. La resiliencia no es un estado, sino un proceso continuo de adaptación y mejora.

PARTE III

INTELIGENCIA ARTIFICIAL Y PROTECCIÓN DE DERECHOS

Capítulo 22

FUNDAMENTOS DE LA IA Y SU RELACIÓN CON LOS DATOS

I. PRIVACIDAD, DATOS E INTELIGENCIA ARTIFICIAL: FUNDAMENTOS BÁSICOS

Este capítulo pretende ser una mera introducción a lo que en próximas ediciones estoy seguro que ocupará buena parte de esta obra: la Inteligencia Artificial («IA») y su relación con la privacidad y protección de datos. En la actualidad, las máquinas ya tratan datos personales fundamentalmente con la intención de aprender más sobre nosotros y sobre ellas mismas —*machine learning*—. Para ello, requieren de datos que alguien les tiene que proporcionar. Típicamente éste será el responsable o el encargado del tratamiento por lo que hasta aquí, serán a éstos a los que se le deban pedir las responsabilidades y garantías de estos tratamientos de datos. Pero ¿qué ocurre con aquellas máquinas inteligentes, más allá del «*simple*» *machine learning* que son capaces de realizar tareas para las que no estaban programadas, resultado de su capacidad de aprendizaje y su interacción con el entorno? ¿Es responsable de estos tratamientos el responsable o el encargado cuyos fines nada tienen que ver con los que la máquina ha determinado para sus datos? Esta cuestión no está regulada en la normativa vigente y todavía no sabemos cómo gestionarlo. Lo que tenemos claro es que éstas y otras preguntas llegarán más pronto que tarde y nos tendremos que enfrentar a ellas sin posibilidad de esquivarlas.

Entre tanto, nuestro regulador, la AEPD, ha emitido una **Guía para la «*Adecuación al RGPD de tratamientos que incorporan Inteligencia Artificial. Una introducción*»**[761] más que aportando soluciones, iniciando un largo camino que debe recorrer a futuro. La dimensión de la guía (53 páginas) no permite realizar un estudio exhaustivo en esta obra cuyo fin es ser asequible y divulgativa para todo tipo de perfiles, pero si resaltaremos algunas de las cuestiones más destacables de ésta. En esta misma línea el CEPD ha emitido una también un informe, si bien enfocado al uso de una concreta IA (ChatGPT), con resultados no concluyentes

---

761 *Vid.*, Agencia Española de Protección de Datos (AEPD), «Adecuación al RGPD de tratamientos que incorporan Inteligencia Artificial. Una introducción», Febrero de 2020, disponible en https://www.aepd.es/sites/default/files/2020-02/adecuacion-RGPD-ia.pdf

en donde analiza el impacto de dicha tecnología respecto de los fundamentos de la protección de datos[762].

Lo más relevante es que la guía se centra única y exclusivamente en la denominada «*IA débil*»[763], dejando fuera de su estudio los grados superiores como la «*IA general*» —así lo define la guía— y la IA fuerte. Esta circunstancia no es badalí puesto que los problemas que verdaderamente plantea la IA en relación con el tratamiento de datos personales están relacionados con la ia fuerte y no con la débil.

Ello porque la principal diferencia entre una y otra es que en la IA débil, las máquinas son capaces de realizar tareas que requieren mucha capacidad de procesamiento —fuerza bruta en muchos casos—, pero cuyo proceso de trabajo están siempre acotado y limitado por los parámetros establecidos por el responsable del sistema de tal forma que la IA no aprende ni lleva a situaciones no previstas. En estos casos, desde el punto de vista de la protección de datos personales, las conclusiones son sencillas y evidentes: se debe recordar a los responsables y encargados su labor en el cumplimiento de la normativa de protección de datos porque en estos casos serán ellos los únicos responsables.

Los verdaderos problemas se plantean con la IA fuerte o aquélla en la que el sistema inteligente supera el marco en el que fue creada o programada por su autor y llega a realizar tratamientos —y conforme a unos fines— que nada tienen que ver con los que en su día el responsable o encargado estipuló para recopilar los datos y —más complicado aún— que nunca pudo prever.

¿Cómo se determinan los tratamientos lícitos en estos casos? No lo sabemos. Conforme al actual RGPD y LOPDGDD estos tratamientos serían contrarios a la normativa y por tanto ilícitos. Así las cosas, deberíamos partir de la prohibición del uso de IA fuertes que impliquen tratamientos de datos personales y, sobre todo, datos sensibles del art. 9 del RGPD y datos sobre materia penal del art. 10 del RGPD. A una conclusión parecida parece haber llegado la ue en materia de reconocimiento facial, considerando prohibirla durante un tiempo (cinco años estiman) hasta que logren conocer mejor cómo funciona y qué impacto puede tener sobre la protección de datos[764].

---

762 *Vid.*, CEPD, «Report of the work undertaken by the ChatGPT Taskforce» 23 May 2024, disponible en https://www.edpb.europa.eu/system/files/2024-05/edpb_20240523_report_chatgpt_taskforce_en.pdf

763 *Ibíd.*, pág., 5

764 *Vid.*, RAMOS, David, «A fondo: ¿Por qué recela la UE del reconocimiento facial?, *Silicon.es*, 29 de enero de 2020, disponible en https://www.silicon.es/a-fondo-veto-ue-reconocimiento-facial-2411480 [fecha de la última consulta: 16 de febrero de 2020].

No obstante, la UE y la AEPD, son conscientes de la importancia de estas tecnologías para el desarrollo social en todos los ámbitos, por lo que en muchos casos la adecuación pasará por un juicio de valor sobre los equilibrios de los intereses en juego. Así, en el caso del *machine learning*, la guía propugna «*balancear la necesidad de datos para el entrenamiento de los sistemas con los riesgos para los derechos y libertades de los interesados*» y también «*escuchar a los expertos con conocimiento sobre los principios de protección de datos, especialistas en la lógica de negocio y al delegado de protección de datos cuando esté designado*». Y pone un ejemplo: «*en el libro "Manual Práctico de Inteligencia Artificial en Entornos Sanitarios" establece que 80% del tiempo de desarrollo de un algoritmo tiene que ver con la obtención, la limpieza y el preprocesamiento de datos y que solo un 20% afecta al entrenamiento del algoritmo propiamente dicho*»[765].

En otro orden de cosas, la guía recoge los **tipos de tratamientos** de datos personales que se pueden realizar empleado una IA, basado en el ciclo de vida de estas tecnologías, a saber: (i) entrenamiento; (ii) validación; (iii) despliegue; (iv) explotación, que puede ser, a su vez, de (a) inferencia, de (b) de decisión, o (c) de evolución; y (v) retirada.

En general, la contribución esencial de la guía es recordar la importancia de que todas y cada una de las fases del ciclo de la vida de la IA, como tratamiento de datos que son, tengan claro no sólo qué se hace con ellos, sino cuáles son los fines, si se ceden a terceros (y si se realiza fuera de la UE), etc., y que todo ello debe ser conforme con los principios fundamentales de la protección de datos (art. 5 RGPD) y debe contar con una base legitimadora del tratamiento (art. 6 RGPD), pudiendo cada fase del ciclo contar con una base común o diferente de otra.

Especial interés tiene la última de las **bases de la licitud** (el interés legítimo)[766] sobre la que la AEPD ha querido poner un acento particular indicando que su uso debe ir acompañado por el responsable del tratamiento de un mayor grado de compromiso, formalidad y competencia, por ejemplo, acompañándolo de una rigurosa EIPD. Quizá previendo que ésta pudiera ser una especie puerta trasera con la que soslayar el estricto cumplimiento del RGPD en el uso de tratamientos con IA.

Para facilitar la labor de responsables y encargados, la guía establece un cuadro comparativo con los roles y relaciones entre tratamientos, responsables y

765 *Vid.*, Agencia Española de Protección de Datos (AEPD), «Adecuación al RGPD de tratamientos que incorporan Inteligencia Artificial. Una introducción», Febrero de 2020, disponible en https://www.aepd.es/sites/default/files/2020-02/adecuacion-RGPD-ia.pdf [fecha de la última consulta 16 de febrero de 2002], pag., 39.

766 *Ibíd.*, pag., 22.

encargados[767] y concluye que el modelo de «*responsabilidad [entendemos que quiere decir "responsable"]-encargado puede complicarse en el caso de las redes cooperativas, tipo "blockchain" que pudieran incorporar modelos de IA*». Parece que confunde *blockchain* con IA que nada tienen que ver. Cierto es que podría llegar a darse una cadena de bloques descentralizada que incorpore sistemas de IA, pero a día de hoy las pocas que lo hacen están todavía por consolidarse. Es más, el propio sistema de *blockchain* ya conlleva en sí mismo ciertos riesgos para la protección de datos sin introducir en la ecuación la IA que deberían valorarse también.

Por la especial relevancia que la IA tiene sobre los tratamientos de datos que implican **decisiones automatizadas** —art. 22 RGPD— la guía se detiene en este aspecto. Así, y de conformidad con el art. 13.2.f) del RPGD, el responsable debe informar significativamente sobre la lógica aplicada y la importancia de las consecuencias previstas con este tipo de tratamientos. En este sentido, la AEPD rechaza el suministro de información al interesado sobre el algoritmo o cualquier referencia técnica que resulte «*opaco, confuso, e incluso conducir a la fatiga informativa*». Recomienda facilitar información que permita entender el comportamiento del tratamiento y para ello provee de una lista de cuestiones que sería interesante trasladar al interesado[768].

En relación con los **derechos**, básicamente se adapta la obligación de su observación a las particulares situaciones que la IA implica y lo mismo ocurre con las EIPD. Sin embargo, debemos detenernos en este último punto toda vez que la, altamente preocupada por la privacidad en el diseño y por defecto, incorpora una serie de medidas por defecto y desde el diseño en el tratamiento que las EIPD deben examinar, todo ello para verificar que cumplen con una serie de principios: (*i*) minimizar la cantidad de datos que son tratados; (*ii*) agregar los datos personales en la medida de lo posible para reducir el detalle; (*iii*) ocultar los datos personales y sus interrelaciones para limitar su exposición; (*iv*) separar los contextos de tratamiento para dificultar la correlación de fuentes de información independientes; (*v*) mejorar la información a los interesados, en tiempo y forma; (*vi*) proporcionar medios a los interesados para que puedan controlar cómo sus datos son recogidos, tratados, usados y comunicados; (*vii*) cumplir con una política de privacidad compatible adecuada; (*viii*) demostrar, en aplicación de la *accountability*, el cumplimiento de la política de protección de datos[769].

Además del cumplimiento de estos principios, las EIPD **deberán verificar** (*i*) la concepción del tratamiento, en sus fases, procedimientos, tecnologías y extensión; (*ii*) la identificación de requisitos de seguridad que minimicen el riesgo pa-

767 *Ibíd.*, pags., 17 a 19.

768 *Ibíd.*, pag., 24.

769 *Ibíd.*, pag. 32.

ra la privacidad; (*iii*) y la adopción de medidas específicas dirigidas a implementar un sistema de gobernanza de los datos personales que permitan demostrar el cumplimiento de principios, derechos y garantías para gestionar el riesgo de los tratamientos realizados.

Uno de los problemas que se plantean a la hora de proporcionar transparencia con relación a los algoritmos de IA es la cuestión de la **confidencialidad** necesaria para preservar la propiedad industrial. Ello se solventa con lo regulado en el artículo 42 del RGPD que posibilita el desarrollo de mecanismos de certificación específicos en materia de protección de datos y de sellos y marcas de protección de datos como herramientas para demostrar el cumplimiento del RGPD. Estos esquemas pueden cubrir distintos aspectos del empleo de la IA y ser herramientas para demostrar diligencia. También puede entenderse como un medio de demostrar la transparencia el contar con un DPO adecuado que se implique en los procesos de la IA[770].

Para terminar, subrayar que la guía, en materia de medidas de seguridad, resume una serie de tipológias de ataque y defensa a componentes de IA, lo que es de gran ayuda[771]. Así, recomienda prestar atención a las medidas de seguridad que gestionen los siguientes tipos de amenazas: (*i*) acceso y manipulación del conjunto de datos de entrenamiento; (*ii*) inclusión de troyanos y puertas traseras; (*iii*) manipulación de la API de usuarios para realizar acceso al modelo; (*iv*) ataques por «*adversarial machine learning*»[772]; (*v*) ataques por imitación de patrones que se conoce que serán admitidos por el sistema; (*vi*) reidentificación de los datos personales incluidos en el modelo (inferencia de pertenencia o inversión del modelo); (*vii*) fraude o engaño a la IA por parte de los interesados; (*viii*) filtrado a terceros de resultados de perfilado o decisiones inferidas por la IA; y (*ix*) filtrado o acceso a los *logs*[773] de las inferencias generadas en la interacción con los interesados.

---

770 *Ibíd.*, pags., 34 y 35

771 *Ibíd.*, págs., 42 y 43.

772 Técnica de ataque que consiste en alimentar la IA con datos de ejemplo, que desde el punto de vista de la percepción humana pueden resultar indistinguibles de datos normales, pero que incluyen pequeñas perturbaciones que fuerzan a la IA a realizar inferencias erróneas.

773 Los ficheros de *log* serán necesarios para sustentar los procesos de auditoría y los mecanismos de seguridad. Con relación a protección de datos, la guía recomienda que dichos ficheros de *log* proporcionen evidencias para: (*i*) determinar quién y bajo qué circunstancias accede a los datos personales que pudieran estar incluidos en el modelo; (*ii*) proporcionar trazabilidad en cuanto a la actualización de los modelos de inferencia, las comunicaciones del API del usuario con el modelo y la detección de intentos de abuso o intrusión; (*iii*) proporcionar trazabilidad para permitir la gobernanza en la comunicación de datos entre todos los intervinientes en la solución IA en cuanto a las obligaciones que se derivan del Considerando 66 del RGPD; y

Como complemento de la anterior guía, cabe destacar aquella elaborada para coadyuvar a la elaboración de **auditorías** de tratamientos de datos que comporten el uso de IA[774] y que, como el propio documento especifica, se encuadra en la anterior guía sobre tratamientos que incorporan IA. Dicho instrumento sencillamente trata de aterrizar la clásica metodología de implementación de auditorías a las especiales características que comporta la IA.

II. TIPOS DE IA, ALGORITMOS, MACHINE LEARNING Y DEEP LEARNING

La inteligencia artificial puede clasificarse, a grandes rasgos, en tres niveles:

En primer lugar, la **IA «débil» o «estrecha»**: especializada en tareas concretas, sin capacidad de salir de su ámbito funcional.

En segundo lugar, la **IA «general»**: hipotética, con capacidad de comprender o aprender cualquier tarea cognitiva que un humano pueda realizar.

En tercer lugar, la **IA «fuerte»:** término usado para referirse a sistemas capaces de actuar con autonomía material y aprender más allá de lo programado, sin intervención humana constante.

Desde el punto de vista técnico, la mayoría de las aplicaciones actuales se basan en algoritmos de *machine learning*, que aprenden a partir de datos y ajustan sus parámetros sin intervención humana directa. Dentro de este conjunto, el *deep learning* se basa en redes neuronales profundas que permiten modelar problemas complejos con grandes volúmenes de datos. Estas técnicas son las que sustentan los avances más notables en procesamiento del lenguaje, visión artificial, robótica y otros campos.

III. BIG DATA, DATA MINING Y TOMA DE DECISIONES AUTOMATIZADAS

Debeos entender por «Big data» los tratamientos masivos de información generados de forma constante en múltiples plataformas.

(*iv*) proporcionar seguimiento de los parámetros de calidad de la inferencia cuando la IA se utilice para la toma de decisiones o procesos de ayuda a la toma de decisión.

774 *Vid.*, AEPD, «Requisitos para Auditorías de Tratamientos que incluyan IA», enero 2021, disponible en https://www.aepd.es/sites/default/files/2021-01/requisitos-auditorias-tratamientos-incluyan-ia.pdf

El *data mining* permite extraer patrones útiles y construir modelos predictivos. La combinación de ambas disciplinas permite crear sistemas de IA que no solo aprenden del pasado, sino que son capaces de tomar decisiones de forma autónoma.

El RGPD, en su artículo 22, limita la toma de decisiones basada exclusivamente en el tratamiento automatizado, incluida la elaboración de perfiles, cuando tenga efectos jurídicos o afecte significativamente al interesado. Sin embargo, esta previsión plantea desafíos cuando las decisiones se basan en inferencias complejas, difíciles de rastrear o explicar. La explicabilidad se convierte en un requisito jurídico y técnico imprescindible.

IV. LA IA COMO CONSUMIDOR DE DATOS PERSONALES

La IA necesita datos para funcionar. Cuantos más datos tenga, más eficaz será. Pero esos datos, en muchos casos, son datos personales. Esto convierte a la IA en un gran consumidor de datos personales, lo que obliga a replantear los principios clásicos de protección de datos.

El principio de minimización choca con la necesidad de grandes volúmenes de datos para entrenar sistemas complejos. La transparencia se vuelve difícil cuando los modelos son opacos o ininteligibles para humanos. La rendición de cuentas se diluye cuando no se sabe con certeza qué información ha influido en una decisión.

En este contexto, la regulación ha empezado a exigir:

i. Evaluaciones de impacto previas (EIPD) para todo sistema de IA de alto riesgo;

ii. Supervisión humana significativa en los procesos automatizados;

iii. Explicabilidad y trazabilidad de los sistemas;

iv. Medidas de privacidad desde el diseño y por defecto.

En suma, la IA representa uno de los mayores desafíos actuales para el Derecho a la protección de datos. La clave estará en diseñar sistemas que sean a la vez eficaces, innovadores y respetuosos con los derechos fundamentales. Y eso exige una cooperación constante entre juristas, técnicos, responsables del tratamiento y reguladores.

Capítulo 23

RIESGOS ÉTICOS Y JURÍDICOS ASOCIADOS A LA IA

La inteligencia artificial plantea un conjunto de riesgos que exceden lo técnico y se adentran en el terreno de los derechos fundamentales, la ética pública y la integridad de las instituciones democráticas. Este capítulo aborda los principales desafíos ético-jurídicos vinculados al uso de sistemas de IA, estructurándolos en tres áreas clave: sesgos y opacidad algorítmica; decisiones automatizadas y su «explicabilidad»; y el impacto de la IA sobre los denominados «neuroderechos» y la autonomía personal.

I. SESGO ALGORÍTMICO, TRANSPARENCIA, TRAZABILIDAD

El uso de algoritmos en sistemas de IA no elimina los sesgos humanos; por el contrario, puede amplificarlos y perpetuarlos de manera sistemática. Los llamados sesgos algorítmicos surgen, entre otras causas, por diversas causas, entre muchas, destacan (i) los datos históricos sesgados o incompletos; (ii) la falta de representatividad de ciertos grupos en los conjuntos de entrenamiento; (iii) la elección de variables aparentemente neutras que actúan como *proxies* de atributos protegidos (sexo, raza, edad); o (iv) los modelos mal diseñados o sin supervisión adecuada.

Estos sesgos pueden conducir a **discriminación indirecta** y afectar negativamente a grupos vulnerables. Ello vulnera los principios de igualdad, no discriminación y dignidad humana, y puede dar lugar a consecuencias jurídicas, especialmente en ámbitos sensibles como los procesos de selección de personal; la concesión de créditos o seguros; o las evaluaciones académicas o decisiones judiciales automatizadas.

La **transparencia y trazabilidad** se presentan como garantías esenciales frente a este riesgo. La normativa vigente (fundamentalmente el RGPD y el RIA) exige que los responsables puedan (i) identificar qué variables han influido en la decisión automatizada; (ii) explicar cómo funciona el sistema y con qué finalidad; y (iii) rastrear el ciclo de vida del sistema de IA, desde el diseño hasta su explotación.

La trazabilidad no es solo una herramienta técnica, sino un requisito legal vinculado al principio de *accountability*. Sin ella, no es posible depurar responsabilidades, ejercer derechos ni corregir decisiones injustas.

II. DECISIONES AUTOMATIZADAS Y EXPLICABILIDAD

Uno de los aspectos más críticos de la IA desde la perspectiva jurídica es su capacidad para tomar decisiones que afectan directamente a los individuos, sin intervención humana significativa. El **artículo 22 del RGPD** establece límites estrictos a este tipo de decisiones automatizadas, especialmente cuando producen efectos jurídicos o afectan significativamente al interesado.

Sin embargo, en la práctica, muchas decisiones se basan en inferencias no transparentes y complejas, generadas por sistemas que aprenden de forma autónoma (deep learning). Esto plantea el reto de la «**explicabilidad**» o, dicho de otra manera, la capacidad de proporcionar una explicación comprensible, veraz y útil al afectado.

La «explicabilidad» tiene una doble vertiente: por un lado, la **vertiente técnica**, consistente en la capacidad de los desarrolladores para generar modelos auditables y comprensibles; por otro, la vertiente jurídica, que se basa en la obligación del responsable del tratamiento de facilitar al interesado información clara y significativa sobre la lógica del tratamiento (art. 13.2.f RGPD).

El Comité Europeo de Protección de Datos y la AEPD coinciden en que no basta con remitir al algoritmo ni proporcionar fórmulas técnicas ininteligibles. La explicación debe permitir comprender el resultado, cuestionarlo y, si procede, solicitar una revisión humana.

En este contexto, se recomienda a los responsables:

i. Incluir mecanismos de revisión humana real;

ii. Establecer políticas internas de revisión de decisiones automatizadas;

iii. Documentar la lógica y los parámetros de entrenamiento;

iv. Valorar el uso de sellos, certificaciones o auditorías externas.

III. DATOS SANITARIOS

El RIA considera los sistemas de IA utilizados en sanidad como «sistemas de alto riesgo», sujetos a obligaciones reforzadas, a evaluaciones ex ante y documentación técnica completa; y a supervisión humana, trazabilidad y explicabilidad de los modelos.

Además, prohíbe el uso de IA con finalidad manipulatoria o de categorización biométrica no autorizada y cuando se usa la IA para diagnosticar, exige que los tratamientos o el soporte clínico sea compatible con el RGPD y que esté validado desde el punto de vista clínico y ético.

IV. «NEURODERECHOS» Y AUTONOMÍA PERSONAL

El avance de la IA hacia sistemas que interactúan directamente con el cerebro humano o interpretan datos neuronales abre un nuevo frente en la protección de los derechos fundamentales: los llamados «**neuroderechos**».

Este concepto engloba un conjunto de garantías propuestas por la doctrina y algunos marcos políticos (notablemente Chile, que ha impulsado reformas constitucionales en este sentido) para proteger:

i. La **identidad mental** y la **integridad cerebral**;

ii. La **libertad cognitiva**, es decir, el derecho a pensar libremente sin interferencias externas;

iii. La **privacidad mental**, entendida como el derecho a mantener en secreto pensamientos e intenciones internas;

iv. El **acceso equitativo a mejoras neurotecnológicas** (neurojusticia);

v. La **protección contra sesgos e interferencias derivadas de IA neuro-interactiva**.

Los sistemas de IA que captan, interpretan o modifican señales neuronales (*v.gr. interfaces* cerebro-máquina, *neurofeedback*, electroencefalografía aplicada al marketing o seguridad) generan riesgos inéditos tales como (i) la recolección involuntaria de datos hipersensibles; (ii) la manipulación subliminal del comportamiento; (iii) la alteración de la percepción o la toma de decisiones; y(iv) la discriminación basada en características cognitivas o psicológicas.

En Europa, aún no existe una regulación específica sobre «neuroderechos», pero el RGPD y el RIA ofrecen un punto de partida sólido.

A mi juicio, se requiere, no obstante, un desarrollo jurídico que reconozca la especial sensibilidad de los datos neuronales y establezca límites a su tratamiento incluso con consentimiento, así como que aplique principios propios de la bioética a la gobernanza tecnológica.

La protección de la **autonomía personal**, en este contexto, exige un control firme sobre los usos de la IA que afectan directa o indirectamente a los procesos cognitivos. La dignidad humana, como principio rector del orden jurídico europeo, debe guiar cualquier innovación en este ámbito.

En conclusión, los riesgos éticos y jurídicos de la IA no son una amenaza lejana, sino un reto inmediato que exige respuestas normativas, institucionales y técnicas articuladas. Los sesgos, la opacidad, la automatización y la hibridación neuro-digital deben abordarse desde una perspectiva integral, que combine innovación con garantías efectivas de derechos.

Capítulo 24

MARCO NORMATIVO DE LA IA

I. EL REGLAMENTO (UE) 2024/1689 SOBRE INTELIGENCIA ARTIFICIAL (RIA): UN HITO REGULATORIO GLOBAL

La mal denominada «Ley de Inteligencia Artificial» no es tal, sino el Reglamento (UE) 2024/1689 del Parlamento Europeo y del Consejo, de 13 de junio de 2024, relativo a normas armonizadas en materia de inteligencia artificial[775], comúnmente conocido como «Reglamento de Inteligencia Artificial», «RIA» o «AI Act». Este reglamento constituye la primera norma de alcance general y obligatorio a nivel mundial que regula la IA con un enfoque transversal y basado en el riesgo.

El RIA entró en vigor el 1 de agosto de 2024 y será plenamente aplicable a partir del segundo semestre de 2026, salvo algunas obligaciones que serán exigibles antes. Su objeto es claro: «mejorar el funcionamiento del mercado interior y promover una inteligencia artificial centrada en el ser humano y fiable, garantizando al mismo tiempo un elevado nivel de protección de la salud, la seguridad y los derechos fundamentales consagrados en la Carta de los Derechos Fundamentales de la UE, incluidos la democracia, el Estado de Derecho y la protección del medio ambiente».

Entre sus elementos clave destacan:

A. *Clasificación de los sistemas de IA por niveles de riesgo*

El Reglamento estructura la regulación de la IA mediante un modelo escalonado de cuatro niveles de riesgo, que define las obligaciones correspondientes para cada tipo de sistema en función de su impacto potencial sobre los derechos fundamentales, la seguridad y los valores democráticos:

---

775 *Vid.*, REGLAMENTO (UE) 2024/1689 DEL PARLAMENTO EUROPEO Y DEL CONSEJO de 13 de junio de 2024 por el que se establecen normas armonizadas en materia de inteligencia artificial y por el que se modifican los Reglamentos (CE) n.o 300/2008, (UE) n.o 167/2013, (UE) núm. 168/2013, (UE) 2018/858, (UE) 2018/1139 y (UE) 2019/2144 y las Directivas 2014/90/UE, (UE) 2016/797 y (UE) 2020/1828 (Reglamento de Inteligencia Artificial). DOUE de 12 de julio de 2024.

a. **Riesgo inaceptable**: comprende aquellas aplicaciones que suponen una amenaza manifiesta para los derechos y libertades. Están prohibidas de forma absoluta y categórica los siguientes:

   (i) Sistemas que utilicen técnicas subliminales para manipular conductas.

   (ii) Aquellos que exploten vulnerabilidades específicas de grupos vulnerables, como menores o personas con discapacidad.

   (iii) Sistemas de puntuación social por parte de autoridades públicas que valoren el comportamiento social de una persona con consecuencias legales o equivalentes.

   (iv) Sistemas de identificación biométrica remota en tiempo real en espacios públicos con fines de aplicación de la ley (salvo excepciones limitadas y autorizadas judicialmente).

b. **Riesgo alto:** abarca los sistemas de IA que pueden afectar negativamente a derechos fundamentales o a aspectos críticos de la vida de las personas. No se prohíben, pero se someten a requisitos estrictos de conformidad y vigilancia antes y durante su comercialización o uso.

   Algunos ejemplos son:

   (i) Sistemas utilizados en procesos de selección de personal, evaluación de estudiantes, justicia penal o control fronterizo.

   (ii) Aplicaciones en infraestructuras críticas, como redes eléctricas, transporte o sanidad.

   (iii) Sistemas que determinan el acceso a servicios públicos esenciales, como educación, empleo, servicios sociales, justicia o prestaciones públicas.

   (iv) IA utilizada para evaluar la solvencia económica o crediticia de una persona.

   Estos sistemas deben superar una evaluación de conformidad previa, incluir mecanismos de trazabilidad y explicabilidad, disponer de documentación técnica y ser sometidos a supervisión humana significativa.

c. **Riesgo limitado:** comprende sistemas que interactúan con personas pero no generan consecuencias graves. En este caso, se imponen obligaciones de transparencia destinadas a permitir que el usuario comprenda que está tratando con una IA.

   Ejemplos típicos son:

   (i) Chatbots y asistentes virtuales.

   (ii) Sistemas de recomendación de productos.

(iii) Herramientas de generación de contenido (texto, imágenes, voz) como los deepfakes o sistemas generativos de lenguaje. Se exige advertencia explícita al usuario y medidas para evitar la manipulación, el engaño o la pérdida de autonomía informacional.

d. **Riesgo mínimo:** engloba aplicaciones que presentan riesgos insignificantes o nulos para los derechos o la seguridad de las personas. Estos sistemas no están sujetos a obligaciones regulatorias específicas bajo el RIA, aunque deben respetar el resto del ordenamiento jurídico aplicable (como el RGPD).

Algunos ejemplos son:

(i) Filtros de spam.

(ii) Algoritmos de recomendación de música o vídeos basados en preferencias previas.

(iii) Herramientas de mejora automática de imagen.

El RIA fomenta su desarrollo sin trabas regulatorias, en línea con su objetivo de no obstaculizar la innovación responsable.

Esta clasificación por niveles de riesgo constituye el eje central del RIA y permite equilibrar la necesidad de fomentar la innovación tecnológica con la protección de los valores fundamentales de la UE. Además, facilita a los operadores identificar de forma clara las obligaciones que deben cumplir en función del tipo de sistema de IA que desarrollen, comercialicen o utilicen.

B. Prohibiciones y obligaciones para sistemas de IA

El Reglamento establece un catálogo de prácticas prohibidas por vulnerar derechos fundamentales, e impone a los desarrolladores, distribuidores e implantadores de sistemas de alto riesgo:

(i) Obligaciones de evaluación de conformidad y control documental;

(ii) Registros de uso;

(iii) Supervisión humana significativa;

(iv) Trazabilidad de los datos y explicabilidad de los resultados.

C. Modelos fundacionales y de propósito general

El RIA introduce un régimen específico para los modelos de IA de uso general (como los grandes modelos lingüísticos o generativos), exigiendo transparencia, documentación técnica, y un sistema de autocertificación o evaluación independiente para los modelos más potentes.

D. Transparencia y derechos fundamentales

El RIA exige informar al usuario cuando interactúe con un sistema de IA, especialmente si se simula personalidad humana o se generan contenidos falsos. En particular, se deben etiquetar los contenidos generados por IA, como *deepfakes.*

E. Protección de datos personales

El RIA contiene disposiciones específicas en esta materia. Establece límites y condiciones para la identificación biométrica remota, la categorización biométrica y las evaluaciones de riesgos individuales automatizadas, alineándose con el RGPD y empoderando al Comité Europeo de Protección de Datos (CEPD) para supervisar estas prácticas.

F. Medidas de apoyo a la innovación

El Reglamento prevé *sandbox* regulatorios —entornos controlados de prueba—, especialmente para pymes y startups, con el objetivo de testar y validar sistemas de IA cumpliendo los requisitos legales. España ha sido pionera en esta materia con el Real Decreto 817/2023, creando el primer *sandbox* nacional en IA.

II. EL CONVENIO MARCO DEL CONSEJO DE EUROPA SOBRE INTELIGENCIA ARTIFICIAL

Junto con el RIA, recientemente se ha firmado la primera norma internacional en materia de IA, con alcance internacional (si bien, lógicamente, con alcance a los países integrantes del Consejo de Europa). Se trata del Convenio Marco del Consejo de Europa sobre Inteligencia Artificial[776], norma positiva que está en consonancia con el RIA y que pone el hito de ser la primera normativa global sobre IA en el mundo.

El Convenio, como cualquier norma multilateral internacional, establece un enfoque común y estándar mínimo de los Estados miembro del Consejo de Europa para garantizar que los sistemas de IA sean compatibles con los derechos

---

776 *Vid.*, Council of Europe Framework Convention on Artificial Intelligence and Human Rights, Democracy and the Rule of Law, Vilnius, 5.IX.2024, disponible en https://rm.coe.int/1680afae3c

humanos, la democracia y el Estado de Derecho, logrando al mismo tiempo la innovación, desarrollo y confianza.

Como en el RIA, el **Convenio se basa** en (i) un enfoque basado en el riesgo; (ii) la posibilidad de introducir prohibiciones para los sistemas de IA considerados una clara amenaza para los derechos fundamentales; (iii) la obligación de transparencia a lo largo de la cadena de valor de los sistemas de IA y los contenidos generados por IA, así como (iv) ciertas obligaciones detalladas de documentación para los sistemas de IA considerados de alto riesgo y las obligaciones de gestión de riesgos.

En síntesis, el Convenio refuerza y se sustenta en la protección los derechos humanos, la integridad de los procesos democráticos y el imperio de la Ley (por la gran preocupación que la IA pueda tener en las democracias y sus procesos electorales), la dignidad humana y autonomía individual, la transparencia y monitorización, la *accountability* y responsabilidad, la igualdad y no discriminación, la confianza, la innovación segura, así como el implemento de la digitalización y habilidades digitales de las sociedades.

En materia de privacidad y protección de datos, destaca el **art. 11** que exhorta a las partes a adoptar o mantener —si ya las tuvieren— medidas para garantizar que, con respecto a las actividades dentro del ciclo de vida de los sistemas de inteligencia artificial: (a) los derechos de privacidad de las personas y sus datos personales de tal manera que éstos estén protegidos, incluso mediante leyes, normas y marcos nacionales e internacionales aplicables; y (b) que se establezcan garantías y salvaguardas efectivas para las personas, de conformidad con las obligaciones legales nacionales e internacionales aplicables en materia de protección de datos.

Por otro lado, quedan **excluidos del alcance** de la norma (i) las actividades dentro del ciclo de vida de los sistemas de inteligencia artificial relacionadas con la protección de sus intereses de seguridad nacional, en el entendimiento de que dichas actividades se llevan a cabo de manera compatible con el derecho internacional aplicable, incluidas las obligaciones del derecho internacional de los derechos humanos, y con respeto por sus instituciones y procesos democráticos; (ii) las actividades de investigación y desarrollo relativas a sistemas de inteligencia artificial que aún no estén disponibles para su uso, a menos que se realicen pruebas o actividades similares de tal manera que tengan el potencial de interferir con los derechos humanos, la democracia y el estado de derecho; (iii) los asuntos relacionados con la defensa nacional.

Capítulo 25

GOBERNANZA Y CONTROL DE SISTEMAS DE IA EN ESPAÑA

España ha asumido un papel pionero en el desarrollo de estructuras nacionales de supervisión y acompañamiento al despliegue de sistemas de inteligencia artificial. Si bien el RIA será directamente aplicable en todos los Estados miembros, su implementación y supervisión requieren una arquitectura institucional adecuada en cada país. En este contexto, España ha creado un marco específico de gobernanza de la IA que integra organismos, mecanismos de prueba, legislación complementaria y cooperación interinstitucional.

I. LA AGENCIA ESPAÑOLA DE SUPERVISIÓN DE LA INTELIGENCIA ARTIFICIAL

La Agencia Española de Supervisión de la Inteligencia Artificial («AESIA»), creada en 2022 y plenamente operativa desde 2024, constituye el primer organismo público en Europa especializado en supervisión de la inteligencia artificial. Tiene su sede en A Coruña y fue concebida como parte del Plan Nacional de Algoritmos Verdes y la Estrategia Española de Inteligencia Artificial.

Su función principal es supervisar el cumplimiento del marco regulatorio de IA, tanto a nivel europeo (RIA) como nacional, en coordinación con otras autoridades sectoriales. AESIA ejerce competencias de:

i. Evaluación y certificación de conformidad de sistemas de IA de alto riesgo;
ii. Supervisión de modelos de IA de uso general;
iii. Promoción de prácticas éticas y seguras de desarrollo y uso de IA;
iv. Coordinación con el sector privado, sociedad civil y academia;
v. Participación en redes europeas e internacionales de autoridades de supervisión.

AESIA desempeña también un rol divulgativo y formativo, emitiendo guías, recomendaciones técnicas y buenas prácticas. Su estructura incluye unidades especializadas en ciberseguridad algorítmica, auditoría, sesgos, impacto social, transparencia, e innovación regulatoria.

II. SANDBOX REGULATORIO: REAL DECRETO 817/2023

Uno de los instrumentos más innovadores que impulsa AESIA es el sandbox regulatorio, creado mediante el Real Decreto 817/2023, de 8 de noviembre[777], que regula el entorno controlado de pruebas para sistemas de inteligencia artificial.

Este mecanismo permite a desarrolladores, pymes, startups o entidades públicas testar prototipos de sistemas de IA en condiciones controladas, con supervisión regulatoria y sin riesgos para los derechos fundamentales.

Su finalidad es doble: por un lado, facilitar la adaptación anticipada a los requisitos del RIA; y, por otro, favorecer la innovación responsable y segura.

El sandbox incluye fases de inscripción, evaluación de riesgos, diseño de salvaguardas, supervisión técnica y evaluación final. AESIA gestiona este entorno junto a la Secretaría de Estado de Digitalización e Inteligencia Artificial y cuenta con el apoyo de organismos como INCIBE, el CCN, la AEPD y universidades colaboradoras.

III. ANTEPROYECTO DE LEY ESPAÑOLA DE IA

España trabaja en un Anteproyecto de Ley nacional sobre Inteligencia Artificial, aprobado por el Consejo de Ministros en marzo de 2025, actualmente en trámite parlamentario.

Su objetivo es (i) adaptar el ordenamiento jurídico español a las exigencias del RIA; (ii) completar las lagunas nacionales no cubiertas por el reglamento; y (iii) reforzar la supervisión, la transparencia y la protección de derechos.

Entre sus elementos principales se incluyen el establecimiento del marco competencial de AESIA; la plasmación de obligaciones específicas de registro y notificación para desarrolladores de IA; la implementación de un régimen sancionador complementario y coordinación con otras autoridades; la incorporación de requisitos reforzados para la IA en el sector público; y la regulación del uso de IA en procesos electorales y en la contratación pública.

Esta ley refuerza la transparencia, exige etiquetado obligatorio de contenidos generados por IA, prevé auditorías periódicas, y mandata evaluaciones de

---

777 *Vid.*, Real Decreto 817/2023, de 8 de noviembre, que establece un entorno controlado de pruebas para el ensayo del cumplimiento de la propuesta de Reglamento del Parlamento Europeo y del Consejo por el que se establecen normas armonizadas en materia de inteligencia artificial. «BOE» núm. 268, de 9 de noviembre de 2023

impacto algorítmico antes de adoptar determinadas soluciones tecnológicas en ámbitos sensibles.

IV. COORDINACIÓN INSTITUCIONAL: AESIA, AEPD, CNMC Y OTRAS AUTORIDADES

La gobernanza de la IA en España se concibe de manera coordinada y multinivel. AESIA no actúa en solitario, sino que coopera con distintas autoridades competentes por razón de materia.

En *primer lugar*, la **AEPD** es la autoridad principal en lo relativo a tratamientos de datos personales. Participa en la evaluación de sistemas que afecten a la privacidad, ejerce poderes de inspección y sanción, y forma parte del Comité Europeo de Protección de Datos.

En *segundo lugar*, la **Comisión Nacional de los Mercados y la Competencia** («**CNMC**»), organismo que, en este ámbito está implicado en el análisis del impacto de la IA en los mercados, competencia y protección de los consumidores. Supervisa posibles efectos anticompetitivos derivados del uso de algoritmos en plataformas, servicios digitales y mercados regulados.

En tercer lugar, el **CCN-CERT e INCIBE**: aportan experiencia en ciberseguridad, protección de infraestructuras críticas y respuesta a incidentes derivados del uso de IA.

Y, por último, el **Consejo General del Poder Judicial** («**CGPJ**») y la **Junta Electoral Central**: se reservan competencias específicas sobre IA en el ámbito judicial y electoral, respectivamente.

Este modelo de gobernanza distribuida pretende garantizar la especialización técnica, evitar solapamientos y proteger los derechos de manera efectiva. La futura Ley nacional de IA y los desarrollos reglamentarios previstos dotarán de mayor claridad, recursos y capacidades a este sistema de control.

En definitiva, España ha apostado por un enfoque anticipatorio, institucionalizado y transversal en materia de IA. El despliegue efectivo de esta gobernanza será determinante para asegurar que el desarrollo y uso de tecnologías inteligentes en el país se alineen con los principios de legalidad, ética y tutela de los derechos fundamentales.

Capítulo 26

ESTUDIOS DE CASO EN IA Y DECISIONES AUTOMATIZADAS

Este capítulo ofrece una aproximación práctica al impacto real de la inteligencia artificial en derechos fundamentales, a través del análisis de casos representativos que han planteado o están planteando dilemas jurídicos en torno al uso de sistemas de IA en Europa. Estos ejemplos permiten ilustrar los riesgos de la automatización, el papel de la normativa vigente y los desafíos pendientes en materia de protección de datos, transparencia, explicabilidad y no discriminación.

I. CHATGPT Y EL RGPD

La irrupción de ChatGPT, un modelo fundacional de IA generativa desarrollado por OpenAI, ha generado un intenso debate jurídico y regulatorio en Europa. A partir de 2023, distintas autoridades nacionales de protección de datos, incluida la AEPD, abrieron investigaciones sobre su funcionamiento y tratamiento de datos personales. Italia llegó incluso a suspender su uso temporalmente[778].

Las preocupaciones principales giran en torno a:

i. La base jurídica para el tratamiento masivo de datos personales utilizados para entrenar el modelo, extraídos de internet sin consentimiento ni información a los afectados;

ii. El derecho de acceso, rectificación y supresión frente a respuestas dinexactas generadas por el sistema;

iii. La ausencia de mecanismos efectivos de control de edad para evitar el uso por menores;

iv. La oposición al uso de los datos introducidos por los usuarios para el entrenamiento futuro del modelo.

Chat GPT y la AEDP.

En abril de 2023, la Agencia Española de Protección de Datos (AEPD) abrió actuaciones de investigación contra OpenAI, desarrollador de ChatGPT, a raíz de

---

778 En 2023, Italia prohibió temporalmente ChatGPT al detectar posibles infracciones del RGPD (falta de base legal para recopilar datos personales masivos de usuarios, opacidad sobre el tratamiento y ausencia de control de edad para menores).

posibles infracciones del Reglamento General de Protección de Datos (RGPD) vinculadas al funcionamiento de su modelo de IA generativa.

La AEPD actuó de oficio tras recibir denuncias relacionadas con la opacidad del tratamiento de datos personales, la dificultad de ejercer derechos como el de acceso, rectificación o supresión, y la generación de contenidos con información inexacta o inventada sobre personas físicas identificables. Estas preocupaciones ya habían sido expresadas en otros Estados miembros, como Italia, donde se llegó a suspender temporalmente el acceso a la herramienta.

Entre los puntos investigados destacan:

i. La licitud del tratamiento de datos personales utilizados para entrenar el modelo (incluyendo información obtenida de fuentes abiertas o redes sociales).

ii. La veracidad y actualización de la información generada por la IA, especialmente cuando afecta a la reputación o identidad digital de una persona.

iii. La posibilidad real y efectiva de que un interesado ejerza sus derechos «ARSULIPO» (acceso, rectificación, supresión, limitación, etc.).

iv. El deber de información clara y accesible sobre cómo se tratan los datos personales y con qué fines.

La AEPD propuso que esta investigación se canalizase a través del Comité Europeo de Protección de Datos (CEPD) como un procedimiento de acción coordinada (*Coordinated Enforcement Framework*, CEF). El CEPD aceptó y lanzó un proyecto conjunto de supervisión a nivel de la UE centrado en el uso de IA generativa por parte de plataformas como ChatGPT.

Este caso ilustra los principales retos jurídicos del RGPD frente a modelos fundacionales o sistemas de IA generativa tales como (i) el tratamiento masivo de datos personales para el entrenamiento previo («pretraining») requiere base jurídica clara, evaluación de impacto (EIPD) y transparencia reforzada; (ii) la generación de contenido que afecta a personas concretas puede considerarse tratamiento activo de datos personales, especialmente cuando la información es inexacta o dañina; (iii) el principio de exactitud (art. 5.1.d RGPD) cobra especial relevancia, así como la responsabilidad proactiva (art. 5.2 y 24 RGPD) en manos del desarrollador y/o del prestador del servicio; y (iv) la atribución de responsabilidades entre los actores de la cadena (OpenAI, integradores, terceros) plantea desafíos en la aplicación de las figuras de responsable, encargado y corresponsable del tratamiento.

Pero no solo eso, sino que se trata de un asunto que marca un hito en la adaptación de la normativa de protección de datos al contexto de la inteligencia artificial avanzada. Anticipa también los conflictos interpretativos que deberán resolverse en el marco del futuro Reglamento de Inteligencia Artificial (AI Act), especialmente en lo relativo a los sistemas de IA de propósito general, las obligaciones de transparencia y evaluación de impacto y los derechos de las personas ante decisiones automatizadas.

Con todo, aunque OpenAI introdujo en 2024 medidas para cumplir parcialmente con el RGPD (formularios de ejercicio de derechos, exclusión del entrenamiento, transparencia básica), la falta de trazabilidad del dato y la arquitectura opaca del sistema generan una tensión estructural con el principio de responsabilidad proactiva (art. 5.2 RGPD). Este caso ha evidenciado la necesidad de una regulación específica para los modelos fundacionales, como la prevista en el RIA, y ha marcado un precedente para la supervisión de IA generativa en Europa.

II. «DEEPFAKES» EN CAMPAÑAS POLÍTICAS

En marzo de 2023, durante la precampaña de elecciones autonómicas en España, se difundió un vídeo generado por IA (*deepfake*) en el que se simulaba a varios líderes políticos participando en un supuesto *reality show*. Aunque se trataba de un contenido satírico y no engañoso en su forma, generó un intenso debate sobre el uso de IA en la comunicación política.

Este caso plantea interrogantes relevantes en relación a las siguientes cuestiones:

i. Los límites de la libertad de expresión satírica cuando se utilizan tecnologías de suplantación audiovisual;

ii. La necesidad de etiquetar claramente los contenidos generados por IA para evitar confusión o manipulación;

iii. El riesgo de desinformación e injerencia en procesos electorales mediante herramientas de IA generativa;

iv. La falta de regulación específica sobre el uso de *deepfakes* en campañas y en publicidad política.

El RIA aborda parcialmente estos riesgos mediante las obligaciones de transparencia aplicables a sistemas generativos. Sin embargo, queda margen para legislación nacional específica, especialmente en lo relativo a procesos electorales, derecho a la propia imagen y protección frente a suplantaciones digitales con ánimo de perjudicar.

III. DISCRIMINACIÓN ALGORÍTMICA EN SELECCIÓN DE PERSONAL

Diversos estudios han demostrado que los sistemas de IA utilizados para cribado de currículums, entrevistas automatizadas o asignación de puntuaciones de idoneidad pueden reproducir sesgos estructurales y generar discriminaciones indirectas por razón de género, edad, nacionalidad o discapacidad. En España, aunque aún no hay resolución sancionadora específica, la AEPD ha emitido advertencias sobre el uso de IA sin garantías suficientes en el ámbito laboral.

Uno de los ejemplos más citados es el sistema de Amazon, que penalizaba automáticamente los CV de mujeres para puestos técnicos debido a que el modelo había sido entrenado con datos históricos de éxito dominados por varones.

Este tipo de sesgo es especialmente relevante cuando: (i) el algoritmo evalúa sin supervisión humana real; (ii) no hay posibilidad de explicar las razones de una decisión adversa; (iii) no se evalúan impactos discriminatorios de forma previa; y (iv) se desconocen las variables utilizadas y su peso real.

El RIA, en conjunción con el RGPD y la normativa laboral, exige que los sistemas de IA de alto riesgo en el ámbito laboral, lleven a cabo lo siguiente:

i. Incorporen supervisión humana significativa;

ii. Sean auditables y documentables;

iii. Pasen evaluaciones de impacto previas (EIPD);

iv. Respeten los derechos de no discriminación y de información de los candidatos.

Este caso subraya la importancia de incorporar la perspectiva de género, diversidad y equidad en el diseño y evaluación de algoritmos, especialmente en procesos decisorios automatizados con consecuencias relevantes sobre las personas.

BIBLIOGRAFÍA

I. LIBROS, ARTÍCULOS Y TEXTOS

ATTWOOLL, Jolyon, «What is the coronavirus? The differences between coronavirus, COVID-19, and SARS-CoV-2 explained», *The Courier; Ballarat, Vic.*, FAIRFAX MEDIA PUBLICATIONS PTY LIMITED, Australia, 20 de marzo de 2020

BROSETA PONT, Manuel y MARTÍNEZ SANZ, Fernando, *Manual de Derecho Mercantil. Volumen I. Introducción y Estatuto del Empresario. Derecho de la Competencia y de la Propiedad Industrial. Derecho de Sociedades*, Editorial TECNOS (Grupo ANAYA), 2016, 23ª Ed.

CAVOUKIAN, Ann, «Privacy by Design: The 7 Foundational Principles. Implementation and Mapping of Fair Information Practices», January 2011, disponible en https://privacy.ucsc.edu/resources/privacy-by-design—foundational-principles.pdf

– «Operationalizing Privacy by Design: A Guide to Implementing Strong Privacy Practices», December 2012, disponible en https://gpsbydesigncentre.com/wp-content/uploads/2021/08/Doc-5-Operationalizing-pbd-guide.pdf

DROZD, Oha, «Privacy Pattern Catalogue: A Tool for Integrating Privacy Principles of ISO/IEC 29100 into the Software Development Process», Vienna University of Economics and Business, Vienna, Austria, disponible en https://www.wu.ac.at/fileadmin/wu/d/i/ec/Press___Events/Privacy_Pattern_Catalogue/PPC-2.pdf

EATON, M. L., & Illes, J. (2007). «Commercialising cognitive neurotechnology-the ethical terrain». Nature Biotechnology, 25(4), pp. 393-397

KONG, W., LI, Y., PENG, M. et al., « SARS-CoV-2 detection in patients with influenza-like illness», *Nature Microbiology* 5, 675–678 (April 7th, 2020). https://doi.org/10.1038/s41564-020-0713-1.

KURZWEIL, Ray, *The Singularity is Near: When Humands Transcend Biology*, Viking Penguin, London, 2005.

ORTEGO RUIZ, Miguel, «El Concepto de Autor en la Era de los Robots», *Anuario de Propiedad Intelectual*, REUS, Madrid, 2018, págs., 409 a 412.

– *Prestadores de Servicios de Internet y Alojamiento de Contenidos Ilícitos*, REUS, Madrid, 2016.

RAMOS, K. M., et Al. (2019). «The NIH BRAIN Initiative: Integrating Neuroethics and Neuroscience». *Neuron*, 101(3), pp. 394-398

VV.AA., *Reglamento General de Protección de Datos. Hacia un nuevo modelo europeo de privacidad*, REUS, Madrid, 2016.

VV.AA., «A scalable pipeline for designing reconfigurable organisms», *Proceedings of the National Academy of Science of the United States of America*, Edited by Terrence J. Sejnowski, Salk Institute for Biological Studies, La Jolla, CA, págs., 1 a 7, disponible en (consultado el 13 de enero de 2020), https://www.pnas.org/content/early/2020/01/07/1910837117

VV.AA, «Privacy- and Security-by-Design Methodology Handbook», PRIPARE, December 2015, disponible en http://www.trialog.com/wp-content/uploads/2018/02/PRIPARE-Methodology-Handbook-Final-Feb-24-2016.pdf

WANG, L. (2017). «Muming Poo: China Brain Project and the future of Chinese neuroscience» *National Science Review*, 258-263. https://www.researchgate.net/publication/314070218_Muming_Poo_China_Brain_Project_and_Future_of_Chinese_Neuroscience

II. JURISPRUDENCIA Y RESOLUCIONES ADMINISTRATIVAS

«Délibération n° 2020-046 du 24 avril 2020 portant avis sur un projet d'application mobile dénommée "StopCovid"», *Commission Nationale de l'Informatique et des Libertés («CNIL»),* demande d'avis n° 20006919, [10 de mayo de 2020], disponible en https://www.cnil.fr/sites/default/files/atoms/files/deliberation_du_24_avril_2020_portant_avis_sur_un_projet_dapplication_mobile_stopcovid.pdf

«Sanktionsavgift för ansiktsigenkänning i skola», *Datainspektionen*, 21 de Agosto de 2019 [10 de mayo de 2020], disponible en https://www.datainspektionen.se/nyheter/2019/sanktionsavgift-for-ansiktsigenkanning-i-skola/?utm_source=POLITICO.EU&utm_campaign=360ade166e-EMAIL_CAMPAIGN_2019_08_22_04_59&utm_medium=email&utm_term=0_10959edeb5-360ade166e-190359285

Conclusiones del Abogado General el Sr. D. Yves BOT en el asunto *Wirtschaftsakademie* (C-2010/16), ECLI:EU:C:2017:796

Informe núm. 0036/2020 del Gabinete Jurídico de la AEDP, de fecha 8 de mayo de 2020, disponible en https://www.aepd.es/es/documento/2020-0036.pdf

Resolución de la Agencia Española de Protección de Datos número R/00499/2019 en el Procedimiento Sancionador número PS/00300/2019, asunto *Vueling Airlines*

- número 812-0419 en el Procedimiento Sancionador número PS/00127/2019, asunto *IKEA.*
- de fecha 19 de noviembre de 2019, en el Procedimiento Sancionador número PS/00305/2019, asunto *RTVE.*
- de fecha 21 de noviembre de 2019, en el Procedimiento Sancionador número PS/00161/2019, *asunto Freshly Cosmetics.*
- de fecha 21 de noviembre de 2019, en el Procedimiento Sancionador número PS/00424/2019, *asunto SAS Jaén.*
- número R/00599/2019, de fecha 22 de noviembre de 2019, en el expediente número TD/00321/2019, *asunto Twitter Spain.*
- de fecha 28 de noviembre de 2019, en el Procedimiento Sancionador número PS/00140/2019, *asunto Iberdrola Comercializadora.*
- número R/00587/2019, de fecha 28 de noviembre de 2019, en el Expediente número TD/00227/2019, *Google Spain.*
- Resolución de la AEPD de fecha 3 de diciembre de 2019, en el Procedimiento Sancionador número PS/00265/2019, asunto *Cerrajería Verín.*
- número PS/00334/2019, *asunto fotos íntimas en WhatsApp.*
- *de aprobación de las normas corporativas vinculantes del grupo FUJIKURA AUTOMOTIVE EUROPE (GRUPO FAE); expediente: TI/00001/2020*
- de 29 de junio de 2023, de la Dirección de la Agencia Española de Protección de Datos, por la que se aprueban los modelos de presentación de reclamaciones. «BOE» núm. 163, de 10 de julio de 2023

Resolución de la CNMC de 5 de abril de 2020, *de medidas provisionales en relación con el régimen de portabilidad de la numeración durante el período de estado de alarma declarado por el real decreto 463/2020, de 14 de marzo* (PORT/DTSA/001/20 GESTIÓN DE PORTABILIDADES ESTADO DE ALARMA)

Sentencia del Tribunal Constitucional (Pleno) núm. 33/2023, de 18 de abril de 2023. Recurso de amparo 1307-2018. Promovido por don Roger Sabà Riera en relación con las sentencias de la Sala de lo Civil del Tribunal Supremo y de la Audiencia Provincial de Barcelona que desestimaron su demanda de protección jurisdiccional civil del derecho a la intimidad y a la propia imagen en la que controvertía la publicación de su fotografía en la página web de la policía autonómica solicitando la colaboración ciudadana contra la violencia urbana. Alegada vulneración de los derechos a la presunción de inocencia, intimidad, al honor y a la propia imagen:

inadmisión del recurso de amparo extemporáneamente interpuesto. «BOE» núm. 121, de 22 de mayo de 2023.

Sentencia del Tribunal de Justicia de la Comunidad Europea de 6 de noviembre de 2003, asunto *Lindqvist* (C-101/01), ECLI:EU:C:2003:596, apartado 50º.

Sentencia del Tribunal Europeo de los Derechos Humanos de 16 de febrero de 2000, en el asunto *Amann c. Suiza* (Solicitud 27798/1995).

Sentencia del Tribunal de Justicia de la Unión Europea (Gran Sala) de 5 de junio de 2018, en el asunto *Unabhängiges Landeszentrum für Datenschutz Schleswig-Holstein c. Wirtschaftsakademie Schleswig-Holstein GmbH et al.* (C-210/16).

- (Sala Tercera) de 24 de noviembre de 2011, asunto *Scarlet Extended* (C-70/10).
- (Gran Sala) de 8 de abril de mayo de 2014, asunto *Digital Rights Ireland Ltd v Minister for Communications, Marine and Natural Resources* (C-293/12 y C-594/12).
- (Gran Sala) de 13 de mayo de 2014, asunto *Costeja v. Google* (C-131/12).
- (Gran Sala) de 6 de octubre de 2015, asunto *Schrems* (C-362/14).
- de 19 de octubre de 2016, asunto *Patrick Breyer c. Bundesrepublik Deutschaland* (C-582/14).
- (Gran Sala) de 10 de julio de 2018 en el asunto *Jehovan todistajat*, C-25/17, ECLI:EU:C:2018:551
- (Sala Segunda) de 29 de julio de 2019 en el asunto *Fashion ID GmbH & Co.KG contra Verbraucherzentrale NRW eV* [ECLI:EU:C:2019:629]
- (Gran Sala) de 16 de julio de 2020, asunto *Data Protection Commissioner c. Facebook Ireland Ltd y Maximillian Schrems* (C-311/18) [ECLI:EU:C:2020:559]
- (Sala Primera) de 22 de junio de 2023, asunto *J.M c. Apulaistietosuojavaltuutettu y Pankki S* (C-579/21) [ECLI:EU:C:2023:501]
- (Gran Sala) de 6 de octubre de 2020, asunto *La Quadrature du Net and Others v Conseil d'État* (C-511/18)
- (Gran Sala) de 8 de diciembre de 2022, asunto Google LLC v D. Schwarz y al (C-460/20).
- (Sala Tercera) de 14 de diciembre de 2023, asunto *Natsionalna agentsia za prihodite* (C-340/21)
- (Sala Primera) 26 de septiembre de 2024 (C-768/21) en el asunto *TR c. Land Hessen* [ECLI:EU:C:2024:785]
- (Gran Sala) de 4 de octubre de 2024, asunto *CG c. Bezirkshauptmannschaft Landeck,* (C-548/21) [ECLI:EU:C:2024:830]
- (Sala Cuarta) de 4 de octubre de 2024, asunto *Schrems III* (C-446/21).
- (Sala Novena) del 4 de octubre de 2024, en el asunto *Koninklijke Nederlandse Lawn Tennisbond contra Autoriteit Persoonsgegevens* (C-621/22).
- Sala Primera de 4 de septiembre de 2025, asunto Supervisor Europeo de Protección de Datos (SEPD) et al c. Junta Única de Resolución (JUR) et al. (C- C-413/23 P)

Sentencia del Tribunal Supremo (Sala Primera) de 20-12-2022 (Rc 2737/2022, ECLI:ES:TS:2022:4607).

- Núm. 960/2022 de 21-12-2022 (Rc 1456/2022, ECLI:ES:TS:2022:4491),
- De 20-12-2022 (Rc 2737/2022, ECLI:ES:TS:2022:4607),
- De 20-12-2022 (Rc 4754/2022, ECLI:ES:TS:2022:4492)
- de Pleno núm. 34/2024 de 11 de enero de 2024.
- (Sala Tercera) número 3896/2014 de 3 de octubre de 2014 (Rc 6153/2011).

Sentencia del Tribunal Supremo (Sala Tercera) núm. 1503/2020 de 12-11 (ECLI:ES:TS:2020:3869)

- núm. 557/2021 de 26-4 (ECLI:ES:TS:2021:1564)
- núm. 244/2021 de 22-2 (ECLI:ES:TS:2021:698)
- núm. 680/2021 de 13-5 (ECLI:ES:TS:2021:1818)
- núm. 160/2021 de 9-2 (ECLI:ES:TS:2021:427)
- núm. 1456/2021 de 13-12 (ECLI:ES:TS:2021:4660)
- núm. 1364/2021 de 23-11 (ECLI:ES:TS:2021:4439)

- núm. 188/2022 de 15.2 (ECLI:ES:TS:2022:543).
- núm. 1756/2023 de 21-12 (ECLI:ES:TS:2023:5782)
- núm. 130/2023 de 2-2 (ECLI:ES:TS:2023:215)
- núm. 1568/2024 de 8-10-24 (rec. 1920/2021) [ECLI:ES:TS:2024:4954].

U.S. Federal Trade Commission, Complaint number 152 3099, In the Matter of *Turn Inc., a corporation.*

III. LEGISLACIÓN

Carta de los Derechos Fundamentales de la Unión Europea, (2000/C 364/01), DOUE C 364/1 de 18 de diciembre de 2000.

Council of Europe Framework Convention on Artificial Intelligence and Human Rights, Democracy and the Rule of Law, Vilnius, 5.IX.2024, disponible en https://rm.coe.int/1680afae3c

Corrección de errores del Reglamento (UE) 2016/679 del Parlamento Europeo y del Consejo, de 27 de abril de 2016, relativo a la protección de las personas físicas en lo que respecta al tratamiento de datos personales y a la libre circulación de estos datos y por el que se deroga la Directiva 95/46/CE (Reglamento general de protección de datos) (Diario Oficial de la Unión Europea L 119 de 4 de mayo de 2016) DOUE L74/35 de 4 de marzo de 2021.

Convenio para la protección de los derechos humanos y la dignidad del ser humano con respecto a las aplicaciones de la Biología y la Medicina (Convenio relativo a los derechos humanos y la biomedicina), hecho en Oviedo el 4 de abril de 1997. Instrumento de ratificación. *Vid.*, «BOE» núm. 251, de 20/10/1999

Decision of the European Parliament and of the Council of 4 December 2014 appointing the European Data protection Supervisor and the Assistant Supervisor (2014/886/EU), DOUE, L 351/9 de 9 de diciembre de 2014.

Decisión de Ejecución (UE) 2016/1250 de la Comisión de 12 de julio de 2016 con arreglo a la Directiva 95/46/CE del Parlamento Europeo y del Consejo, sobre la adecuación de la protección conferida por el Escudo de la privacidad UE-EE. UU. (DOUE L207/1 de 1 de agosto de 2016) [C(2016) 4176].

- 2023/1795 de la Comisión de 10 de julio de 2023 relativa a la adecuación del nivel de protección de los datos personales en el Marco de Privacidad de Datos UE-EE. UU. con arreglo al Reglamento (UE) 2016/679 del Parlamento Europeo y del Consejo [notificada con el número C(2023) 4745]

Directiva 95/46/CE **del Parlamento Europeo y del Consejo,** de 24 de octubre de 1995, *relativa a la protección de las personas físicas en lo que respeta al tratamiento de datos personales y a la libre circulación de estos datos,* DOUE núm. L 281 de 23 de noviembre 1995 (pags., 0031 – 0050).

- 98/34/CE del Parlamento Europeo y del Consejo, de 22 de junio de 1998 *por la que se establece un procedimiento de información en materia de las normas y reglamentaciones técnicas* (DOUE núm., L 204/37 de 21 de julio de 1998)
- 98/48/CE del Parlamento Europeo y del Consejo de 20 de julio de 1998 que modifica la Directiva 98/34/CE *por la que se establece un procedimiento de información en materia de las normas y reglamentaciones técnicas* (DOUE núm., L 217/18 de 5 de agosto de 1998).
- 2000/31/CE del Parlamento Europeo y del Consejo, de 8 de junio de 2000, *relativa a determinados aspectos jurídicos de los servicios de la sociedad de la información, en particular el comercio electrónico en el mercado interior (Directiva sobre el comercio electrónico),* DOUE núm. L 178 de 17 de julio de 2000 (págs., 0001 – 0016)
- 2002/58/CE del Parlamento Europeo y del Consejo, de 12 de julio de 2002, *relativa al tratamiento de los datos personales y a la protección de la intimidad en el sector de las comunicaciones*

electrónicas (Directiva sobre la privacidad y las comunicaciones electrónicas), DOUE núm. L 201 de 31 de julio de 2002 p. 0037 – 0047.

- 2009/136/CE del Parlamento y del Consejo de 25 de noviembre de 2009 *por la que se modifican la Directiva 2002/22/CE relativa al servicio universal y los derechos de los usuarios en relación con las redes y los servicios de comunicaciones electrónicas, la Directiva 2002/58/CE relativa al tratamiento de los datos personales y a la protección de la intimidad en el sector de las comunicaciones electrónicas y el Reglamento (CE) no 2006/2004 sobre la cooperación en materia de protección de los consumidores*, DOUE núm. L337/11 de 18 e diciembre de 2009.
- (UE) 2016/680 del Parlamento Europeo y del Consejo, de 27 de abril de 2016, *relativa a la protección de las personas físicas en lo que respecta al tratamiento de datos personales por parte de las autoridades competentes para fines de prevención, investigación, detección o enjuiciamiento de infracciones penales o de ejecución de sanciones penales, y a la libre circulación de dichos datos y por la que se deroga la Decisión Marco 2008/977/JAI del Consejo*, DOUE L 119/89 de 4 de mayo de 2016.
- (UE) 2019/1024 del Parlamento Europeo y del Consejo de 20 de junio de 2019 relativa a los datos abiertos y la reutilización de la información del sector público. DOUE L 172/56 de 26 de junio de 2019.
- (UE) 2022/2555 del Parlamento Europeo y del Consejo de 14 de diciembre de 2022 relativa a las medidas destinadas a garantizar un elevado nivel común de ciberseguridad en toda la Unión, por la que se modifican el Reglamento (UE) nº 910/2014 y la Directiva (UE) 2018/1972 y por la que se deroga la Directiva (UE) 2016/1148 (Directiva SRI 2). «DOUE» núm. 333, de 27 de diciembre de 2022

Draft United Nations convention against cybercrime, Strengthening international cooperation for combating certain crimes committed by means of information and communications technology systems and for the sharing of evidence in electronic form of serious crimes. Ad Hoc Committee to Elaborate a Comprehensive International Convention on Countering the Use of Information and Communications Technologies for Criminal Purposes Reconvened concluding session New York, 29 July–9 August 2024 [A/AC.291/L.15].

Instrumento de Ratificación del Convenio sobre la Ciberdelincuencia, hecho en Budapest el 23 de noviembre de 2001. «BOE» núm. 226, de 17 de septiembre de 2010.

Ley 9/1968, de 5 de abril, *sobre secretos oficiales*. «BOE» núm. 84, de 6 de abril de 1968.

- 16/1985, de 25 de junio, *del Patrimonio Histórico Español*. «BOE» núm. 155, de 29 de junio de 1985.
- 5/2002, de 19 de abril, *de la Agencia Catalana de Protección de Datos*. «BOE» núm. 115, de 14 de mayo de 2002, páginas 17379 a 17384 (6 págs.)
- 34/2002, de 11 de julio, *de servicios de la sociedad de la información y de comercio electrónico*, BOE núm. 166, de 12 de julio de 2002.
- 2/2004, de 25 de febrero, *de Ficheros de Datos de Carácter Personal de Titularidad Pública y de Creación de la Agencia Vasca de Protección de Datos*. «BOE» núm. 279, de 19 de noviembre de 2011 y «BOPV» núm. 44, de 4 de marzo de 2004
- 32/2010, de 1 de octubre, *de la Autoridad Catalana de Protección de Datos*. «DOGC» núm. 5731, de 08/10/2010, «BOE» núm. 257, de 23/10/2010.
- 5/2014, de 4 de abril, *de Seguridad Privada*. «BOE» núm. 83, de 5 de abril de 2014.
- 8/2011, de 28 de abril, por la que se establecen medidas para la protección de las infraestructuras críticas. «BOE» núm. 102, de 29/04/2011.
- 40/2015 de 1 de octubre, *de Régimen Jurídico del Sector Público*. «BOE» núm. 236, de 2 de octubre de 2015
- 25/2007, de 18 de octubre, *de conservación de datos relativos a las comunicaciones electrónicas y a las redes públicas de comunicaciones*. «BOE» núm. 251, de 19 de octubre de 2007.
- 1/2014, de 24 de junio, *de Transparencia Pública de Andalucía*. «BOE» núm. 172, de 16 de julio de 2014 y «BOJA» núm. 124, de 30 de junio de 2014

- 4/2020, de 15 de octubre, *del Impuesto sobre Determinados Servicios Digitales.* «BOE» núm. 274, de 16/10/2020.
- 11/2022 de 28 de junio, General de Telecomunicaciones. «BOE» núm. 155, de 29/06/2022
- 2/2023, de 20 de febrero, reguladora de la protección de las personas que informen sobre infracciones normativas y de lucha contra la corrupción. «BOE» núm. 44, de 21/02/2023.
- 11/2023, de 8 de mayo, de trasposición de Directivas de la Unión Europea en materia de accesibilidad de determinados productos y servicios, migración de personas altamente cualificadas, tributaria y digitalización de actuaciones notariales y registrales; y por la que se modifica la Ley 12/2011, de 27 de mayo, sobre responsabilidad civil por daños nucleares o producidos por materiales radiactivos. BOE 110 de 9 de mayo de 2023

Ley Orgánica 2/1984, de 26 de marzo, *reguladora del derecho de rectificación.* «BOE» núm. 74, de 27 de marzo de 1984.
- 1/1982, de 5 de mayo, de protección civil del derecho al honor, a la intimidad personal y familiar y a la propia imagen.
- 6/1985, de 1 de julio, del Poder Judicial. «BOE» núm. 157, de 02/07/1985. «BOE» núm. 115, de 14/05/1982.
- 10/1995, de 23 de noviembre, *del Código Penal, Texto consolidado a 28 de abril de 2015*, «BOE» núm. 281, de 24/11/1995.
- 15/1999, de 13 de diciembre, de Protección de Datos de Carácter Personal, «BOE» núm. 298, de 14 de diciembre de 1999, páginas 43088 a 43099 (12 págs.).
- 5/2010, de 22 de junio, *por la que se modifica la Ley Orgánica 10/1995, de 23 de noviembre, del Código Penal.* «BOE» núm. 152, de 23 de junio de 2010, páginas 54811 a 54883 (73 págs.)
- 7/2014, de 12 de noviembre, sobre intercambio de información de antecedentes penales y consideración de resoluciones judiciales penales en la Unión Europea. Ley Orgánica 7/2014, de 12 de noviembre, sobre intercambio de información de antecedentes penales y consideración de resoluciones judiciales penales en la Unión Europea. «BOE» núm. 275, de 13/11/2014.
- 7/2021, de 26 de mayo, de protección de datos personales tratados para fines de prevención, detección, investigación y enjuiciamiento de infracciones penales y de ejecución de sanciones penales. «BOE» núm. 126, de 27/05/2021.
- 4/2024, de 18 de octubre, por la que se modifica la Ley Orgánica 7/2014, de 12 de noviembre, sobre intercambio de información de antecedentes penales y consideración de resoluciones judiciales penales en la Unión Europea, para su adecuación a la normativa de la Unión Europea sobre el Sistema Europeo de Información de Antecedentes Penales (ECRIS). «BOE» núm. 253, de 19 de octubre de 2024

Orden TDF/149/2025, de 12 de febrero, por la que se establecen medidas para combatir las estafas de suplantación de identidad a través de llamadas telefónicas y mensajes de texto fraudulentos y para garantizar la identificación de la numeración utilizada para la prestación de servicios de atención al cliente y realización de llamadas comerciales no solicitadas. «BOE» núm. 40, de 15/02/2025.

Proposal for a Regulation of the European Parliament and of the Council laying down measures to strengthen solidarity and capacities in the Union to detect, prepare for and respond to cybersecurity threats and incidents. Strasbourg, 18.4.2023 COM(2023) 209 final 2023/0109 (COD) y la propuesta de

Propuesta de Reglamento del Parlamento Europeo y del Consejo sobre el respeto de la vida privada y la protección de los datos personales en el sector de las comunicaciones electrónicas y por el que se deroga la Directiva 2002/58/CE (Reglamento sobre la privacidad y las comunicaciones electrónicas), del 10 de enero de 2017, 2017/0003 (COD).

– Reglamento del Parlamento Europeo y del Consejo relativo a los requisitos horizontales de ciberseguridad para los productos con elementos digitales y por el que se modifica el Reglamento (UE) 2019/1020. Bruselas, 15.9.2022
– propuesta de Reglamento del Parlamento europeo y del Consejo relativo a los requisitos horizontales de ciberseguridad para los productos con elementos digitales y por el que se modifica el Reglamento (UE) 2019/1020. Bruselas, 15.9.2022 COM(2022) 454 final.
– Anexos que recogen los requisitos de ciberseguridad a cumplir por los productos de hardware y software. *Vid.*, ANEXOS de la propuesta de Reglamento del Parlamento europeo y del Consejo relativo a los requisitos horizontales de ciberseguridad para los productos con elementos digitales y por el que se modifica el Reglamento (UE) 2019/1020. Bruselas, 15.9.2022 COM(2022) 454 final.

Proyecto de Ley Orgánica de Protección de Datos de Carácter Personal, Boletín Oficial de las Cortes Generales Congreso de los Diputados, XII Legislatura, de 24 de noviembre de 2017 Núm. 13-1.

Real Decreto-ley 424/2005, de 15 de abril, *por el que se aprueba el Reglamento sobre las condiciones para la prestación de servicios de comunicaciones electrónicas, el servicio universal y la protección de los usuarios,* «BOE» núm. 102, de 29 de abril de 2005 (texto consolidado a fecha 24 de mayo de 2011).
– 1720/2007, de 21 de diciembre, por el que se aprueba el Reglamento de desarrollo de la Ley Orgánica 15/1999, de 13 de diciembre, *de protección de datos de carácter personal,* «BOE» núm. 17, de 19/01/2008.
– 1708/2011, de 18 de noviembre, *por el que se establece el Sistema Español de Archivos y se regula el Sistema de Archivos de la Administración General del Estado y de sus Organismos Públicos y su régimen de acceso.* «BOE» núm. 284, de 25 de noviembre de 2011.
– Real Decreto-ley 5/2018, de 27 de julio, de medidas urgentes para la adaptación del Derecho español a la normativa de la Unión Europea en materia de protección de datos, BOE núm. 183 de 30 de julio de 2018.
– 12/2018, de 7 de septiembre, de seguridad de las redes y sistemas de información. «BOE» núm. 218, de 08 de septiembre de 2018
– 8/2019, de 8 de marzo, de medidas urgentes de protección social y de lucha contra la precariedad laboral en la jornada de trabajo. «BOE» núm. 61, de 12/03/2019.
– 8/2020, de 17 de marzo, de medidas urgentes extraordinarias para hacer frente al impacto económico y social del COVID-19. «BOE» núm. 73, de 18 de marzo de 2020, páginas 25853 a 25898 (46 págs.).
– 11/2020, de 31 de marzo, por el que se adoptan medidas urgentes complementarias en el ámbito social y económico para hacer frente al COVID-19. «BOE» núm. 91, de 1 de abril de 2020, páginas 27885 a 27972 (88 págs.)
– 389/2021, de 1 de junio, por el que se aprueba el Estatuto de la Agencia Española de Protección de Datos. «BOE» núm. 131, de 02/06/2021
– 6/2023, de 19 de diciembre, por el que se aprueban medidas urgentes para la ejecución del Plan de Recuperación, Transformación y Resiliencia en materia de servicio público de justicia, función pública, régimen local y mecenazgo. BOE» núm. 303, de 20/12/2023.
– 24/2021, de 2 de noviembre, de transposición de directivas de la Unión Europea en las materias de bonos garantizados, distribución transfronteriza de organismos de inversión colectiva, datos abiertos y reutilización de la información del sector público, ejercicio de derechos de autor y derechos afines aplicables a determinadas transmisiones en línea y a las retransmisiones de programas de radio y televisión, exenciones temporales a determinadas importaciones y suministros, de personas consumidoras y para la promoción de vehículos de transporte por carretera limpios y energéticamente eficientes. «BOE» núm. 263, de 03/11/2021.
– 817/2023, de 8 de noviembre, que establece un entorno controlado de pruebas para el ensayo del cumplimiento de la propuesta de Reglamento del Parlamento Europeo y del

Consejo por el que se establecen normas armonizadas en materia de inteligencia artificial. «BOE» núm. 268, de 9 de noviembre de 2023.
- 311/2022, de 3 de mayo, por el que se regula el Esquema Nacional de Seguridad. «BOE» núm. 106, de 04/05/2022

Real Decreto Legislativo 5/2015, de 30 de octubre, *por el que se aprueba el texto refundido de la Ley del Estatuto Básico del Empleado Público.* «BOE» núm. 261, de 31/10/2015.
- 2/2015, de 23 de octubre. «BOE» núm. 255, de 24/10/2015

Reglamento (UE) 2016/679 del Parlamento Europeo y del Consejo, de 27 de abril de 2016, *relativo a la protección de las personas físicas en lo que respecta al tratamiento de datos personales y a la libre circulación de estos datos y por el que se deroga la Directiva 95/46/CE (Reglamento general de protección de datos),* DOUE L 119, 4 de mayo de 2016.
- (UE) 910/2014, del Parlamento Europeo y del Consejo, de 23 de julio de 2014, relativo a la identificación electrónica y los servicios de confianza para las transacciones electrónicas en el mercado interior y por la que se deroga la Directiva 1999/93/CE.
- Reglamento (UE) 2019/816 del Parlamento europeo y del Consejo de 17 de abril de 2019 por el que se establece un sistema centralizado para la identificación de los Estados miembros que poseen información sobre condenas de nacionales de terceros países y apátridas (ECRIS-TCN) a fin de complementar el Sistema Europeo de Información de Antecedentes Penales, y por el que se modifica el Reglamento (UE) 2018/1726. DOUE núm. L 135/1 de 22 de mayo de 2019
- (UE) 2024/1689 DEL PARLAMENTO EUROPEO Y DEL CONSEJO de 13 de junio de 2024 por el que se establecen normas armonizadas en materia de inteligencia artificial y por el que se modifican los (CE) n.o 300/2008, (UE) n.o 167/2013, (UE) núm. 168/2013, (UE) 2018/858, (UE) 2018/1139 y (UE) 2019/2144 y las Directivas 2014/90/UE, (UE) 2016/797 y (UE) 2020/1828 (Reglamento de Inteligencia Artificial). DOUE de 12 de julio de 2024.
- (UE) 2022/868 del Parlamento Europeo del Consejo de 30 de mayo de 2022 relativo a la gobernanza europea de datos y por el que se modifica el Reglamento (UE) 2018/1724 (Reglamento de Gobernanza de Datos). DOUE L 152/1 de 3 de junio de 2022
- (UE) 2022/2554 del Parlamento Europeo y del Consejo de 14 de diciembre de 2022 sobre la resiliencia operativa digital del sector financiero y por el que se modifican los Reglamentos (CE) No. 1060/2009, (UE) No. 648/2012, (UE) No. 600/2014, (UE) No. 909/2014 y (UE) 2016/1011. DOUE L 331/1 de 27 de diciembre de 2022.
- (UE) 2022/2065 del Parlamento Europeo y del Consejo de 19 de octubre de 2022 relativo a un mercado único de servicios digitales y por el que se modifica la Directiva 2000/31/CE (Reglamento de Servicios Digitales). «DOUE» núm. 277, de 27 de octubre de 2022,
- (UE) 2022/1925 del Parlamento Europeo y del Consejo de 14 de septiembre de 2022 sobre mercados disputables y equitativos en el sector digital y por el que se modifican las Directivas (UE) 2019/1937 y (UE) 2020/1828 (Reglamento de Mercados Digitales). «DOUE» núm. 265, de 12 de octubre de 2022.
- (UE) 2025/327 del Parlamento Europeo y del Consejo, de 11 de febrero de 2025, relativo al Espacio Europeo de Datos de Salud, y por el que se modifican la Directiva 2011/24/UE y el Reglamento (UE) 2024/2847. «DOUE» núm. 327, de 5 de marzo de 2025
- (UE) 2018/1725 del Parlamento Europeo y del Consejo de 23 de octubre de 2018 relativo a la protección de las personas físicas en lo que respecta al tratamiento de datos personales por las instituciones, órganos y organismos de la Unión, y a la libre circulación de esos datos, y por el que se derogan el Reglamento (CE) n.o 45/2001 y la Decisión n.o 1247/2002/CE. DOUE L 295/39 de 21 de noviembre de 2018.

Reglamento de Ejecución (UE) 2024/2690 de la Comisión, de 17 de octubre de 2024, por el que se establecen las disposiciones de aplicación de la Directiva (UE) 2022/2555 en lo que respecta a los requisitos técnicos y metodológicos de las medidas para la gestión de riesgos de ciberseguridad y en el que se detallan los casos en que un incidente se considera significativo con respecto a los proveedores de servicios de DNS, los registros de nombres de dominio de primer nivel, los proveedores de servicios de computación en nube, los proveedores de servicios de centro de datos, los proveedores de redes de distribución de contenidos, los proveedores de servicios gestionados, los proveedores de servicios de seguridad gestionados, los proveedores de mercados en línea, motores de búsqueda en línea y plataformas de servicios de redes sociales, y los proveedores de servicios de confianza. «DOUE» L núm. 2690, de 18 de octubre de 2024 y su anexo.

Regulamento No. 1/2018, *relativo à lista de tratamentos de dados pessoais sujeitos a Avaliação de Impacto sobre a Proteção de Dados, Comissão Nacional de Protecção de Dados, Lisboa,* 16 de outubro de 2018, disponible en https://www.cnpd.pt/bin/decisoes/regulamentos/regulamento_1_2018.pdf

Tratado de Funcionamiento de la Unión Europea, Versión Consolidada, DOUE C 326/47 de 26 de octubre de 2012.

IV. ARTÍCULOS PERIODÍSTICOS Y PÁGINAS WEB

«Aeropuerto de Roma comienza a usar "cascos inteligentes" para detectar casos de covid-19», CNNESPAÑOL, 6 de mayo de 2020 [10 de mayo de 2020], disponible en https://cnnespanol.cnn.com/video/coronavirus-italia-aeropuerto-fiumicino-casco-temperatura-pkg-digital-original/

BFONISCS, «Low Energy Blue tooth|bfonics Smart Beacons|BLE», www. bfonics.com. disponible en https://web.archive.org/web/20141108070354/http://bfonics.com/what_is_beacon.php

«Combatting COVID-19 through data: some considerations for privacy», *Blog ICO,* April 17th 2020 [10 de mayo de 2020], disponible en https://ico.org.uk/about-the-ico/news-and-events/news-and-blogs/2020/04/combatting-covid-19-through-data-some-considerations-for-privacy/

COMISIÓN NACIONAL DEL MERCADO DE VALORES, «Empresas de servicios de inversión, disponible aquí (ultima vez consultado el 18 de enero de 2020): https://www.cnmv.es/portal/Consultas/IndiceESI.aspx

GAIL. Mónica, «¿Cómo funcionan y en qué se diferencian las PCR y los test rápidos de coronavirus?», *Gaceta Médica,* 25 de marzo de 2020 [9 de mayo de 2020], disponible en https://gacetamedica.com/investigacion/como-funcionan-y-en-que-se-diferencian-las-pcr-y-los-test-rapidos-de-coronavirus/

GOOGLE, «Mapa de la enfermedad por coronavirus (COVID-19)», [10 de mayo de 2020] disponible aquí https://www.google.com/covid19-map/?hl=es&gl=es

LA SEXTA, «Fernando Simón, sobre el coronavirus: "Sorprende el exceso de preocupación, la gente no se agobia con la gripe porque está acostumbrada"», *El Objetivo,* 16 de febrero de 2020 [9 de mayo de 2020], disponible en https://www.lasexta.com/programas/el-objetivo/noticias/fernando-simon-sobre-el-coronavirus-sorprende-el-exceso-de-preocupacion-la-gente-no-se-agobia-con-la-gripe-porque-estamos-acostumbrados_202002165e49c2b70cf290812a6699ba.html

MURGIA, Madhumita, «London's King's Cross uses facial recognition in security cameras», *Financial Times,* Agugust 12th, 2019, [22 de mayo de 2020], disponible en https://www.ft.com/content/8cbcb3ae-babd-11e9-8a88-aa6628ac896c

METZ, Cade and GRIFFITH, Erin, «This Was Supposed to Be the Year Driverless Cars Went Mainstream», *The New York Times,* May 12th 2020 [15 de mayo de 2020], disponible en: https://www.nytimes.com/2020/05/12/technology/self-driving-cars-coronavirus.html?utm_campaign=Artificial%2BIntelligence%2BWeekly&utm_medium=email&utm_source=Artificial_Intelligence_Weekly_161

MUÑOZ, Ramón, «Más de 40 millones de teléfonos móviles serán usados para rastrear el coronavirus en toda España», *El País,* 2 de abril de 2020 [10 de mayo de 2020], disponible en https://

elpais.com/economia/2020-04-01/mas-de-40-millones-de-telefonos-moviles-seran-usados-para-rastrear-el-coronavirus.html

ORTEGO RUIZ, Miguel, «El INE inicia el rastreo de la ubicación de los móviles», *MediaLAW*, [10 de mayo de 2020], disponible https://medialaw.digital/el-ine-inicia-el-rastreo-de-la-ubicacion-de-los-moviles/

RAMOS, David, «A fondo: ¿Por qué recela la UE del reconocimiento facial?, *Silicon.es*, 29 de enero de 2020, disponible en https://www.silicon.es/a-fondo-veto-ue-reconocimiento-facial-2411480 [fecha de la última consulta: 16 de febrero de 2020].

RAYA, Adrián, «El rastreo del coronavirus de Apple y Google está al caer: ya se pueden crear apps», *El Español*, 29 de abril de 2020 [10 de mayo de 2020], disponible en https://www.elespanol.com/omicrono/software/20200429/rastreo-coronavirus-apple-google-caer-pueden-crear/486202735_0.html

SHAW, Keith, «What is edge computing and why it matters», Networkworld, November 13th, 2019 [22 de mayo de 2020], disponible en https://www.networkworld.com/article/3224893/what-is-edge-computing-and-how-it-s-changing-the-network.html

«Vulnerabilidad descubierta en el sistema de videoconferencia Zoom», *Instituto Nacional de Ciberseguridad (INCIBE)*, 6 de abril de 2020 [10 de mayo de 2020], disponible en https://www.incibe.es/protege-tu-empresa/avisos-seguridad/vulnerabilidad-descubierta-el-sistema-videoconferencia-zoom

WEST, Sarah Myers, «AI and the Far Right: A History We Can't Ignore», *Medium* [10 de mayo de 2020], disponible en https://medium.com/@AINowInstitute/ai-and-the-far-right-a-history-we-cant-ignore-f81375c3cc57

WORLD HEALTH ORGANIZATION, «Why do the virus and the disease have different names?», [9 de mayo de 2020], disponible en https://www.who.int/emergencies/diseases/novel-coronavirus-2019/technical-guidance/naming-the-coronavirus-disease-(covid-2019)-and-the-virus-that-causes-it

– «WHO announces COVID-19 outbreak a pandemic», 12 de marzo de 2020 [9 de mayo de 2020], disponible en http://www.euro.who.int/en/health-topics/health-emergencies/coronavirus-covid-19/news/news/2020/3/who-announces-covid-19-outbreak-a-pandemic

V. GUÍAS, INFORMES Y/O DICTÁMENES

«An Introduction to Network Slicing», *GSMA*, 2017 [22 de mayo de 2020], disponible en https://www.gsma.com/futurenetworks/wp-content/uploads/2017/11/GSMA-An-Introduction-to-Network-Slicing.pdf

«Guía para paciente y usuarios de la Sanidad», *Agencia Española de Protección de Datos*, noviembre 2019, disponible en https://www.aepd.es/sites/default/files/2019-12/guia-pacientes-usuarios-sanidad.pdf

«Information Commissioner's Opinion: Apple and Google joint initiative on COVID-19 contact tracing technology», April 17th 2020, [10 de mayo de 2020], disponible en https://www.huntonprivacyblog.com/wp-content/uploads/sites/28/2020/04/apple-google-api-opinion-final-april-2020.pdf

«Publication de l'avis de la CNIL sur le projet d'application mobile "StopCovid"», *Commission Nationale de l'Informatique et des Libertés («CNIL»)*, 26 avril 2020 [10 de mayo de 2020], disponible en https://www.cnil.fr/fr/publication-de-lavis-de-la-cnil-sur-le-projet-dapplication-mobile-stopcovid#

«Statement: Live facial recognition technology in King's Cross», ICO, 15 august 2019 [22 de mayo de 2020], disponible en https://ico.org.uk/about-the-ico/news-and-events/news-and-blogs/2019/08/statement-live-facial-recognition-technology-in-kings-cross/

«The iEEE global Initiative on Ethics of Autonomous and Intelligent Systems», *IEEE*, [15 de mayo de 2020], disponible en: https://standards.ieee.org/content/dam/ieee-standards/standards/web/documents/other/ead1e_well_being.pdf

AGENCIA ESPAÑOLA DE PROTECCIÓN DE DATOS (AEPD), «Carácter de dato personal de la dirección IP. Informe 327/2003»

- «Guía sobre el uso de las cookies», mayo 2024, disponible en: https://www.aepd.es/guias/guia-cookies.pdf
- «La protección de datos en las relaciones laborales», 2021.
- «Adecuación al RGPD de tratamientos que incorporan Inteligencia Artificial. Una introducción», Febrero de 2020, disponible en https://www.aepd.es/sites/default/files/2020-02/adecuacion-RGPD-ia.pdf
- Informe Jurídico 195/2017.
- «Listas de tipos de tratamientos de datos que requieren evaluación de impacto relativa a protección de datos (art. 35.4)»
- «Lista orientativa de tipos de tratamientos que no requieren una evaluación de impacto relativa a la protección de datos según el artículo 35.5 RGPD».
- «Guía de protección de datos desde el diseño», octubre de 2019.
- «Guía de Protección de Datos por Defecto», octubre de 2020.
- «Requisitos para Auditorías de Tratamientos que incluyan IA», enero 2021, disponible en https://www.aepd.es/sites/default/files/2021-01/requisitos-auditorias-tratamientos-incluyan-ia.pdf
- «TechDispatch. Neurodatos», 2024, disponible en https://www.aepd.es/guias/neurodatos-aepd-edps.pdf
- «Fingerprinting o Huella digital del dispositivo», disponible aquí. https://www.aepd.es/guias/estudio-fingerprinting-huella-digital.pdf

COMISIÓN EUROPEA, «Guía del usuario sobre la definición del concepto de pyme», Mercado Interior, Industria, Emprendimiento y Pymes del 24 de febrero de 2016, © Unión Europea 2015, Ref.: Ares (2016)956541 - 24/02/2016.

COMMISSION STAFF WORKING PAPER EXECUTIVE SUMMARY OF THE IMPACT ASSESSMENT, *Accompanying the document Regulation of the European Parliament and of the Council on the protection of individuals with regard to the processing of personal data and on the free movement of such data (General Data Protection Regulation) and Directive of the European Parliament and of the Council on the protection of individuals with regard to the processing of personal data by competent authorities for the purposes of prevention, investigation, detection or prosecution of criminal offences or the execution of criminal penalties, and the free movement of such data,* {COM(2012) 10 final} {COM(2012) 11 final} {SEC(2012) 72 final}, del 25 de enero de 2012

Comunicación de la Comisión al Parlamento Europeo, al Consejo, al Comité Económico y Social Europeo y al Comité de las Regiones, denominada «La protección de la privacidad en un mundo interconectado. Un marco europeo de protección de datos para el siglo XXI», COM/2012/09 final, de 25 de enero de 2012.

Commission Nationale de l'Informatique et des Libertés («CNIL»), Délibération n° 2019-093 du 4 juillet 2019 *portant adoption de lignes directrices relatives à l'application de l'article 82 de la loi du 6 janvier 1978 modifiée aux opérations de lecture ou écriture dans le terminal d'un utilisateur (notamment aux cookies et autres traceurs) (rectificatif),* JORF n°0166 du 19 juillet 2019, texte n° 92, disponible en (fecha última consulta 26.01.2020): https://www.legifrance.gouv.fr/affichTexte.do?cidTexte=JORFTEXT000038783337

CONSEJO EUROPEO DE PROTECCION DE DATOS (EUROPEAN DATA PROTECTION BOARD), «Directrices 07/2020 sobre los conceptos de «responsable del tratamiento» y «encargado del tratamiento» en el RGPD, Versión 2.0 Adoptada el 7 de julio de 2021».

- «Data and contact tracing tools in the context of the COVID-19 outbreak», Adopted on 21 April 2020.
- «Directrices para determinar la autoridad de control principal de un responsable o encargado del tratamiento», Adoptadas el 13 de diciembre de 2016 Revisadas por última vez y adoptadas el 5 de abril de 2017, (16/ES; WP 244 rev.01).
- «Opinion 5/2004 on unsolicited communications for marketing purposes under Article 13 of Directive 2002/58/EC», Adopted on 27 February 2004 (11601/EN; WP 90).
- «Opinion 1/2008 on data protection issues related to search engines» Adopted on 4 April 2008, (00737/EN; WP 148).
- «Opinion 5/2009 on online social networking», Adopted on 12 June 2009 (01189/09/EN; WP 163).
- «Opinion 1/2010 on the concepts of "controller" and "processor"», Adopted on 16 February 2010, (00264/10/EN; WP 169).
- «Opinion 2/2010 on Online Behavioural Advertising», de 22 de junio de 2010 (00909/10/EN; WP 171
- «Opinion 13/2011 on Geolocation services on smart mobile devices», Adopted on 16 May 2011 (881/11/EN; WP 185) Opinion 13/2011 on Geolocation services on smart mobile devices, Adopted on 16 May 2011 (881/11/EN; WP 185).
- «Opinion 15/2011 on the definition of consent», Adopted on 13 July 2011, 01197/11/EN WP187.
- «Opinion 04/2012 on Cookie Consent Exemption», adopted on 7 june 2012 (00879/12/EN; WP 194)/ Dictamen 4/2012 sobre la exención del requisito de consentimiento de cookies»
- «Opinion 02/2013 on apps on smart devices», Adopted on 27 February 2013, (00461/13/EN; WP 202).
- «Working Document 02/2013 providing guidance on obtaining consent for cookies», Adopted on 2 October 2013 (1676/13/EN; WP 208).
- «Guidelines on Data Protection Officers ("DPOs")», Adopted on 13 December 2016 (16/EN; WP 243).
- «Guidelines on consent under Regulation 2016/679», Adopted on 28 November 2017 As last Revised and Adopted on 10 April 2018 (17/EN;WP 259 rev.01).
- «Dictamen conjunto 1/2021 del CEPD-SEPD sobre la Decisión de Ejecución de la Comisión Europea relativa a las cláusulas contractuales tipo entre responsables y encargados del tratamiento [para las cuestiones a que se refieren el artículo 28, apartado 7, del Reglamento (UE) 2016/679 y el artículo 29, apartado 7, del Reglamento (UE) 2018/1725]»
- «Directrices 05/2022 del Comité Europeo de Protección de Datos (CEPD), sobre el uso de reconocimiento facial en el ámbito de las fuerzas de orden público (véase Versión 2.0, de 26 de abril de 2023)»,
- «Guidelines 4/2019 on Article 25 Data Protection by Design and by Default», 2019.
- «Report of the work undertaken by the ChatGPT Taskforce» 23 May 2024, disponible en https://www.edpb.europa.eu/system/files/2024-05/edpb_20240523_report_chatgpt_taskforce_en.pdf
- Guidelines 03/2022 on deceptive design patterns in social media platform interfaces: how to recognise and avoid them» February 14th, 2023 disponible en https://www.edpb.europa.eu/system/files/2023-02/edpb_03-2022_guidelines_on_deceptive_design_patterns_in_social_media_platform_interfaces_v2_en_0.pdf
- «Guidelines 1/2024 on processing of personal data based on Article 6(1)(f) GDPR», Version 1.0 Adopted on 8 October 2024

- «Opinion 22/2024 on certain obligations following from the reliance on processor(s) and sub-processor(s)», Adopted on 7 October 2024
- «Guidelines 2/2023 on Technical Scope of Art. 5(3) of ePrivacy Directive», Version 2.0 Adopted on 7 October 2024.
- «Directrices 2/2019 sobre el tratamiento de datos personales en virtud del artículo 6, apartado 1, letra b), del RGPD en el contexto de la prestación de servicios en línea a los interesados», Versión 2.0, de fecha 8 de octubre de 2019

GARCÍA, Marián y CASTAÑO, Arantxa, *123 preguntas sobre el coronavirus*, 1ª edición digital del 23 de abril de 2020, [9 de mayo de 2020], disponible en http://boticariagarcia.com/123preguntascorona.pdf

GOOGLE DEVELOPPERS, «Uso de las cookies de Google Analytics en sitios web», última vez consultado el 8 de enero de 2020, disponible aquí: https://developers.google.com/analytics/devguides/collection/analyticsjs/cookie-usage?hl=es

GRUPO DE TRABAJO DEL ARTÍCULO 29 SOBRE PROTECCIÓN DE DATOS (ARTICLE 29 DATA PROTECTION WORKING PARTY), «Dictamen 10/2006 del Grupo de Trabajo del Artículo 29 sobre el tratamiento de datos personales por parte de la Sociedad de Telecomunicaciones Financieras Interbancarias Mundiales (Worldwide Interbank Financial Telecommunication - SWIFT), de 22 de noviembre de 2006 (WP 128)

- «Dictamen 02/2013 sobre las aplicaciones de los dispositivos inteligentes», adoptado el 27 de febrero de 2013 (00461/13/ES; WP 202).
- «Directrices sobre los delegados de protección de datos (DPD)», adoptadas el 13 de diciembre de 2016 y revisadas por última vez y adoptadas el 5 de abril de 2017 (16/ES; WP243rev.01)
- «Directrices sobre la evaluación de impacto relativa a la protección de datos (EIPD) y para determinar si el tratamiento "entraña probablemente un alto riesgo" a efectos del Reglamento 2016/679», adoptadas el 4 de abril de 2017 y revisadas por última vez y adoptadas el 4 de octubre de 2017 (17/ES; WP248rev.01)
- «Directrices sobre decisiones individuales automatizadas y elaboración de perfiles a los efectos del Reglamento 2016/679», adoptadas el 3 de octubre de 2017 y revisadas por última vez y adoptadas el 6 de febrero de 2018 (17/ES; WP251rev.01)

INFORMATION COMMISSIONER'S OFFICE («ICO»), «Guidance on the use of cookies and similar technologies», *ICO,* July 3rd, 2019 (versión 1.0.39), fecha de la última consulta 26.01.2020, disponible en: https://ico.org.uk/for-organisations/guide-to-pecr/cookies-and-similar-technologies/

- «Privacy in mobile apps: Guidance for app developers», pág., 5, disponible en https://ico.org.uk/media/for-organisations/documents/1596/privacy-in-mobile-apps-dp-guidance.pdf

OECD, «Recommendation on Responsible Innovation in Neurotechnology» disponible en https://www.oecd.org/en/topics/sub-issues/emerging-technologies.html

PWC e IAB Spain, «Inversión publicitaria en medios digitales 2018», Abril de 2019.

UNIDAD DE EVALUACIÓN Y ESTUDIOS TECNOLÓGICOS DE LA AEPD, «El uso de las tecnologías en la lucha contra el covid19. Un análisis de costes y beneficios», *Agencia Española de Protección de Datos,* mayo de 2020, disponible en https://www.aepd.es/sites/default/files/2020-05/analisis-tecnologias-COVID19.pdf

VV.AA., «ICO, CNIL, German and Spanish DPA revised cookies guidelines: Convergence and divergence», *International Association of Privacy Professsionals («IAPP»),* págs., 1 a 6, disponible en (fecha última consulta 26.01.2020): https://iapp.org/resources/article/ico-and-cnil-revised-cookie-guidelines-convergence-and-divergence/

VV.AA., «Informe sobre la cibercriminalidad en España 2022», *Ministerio del Interior*, Gobierno de España, 2022, disponible en https://www.interior.gob.es/opencms/export/sites/default/.galleries/galeria-de-prensa/documentos-y-multimedia/balances-e-informes/2022/Informe-Cibercriminalidad-2022.pdf

VV.AA., «Informe sobre Procedimientos de Evaluación no Presencial. Estudio del Impacto de su Implantación en las Universidades Españolas y Recomendaciones», *Grupo de Trabajo Intersectorial de Crue Universidades Españolas CRUE Docencia, CRUE Secretarías Generales, CRUE TIC y CRUE Asuntos Estudiantiles*, versión 1.0, 16 de abril de 2020, disponible en http://www.crue.org/Documentos%20compartidos/Informes%20y%20Posicionamientos/Informe%20procedimientos%20evaluacion%20no%20presencial.pdf

ANEXO I

CRITERIOS PARA UNA EIPD ACEPTABLE[779]

A continuación, se describen los criterios que los responsables del tratamiento pueden usar para evaluar si una EIPD, o una metodología usada para realizar una EIPD, es suficientemente exhaustiva para cumplir con el RGPD:

✓ **Se ofrece una descripción sistemática del tratamiento [artículo 35, apartado 7, letra a)]:**

- se tienen en cuenta la naturaleza, el ámbito, el contexto y los fines del tratamiento (considerando 90);
- se registran los datos personales, los destinatarios y el período durante el cual se conservarán dichos datos;
- se ofrece una descripción funcional de la operación de tratamiento;
- se identifican los medios de los que dependen los datos personales (hardware,
- software, redes, personas, papel o canales de transmisión del papel);
- se tiene en cuenta el cumplimiento de los códigos de conducta aprobados (artículo 35, apartado 8);

✓ **Se evalúan la necesidad y la proporcionalidad [artículo 35, apartado 7, letra b)];**

- Se determinan las medidas previstas para cumplir el Reglamento [artículo 35, apartado 7, letra d), y considerando 90], teniendo en cuenta:
  - ❒ las medidas que contribuyen a la proporcionalidad y la necesidad del tratamiento sobre la base de:
    - ❍ fines determinados, explícitos y legítimos [artículo 5, apartado 1, letra b)];
    - ❍ legalidad del tratamiento (artículo 6);
    - ❍ datos adecuados, pertinentes y limitados a lo necesario [artículo 5, apartado 1, letra c)];
    - ❍ duración limitada de la conservación [artículo 5, apartado 1, letra e)];
  - ❒ Medidas que contribuyen a los derechos de los interesados:
    - ❍ información facilitada al interesado (artículos 12, 13 y 14);
    - ❍ derecho de acceso y a la portabilidad de los datos (artículos 15 y 20);

779 *Vid.*, GRUPO «PROTECCIÓN DE DATOS» DEL ARTÍCULO 29, «Directrices sobre la evaluación de impacto relativa a la protección de datos (EIPD) y para determinar si el tratamiento "entraña probablemente un alto riesgo" a efectos del Reglamento (UE) 2016/679», Adoptadas el 4 de abril de 2017 y revisadas y adoptadas por última vez el 4 de octubre de 2017, (17 ES; WP 248 rev.01), págs. 25 y 26, disponible en https://www.aepd.es/media/criterios/wp248rev01-es.pdf.

- ❍ derecho de rectificación y de supresión (artículos 16, 17 y 19);
- ❍ derecho de oposición y a la limitación del tratamiento (artículos 18, 19 y 21);
- ❍ relaciones con los encargados del tratamiento (artículo 28);
- ❍ garantías concurrentes en las transferencias internacionales (capítulo V);
- ❍ consulta previa (artículo 36).

✓ **Se gestionan los riesgos para los derechos y libertades de los interesados [artículo 35, apartado 7, letra c)]:**

- se aprecian el origen, la naturaleza, la particularidad y la gravedad de los riesgos (véase el considerando 84) o, más concretamente, de cada riesgo (acceso ilegítimo, modificación no deseada y desaparición de datos) desde la perspectiva de los interesados;
  - ❍ se tienen en cuenta los orígenes de los riesgos (considerando 90);
  - ❍ se identifican efectos posibles sobre los derechos y libertades de los interesados en caso de que se produzcan hechos que incluyan el acceso
  - ❍ ilegítimo, la modificación no deseada o la desaparición de datos;
  - ❍ se identifican las amenazas que pueden provocar el acceso ilegítimo, la modificación no deseada o la desaparición de datos;
  - ❍ se estiman la probabilidad y la gravedad (considerando 90);
- se determinan las medidas previstas para tratar esos riesgos [artículo 35, apartado 7, letra d), y considerando 90];

✓ **Participan las partes interesadas:**

- se recaba el asesoramiento del delegado de protección de datos (artículo 35, apartado 2);
- se recaban las opiniones de los interesados o sus representantes (artículo 35, apartado 9).

ANEXO II

MODELO DE REGISTRO DE ACTIVIDADES DEL TRATAMIENTO

En primer lugar, habrá de identificarse bien al responsable del tratamiento, bien al encargado, según corresponda. A continuación, se recoge un modelo para ello:

REGISTRO DE ACTIVIDADES DEL RESPONSABLE DEL TRATAMIENTO	
Denominación social	....
NIF	....
Actividad/objeto social	....
Domicilio social	....
Datos registrales	....
Teléfono(s)	....
E-mail(s) General	....
Marca(s)	....
Página(s) Web	....
Política de privacidad	(link)
Política de cookies	(link)
Canal de denuncias	Email /link
Corporate defence	Código ético y link a políticas
Email privacidad	....
DPO (en su caso)	Sí / No
Representante legal	....
Responsable seguridad (DSPO), en su caso.	....
Número de empleados	....

En segundo lugar, si cuenta con un delegado de protección de datos (DPO) habrá de identificarse. A continuación, se recoge un modelo para ello:

Nombre /denominación	....
Persona física o persona jurídica	....
N.I.F.	
Domicilio	....
Teléfono	....
E-mail	....
Página(s) Web	....
DPO certificado	Sí (y por quién) o no

En tercer lugar, es recomendable listar y describir brevemente todos los tratamientos del responsable. La AEPD dispone de un inventario de sus tratamientos, actualizado a 2023, y que, si bien está enfocado en esa entidad como responsable, sí que recoge muchos campos comunes a otros responsables y/o encargados[780]. En cualquier caso, cada responsable o encargado deberá precisar sus tratamientos en función de sus datos y finalidades concretas.

A continuación, se recoge un modelo para ello:

Tratamiento	Descripción
Actividad de promoción	Actividades comerciales y de promoción de la marca....
Selección de personal	Gestión de candidatos a empleados en procesos de selección y bolsa de empleo, recepción y estudio de CV.
Encuestas y estudios	....
Formación	....
Gestión de autorizaciones y acreditaciones	....
Seguridad y accesos	....
Riesgos laborales	....
Mercadotecnia	....
Acciones publicitarias	....
Proveedores	....
Clientes	....
Gestión del canal de denuncias	....
Registro de la jornada laboral	....
Gestión corporativa	....
Videovigilancia	....
Otros...	

En cuarto lugar, y quizá este sea el paso más complicado e importante

A continuación, se detalla el desarrolla para un tipo de datos y tratamiento que es muy frecuente en la práctica.

780 *Vid.*, https://www.aepd.es/la-agencia/transparencia/informacion-en-materia-de-proteccion-de-datos/inventario-actividades-tratamiento-aepd

CLIENTES	
[es recomendable que se indique por colores la sensibilidad mayor o menor del tratamiento y riesgos asociados. Aquí, por ejemplo, se gradúa como medio—naranja—]	
Tratamiento	
Descripción	Gestión comercial con clientes.......
Finalidades	Gestión contable, fiscal y administrativa, Formación a clientes
Legitimación	• Cumplimiento contractual (art. 6.1.b) RGPD) • Consentimiento (art. 6.1.a) RGPD)
Origen de los datos	Públicos (indicar) o privado: el propio interesado o su representante legal
Categorías de interesados	Clientes y usuarios
Conservación de datos. Criterios y plazos	El tiempo que dure la relación comercial y hasta 10 años si derivan responsabilidades penales, 5 años en relación con asuntos societarios y comerciales y 4 años en materia tributaria.
Sistema de tratamiento	Automatizado
Categorías de datos	
Datos de identificación	DNI/NIF/NIE/Pasaporte, Nombre y apellidos, Dirección postal o electrónica, Teléfono, Firma manual, Firma electrónica, etc.
Datos sensibles (art. 9 RGPD) y/ o penales (art. 10 RGP)	Discapacidad, etc.
Otro tipo de datos	....
Destinatarios	
Cesión a terceros (comunicación de datos)	• Banco XXX, Banco YYY • AEAT
Transferencias internacionales (fuera EEE)	No / Sí (indicar)

Finalmente, recordar que el RAT debe estar continuación «vivo», esto es, actualizado y revisado periódicamente.

ANEXO III

Guía de Buenas Prácticas para Gestionar Brechas de Seguridad de Datos Personales

En el contexto del Reglamento General de Protección de Datos (RGPD), una brecha de seguridad de datos personales (violación de seguridad) es todo incidente que ocasione la destrucción, pérdida, alteración o acceso no autorizado a datos personales. Los encargados del tratamiento desempeñan un papel clave en la gestión de estas brechas.

Aunque el responsable del tratamiento es quien debe notificar formalmente a la autoridad y, en su caso, a los afectados, el encargado tiene la obligación legal de ayudarle proactivamente en el manejo del incidente. Esta guía, basada en directrices de la Agencia Española de Protección de Datos (AEPD), del Comité Europeo de Protección de Datos (EDPB) y en estándares reconocidos de ciberseguridad, ofrece un esquema de buenas prácticas para que un encargado del tratamiento gestione eficazmente una brecha de datos personales. Se abordan las etapas fundamentales —desde la confirmación inicial hasta la asistencia en notificaciones— con lenguaje claro, ejemplos prácticos y recomendaciones operativas.

Las obligaciones aquí descritas se aplican tanto a responsables como a encargados del tratamiento, conforme a lo dispuesto en los artículos 33 y 34 del RGPD. En particular, el responsable es quien debe valorar el riesgo, notificar a la autoridad de control (AEPD) y comunicar a los interesados cuando proceda.

No obstante, el encargado tiene la obligación legal de informar sin dilación indebida al responsable cuando tenga conocimiento de una violación de la seguridad de los datos personales, así como de asistirle activamente en la gestión del incidente, aportando información técnica, documentación de la brecha y, en su caso, propuestas de medidas de mitigación.

En aquellos casos en que el contrato entre ambas partes lo permita, el encargado podrá incluso realizar la notificación en nombre del responsable, aunque la responsabilidad última siempre recaerá en este último.

Por tanto, toda gestión eficaz de brechas de seguridad requiere una colaboración constante y proactiva entre ambos sujetos obligados, según sus respectivos roles y facultades.

1. Confirmación preliminar del incidente

El primer paso ante una posible brecha es la detección y confirmación del incidente. En cuanto se sospeche un evento de seguridad (p. ej., alertas de antivirus, acceso anómalo, pérdida de un dispositivo), el encargado debe activar los mecanismos de identificación para verificar si realmente se trata de una brecha que afecta a datos personales.

No todos los incidentes de seguridad constituyen una brecha de datos personales: por ejemplo, un intento de ciberataque frustrado que no llega a comprometer datos puede no considerarse brecha; no obstante, debe tratarse igualmente como incidente de seguridad y analizarse si pudo afectar datos personales.

Como buena práctica, el encargado debe contar con procedimientos de monitorización que faciliten la detección temprana. Estándares internacionales como ISO/IEC 27035 o la guía de respuesta a incidentes NIST SP 800-61 enfatizan la importancia de esta fase de detección y análisis, cuyo fin es determinar rápidamente si un incidente ha ocurrido realmente y delinear su alcance. En resumen, una vez detectado un indicio, se debe actuar con premura: verificar qué ha sucedido, qué sistemas o datos podrían estar afectados y si involucra datos personales. Una confirmación ágil permite pasar sin demora a las siguientes etapas de respuesta.

2. Registro y trazabilidad desde la detección

Desde el momento de la detección de la brecha, es esencial establecer un registro detallado de todo lo ocurrido y de las acciones emprendidas. El RGPD exige documentar cualquier violación de seguridad de datos personales, incluso aquellas que no lleguen a notificarse a la autoridad, incluyendo los hechos relacionados, sus efectos y las medidas correctivas adoptadas. Por tanto, el encargado debe implementar un sistema de trazabilidad que refleje paso a paso la gestión del incidente.

Se recomienda llevar un registro de incidencias con, al menos, la siguiente información:

- Fecha y hora de detección del incidente, y medio por el que se detectó (alarma automática, aviso de un empleado, etc.).
- Descripción inicial del incidente y su posible causa (p. ej., malware identificado, acceso no autorizado, error humano, fallo técnico).
- Servicios o sistemas afectados y localización de los datos comprometidos (servidores, bases de datos, aplicaciones, etc.).
- Categorías de datos personales potencialmente afectados (p. ej., nombres, correos electrónicos, datos financieros, datos especialmente sensibles) y volumen estimado (registros o personas impactadas).
- Acciones inmediatas realizadas tras la detección (p. ej., aislamiento de sistemas, cambio de contraseñas, desconexión de la red) y cronología de estas actuaciones.
- Responsables involucrados en la gestión (quién realiza cada acción, participantes del equipo de respuesta).
- Evidencias recopiladas (logs guardados, copias de seguridad seguras, imágenes forenses de discos) para análisis posterior.
- Comunicación interna o externa efectuada hasta el momento (a qué personas o entidades se ha notificado inicialmente).

Este registro debe mantenerse actualizado en tiempo real conforme evoluciona el incidente, garantizando la integridad de la información (no alterando registros originales) y asegurando su disponibilidad para auditorías posteriores. Una buena trazabilidad no solo cumple el principio de responsabilidad proactiva del RGPD, sino que facilita el análisis forense (al conservar evidencias) y proporciona soporte al responsable del tratamiento para efectuar las notificaciones obligatorias con información precisa. En la práctica, documentar rigurosamente cada brecha ayuda a extraer lecciones aprendidas en la etapa final de recapitulación y a demostrar ante la AEPD la diligencia en la gestión del incidente.

3. Activación del protocolo interno y comunicación interna

Confirmada la existencia (o alta probabilidad) de una brecha de datos personales, el encargado debe activar su protocolo interno de respuesta a incidentes. Esto implica movilizar al equipo de respuesta designado y asegurar una comunicación interna eficaz. Si la organización cuenta con un Plan de Respuesta a Incidentes o un procedimiento establecido, debe seguirse de inmediato, asignando roles y tareas.

Es crucial una comunicación interna clara y escalonada: notificar a la alta dirección según la criticidad del incidente, informar al departamento jurídico o de cumplimiento, y hacer partícipe al DPD para el asesoramiento en materia de protección de datos. Todos deben conocer su cometido: mientras TI investiga y contiene el problema, el DPD y el departamento legal evalúan obligaciones legales (p. ej., ayudarán a determinar el riesgo asociado y las notificaciones requeridas), y la dirección asegura los recursos necesarios y la toma de decisiones estratégicas (como involucrar a equipos externos). Si procede, puede convenir formar un comité de crisis que se reúna (físicamente o virtual) para centralizar la gestión.

Durante esta fase inicial, también se recomienda informar al personal interno afectado de forma limitada pero eficaz. Por ejemplo, si la brecha involucra credenciales comprometidas, al activar el protocolo interno se debe indicar a los empleados relevantes que cambien contraseñas o desconecten ciertos sistemas, sin revelar más detalles que los necesarios. Una cultura organizativa que fomente la notificación inmediata de incidentes por parte de empleados (sin miedo a represalias) es vital: los trabajadores deben saber identificar y reportar incidentes de seguridad inmediatamente a los canales internos establecidos (mesa de ayuda, CISO, etc.). En síntesis, activar el protocolo interno asegura que todas las áreas competentes estén coordinadas: la respuesta técnica, la evaluación legal y la comunicación se realizan al unísono y con rapidez, conforme a una hoja de ruta predefinida.

4. Comunicación al Responsable del Tratamiento (art. 33.2 RGPD)

Una de las obligaciones más importantes del encargado ante una brecha es informar al responsable del tratamiento sin dilación indebida. El artículo 33.2 del RGPD establece que tan pronto como el encargado tiene constancia de una violación de seguridad de datos personales, debe notificarlo al responsable. En la práctica, esto significa que no se debe esperar a tener el análisis completo o a evaluar el riesgo por cuenta propia —esa valoración corresponde al responsable —, sino que se debe transmitir la información disponible lo antes posible. De hecho, las directrices del antiguo Grupo de Trabajo del Artículo 29 (hoy EDPB) recomiendan que el encargado informe inmediatamente y que, si faltan datos, facilite la información adicional de forma gradual a medida que se obtenga.

Por tanto, una vez activado el protocolo interno y realizada una primera contención, el encargado debe preparar una comunicación inicial al responsable. Esta notificación temprana puede hacerse por canales acordados (por ejemplo, vía correo electrónico cifrado al responsable o su DPO, o mediante plataforma segura de incidencias). Es fundamental documentar también esta comunicación (guardar copia del correo o reporte enviado, con fecha y hora).

Contenido recomendado de la notificación al responsable: incluir todos los datos pertinentes que permitan al responsable entender la situación y cumplir con sus deberes posteriores. Según las guías de la AEPD y el EDPB, el encargado debería proporcionar:

- Descripción del incidente: qué ha ocurrido y cómo se detectó (p. ej., "caída del servidor por ransomware detectada a las 07:00 del 10/05/2025 tras alarma del sistema de monitorización").
- Fecha y hora de inicio estimado y de detección de la brecha (si se conocen) o el periodo durante el cual ocurrió.
- Naturaleza de la brecha: tipo de violación de seguridad sufrida – confidencialidad (acceso o divulgación no autorizada), integridad (alteración no autorizada) y/o disponibilidad (pérdida de acceso a datos).
- Datos personales comprometidos: categorías de datos afectadas (p. ej., datos identificativos, credenciales, datos financieros, salud, etc.) y volumen aproximado (cantidad de registros o individuos afectados).
- Personas afectadas: número de interesados cuyos datos podrían haberse visto comprometidos (si se conoce, al menos una estimación: decenas, cientos, miles).
- Medidas inmediatas adoptadas: acciones de contención o mitigación ya realizadas por el encargado (p. ej., "se ha aislado el servidor afectado de la red y se está restaurando un backup", "se han reseteado las contraseñas comprometidas", etc.).
- Próximas acciones planificadas: indicación de pasos siguientes (p. ej., análisis en curso, tiempos estimados de recuperación de sistemas, investigaciones adicionales).

- Persona de contacto para la gestión de la brecha (nombre y datos del punto de contacto técnico o del DPD del encargado, para coordinar con el responsable).

Esta comunicación ha de enviarse sin dilación indebida, idealmente en cuestión de horas desde la confirmación del incidente. Aunque el RGPD no fija un plazo concreto para el aviso del encargado al responsable, sí exige que sea lo más pronto posible. Es común que los contratos de encargo de tratamiento establezcan un plazo específico (24 o 48 horas como máximo desde la detección, por ejemplo) para reforzar este deber. En cualquier caso, demorar la notificación al responsable puede comprometer la capacidad de éste para cumplir con el plazo legal de 72 horas ante la autoridad de control. Conviene destacar que el incumplimiento del deber de informar al responsable constituye una infracción sancionable, por lo que el encargado debe dar máxima prioridad a esta comunicación.

Una vez remitida la notificación inicial, el encargado mantendrá informado periódicamente al responsable a medida que se obtengan nuevos detalles. Por ejemplo, se podría enviar actualizaciones cada pocas horas con los resultados del análisis forense, el número refinado de usuarios afectados o las medidas adicionales tomadas, asegurándose de que el responsable disponga de la información necesaria al mismo tiempo que avanza la investigación. Esta transparencia y fluidez en la comunicación sientan las bases para la siguiente fase de evaluación y notificación formal a entes externos.

5. Análisis técnico y forense del incidente (malware y accesos indebidos)

Paralelamente a la notificación al responsable (o inmediatamente después de la comunicación inicial), el encargado debe llevar a cabo un análisis técnico exhaustivo del incidente. El objetivo es identificar el origen, el alcance y las consecuencias concretas de la brecha, para poder responder adecuadamente y evitar que se repita. En casos de ciberataques o malware, esto implicará un análisis forense: examinar sistemas comprometidos, logs y evidencias digitales para determinar exactamente qué sucedió. Conviene apoyarse en herramientas especializadas (como antimalware avanzado, analizadores de registros, escáneres de vulnerabilidades, software de análisis forense, etc.) y, si la complejidad lo requiere, en expertos externos (equipos forenses certificados, consultores de ciberseguridad).

Algunas consideraciones prácticas durante esta fase:

- Identificar el vector de ataque: Determinar cómo ocurrió la brecha. Por ejemplo, si fue un malware, ¿se introdujo mediante phishing, una descarga maliciosa o una vulnerabilidad en el sistema? Si fue un acceso indebido, ¿fue por credenciales comprometidas, escalada de privilegios, una puerta trasera instalada? Conocer la vía de entrada permite definir medidas de contención (cortar el acceso, parchear la vulnerabilidad) y estimar qué sistemas estuvieron bajo control del atacante.
- Determinar la duración y alcance: ¿Cuánto tiempo estuvo el intruso dentro del sistema? ¿Qué bases de datos o archivos específicos pudo consultar, extraer o alterar? Por ejemplo, se podría descubrir, mediante revisión de logs, que un atacante accedió durante 2 días a un servidor de bases de datos que contenía nombres y correos electrónicos de usuarios de bibliotecas, y que realizó varias consultas anómalas en tablas de préstamos digitales. Cada recurso accedido debe registrarse para luego evaluar el impacto sobre esos datos.
- Analizar el comportamiento del malware (si aplica): En caso de ransomware u otro malware, identificar la cepa o familia (p. ej., Ryuk, LockBit, Emotet), cómo se propagó y qué acciones realizó. Es clave saber si el malware exfiltró datos (muchos ransomware hoy roban información antes de cifrar) o si solo cifró/disponibilizó los datos. También verificar si el malware creó puertas traseras persistentes. Si se trata de malware especializado en robo de información (como troyanos), puede requerir análisis de tráfico de red para ver si se transfirieron datos a servidores externos.

- Preservación de evidencias: Durante todo el análisis, trabajar sobre copias forenses de los sistemas afectados cuando sea posible, para no alterar pruebas. Guardar los registros relevantes (logs de aplicaciones, sistemas, firewall, etc.) en un repositorio seguro. Si se sospecha de delito, estas evidencias serán cruciales para posibles acciones legales; incluso podría considerarse la comunicación a fuerzas de seguridad especializadas (como unidades de delitos informáticos de la policía) si la intrusión es grave.
- Colaboración con expertos externos: No dudar en buscar apoyo. Las directrices recomiendan apoyarse en CERT/CSIRT (equipos de respuesta a incidentes) o peritos forenses cuando sea necesario. Por ejemplo, si el encargado no cuenta con experiencia interna en análisis de malware, puede contactar al INCIBE-CERT u otro proveedor para que asista en la investigación técnica.

El resultado de este análisis técnico-forense debe ser un informe de investigación que detalle la causa raíz del incidente, las vulnerabilidades explotadas, los sistemas y datos afectados, y cronológicamente lo ocurrido. Este informe servirá tanto para planificar las medidas correctoras (sección 7) como para proveer información definitiva al responsable del tratamiento y, si se requiere, a la AEPD. En síntesis, la etapa de análisis técnico es donde se conoce realmente la magnitud de la brecha: un encargado diligente realizará esta investigación con rigor profesional, apoyándose en las mejores prácticas de ciberseguridad y documentando cada hallazgo.

6. Evaluación del impacto sobre los datos personales

Con la información recabada en el análisis, el siguiente paso lógico es evaluar el impacto de la brecha en los datos personales y en los derechos de las personas afectadas. Esta evaluación de impacto es crítica, ya que de ella dependerá si el responsable del tratamiento debe notificar el incidente a la autoridad de protección de datos (AEPD) y comunicarlo a los interesados (los propios afectados), conforme a los artículos 33 y 34 del RGPD. El encargado del tratamiento debe ayudar activamente al responsable aportando todos los detalles necesarios para esta valoración, aunque la decisión final de notificar recaiga en el responsable.

Los criterios clave de evaluación incluyen:

- Tipo y sensibilidad de los datos afectados: No es lo mismo que se vean comprometidos datos básicos (p. ej., nombre y email) que datos especialmente protegidos (salud, orientación sexual, financieros, contraseñas). Cuanto más sensibles los datos, mayor el riesgo para los individuos si se difunden o usan indebidamente.
- Volumen de datos y número de afectados: Una brecha que afecta a un gran número de personas suele entrañar mayor riesgo colectivo. La AEPD, en su guía, sugiere valorar el volumen de registros expuestos como uno de los parámetros para estimar la gravedad. No es una regla estricta (una brecha pequeña de datos muy sensibles puede ser más grave que una enorme de datos públicos), pero importa si hablamos de cientos de miles de afectados versus unos pocos individuos.
- Consecuencias potenciales para los afectados: El encargado debe preguntarse (y comunicar al responsable) qué daños podrían sufrir las personas a raíz de la brecha. Por ejemplo: ¿Riesgo de robo de identidad o fraude financiero? (si se filtraron identificadores personales, contraseñas, datos bancarios), ¿Posible discriminación, daño a la reputación o angustia emocional? (si se expusieron datos médicos, orientación sexual, opiniones privadas), ¿Pérdida de control sobre sus datos o efectos jurídicos adversos? Cada categoría de datos tiene posibles impactos (el EDPB señala que deben considerarse daños físicos, materiales o inmateriales) y es importante listarlos y evaluarlos.
- Mitigación existente: También se considera si los datos comprometidos estaban protegidos de algún modo que reduzca el riesgo. Por ejemplo, si los datos estaban cifrados con un buen algoritmo y la clave no se ha visto afectada, el riesgo de acceso ilegítimo es bajo; o si se trataba de copias de seguridad cifradas robadas pero inaccesibles sin hardware específico.

Igualmente, si el encargado ya tomó medidas inmediatas que limitan el daño (p. ej., reseteo masivo de contraseñas expuestas antes de que pudieran usarse maliciosamente), el riesgo residual disminuye.

- Contexto de la brecha: Considerar quién puede haber accedido a los datos (un hacker externo desconocido vs. un empleado interno con deber de confidencialidad), y si han aparecido o podrían aparecer los datos en dominios públicos (por ejemplo, publicadas en internet, darknet, etc.).

La determinación del nivel de riesgo (ninguno, bajo, medio, alto) resultante orientará las acciones siguientes. De acuerdo con el RGPD y la AEPD: si no es probable que la brecha suponga un riesgo para los derechos y libertades de las personas, el responsable podría decidir no notificar a la autoridad (esto es excepcional y siempre debe justificarse documentadamente); si existe algún riesgo (aunque sea moderado), se debe notificar a la AEPD en un plazo máximo de 72 horas desde que el responsable tuvo constancia; y si el riesgo identificado es alto (es decir, la brecha puede tener un impacto significativo adverso en los afectados), además de notificar a la autoridad, habrá que comunicar la brecha a los propios interesados sin dilación indebida. El encargado debe asegurarse de que el responsable cuenta con la información necesaria para hacer esta valoración con precisión.

En este punto, es útil aplicar herramientas y guías existentes. La AEPD ofrece, por ejemplo, la herramienta Comunica-Brecha RGPD para ayudar a decidir si una brecha exige comunicación a los afectados. Asimismo, la "Guía para la gestión y notificación de brechas" de la AEPD incluye anexos con criterios de puntuación de riesgo en base a volumen, tipo de datos e impacto para facilitar la evaluación. Un encargado diligente puede emplear estos recursos para asesorar al responsable. En todo caso, el enfoque debe centrarse en los derechos de las personas: la AEPD recalca que no se trata de evaluar el riesgo para la organización o la mera probabilidad estadística, sino de considerar concretamente el riesgo para los derechos y libertades de los individuos afectados.

Siguiendo con nuestro ejemplo, tras el análisis el encargado informa al responsable (por ejemplo, una biblioteca municipal) que la brecha ha expuesto nombres, correos y historiales de lectura de 5.000 usuarios. Evalúan conjuntamente que aunque no son datos especialmente sensibles, el volumen de afectados es significativo y podría haber riesgo de phishing o spam dirigido usando esos correos e información de intereses de lectura. Por tanto, consideran que hay riesgo para los usuarios (aunque no alto en principio), lo que obliga a notificar a la AEPD. Deciden además que, por transparencia y mejor práctica, informarán también a los usuarios, aunque podría no ser estrictamente obligatorio al no apreciarse riesgo alto (lo cual es una política válida: notificar incluso ante dudas, mostrando responsabilidad proactiva). Este tipo de razonamiento ejemplifica la evaluación del impacto: sopesar qué podría pasarle a los afectados por culpa de la brecha y obrar en consecuencia.

7. Medidas correctoras técnicas y organizativas

Tras contener la brecha y esclarecer qué ocurrió, el encargado del tratamiento debe implementar medidas correctoras para resolver el incidente y prevenir futuras incidencias similares. Estas medidas abarcan tanto soluciones técnicas inmediatas como mejoras organizativas a medio plazo. La idea fundamental es aprender del incidente: subsanar las vulnerabilidades explotadas y reforzar la seguridad global del sistema, cumpliendo así con el principio de "seguridad adecuada" del artículo 32 RGPD y la responsabilidad proactiva. Todas las medidas adoptadas deben quedar documentadas en el informe final de la brecha.

Medidas técnicas correctoras típicas incluyen:

- Parches y actualizaciones: Si la brecha ocurrió por una vulnerabilidad de software o sistema operativo, se debe aplicar el parche correspondiente de inmediato a todos los sistemas relevantes. Mantener los sistemas actualizados es una de las formas más efectivas de prevenir incidentes; muchas brechas suceden aprovechando software obsoleto.

- Refuerzo de autenticación y accesos: Si el incidente evidenció debilidades en las credenciales o accesos, implantar autenticación robusta. Por ejemplo, establecer políticas de contraseñas seguras (no reutilizar, cambiar periódicamente, almacenar cifradas) y, muy importante, habilitar doble factor de autenticación en los sistemas críticos. De este modo, aunque se filtren contraseñas, un atacante no podrá acceder sin el segundo factor. Asimismo, revisar los privilegios de cuentas (principio de privilegio mínimo) y revocar accesos no necesarios.
- Mejoras en la infraestructura de seguridad: Según la naturaleza de la brecha, podría requerirse desplegar o mejorar ciertas herramientas. Por ejemplo, si fue un malware no detectado a tiempo, evaluar soluciones anti-malware más avanzadas o monitoreo de comportamiento; si fue una intrusión externa, reforzar firewalls, segmentar la red para contener movimientos laterales, o implementar sistemas de detección de intrusos (IDS/IPS). Si la brecha se debió a ransomware, las copias de seguridad robustas y aisladas resultan fundamentales para la recuperación: se debe verificar que existen backups recientes, íntegros y almacenar al menos una copia offline o en ubicación segregada.
- Cifrado de datos y pseudonimización: Si datos sensibles estuvieron expuestos en texto plano, una medida fundamental es aplicar cifrado a esos datos en reposo, de modo que aun si hay accesos no autorizados, la información resulte ininteligible sin las claves. Del mismo modo, se pueden pseudonimizar datos personales (reemplazar identificadores por códigos) para reducir el impacto de eventuales fugas.

En cuanto a medidas organizativas y procedimentales:

- Revisar y actualizar políticas/protocolos: Tras el incidente, el encargado debe recalibrar sus políticas internas de seguridad y planes de respuesta. Si algo falló en el procedimiento (por ejemplo, hubo confusión de roles, o no se detectó el incidente con la rapidez esperada), ajustar el protocolo. Esto también abarca políticas de gestión de accesos, de uso de dispositivos, etc., para fortalecer puntos débiles revelados.
- Formación y concienciación: Muchas brechas involucran el factor humano (p. ej., error de un empleado, phishing exitoso). Es crucial reforzar la capacitación del personal en protección de datos y seguridad: hacer formaciones específicas post-incidente, informar a la plantilla (o al departamento implicado) de lo ocurrido —sin exponer datos confidenciales—, explicando cómo evitar incidentes similares. Una cultura de seguridad sólidamente integrada en la empresa reduce la probabilidad de errores futuros. Así, por ejemplo, se podría implicar entrenamientos adicionales a su equipo de desarrollo si la brecha vino por un fallo de programación, o charlas de concienciación si el origen fue un descuido operativo.
- Refuerzo de contratos con terceros: Si en la brecha estuvieron involucrados subencargados o proveedores (por ejemplo, un servicio externo donde se originó la incidencia), el encargado debe revisar esos acuerdos. Asegurarse de que los terceros cumplen estándares de seguridad adecuados, quizás añadir cláusulas más estrictas de notificación de incidentes, o incluso evaluar cambios de proveedor si éste mostró negligencias. La gestión de riesgos de terceros es parte integral de la seguridad.
- Pruebas y simulacros: Una buena práctica es, tras un tiempo de implantar las mejoras, realizar pruebas de penetración o auditorías de seguridad focalizadas en la zona donde ocurrió la brecha, para verificar que la vulnerabilidad se ha cerrado y no hay otras brechas latentes. Asimismo, planificar simulacros periódicos de respuesta a incidentes (ejercicios de fire-drill) ayuda a que el equipo gane soltura y a detectar fallos en el protocolo sin que medie un incidente real.

Todas estas acciones buscan no solo solucionar el incidente actual sino prevenir futuras brechas. La AEPD ha observado que la mayoría de incidentes notificados no se deben a ataques ultra-complejos, sino a fallos evitables o medidas de seguridad básicas no aplicadas, las cuales habrían minimizado o impedido sus efectos. Por ello, un análisis post-incidente debe preguntarse: "¿Qué medidas hubieran prevenido esto o mitigado el daño?" y proceder a implementarlas. Finalmente, el encargado debería celebrar una reunión de cierre o post-mortem del incidente, donde el equipo repase cronológicamente la gestión de la brecha, identificando aciertos y errores en la respuesta. De esta sesión deben salir recomendaciones para afinar el plan de respuesta a incidentes de la organización (puliendo la comunicación interna, los procesos de escalado, etc.). En síntesis, la brecha debe convertirse en una oportunidad de mejora: el sistema del encargado/responsable, después del incidente y de aplicar las contramedidas, debe quedar más resiliente y seguro que antes, reduciendo la probabilidad e impacto de futuras violaciones de seguridad.

8. Coordinación y asistencia al Responsable, incluyendo notificaciones a la AEPD y a los interesados

La gestión de la brecha no concluye hasta que el responsable del tratamiento haya cumplido, con la asistencia del encargado, todas las obligaciones de notificación externa si correspondieran. La colaboración estrecha entre encargado y responsable es imprescindible en esta fase final de coordinación y asistencia.

En primer lugar, si de la evaluación de impacto (sección 6) se deriva la necesidad de notificar la brecha a la autoridad de control (AEPD), el encargado debe proveer al responsable toda la información y soporte para que dicha notificación se realice dentro del plazo legal de 72 horas. Generalmente será el responsable (p. ej., la entidad cliente del encargado) quien presente la notificación oficial ante la AEPD, por ser su obligación según el art. 33 RGPD.

El encargado debe garantizar que el responsable dispone de la información clara y estructurada para rellenar el formulario de notificación (disponible en sede electrónica de la AEPD) con los datos requeridos: descripción de la brecha, categorías de datos y afectados, posibles consecuencias y medidas tomadas, entre otros puntos. Si en el contrato de encargo se hubiese acordado que el encargado notifique en nombre del responsable, algo permitido solo si está estipulado contractualmente el encargado podría encargarse de presentar la notificación a la AEPD directamente. No obstante, incluso en ese caso, el responsable debe estar al tanto y aprobar el contenido, ya que la responsabilidad última recae en él. En brechas que afecten a múltiples responsables (por ejemplo, si un proveedor SaaS presta servicio a varias organizaciones y una intrusión compromete datos de varias de ellas simultáneamente), el encargado deberá coordinarse con cada uno de los responsables involucrados y ayudarles individualmente en sus notificaciones respectivas, manteniendo coherencia en la información comunicada.

Del mismo modo, si se concluye que hay alto riesgo para los derechos y libertades de los afectados y por tanto procede la comunicación a los interesados (art. 34 RGPD), el encargado debe asistir al responsable en esta tarea. Por regla general, será el responsable quien contacte a los individuos cuyos datos se han visto comprometidos. La función del encargado es proporcionar los detalles técnicos y contextuales que deban incluirse en esas comunicaciones, e incluso apoyar logísticamente: por ejemplo, preparando el listado de afectados y sus datos de contacto, o facilitando modelos de mensaje claros. La ley exige que la comunicación a los interesados se haga "en un lenguaje claro y sencillo", explicando la naturaleza de la brecha y ofreciendo recomendaciones a los afectados para mitigación (como cambiar contraseñas, estar alerta a intentos de fraude, etc.). El encargado, con su conocimiento técnico de lo ocurrido, puede aportar borradores explicativos que el responsable adaptará. Solo en casos excepcionales y si se previó contractualmente, el encargado podría comunicar directamente a los afectados en nombre del responsable, pero normalmente su rol es de apoyo. Si, tras una brecha el encargado, debe ayudar a varias bibliotecas clientes a notificar a sus usuarios, podría centralizar la generación de un texto informativo uniforme sobre el incidente, que luego cada responsable revisará y enviará bajo su nombre a sus respectivos usuarios. Asimismo, el encargado debe estar disponible para consultas o requerimientos posteriores: la AEPD podría solicitar información adicional tras la notificación, o los propios clientes (responsables) podrían pedir aclaraciones técnicas meses después. Mantener una actitud colaborativa y transparente en todo momento con el responsable (y, indirectamente, con la autoridad) es fundamental para gestionar adecuadamente las secuelas de la brecha.

Otro aspecto de la coordinación final es evaluar las necesidades de denuncia o comunicación a otras entidades. Por ejemplo, si la brecha involucra un delito (p. ej. un hackeo deliberado), el responsable, con asesoría legal, puede decidir denunciar ante las fuerzas del orden. El encargado deberá entonces conservar las evidencias y colaborar con la investigación policial si se inicia. Igualmente, en ciertos sectores regulados, podría ser necesario notificar a organismos sectoriales (por ejemplo, en finanzas a supervisores bancarios) o a aseguradoras si se tiene una póliza de ciberseguridad. El encargado debe contemplar estas posibles coordinaciones adicionales según la naturaleza de los datos y servicios afectados.

Finalmente, una vez superada la crisis inmediata, encargado y responsable deben repasar conjuntamente la gestión de la brecha. Esta retrospectiva conjunta sirve para afianzar la relación de confianza: el responsable puede aportar *feedback* al encargado sobre la calidad y rapidez de su asistencia, y ambos ajustan procedimientos de cara al futuro. Por ejemplo, se podría acordar con sus clientes mejoras en los canales de comunicación de incidentes (quizá implantando una línea directa 24/7 para reporte de brechas), o proveer informes ejecutivos post-incidente para que los responsables puedan informar a sus directivos o consejos.

En conclusión, la etapa de coordinación y asistencia es donde el encargado demuestra plenamente su compromiso con la responsabilidad proactiva en protección de datos. No basta con resolver técnicamente el incidente; hay que acompañar al responsable en el cumplimiento de todas las obligaciones legales y comunicativas derivadas del mismo. Notificar en tiempo y forma a la autoridad y a los afectados, cuando es debido, lejos de suponer un perjuicio, es evidencia de diligencia y transparencia por parte de la organización. La AEPD señala que la notificación temprana de las brechas, además de ser obligatoria, no implica automáticamente sanciones – al contrario, muestra que la entidad actúa con diligencia debida. Por ello, un buen encargado del tratamiento no solo cumple con «lo mínimo» de informar al responsable, sino que se erige en un aliado activo: coordina la respuesta de principio a fin, facilita la toma de decisiones correctas y asegura que tanto el responsable como la autoridad de control reciben la información necesaria para proteger los derechos de las personas. Esta colaboración efectiva redunda en minimizar daños a los afectados, en asegurar el cumplimiento normativo y en mantener la confianza entre todas las partes involucradas.

Inteligencia jurídica
en expansión

Trabajamos para
mejorar el día a día
del **operador jurídico**

Adéntrese en el universo
de **soluciones jurídicas**

atencionalcliente@tirantonline.com

prime.tirant.com/es/